U0851569

软土区地铁深基坑研究与实践

吴绍升　毛俊卿　编著

中国铁道出版社

2017年·北京

内容简介

为确保轨道交通车站深基坑施工安全，减小对周边环境的影响，从软土深基坑施工技术、基坑变形控制技术以及软土深基坑承压水抽灌一体化技术等方面对深基坑施工引起的变形进行控制十分必要。

本书以宁波轨道交通仇毕站深基坑工程为依托，研究了软土地铁车站深基地下连续墙施工技术，深基坑减压降水成槽技术，深基坑抽灌一体化降水技术，深基坑施工变形规律，考虑时空效应的深基坑有限元分析，考虑承压水降水的深基坑施工变形模拟，深基坑位移反分析，模糊综合评判法安全评价，安全监控指标体系以及变形控制标准等。

本书可供建设、勘察、设计、施工、监理等相关方面的人员、高等院校的师生及其他科技工作者参考。

图书在版编目(CIP)数据

软土区地铁深基坑研究与实践/吴绍升，毛俊卿编著. —北京：中国铁道出版社，2017.6

ISBN 978-7-113-22964-1

Ⅰ.①软… Ⅱ.①吴… ②毛… Ⅲ.①地铁隧道—软土地基—基坑工程 Ⅳ.①U231

中国版本图书馆CIP数据核字(2017)第066911号

书　　名：软土区地铁深基坑研究与实践
作　　者：吴绍升　毛俊卿

策　　划：傅希刚
责任编辑：徐　艳　　**编辑部电话：**63583191
封面设计：王镜夷
责任校对：王　杰
责任印制：高春晓

出版发行：中国铁道出版社(100054，北京市西城区右安门西街8号)
网　　址：http://www.tdpress.com
印　　刷：三河市兴达印务有限公司
版　　次：2017年6月第1版　2017年6月第1次印刷
开　　本：710 mm×1000 mm　1/16　印张：19.75　字数：372千
书　　号：ISBN 978-7-113-22964-1
定　　价：58.00元

版权所有　侵权必究

凡购买铁道版图书，如有印制质量问题，请与本社读者服务部联系调换。电话：(010)51873174(发行部)

打击盗版举报电话：市电(010)51873659，路电(021)73659，传真(010)63549480

前　言

在我国城市轨道交通规划建设中，许多沿海和沿江城市的轨道交通工程建设在深厚软土地层中。软土深基坑工程施工过程中支护结构容易产生变形，周围道路和建筑物可能发生沉降，若是支护结构变形、周围道路和建筑物沉降值过大，必然会给基坑和周边环境带来危害，因此，控制和预测基坑变形对于深基坑工程的安全和周边环境的保护具有重要意义。为确保轨道交通车站深基坑施工安全，减小对周边环境的影响，应从软土深基坑施工技术、基坑变形控制技术以及软土深基坑承压水抽灌一体化技术等方面对深基坑施工引起的变形进行研究。

由于宁波轨道交通仇毕站为四层车站，车站基坑工程深达约 30 m，场地分布着深厚的软土地层，为确保本车站深基坑施工安全，减小对周边环境的影响，需要采取一定的措施对深基坑施工引起的变形进行预测和控制。本书就是在这样的背景下，依托宁波市轨道交通建设工程实践总结而成。首先对国内外软土地层轨道交通深基坑研究现状进行归纳和总结，再对深基坑围护结构施工和控制、深基坑开挖变形预测和控制以及深基坑安全评价等理论和应用开展了相关研究。

全书共十一章，第 1 章绪论，第 2 章软土地铁车站深基地下连续墙施工技术，第 3 章软土地铁车站深基坑减压降水成槽技术，第 4 章软土地铁车站深基坑抽灌一体化降水技术，第 5 章软土地铁车站基深坑施工变形监测研究，第 6 章考虑时空效应的软土深基坑有限元分析研究，第 7 章考虑承压水降水的软土深基坑施工变形模拟研究，第 8 章软土地铁车站深基坑位移反分析研究，第 9 章软土地铁车站深基坑模糊综合评判法安全评价，第 10 章软土地铁车站深基坑安全监控指标体系，第 11 章软土地铁车站深基坑工程施工变形控制标准。本书第 1 章～第 5 章由吴绍升撰写，第 6 章～第 8 章、第 10、11 章由毛俊卿撰写，第 9 章由叶荣华撰写，最后全书由吴绍升、毛俊卿共同统稿、定稿。

本书的撰写得到了宁波轨道交通建设集团有限公司、宁波大学、上海广联环境岩土工程股份有限公司等单位提供相关成果的支持，还得到了顾其波、尹铁锋硕士的支持和帮助，在此一并表示感谢。

由于撰写时间紧张，书中欠妥之处难免，恳请读者指正。

作者于济南

2016 年 12 月

目　　录

第1章　绪　　论

长期以来，深基坑工程一直是我国土木工程领域的热点问题，深基坑支护设计与施工既是我国各大城市基本建设工程的关键问题，又是岩土力学学科中比较复杂和困难的问题。深基坑工程是与众多因素相关的综合性技术，是一个系统工程，与工程地质和水文地质条件、支护结构选型及设计、施工组织、施工开挖及换撑进程、基坑周边应力场温度场等环境条件甚至气候变化等众多条件息息相关，是理论上尚待完善、成熟和发展的，且和实践紧密结合的综合技术学科，是一项值得深入研究的课题。

由于受深基坑设计施工技术发展条件、施工机械机具和社会经济发展整体水平等因素的影响，20 世纪 90 年代以前的深基坑主要采用放坡开挖和木桩围护。此后，出现了各种各样的施工方法，如：地下连续墙、SMW 工法、水泥搅拌桩、旋喷桩等。施工中使用了多种先进的的大型施工机械，如 SMW 工法三轴搅拌桩机、100 t 履带吊、槽壁机、长臂挖机、伸缩臂挖机等，显著提高了施工效率，保证了施工质量和安全。在众多施工方法中，如何选择适用于具体工程情况的施工工艺，对于基坑施工的安全性、经济性有着直接的影响。

宁波轨道交通工程穿过密集的建筑群和纵横交叉的管线网，而被轨道交通工程空间取代的又是淤泥质软土层，区域地质条件比较复杂，土体的流变性十分显著，且周边环境较为敏感。在深基坑施工时不仅要保证相邻建筑的安全，而且还要保证城市地下排水管道、电缆、煤气管道的安全及附近道路的正常运行，避免发生地面沉陷，楼房倾斜、开裂，地下输水管道、煤气管道断裂、外溢，地下电缆破坏等。由于基坑周围环境的破坏对工程、社会造成的经济损失都是不可估量的，因此，在软土这样不利的地质条件下修筑地下车站，给保护环境安全和防止基坑的失稳增加了困难，即深基坑施工隐藏着很大的风险，而采用地下连续墙施工技术可以较好地解决这些问题。

近年来，地下连续墙技术的快速发展使得采用地下连续墙技术的建筑物的规模越来越大，很多建筑物都可以做到越来越深、越来越厚，墙的体积已经达到了几十万立方米。地下连续墙能起到挡水、挡土的作用，很多连续墙已经成为建筑物不可或缺的结构，另外还可以传递竖直的负载。为了控制宁波地区深厚软土条件下轨道交通车站的变形，采用地下连续墙围护结构形式是第一选择，而对其相关的施工控制技术研究是保证基坑本体以及周边环境安全的基础。

本书结合宁波轨道交通3号线仇毕站车站深基坑工程，对地下连续墙的施工技术、减压降水成槽技术、地下连续墙的施工质量控制技术、减压降水成槽技术、承压水抽灌一体化技术，以及深基坑开挖的时空效应分析、深基坑变形监测和模拟、施工安全评价等开展研究，最后提出软土深基坑变形控制标准，可以为软土地区地铁车站深基坑施工和变形控制提供技术支持。

1.1 国内外研究现状综述

1.1.1 基坑开挖对地表的影响

宁波软土地区建设的基坑大多处于城市复杂环境条件下，基坑周边紧邻重要的市政高架、重要道路、市政管线、建(构)筑物、既有地铁隧道等。基坑开挖势必会对地表产生不良的影响，并且会影响人们的正常出行。深基坑施工问题越来越引起设计和施工人员的重视。

1. 基坑支护结构的类型

在基坑设计中如何选择合理的基坑支护结构是基坑工程一项重要的内容。基坑支护结构的选择涉及很多方面，比如周边地质情况、基坑开挖深度、基坑开挖面积等。目前，通常用到的基坑支护方式主要有以下几种：重力式水泥土墙、高压旋喷桩、钢板桩、钢筋混凝土板桩、钻孔灌注桩、地下连续墙、土钉墙、SMW工法。

2. 围护结构的位移形态

基坑围护结构的变形，不仅关系到结构本身的安全与稳定，而且会对周边环境产生较大影响。根据目前围护设计规范，一些大型基坑工程，特别是周边环境较为复杂，一旦出现问题影响很大，对该类基坑，变形控制是围护设计的主要原则。国内外学者在很早以前就开始了这方面的研究。

根据Clough和O'Rourke的研究，围护结构位移形式大致可以分为三种，如图1.1所示。

基坑由于土方开挖引起的围护变形位移形态基本可以分为三种。第一种为悬臂式位移形态，即图1.1(a)。最大变形发生在基坑顶部，变形随深度的增加逐渐减小，这是由于基坑顶部没有支撑构件，变形发展较大。第二种为深槽向内位移，即图1.1(b)。基坑顶部由于存在可靠支撑作用，变形被抑制，中部变形发展较大，两端变形较小。第三种为上述两种变形形态的组合，即图1.1(c)。在开挖初期围护结构顶部尚未架设支撑，变形为悬臂式，顶部变形较大，在支撑架设完毕后，顶部变形受到抑制，整体变形表现为第一种与第二种变形形态的结合。Peck的研究发现，基坑开挖工况会影响围护结构的侧向位移模式。若在挖土起始阶段就在围护结构顶部施加支撑，端部变形较早期未施加支撑围护结构明显减小。

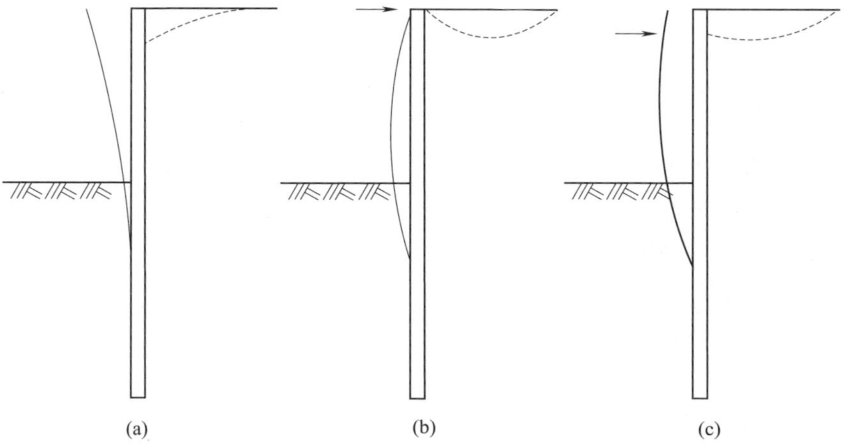

图 1.1　围护结构位移形态

3. 围护结构的位移特性

Masuda 收集日本范围内 52 个地下连续墙围护结构类基坑的施工及实测数据，统计结果表明，砂土类土质中，连续墙的最大侧移约为 0.05%H～0.5%H（H 为基坑开挖深度，下同），黏土类土质情况下，最大侧移基本上都小于 0.5%H，采用坑底抽条或满堂加固方法，可以有效减小位移，同时增加围护结构的安全储备。最后，总结出一个将基坑的开挖深度、地质条件、施工工艺等因素考虑在内的变形经验公式。Yoo C. 收集韩国首尔地域为主的基坑工程实测数据，以系统的整理为基础，深入研究了各围护形式的变形规律。研究发现，连续墙类基坑最大侧移平均值约为 0.05%H，其余支护形式（水泥土搅拌桩、钻孔灌注桩、SMW 工法）类基坑最大侧移平均值基本介于 0.13H～0.15%H 之间，锚杆类基坑与支撑类基坑对比后发现，锚杆类基坑最大侧移值略小。

Moormann 广泛收集了世界各地大量的基坑实测变形数据，根据地质条件不同，分为软土、硬黏土、砂土、成层土和岩石五大类。通过分析各种土层条件下支护结构的变形规律，探讨了不同围护结构对变形模式的响应。其中软土中 27%的基坑最大变形大于 1%H，40%的基坑最大变形介于 0.5%H～1%H，33%的基坑最大变形小于 0.5%H。安关峰等充分利用广州地区众多地铁车站基坑施工的详细监测数据，分析不同基坑变形规律，结合三维模拟软件进行计算分析，将模拟值与实测值进行对比分析，总结各个基坑在设计、施工方面的经验教训。徐中华对收集到的上海地区三百多个基坑工程资料进行了详细的整理，在此基础上进行统计分析，深入研究了上海地区常规顺作及逆作法基坑围护结构的变形规律，将顺作法与逆作法基坑各自的变形特点、变形异同点进行了说明与揭示，形成有关揭示变形规律的图表，可以用来预测基坑变形。

李琳等在整理和全面分析杭州和上海软土地区46个深基坑的实测结果的基础上，进行研究和总结，得出以下结论：基坑支撑系统的相对刚度随着开挖深度的增加迅速增加，相对最大侧移得以保持平稳值，最大侧移基本上发生在开挖面附近，但随着开挖深度的加深有上升的趋势，基坑变形与抗隆起稳定系数大小关系密切。谈金忠等通过对深基坑的变形机制和影响因素的分析得出，影响深基坑变形的因素较多，主要控制因素有：工程地质及水文地质条件、基坑支护结构设计的科学合理性以及基坑开挖的时空效应等。

4. 墙后土体变形性状研究

基坑开挖后，由于坑内土压力消散，在坑外土压力的作用下，围护结构向坑内产生变形，土体随之产生向坑内的位移。深层土体的侧向移动导致土体在竖直方向产生沉降变形，即围护结构墙后土体沉降。墙后土体沉降值与范围大小直接决定了基坑变形对周边环境的影响程度，很多文献在这方面开展了广泛的研究。在1969年第九届国际土力学与基础工程会议的报告上，Peck以芝加哥、奥斯陆等地基坑工程实测地表沉降资料基础提出了一个经验关系曲线，该曲线依据不同土层分类，研究沉降值、沉降范围，同时可以根据该曲线进行沉降预估。沉降曲线如图1.2所示。

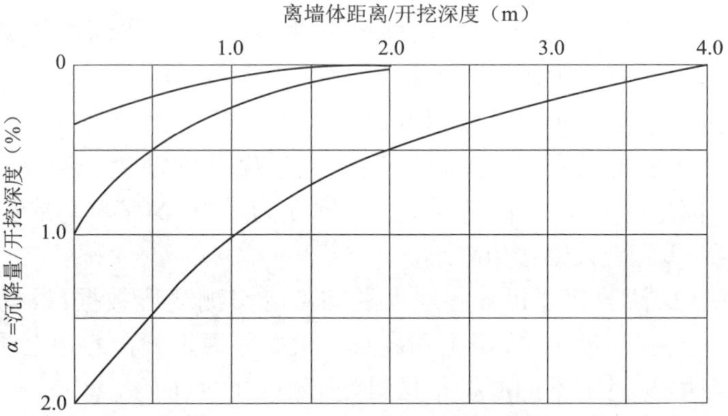

图1.2　墙后地表沉降沉降分区

Sugimoto根据地质条件不同将84个基坑分成三类，分别为砂土类、黏土类和混合土层类，通过对实测墙后地表沉降数据的整理分析，给出了一个经验图表来预估基坑墙后最大沉降。该方法先根据基坑的开挖深度、桩(墙)体插入比等围护结构基本参数确定系数 α，最后根据 α 值通过图表来查询预测地表变形值。Woo S. M. 根据台北地区基坑实测资料，将墙后地表沉降与开挖深度进行无量纲化处理后发现，墙后最大沉降值基本上位于 0.25～1 倍最大侧移之间，即最大沉降值基本小于最大侧移值，若最大沉降值超过最大侧移值，则该基坑有可能发生局部破坏。

Ou C. Y. 根据多年对基坑工程的研究后得出，基坑墙后地表沉降模式很大程度上与围护结构的变形模式有关。根据沉降类型的不同，将沉降曲线分为三角型与凹槽型两种类型。三角型曲线最大沉降发生在基坑边，沉降值随着距坑边距离的增大而减小；凹槽型曲线最大沉降发生在距坑边一定距离处。Long 经过对大量基坑变形实测数据的统计研究发现，开挖面处为硬土层且基坑围护范围内软土厚度小于 0.6H 时，支撑、锚杆和逆作法类基坑墙后最大沉降平均值为 0.11%H、0.12%H 和 0.2%H。若围护范围内软土厚度大于 0.6H，最大沉降平均值为 0.39%H。

卢俊义收集上海地区 50 个连续墙类基坑的监测数据，整理后发现，若开挖深度小于 15 m，墙后最大沉降值基本上位于 0.18%H～0.48%H 之间，平均沉降值为 0.26%H。若开挖深度大于 15 m，墙后土体最大沉降值基本上位于 0.24%H～0.88%H 之间，平均值为 0.48%H。

综上可以看出，围护结构位移模式、墙后地表沉降模式不仅受到地质条件的影响，同时还受到开挖受到、围护形式、施工水平等众多因素的共同影响。

5. 降水对地表的影响

基坑开挖的过程中，当承压层水头的压力大于承压层上覆土的重量的时候，将会发生突涌破坏。因此在深基坑设计和施工时需要处理好承压水。

骆祖江以上海地铁某隧道基坑降水为例，建立地面沉降与三维渗流耦合模型，采用有限差分模拟。研究结果表明该耦合模型具有很高的可信度。杨天亮以上海某地铁车站为研究背景，对该车站深基坑降水进行数据监测，分析该降水引起的地面沉降效应。研究表明，导致基坑周边地面沉降的主要原因是减压降水，控制地面沉降的有效办法是地下水的回灌。对于基坑减压降水，需要基坑围护结构设计时统一考虑。张莲花研究认为，基坑减压降水不可避免地带来地表的沉降，为达到基坑减压降水带来地表的不利影响，提出降水量最优问题，优化降水设计方案，降低降水对地表沉降的影响。

朱瑶宏等人结合宁波轨道交通 1 号线一期工程，对 13 个车站地下连续墙深基坑工程的监测数据进行统计分析，从围护结构水平位移和墙后地表沉降两方面对连续墙的变形特性进行了研究。结果表明：最大侧移介于 0.18%H～0.8%H(H 为开挖深度)，平均为 0.39%H，较其他地区大，最大侧移所在深度基本位于开挖面附近，且随墙底以上软土厚度的增加而增大；宁波地区深基坑坑底抗隆起稳定系数 F_S 宜取 1.7；地表沉降主要分布于距离基坑 $2H$ 范围内，最大沉降介于 $0.15\%H$～$1.2\%H$，平均为 $0.69\%H$。最后，结合分析结果，提出了宁波地区深基坑变形控制标准。

赵国强结合宁波地铁盛莫路站深基坑工程，获取了整个施工过程全面详实的监测资料，对围护结构的孔隙水压力、土压力、墙顶水平位移、测斜、墙后地表沉降、墙顶沉降、支撑轴力进行了处理分析，研究了宁波淤泥软土深基坑的变形特征，并对设计及施工方案提出改进意见。

1.1.2 深基坑工程时空效应研究现状

深基坑本身是一个具有一定平面形状和深度的三维开挖空间，而其支护结构又是由挡土结构、坑内水平支撑（或坑外拉锚）、坑内立柱与立柱桩等构成的空间结构，基坑的平面形状、尺寸、开挖深度及开挖步骤等均对基坑的变形及其稳定性有较大影响，即表现为深基坑工程的空间效应。对于软土地区的深基坑工程，土体具有明显的流变特性，尤其是对于软黏土，具有较强的蠕变性，基坑支护结构和周围地层的变形会随时间延长而持续增加，即表现为深基坑工程的时间效应。国内外学者在深基坑工程的时空效应方面进行了很多研究。

Bgerrum 指出由于室内土工试验的时间很短，无法来模拟时间效应，从而使得过去基坑稳定性评价分析中未考虑软黏土的应力、应变与时间效应的密切关系。Tait 和 Taylor 在研究海湾黏土层的深基坑时，给出了围护墙体的水平位移随着开挖与支撑的逐步进行而增加的图表分析。另外，Clough 和 Davision 在研究过程中发现基坑开挖长宽与宽度的比值和基坑稳定性密切相关。两者显示了时空效应对基坑变形与稳定的影响。

Mana 和 Clough 采用平面有限元方法对基坑变形进行了分析。研究发现，在平面应变条件下，开挖宽度会对基坑变形产生明显影响，当基坑开挖宽度从 $0.8H$（H 为开挖深度）增加到 $3.2H$ 时，基坑支护结构的变形增大 1.6 倍左右，同时坑边地面沉降增大约 1.9 倍。Wong 和 Broms 采用二维有限元分析了土体强度、围护结构刚度、开挖深度、开挖宽度、插入深度等因素对围护结构侧向位移的影响，对于软弱土层中开挖的基坑，随着开挖宽度的增加，围护结构的侧向位移呈近似线性增大。

Ou C. Y. 采用三维有限元方法分析了矩形基坑的变形特性，对基坑变形的空间效应和拐角效应进行了研究。研究表明，随着基坑支护结构与拐角距离的增加，其变形逐渐增大，基坑长边的变形明显大于短边的变形，长边中点的变形最大。Lee 等通过实际工程现场监测及三维有限元分析，验证了基坑变形的坑角效应的存在，影响坑角效应的主要因素有基坑长深比、支撑整体刚度和围护结构插入硬土层的深度。Finno 和 Blackburn 采用基坑平面应变比（PSR）的概念，利用二维平面应变状态及三维模型的有限元对比分析，对基坑的坑角效应影响范围进行了研究，认为 PSR 值采用基坑长深比进行分析，相对于采用长宽比具有更好的收敛性。此外，通过对基坑的长度 L、宽度 B、深度 H_e、支撑系统刚度 $EI/\gamma h^4$ 和坑底抗隆起安全系数 FS_{BH} 等影响因素的综合考虑，提出了 PSR 的经验公式。

蒋洪胜等通过对考虑时空效应的某车站深基坑开挖过程中支撑轴力及相应施工工况的跟踪记录，以及相关监测数据的整理分析，探讨了各道支撑轴力在不同开挖工况下的变化规律，以及支撑安设和预加轴力对墙体变形的影响，并且提出了考虑时空效应的围护结构支撑轴力方面的一些建议。黄院雄等通过对上海地铁车站深基坑工程实测土压力资料的整理分析，探讨了土压力的变化规律，并根据上海软土地区基坑围护设计的需要，给出了根据基坑保护等级与土性来确定主动土压力系数 K 的取值原则，对基坑工程的设计具有借鉴意义。刘建航等在总结 20 世纪 40 年代以来国际上有关深基坑开挖变形研究的基础上，结合上海地铁工程的实践，通过对大量基坑施工现场观测数据的统计、分析与推导，建立了考虑时空效应的计算理论和方法，并将时空效应规律运用到上海软土深基坑的设计与施工中，取得了明显的效果。

俞建霖等采用空间有限元分析方法研究了基坑开挖引起的围护结构位移、土压力的空间分布效应及基坑几何尺寸对围护结构水平位移、土压力的影响，并与按平面问题计算的结果进行了对比分析。结合杭州某基坑工程实例，证明了基坑工程三维分析的必要性及计算模式的合理性。高文华等采用 Mindlin 厚板理论，建立了深基坑支护结构内力与变形时空效应的三维有限元分析模型。结合上海某地下连续墙深基坑工程，利用所编制的计算程序，分析探讨了支撑刚度、墙体刚度、支撑预加轴力、开挖深度、开挖宽度、地基流变等因素对深基坑支护结构内力与变形时空效应的影响，揭示了相应的规律性，可为深基坑设计及施工提供参考。刘国彬等通过对十几个大型工程现场实测数据的整理，并结合大量的程序反分析和实测被动区土压力反分析，研究了反映土体抵抗变形能力的综合参数——基坑被动区等效水平抗力系数 K_h 的变化规律，归纳出 K_h 分别与土体流变性、空间作用、强度参数、地基加固及开挖深度的关系，并建立了 K_h 的实用计算方法。

李俊才等根据南京某大厦深基坑工程在开挖过程中得到的现场监测数据，分析研究了在相同的土质与施工条件下，单层支点混合支护结构（桩）、悬臂支护结构（桩）、钻孔灌注桩连拱支护结构（桩）三种不同支护型式的侧向变形和地表变形的时空效应。贾坚应用刘建航等学者针对软土流变特性提出的时空效应原理与技术方法,结合近年来上海典型深基坑工程实例来探讨时空效应法开挖技术在软土基坑变形控制中的应用,通过大量工程实践证明,基坑工程时空效应法技术可解决软黏土地区复杂深基坑的变形控制问题,该项技术在我国沿海软土深基坑设计及施工中具有较广的应用前景。刘燕等针对软土基坑工程存在时空效应的特点,结合上海地铁 6 号线某明挖区间基坑工程实例,根据现场实测数据分析了基坑围护墙体的变形特征,并在此基础上引入时间、空间因素,采用考虑土体流变性的弹黏性有限元法对基坑变形进行了计算。经过和实测位移的比较分析,进一步证实了软土基坑设计中考虑时空效应原理的必要性。

谢秀栋针对软土的蠕变特性,在土的弹塑性模型的基础上,引入滞后塑性变形的时间概念,提出了土的弹黏塑性本构模型,并借助 FLAC3D 所提供的二次开发接口,实现该本构模型在 FLAC3D 中的开发。结合上海地铁车站深基坑工程实例,研究探讨了深基坑施工开挖过程中土体变形安全性状的时间特性。王桂平等在杆系有限元法的基础上,对土体的时空效应规律进行了综合考虑,提出了软土地区基坑支护结构内力与变形的工程实用计算方法。通过对上海某地铁车站深基坑工程的实例分析,证实了该方法的实用可靠性。刘爱华等基于时空效应理论,结合长沙地区某软土深基坑工程,提出了一种能有效控制深基坑变形的施工工艺与方法。工程实践表明,该方法能充分利用土体自身潜力来控制开挖引起的基坑位移,在软土地区深基坑施工过程中具有良好的应用效果。宁超结合昆明地铁 1 号线行政中心站深基坑工程实例,采用理论分析、现场监测与数值模拟相结合的方法,对深基坑开挖过程中的空间变形规律进行了研究,结果表明:围护结构的变形和支撑轴力的分布均呈现明显的空间效应,因而可适当减小坑角外围护结构和支撑的刚度来优化基坑支护设计;先撑后挖时基坑的变形远小于先挖后撑时基坑的变形,在基坑工程设计、施工时应特别重视。

1.1.3 深基坑工程位移反分析研究现状

在岩土工程中,岩土的力学参数是重要的数据。现场实测信息与理论分析相结合的位移反分析方法为岩土体力学参数的确定提供了一个实用的方法。随着监控量测技术的发展,20 世纪 70 年代提出的位移反分析方法,在岩土工程领域已得到广泛应用,并已发展了多种反分析方法,如逆反分析法、正反分析法等。

Kavanagh 和 Clough 首先提出了岩土工程中位移反分析的基本思想,其基本方法是基于现场实测位移,采用有限元方法来反推岩土体的力学参数。Kirsten 在约翰内斯堡召开的岩土工程勘测研讨会上提出了用实测岩体变形值来反分析确定岩体的弹性模量。Kovari 等首次提出了一种利用量测到的钢拱内侧两点弦长变化和弦高变化来确定作用于钢拱架上的山岩压力的方法,这种方法其实就是一种山岩压力位移反分析的方法。Sakurai 和 Abe 在德国亚琛举办的第三届岩土工程数值法国际讨论会上，提出了平面应变问题的弹性问题位移反分析与弹塑性问题位移反分析，并将位移反分析作为地下工程辅助设计的一种技术。Gioda 和 Maier 开始对弹塑性问题的位移反分析进行了研究，利用实测位移值来计算岩体的初始地应力、黏聚力和内摩擦角，在反分析过程中使用了单纯形法、变量轮换法等优化方法，并对不同优化方法应用在位移反分析中的适用性进行了讨论。

Sakurai 和 Takeuchi 在假定岩体均质线弹性的隧道开挖工程中，在泊松比已知且假设竖向地应力即自重应力的条件下，基于有限单元法推导了利用隧道洞室的径向实测位移值来反演初始地应力和岩体弹性模量的逆反分析计算公式。若竖向地应力未知，则只能反演得到地应力与岩体弹性模型的比值，又称标准地应力。Gioda 和 Sakurai 总结了应用于隧道工程领域的反演理论，认为反分析不但可以对岩土材料模型参数进行反演，还可以计算作用在挡土结构和衬砌上的土压力，同时指出了反演理论需要进一步研究的课题。Ooi 和 Ramsey 根据测斜仪量测的基坑支护结构的水平位移数据，对通过拟合曲线来得到曲率的 12 种不同方法进行比较分析，得出了采用分段三次曲线去拟合五点的方法能较合理地计算支护结构的弯矩。

我国对位移反分析的研究开始于 20 世纪 70 年代末，基本上与国际同步。30 多年来，国内的杨志法、冯紫良、杨林德、王芝银、郑颖人、孙均、吕爱钟等学者在位移反分析的理论研究和工程应用方面都作出了独特的贡献。岩土工程领域中，位移反分析法在地下工程中的应用最早，也最为普遍，而在基坑工程中的应用相对较晚。伴随着我国经济的高速发展，大量土木工程的兴建带来大规模的深基坑工程。因为工程实践的需要，国内学者在深基坑工程的位移反分析方面做了很多工作，尤其对地基土水平抗力系数的比例系数 m 进行了较多的工程应用研究。

杨敏等建立了以弹性支点法中的“m”法为基础的位移反分析模型，采用加速单纯形法去反推待求的土体 m 值，并对反分析求解过程中解的收敛性和计算时间进行了讨论。最后，给出了位移反分析技术在上海某深基坑工程的应用实例，说明所建立的模型和优化方法是可行合理的。熊巨华等从理论上对 m 值的适用性和按规范确定 m 值的两类方法进行了分析，并针对基坑工程中各类挡土结构的特点，给出了根据规范方法确定 m 值应遵行的原则和注意的问题，最后用试验结果和施工实测数据证明了采用旁压试验和位移反分析法是确定 m 值的合理方法。王旭东等提出了一种建立在弹性抗力法基础上的地基土 m 值的反分析优化方法。根据基坑施工监测数据，采用非线性单纯形法去反演地基土的 m 值，工程实例分析表明该方法简单可靠、稳定性好,易于实际工程应用。冯俊福根据基坑工程的特点,提出结合位移实测数据和反分析方法去反演各土层的 m 优化值,并编制了相应的反演分析程序。最后,根据杭州城东、城西两个地区大量深基坑工程实例的位移实测数据,对典型土层的水平基床反力系数的比例系数 m 值进行了反演分析,并结合浙江省规范,给出了较适合杭州地区的各地基土 m 值的建议值,可为工程设计及施工提供参考。

钟才根等运用位移反分析原理,得到了考虑软土流变特性的 m 值的确定方法,并通过对上海软土地区大量基坑工程的分析计算,归纳得出了 m 值随时间的变化关系式,可用于工程实践,进而对围护结构的变形进行动态预测,为基坑工程信息化设计、施工的实现创造条件。戴加东根据支护结构的实测位移信息,采用单纯形优化方法去反演基坑开挖过程中的土体参数 m 值,利用反演分析得到的 m 值可较准确地预测下一工况支护结构的位移,说明位移反分析技术应用于基坑工程是可行的。张军平等通过理论计算与实测水平位移的对比,分析了当前常用于软土基坑的两种位移反分析方法。研究发现,基于 m 值的位移反分析法简单实用,适用于浅基坑参数的反演分析,而基于黏弹性增量理论的位移反分析法精度更高,更适于精确的分析和研究,在深基坑参数反演分析中建议采用弹性增量法。

林志繁考虑到土体 m 值会随基坑的开挖而衰减的特点,在目前国内传统的弹性地基梁位移反分析过程中引入了 m 值的衰减系数 α,将此考虑基坑分步开挖和 m 值衰减的位移反分析法应用于广州市快速路泵站基坑工程,反演得到的土体 m 值更真实反映了基坑实际工作性态。王强等在弹性地基梁法的基础上,根据现场多支撑动态开挖的过程和支护结构的施工监测数据,提出了采用位移反分析法来反演基坑工程被动区土体 m 值的方法,结合苏州轨道交通 1 号线仓街站深基坑工程,对各个工况下的土体 m 值进行了反演,利用反分析得到的 m 值更为符合工程实际情况,还可准确地预测下一工况的位移,说明位移反分析在深基坑开挖中的应用是合理可行的。

1.1.4 深基坑工程安全评价研究现状

安全评价也称为“风险评估”或“风险评价”,是利用安全系统工程的原理和方法对潜在风险进行预先识别、分析及评估,从而为制定防范措施和管理决策提供依据。安全评价的种类、方法、领域、手段繁多,且评价系统的特征、属性及时间的随机性各不相同,但其思维方式是一致的,可归纳为四个原理:相关性原理、惯性原理、类推原理、量变到质变原理。由于深基坑工程在围护和开挖过程中的复杂性和高不确定性,因而深基坑工程是一项高风险建设工程。随着深基坑工程事故的增多,国内外学者对基坑的安全评价研究越来越重视,深基坑工程安全分析和评价已成为一个十分重要的岩土工程问题。

目前，国外对深基坑工程风险评价的研究也还处于起步阶段，专门关于深基坑工程的风险研究很少，在岩土工程的其他方面取得的一些研究成果，可为深基坑工程的风险评价提供借鉴。Casagrande 在“太沙基讲座”中，提出土工与地基工程中的风险计算问题。Whitman 对岩土工程中计算风险的评估问题进行了深入研究，并提出了岩土工程风险评估的方法和基本流程。20 世纪 90 年代初，美国科学院下属的美国国家科学研究委员会(National Research Council)组成了一个从事可靠度研究的小组，对可靠度方法在岩土工程风险分析中的应用和存在的问题进行了全面的研究。

Morgensterm 研究了岩土工程中的风险问题，认为岩土工程的风险主要由模型风险、参数风险与管理风险构成，并给出了常用的风险评估方法及风险接受准则。Matsuo、Bjerrum、Yossef 等人较系统地研究了基坑支护结构的可靠性问题，对基坑支护体系各种不确定性因素及各种失效模式的机理进行了分析研究，同时还开展了相应的可靠性分析方法和评价工作。Kampmann 结合哥本哈根地铁工程实例，在实际调研的基础上，利用风险评估技术提出了 40 多种灾害风险因素和 10 种风险类型，同时从事故影响结果及发生概率的角度，建立了具体分类体系，并提出了 48 个风险预防措施，最后运用蒙特卡罗分析法和电子表构建了风险模型。

Burland 等结合具体的隧道工程项目，在系统研究了项目建设过程的风险后，提出了隧道工程项目对周围建筑物影响的评估方法。并利用该风险评估方法对伦敦地铁 Jubilee 线延伸段的隧道工程项目进行了分析计算，得出了该项目施工对周围建筑物可能造成的影响和对应的预防加固措施。Phoon 在基坑支护设计中引入可靠度的理念，采用多抗力系数设计法和荷载抗力系数设计法来计算基坑的一阶可靠度矩阵，建立了一种简化的基坑工程可靠度设计方法，并以此作为评估基坑工程风险的设计标准。

在国内，吕培印基于深基坑工程及其支护体系的知识，结合系统工程理论和模糊数学理论，构造了可反映深基坑支护方案决策的各个影响因素的指标体系分层递阶结构图，提出了深基坑支护体系的多层次模糊综合评判方法，并将其应用在实际工程中。李惠强等根据基坑工程支护体系的特点，构建了基坑支护安全预警系统，并以饱和软土地区的地下连续墙支护形式为例，在分析研究支护结构设计方法的基础上，建立了一种基于施工监测数据为学习样本的改进的 BP 神经网络来预测支护结构墙体位移，同时对地下连续墙支护结构的预警指标进行了讨论。

龙小梅等总结了引发基坑工程事故的原因，结合基坑工程的特点，运用故障树分析法(FTA)对排桩支护和放坡开挖两种体系进行了相关研究，建立了这两种基坑支护结构体系故障树，并根据定性分析，得到了各自潜在的破坏模式。最后，通过某放坡开挖工程安全的故障树分析法计算实例，初步证明了故障树分析应用于基坑工程安全评价中的可行性。黄宏伟等通过对深基坑工程事故的统计分析，确定了深基坑工程施工期的风险管理流程，结合沪闵路立交工程深基坑，在专家经验评价的基础上，利用层次分析法评估了该深基坑工程的施工期风险，并介绍了深基坑工程风险控制的常用对策。

陈神龙等针对地下工程施工过程的风险具有模糊性和随机性的特点，提出了可用于地铁车站施工风险评估的模糊综合评判法，其中各个影响因素的权重用层次分析法来确定，并通过某暗挖地铁车站实例来验证模糊综合评判法的实用性，评判结果基本符合实际情况。何锡兴等结合上海地区某深基坑工程，采用 WBS 方法和故障树法对基坑施工的风险事件与风险因素进行分析、识别，建立了风险清单，在此基础上，运用模糊综合评判方法对该深基坑工程的风险进行评估，得到了相应的施工风险等级。

李立新等通过对地铁车站基坑工程风险原因的分析，构建了相应的安全评价指标体系。根据系统工程学原理和模糊数学理论，将定量与定性分析相结合的模糊综合评价法应用于地铁车站基坑工程的安全评价中，该方法能够综合考虑各评价因素的影响，通过对评价结果向量的分析，可得出地铁车站基坑工程的安全等级。杜丽丽通过对基坑工程施工现场监测内容的系统分析，确定了深基坑支护体系安全可靠性的综合评判指标体系，同时，运用层次分析法建立了相应的三级评判模型。将模糊数学理论与综合评判相结合，提出了评判深基坑支护体系安全可靠性的模糊综合评判法，并将其应用在深圳市罗湖区某大厦深基坑支护体系安全可靠性的评判中，得到了符合实际的模糊综合评判结果，证实了模糊综合评判理论应用在深基坑支护体系安全可靠性的评判中是合理可行的。

史世雍结合上海地区某地铁车站的具体情况确定了深基坑支护体系安全评价的等级及指标，运用模糊综合评判法的基本原理构建了相应的安全评价数学模型，根据实测数据对该深基坑的安全状况进行了模糊综合评判，得到了与实际工程相符的评价结果。邓志秋在对基于施工监测数据的基坑安全评价方法的研究后，将可拓评价方法引入到基坑工程的安全评价中，构建了基坑安全等级的可拓评价物元模型，同时考虑到监测资料的特点，提出采用熵值法来确定各个评价指标的权重。根据这一方法对两个具体深基坑工程进行了基于地下连续墙变形、地下连续墙弯矩、支撑轴力、地表沉降等施工监测指标的安全评价，取得了较理想的结果，证明了可拓评价与熵值法相结合的方法应用于基坑安全评价中的可行性和合理性。

张瑾将基坑施工过程的安全分成基坑本体安全与周围环境安全两个方面，基于施工过程的实测数据，采用模糊综合评判法构建了评判深基坑施工安全的数学模型，并以上海轨道交通某车站工程为例，结合现场监测数据对其进行了综合安全评判，较好地反映了具体工程的实际情况，另外针对基坑开挖中可能出现的问题，提出了相应的风险控制措施。兰守奇等根据专家给出的工程风险事故概率和损失的估值，运用模糊数学理论，提出了通过模糊隶属函数确定一个模糊区间来合理有效地估计深基坑施工期的风险情况，结合上海地铁 10 号线某站深基坑工程实例，对该深基坑的施工期安全状况进行了评估，得出了相应的风险等级。

卢一凡在事故树分析法基础上，运用民用建筑可靠性鉴定标准的分级方法，综合对设计失误、软土层处理不力、施工质量控制不良、漏水管涵处置不力和施工过程控制不良共 5 类主要事故隐患的分析研究，采用定量与定性相结合的评定原则，建立了可操作的基于事故树法土钉支护体系边坡失稳的综合评价模型，并以武汉地区最常用的土钉支护中的 3 个典型事故工程为例，借助事故树图形，阐述了评价模型的构建方法。

赵冬安以武汉地铁 2 号线某车站深基坑工程为例，基于贝叶斯网络的故障树分析方法，对地铁车站深基坑施工中危害较大且容易发生的 15 个风险因素进行分析计算，得到了各个影响因素的关键重要度。实例结果表明：采用根据深基坑工程体系事故树所建造的贝叶斯网络模型计算分析的结果较传统故障树法精确，更主要的是在运算速度及表达形式的复杂程度上都优于传统故障树模型，且较易发现系统的薄弱环节。

1.2 仇毕站概况

仇毕站基坑长 187.877 m，标准段基坑宽 23.20 m，车站标准段开挖深度 27.85 m，南(北)盾构端头井基坑深 29.30 m(29.69 m)，如图 1.3 所示。车站两端区间均为盾构区间，本站按盾构过站考虑，盾构从儿童公园站始发，过仇毕站后向钱湖北路站掘进。车站标准段底板埋深为 27.85 m，围护结构采用 1 200 mm 厚地下连续墙(共 76 幅)＋混凝土(第一、第六支撑)和钢管内支撑(第二、三道采用直径 609 mm、壁厚 16 mm 钢支撑，第四、五、七、八道采用 800 mm、壁厚 16 mm 钢支撑)体系，连续墙插入比约为 0.97；结构侧墙厚 800～900 mm，顶板厚 800 mm，底板厚 1 500 mm。南(北)盾构端头井基坑深 29.30 m(29.69 m)，采用 1 200 mm 厚地下连续墙＋混凝土(第一、六道支撑)和钢管内支撑(第二、三道采用直径 609 mm、壁厚 16 mm 钢支撑，第四、五、七、八、九及换撑采用直径 800 mm、壁厚 16 mm 钢支撑)体系，连续墙插入比约为 0.99(0.98)；结构侧墙厚度 800～900 mm，顶板厚 800 mm，底板厚 1 500 mm。

图 1.3　仇毕站基坑围护结构平面布置

本车站结构包含主体结构、出入口与通风道、预留空间、深基坑围护及基地加固、结构防水等。共设 2 组风亭和 4 个出入口。1、3 号出入口设于车站主体，2、4 出入口与物业链接。车站为地下四层岛式站台，双柱三跨形框架结构，车站采用明挖顺作法施工，车站中心顶板覆土厚度 1.55 m。

本车站地质剖面如图 1.4 所示，车站顶板覆土 1.5 m，底板位于⑤$_1$黏土层。拟建场地地层在地面下 99.2 m 深度范围内底层除①$_1$层属近代形成外，①$_2$、①$_3$、②、③层为全新世 Q_4 地层，④、⑤、⑥、⑧、⑨、⑩层为晚更新世 Q_3 地层。车站场地属典型的软土地区，广泛分布厚层状软土，具有“天然含水量大于或等于液限，天然孔隙比大于或等于 1.0，压缩性高，强度低，灵敏度高，透水性低”等特点。由于软土属高灵敏土，在施工扰动下强度急剧降低，施工时应保证坑壁稳定。

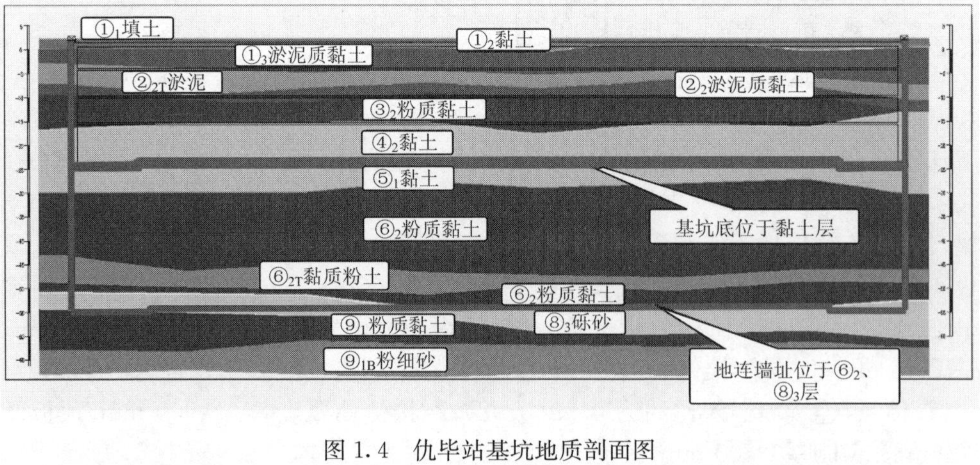

图 1.4　仇毕站基坑地质剖面图

由于本车站为4层岛式车站，为宁波轨道交通目前最深的一个车站，其软土层厚、地质条件较差，局部地段存在③$_1$层粉细砂，对基坑地下连续墙围护结构施工有一定的威胁。同时，软土地区深基坑开挖过程中如出现施工质量问题，会因为基坑位移较大引起支护、支撑体系失稳，造成质量问题甚至重大质量、安全事故。为此，本项目首先根据宁波软土深基坑施工经验总结出深基坑施工技术及质量的控制措施，对深基坑施工的各工序的施工技术和质量控制要点进行阐述，并针对该软土地区特殊的地质条件提出地下连续墙减压降水成槽技术、地下连续墙的施工质量控制技术等，以解决施工生产中出现的重大技术问题，提出相应切实可行的施工工艺参数，避免因施工质量问题产生风险。

仇毕站为地下四层岛式站台，双柱三跨或三柱多跨矩形框架结构，车站采用明挖顺作法施工，车站中心顶板覆土厚度1.55 m。车站总长188 m，标准段基坑宽23.20 m，开挖深度27.85 m。南(北)端头井宽度为26.2 m(26.3 m)，基坑深28.31 m(28.70 m)。主体结构的围护措施拟采用1 200 mm、1 000 mm厚地下连续墙，标准段围护深度约55.55 m，端头井处围护深度约为59.0 m，附属结构的围护围护深度约为27.50 m。抗拔桩拟采用ϕ1 000/ϕ1 200钻孔灌注桩，有效桩长45 m。立柱桩拟采用ϕ1 000/ϕ1 200钻孔灌注桩，有效桩长45 m。地基加固采用钻孔灌注桩、深层搅拌桩及高压旋喷桩加固。

在地下连续墙成槽前，4个转角处采用高压旋喷桩进行槽壁加固。地下连续墙混凝土设计强度等级为C35(按水下混凝土施工提高一个等级施工)，抗渗等级≥P10。地下连续墙每幅槽段内设置4根注浆管，采用ϕ50 mm、壁厚3 mm的钢管，声测管长度与地墙深度相同，底部超出钢筋笼底50 cm，顶部超出地墙混凝土浇筑面50 cm，到位后向声测管内灌满清水并做好管口的保护。墙身混凝土达到设计强度的70%后注浆。

1.2.1 工程地质

仇毕站车站场地属典型的软土地区，广泛分布厚层状软土。根据地基土的特征、成因及物理力学性质，土层可划分为11个大层及若干个亚层，如图1.5所示。土层分布如下：

①$_1$层填土：杂色，广泛分布，一般厚度约1.5～2.5 m，局部层厚达2.5 m(位于$S_1^2J_2$)，填料不均，结构密实度不一。以碎石土、素填土为主，结构呈松散状态。

①$_2$层黏土：灰黄色，局部分布，层位相对稳定，层厚0.7～3.2 m，层顶埋深1.6～3.3 m，层顶标高−0.33～2.04 m。该层俗称“硬壳层”，呈软可塑状态，具高压缩性。液性指数I_L平均值为0.72，压缩系数$a_{0.1\sim0.2}$平均值为0.53 MPa^{-1}，静探锥尖阻力q_c平均值为0.67 MPa，静探侧壁摩阻力f_s平均值为35.8 kPa。土质不

均,呈"上硬下软"趋势,底部多呈软塑状态。

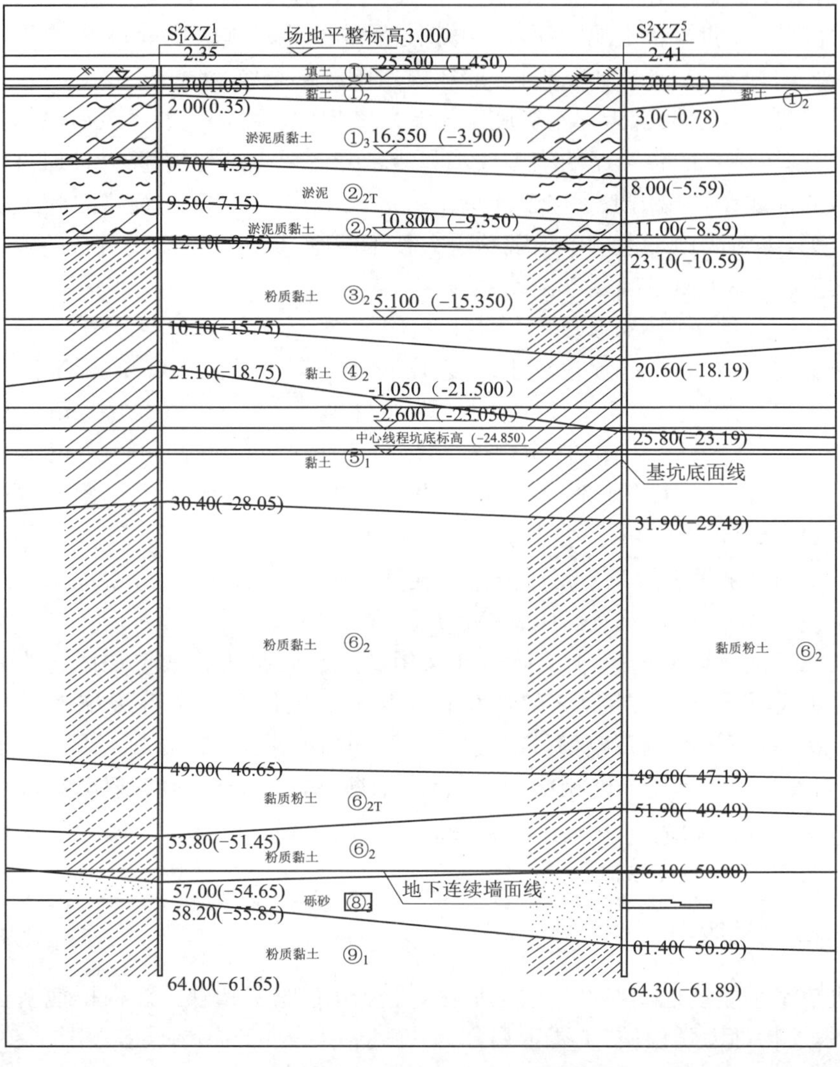

图 1.5 仇毕站所处地质剖面图

①$_3$层淤泥质黏土:灰色,广泛分布,层位相对稳定,层厚 2.4～6.5 m,层顶埋深 0.5～6.5 m,层顶标高−3.53～1.27 m。该层为主要软弱土层之一,呈流塑状态,具高压缩性,属高灵敏度土。液性指数 I_L平均值为 1.26,压缩系数 $a_{0.1\sim0.2}$平均值为 1.03 MPa^{-1},静探锥尖阻力 q_c平均值为 0.33 MPa,静探侧壁摩阻力 f_s平均值为 7.3 kPa。土质不均,含少量有机质,局部夹淤泥。

②$_2$层淤泥质黏土:灰色,广泛分布,层位相对稳定,层厚 2.4～5.5 m,层顶埋深 7.5～12.3 m,层顶标高－9.51～－5.48 m。该层为主要软弱土层之一,呈流塑状态,具高压缩性,属高灵敏度土。液性指数 I_L平均值为 1.20,压缩系数 $a_{0.1\sim0.2}$平均值为 0.98 MPa^{-1},静探锥尖阻力 q_c平均值为 0.53 MPa,静探侧壁摩阻力 f_s平均值为 9.6 kPa。土质不均,含少量有机质,局部夹淤泥。

②$_{2T}$层淤泥:灰色,广泛分布,层位相对稳定,层厚2.0～6.0 m,层顶埋深 3.6～9.0 m,层顶标高－6.03～－1.69 m。该层为主要软弱土层之一,呈流塑状态,具高压缩性,属高灵敏度土。液性指数 I_L平均值为 1.45,压缩系数 $a_{0.1\sim0.2}$平均值为 1.21 MPa^{-1},静探锥尖阻力 q_c平均值为 0.41 MPa,静探侧壁摩阻力 f_s平均值为 7.7 kPa。土质不均,含少量有机质,局部夹淤泥质土。

③$_1$层粉土夹粉砂

灰色,一般含粉砂量很高,具层理构造,部分呈粉砂、粉土与黏性土互层状,单层厚度 5～1 mm,局部间夹黏性土薄层,含腐殖物及贝壳碎屑,局部呈粉砂或粉土厚层,土面无光泽反应,低韧性,低干强度,摇振反应明显。松散～稍密,局部中密,饱和。实测标贯平均击数为 9.7 击,中等压缩性土。

③$_2$层粉质黏土:灰色,局部分布,层厚 1.0～4.5 m,层顶埋深 10.5～16.0 m,层顶标高－12.81～－9.73 m。呈现出软塑状态,具中压缩性。液性指数 I_L平均值为 0.97,压缩系数 $a_{0.1\sim0.2}$平均值为 0.41 MPa^{-1},静探锥尖阻力 q_c平均值为 0.82 MPa,静探侧壁摩阻力 f_s平均值为 11.1 kPa。土质不均,夹薄层状粉土、粉砂,局部粉性较重相变为粉砂、砂质粉土。

1. 晚更新世(Q_3)

④$_2$层黏土:灰色,局部缺失,层位起伏相对较大,层厚 2.0～12.8 m,层顶埋深 14.0～26.0 m,层顶标高－15.62～－24.19 m。呈现出软塑状态,具中压缩性。液性指数 I_L平均值为 0.89,压缩系数 $a_{0.1\sim0.2}$平均值为 0.67 MPa^{-1},静探锥尖阻力 q_c平均值为 1.17 MPa,静探侧壁摩阻力 f_s平均值为 17.3 kPa。土质不均,局部为粉质黏土。

⑤$_1$层黏土:褐黄、灰黄色,局部缺失,层位起伏相对较大,层厚 1.1～15.9 m,层顶埋深 13.3～19.6 m,层顶标高－16.15～－12.96 m。呈现出硬可塑状态,具中压缩性。液性指数 I_L平均值为 0.45,压缩系数 $a_{0.1\sim0.2}$平均值为 0.29 MPa^{-1},静探锥尖阻力 q_c平均值为 1.96 MPa,静探侧壁摩阻力 f_s平均值为 51.4 kPa。土质不均,夹薄层状粉土,局部粉性较重。

⑤$_2$层粉质黏土:灰黄色,广泛分布,层位起伏相对较大,层厚 3.6～8.5 m,层顶埋深 28.6～34.0 m,层顶标高－25.85～－31.11 m。呈现出软塑状态,具中压缩性。液性指数 I_L平均值为 0.86,压缩系数 $a_{0.1\sim0.2}$平均值为 0.32 MPa^{-1},静探锥

尖阻力 q_c平均值为 1.68 MPa，静探侧壁摩阻力 f_s平均值为 42.1 kPa。土质不均，夹薄层状粉土，局部为黏土。

⑥$_2$层粉质黏土：灰色，分布较广，层位起伏相对较大，层厚 1.6～23.5 m，层顶埋深 27.4～33.2 m，层顶标高－30.40～－24.75 m。呈现出软塑状态，具中压缩性。液性指数 I_L平均值为 0.90，压缩系数 $a_{0.1\sim0.2}$平均值为 0.35 MPa^{-1}，静探锥尖阻力 q_c平均值为 1.64 MPa，静探侧壁摩阻力 f_s平均值为 24.1 kPa。土质不均，夹薄层状粉土，局部为黏土。

⑥$_{2T}$层粉土：灰色，局部分布，层位起伏相对较大，层厚 1.7～4.5 m，层顶埋深 30.3～51.6 m，层顶标高－48.61～－30.45 m。呈现出中密状态，具中压缩性。压缩系数 $a_{0.1\sim0.2}$平均值为 0.23 MPa^{-1}，静探锥尖阻力 q_c平均值为 3.96 MPa，静探侧壁摩阻力 f_s平均值为 101.4 kPa，标贯实测击数平均值为 20.8。土质不均，夹薄层状粉砂、黏性土。

⑧$_1$层粉细砂：灰色，广泛分布，层位起伏相对较大，层厚 0.9～13.5 m，层顶埋深 55.6～64.2 m，层顶标高－62.59～－54.18 m，密实状态，具中～低压缩性。标贯击数 N 实测平均值为 47.2，重型动力触探击数 $N_{63.5}$实测平均值为 25.4，压缩系数 $a_{0.1\sim0.2}$平均值为 0.13 MPa^{-1}。

2. 中更新世（Q_2）

⑨$_1$层粉质黏土：兰灰色、褐灰色，局部揭露，层厚 0.7～12.5 m，层顶埋深 64.8～69.0 m，层顶标高－66.01～－61.81 m。呈硬可塑状态，具中压缩性。液性指数 I_L平均值为 0.45，压缩系数 $a_{0.1\sim0.2}$平均值为 0.27 MPa^{-1}。土质不均，夹薄层粉砂。

⑨$_{1B}$层中粗砂：灰色，仅 S_8XZ_1 处揭露，层厚 1.7 m，层顶埋深 78.4 m，层顶标高－75.26 m，密实状态，具中～低压缩性。标贯击数 N 实测平均值为 48.8。

⑩$_1$层粉质黏土：黄褐色，仅 S_8XZ_1 处揭露，未穿透，层顶埋深 80.1 m，层顶标高－76.96 m，呈硬可塑状态，具中压缩性。液性指数 I_L平均值为 0.24，压缩系数 $a_{0.1\sim0.2}$平均值为 0.19 MPa^{-1}。土质不均。

⑩$_2$层粉质黏土：黄褐色，仅 S_8XZ_1 处揭露，未穿透，层顶埋深 80.1 m，层顶标高－76.96 m，呈硬可塑状态，具中压缩性。液性指数 I_L平均值为 0.24，压缩系数 $a_{0.1\sim0.2}$平均值为 0.19 MPa^{-1}。土质不均。

3. 玄武岩（N_3）

玄武岩根据风化程度不同划分为 1 个亚层：

⑪$_3$层弱（中）风化玄武岩（N_3）：褐灰色，块状结构，节理裂隙较发育，含长石岩脉，裂隙面覆铁锰质氧化膜，岩芯呈短柱状或块状，岩质较破碎，属较硬岩，RQD＝50%～70%，节长 5～30 cm 不等。局部揭露，层顶埋深为 100.0～101.3 m，层顶标高－97.00～－98.73 m，物理力学性质好，岩体基本质量级别为Ⅲ级。

泥质砂岩根据风化程度不同划分为 3 个亚层：

⑫$_1$层全风化泥质砂岩：棕红色，岩石风化强烈，原岩结构基本被破坏，岩石风化成土状，手捏即碎。仅局部揭露，物理力学性质好，呈软可塑状态，具中压缩性，层厚一般为 3.0～4.6 m，层顶标高 94.0～94.8 m，层厚－91.43～－91.80 m。

⑫$_2$层强风化泥质砂岩(K_{3f})：仅局部揭露，物理力学性质好，呈密实状态，具中～低压缩性，层厚一般在 2.2～2.7 m，层顶标高 97.8～98.6 m，层厚－94.80～－96.03 m。

⑫$_3$层弱(中)风化泥质砂岩(K_{3f})：棕红色，块状结构，节理裂隙较发育，岩芯呈短柱状或块状，岩质较破碎，属软岩，RQD＝50％～70％，节长 5～30 cm 不等。局部揭露，层顶埋深为 100.0～101.3 m，层顶标高－97.00～－98.73 m，物理力学性质好，岩体基本质量级别为Ⅲ级。

1.2.2 水文地质

根据地下水含水空间介质和水理、水动力特征及赋存条件，拟建工程沿线地下水主要为第四系孔隙潜水类型、孔隙承压水类型。

孔隙潜水：赋存于浅部的填土、黏性土层中。表部填土结构松散，孔隙大，富水性差，透水性较好，水量贫乏；浅部黏性土层的富水性差，透水性较差，水量贫乏。潜水与地表水联系密切，其补给来源主要为大气降水、地表径流，排泄方式主要以蒸发形式排泄。潜水水位变化受气候环境与地表径流影响显著，经调查，水位季节性变化幅度为 1.0 m 左右。

孔隙承压水：主要赋存于中部第⑥层承压含水层和深部第⑧、⑨层承压含水层中，分属于宁波市第Ⅰ、Ⅱ含水层，其中第Ⅰ含水层组又分为$Ⅰ_1$和$Ⅰ_2$承压水。地下水水化学类型以 HCO_3-Cl-Ca 型和 HCO_3-SO_4-Ca 型为主。

1. $Ⅰ_1$层孔隙承压水

第$Ⅰ_1$层孔隙承压水主要赋存于⑥$_{2T}$层粉土层粉土层中。据区域资料：宁波地区(微)承压水位呈季节性变化，(微)承压水位埋深一般为 3.0～7.0 m。

⑥$_{2T}$层粉土渗透系数约 10^{-3} cm/s，属弱透水层，局部分布，涌水量小，富水性差，单井涌水量为 50～100 m^3/d。利用相邻工点勘察期间实测承压水水位埋深在 1.65 m 左右，水质为咸水，对拟建基坑施工具不利影响。

2. $Ⅰ_2$层孔隙承压水

第$Ⅰ_2$层孔隙承压水赋存于⑧$_1$层粉细砂土中，渗透系数约 10^{-2} cm/s，透水性属中等，水量丰富，单井涌水量 1 500～1 800 m^3/d，系市区地下水主要开采层之一，水温为 19.5～20.0 ℃，水质为微咸水，勘察期间实测水位埋深为 2.94 m。因受长期高强度开采的影响，目前已形成区域水位降落漏斗，并且随季节而变化，一般冬季用水量减少，水位相对较高，与本工程关系较为密切。对拟建基坑施工具不利影响，在施工时应引起重视。

3. Ⅱ层孔隙承压水

第Ⅱ层孔隙承压水赋存于⑨$_{1B}$层中粗砂中，透水性属中等，水量较大，单井开采量一般为 1～1 500 m^3/d，是市区主要淡水开采层之一，水温为 20.5～21.0 ℃，原始水位略高于第Ⅰ含水层，因长期开采，目前亦已形成区域降落漏斗，动水位埋深一般为 10～20 m。层顶埋深为 63.75 m，故对拟建基坑基本无不利影响。

1.2.3 重大风险

本工程周边有 4 栋建筑，仅现代商城为 6 层框架结构，管桩基础；其余均为 2～4层建筑，条形基础，各建筑均较接近基坑主体。周边管线除一根供电管线外均沿永达路敷设，其中电信管线 1、电信管线 2、天然气管线等 6 根接近主体基坑。通过对仇毕站的静态风险评估，主体基坑工程的风险指数为 11.2，风险等级为Ⅱ级。仇毕站主体结构工程需重点关注的施工风险主要有地下连续墙施工、基坑降水、土方开挖、支撑体系，并注意软土、沼气层等不良地质以及承压水对基坑的不利影响。重大风险源见表 1.1。

表 1.1 仇毕站主体基坑工程Ⅱ级和Ⅱ级以上的重大风险源表

风险类别	风险单元名称	风险单元指数	风险段元等级
施工风险	地下连续墙施工	12.5	Ⅱ级
	基坑降水施工	14.3	Ⅱ级
	基坑排水	12.0	Ⅱ级
	高压旋喷桩施工	11.0	Ⅱ级
	钻孔灌注桩	11.1	Ⅱ级
	三轴搅拌桩加固	11.2	Ⅱ级
	土方开挖	14.9	Ⅱ级
	支撑体系	14.8	Ⅱ级
	主体结构	14.0	Ⅱ级
不良地质风险	淤泥质土及黏性土	11.0	Ⅱ级
环境风险	宁波某汽车 4S 店	10.5	Ⅱ级
	宁波某停车场	10.5	Ⅱ级
	宁波某市场	9.8	Ⅱ级
	永达路	10.5	Ⅱ级
	百隆街	10.2	Ⅱ级

续上表

风险类别	风险单元名称	风险单元指数	风险段元等级
环境风险	给水管线	12.6	Ⅱ级
	雨水管线	11.1	Ⅱ级
	电信管线 2	12.6	Ⅱ级
	煤气管线	10.5	Ⅱ级
自然风险	暴雨	10.1	Ⅱ级
	台风	11.1	Ⅱ级

根据本工程地质条件及场地周边环境情况，仇毕站车站深基坑施工要严格控制基坑的变形。针对各层承压水，经计算分析，⑥$_{2T}$层粉土层中承压水采用地下连续墙隔断，基坑开挖前泄压即可；⑧$_3$层砂砾土中的承压水在不考虑土层与连续墙摩阻力的条件下，标准段车站基坑抗突涌安全系数为 1.005，盾构段为 0.96；在考虑上覆土层与连续墙摩阻力的条件下，标准段车站基坑抗突涌安全系数为 1.162，盾构段为 1.13，处于临界状态，对于⑧$_3$层砂砾土中的承压水，在基坑施工过程中需针对承压含水层进行专门的降水处理，基坑开挖至 25 m 审深左右开始降水，最大降深不超过 7 m。降水需考虑回灌措施，且需严格监控周边建筑物沉降。

由于仇毕站深基坑工程的特点，在深基坑施工过程中支护结构会产生变形、周围道路和建筑物会发生沉降，若是支护结构变形、周围道路和建筑物沉降值过大，必然会给基坑和周边环境带来危害，控制和预测深基坑的变形对于深基坑工程的安全和周边环境的保护具有重要意义，为此需从软土深基坑施工技术、深基坑承压水控制技术、基坑变形控制施工技术以及软土深基坑承压水抽灌一体化变形控制技术等方面对仇毕站深基坑进行变形控制，以确保基坑施工安全。同时，结合本工程探讨深基坑施工安全评判标准，并从设计和施工两方面研究宁波软土深基坑工程在不同施工阶段的控制措施和控制标准。

第2章　软土地铁车站深基地下连续墙施工技术

1950年意大利开始在水库大坝工程中使用地下连续墙技术，1958年我国引进了此项技术并应用于北京密云水库的施工中。20世纪70年代中期，这项技术开始推广应用到建筑、煤矿、市政等部门。我国的一些重大地下工程和深基础工程是利用地下连续墙工艺完成的，取得了很好的效果。如广州白天鹅宾馆、广州花园饭店、上海电信大楼、上海国际贸易中心、新上海国际大厦、金茂大厦、北京王府井宾馆等高层建筑深基础工程中都应用了地下连续墙。

“地下连续墙”就是用专用设备沿着深基础或地下构筑物周边采用泥浆护壁开挖出一条具有一定宽度与深度的沟槽，在槽内设置钢筋笼，采用导管法在泥浆中浇筑混凝土，筑成一单元墙段，依次顺序施工，以某种接头方法连接成一道连续的地下钢筋混凝土墙，以便基坑开挖时防渗、挡土，作为邻近建筑物基础的支护以及直接成为承受直接荷载的基础结构的一部分。若地下连续墙为封闭状，则基坑开挖后，地下连续墙既可挡土又可防水，为地下工程施工提供条件。地下连续墙也可以作为建筑的外墙承重结构，两墙合一，则大大提高了施工的经济效益。在某些条件下，地下连续墙与“逆作法”技术共同使用是深基础很有效的施工方法，会大大提高施工的工效。

本章结合宁波轨道交通3号线仇毕站车站深基坑工程设计方案、工程地质条件，对地下连续墙施工中的导墙施工、泥浆、成槽、水下混凝土灌注、接头处理等关键工序技术进行详细的介绍，为了确保车站深基坑的施工安全，应加强深基坑围护及结构的施工质量和控制。

2.1　地下连续墙施工工艺

由于仇毕站地下连续墙最深槽段为56.31 m，最大钢筋笼单幅重62.0 t，结合工程具体情况，连续墙成槽采用两台SG40型液压抓斗开挖成槽，以“跳孔成槽法”施工，采用膨润土泥浆护壁。钢筋笼采取双机抬吊吊装、分节吊装入槽的吊装方案，主筋接头的连接采用直螺纹套筒连接。主吊采用250 t履带吊，副吊采用100 t

履带吊。水下混凝土灌注采用导管法施工，混凝土导管采用 D=250 mm 的圆形螺旋快速接头型钢导管。单幅槽段地下连续墙，施工作业流程如图 2.1 所示，施工工况如图 2.2 所示。

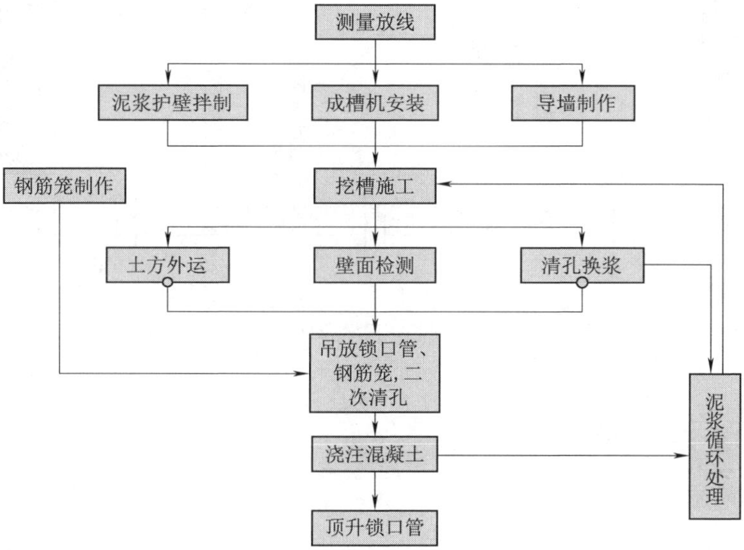

图 2.1　施工作业流程图

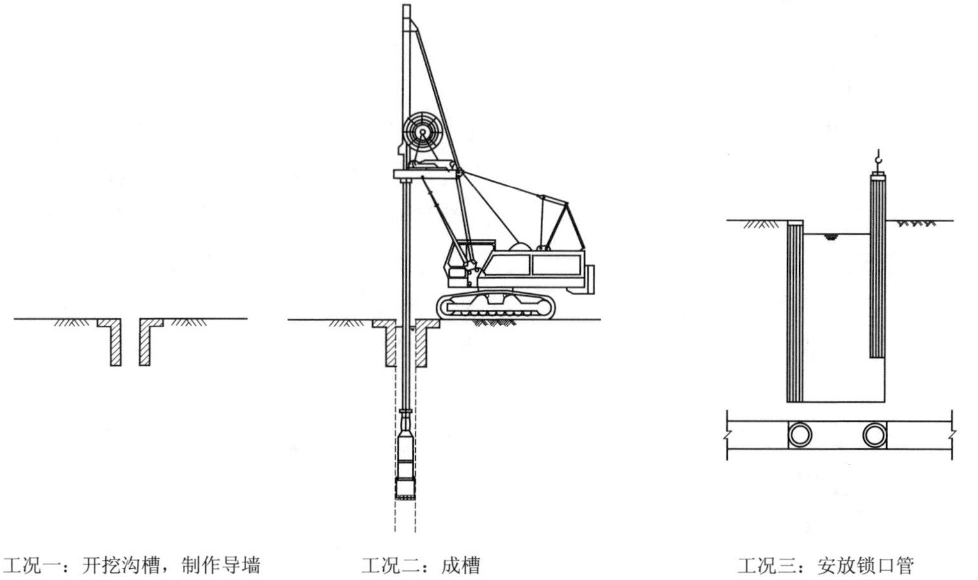

图 2.2　单幅槽段地下连续墙工况流程

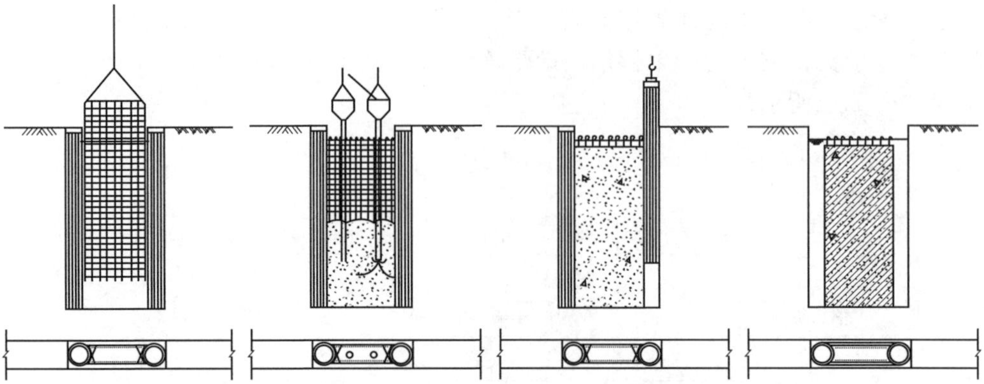

工况四：吊放钢筋笼　　工况五：水下混凝土浇注　　工况六：拔除锁口管　　已完工的槽段

图 2.2　单幅槽段地下连续墙工况流程(续)

2.2　地下连续墙施工技术

2.2.1　导墙施工

导墙起着锁口、成槽导向、储存泥浆稳定液、维护上部土体稳定和防止土体坍落、槽段分幅定位和承担临时施工荷载等作用，直接关系着地下连续墙顺利成槽和成槽的精度。导墙施工时，若地质情况比较好，则直接施作导墙；若地质松散，则可从地表进行注浆加固。

1. 导墙形式的确定

根据设计图纸以及地质情况，导墙施工采用“┓ ┏”型结构形式，导墙混凝土采用 C25 钢筋混凝土施作(内掺早强剂)，导墙两侧的翼面置于原状土上。为保证两侧导墙能紧贴地面并在地下连续墙施工前和施工中不产生内挤，导墙翼面宽度设计为 1.3 m、墙厚 0.2 m、导墙深度 1.8 m，导墙顶面高出地面不小于 0.1 m，防止周围的散水流入槽段内。导墙的净距按照《地下铁道工程施工及验收规范》的要求大于地下连续墙的设计宽度 50 mm。导墙具体形式如图 2.3 所示。

导墙各转角处需向外延 300 mm，以免成槽断面不足，防碍钢筋笼下槽，以满足最小开挖槽段及成槽需要。

2. 导墙施工

(1)导墙施工工艺流程

施工工艺流程如图 2.4 所示。

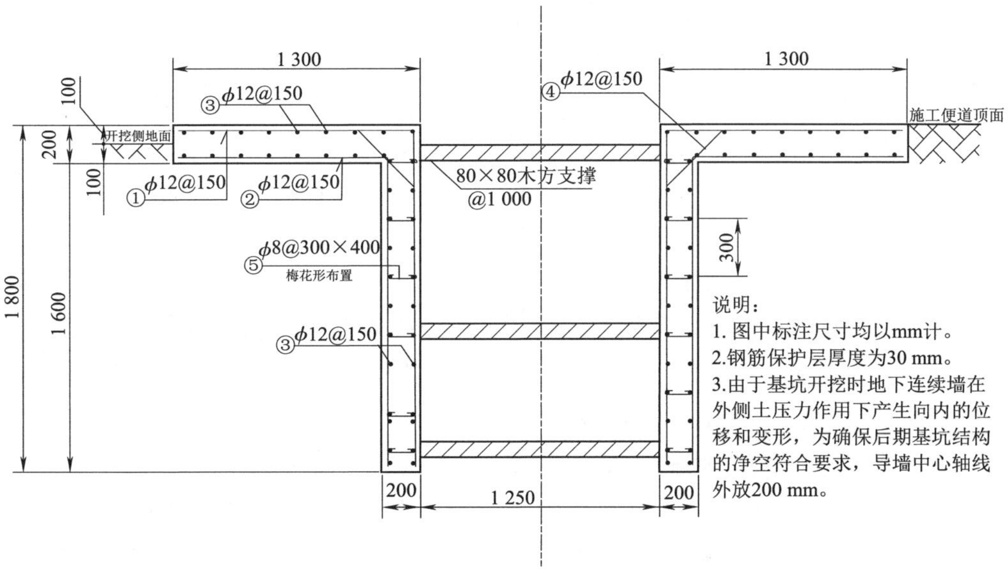

图 2.3　导墙断面形式

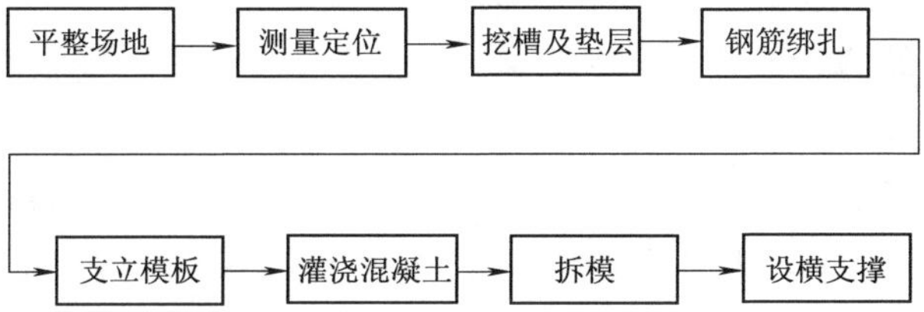

图 2.4　导墙施工工艺流程图

(2)导墙沟槽开挖

为了确保导墙的稳定性，导墙施工以底部深入未经扰动的原状土和在回填夯实的加固土体上制作牢固的钢筋混凝土导墙，根据测量放样在导墙位置进行开挖，清除导墙施工范围障碍物，直至原状土，然后施作导墙，导墙顶高出地面不小于 10 cm。

导墙采用 C25 钢筋混凝土结构，壁厚 20 cm，配筋为双层双向 ϕ12@150 mm，导墙净宽 1 250 mm。导墙尽量和附近的施工便道一体浇筑，在绑扎施工便道的钢筋之前，先要将导墙两侧用优质黏土分层回填、压实。

导墙施工在放坡后开挖导墙沟(放坡比为 1∶0.5)，采用挖掘机开挖，人工配合修整清底，潜水泵抽排坑内积水。导墙开挖好一段后，即在沟底施作 50 mm 厚

1∶3 水泥砂浆抹平，当水泥砂浆达到一定强度后开始绑扎钢筋，架立模板，经测量检查位置符合规范偏差要求，并经监理工程师检查确认后，进行 C25 混凝土灌筑，泵送入仓，插入式振捣器振捣密实。导墙顶面标高严格控制，局部高差控制在 5 mm以内，轴线偏差不超过 10 mm。

如果导墙施作过程中遇到障碍物、软弱地层或其他废弃管线导致开挖深度过大，则可把导墙加深，以满足施工要求。

(3)导墙的钢筋混凝土施工

①导墙沟槽开挖完成、垫层完成并达到一定强度后，绑扎导墙钢筋，导墙钢筋用 ϕ12 螺纹钢，施工时双层双向布置，钢筋间距按 150 mm×150 mm 排列，水平纵向钢筋置于内侧。钢筋保护层厚度为 30 mm。

②为确保导墙施工质量，在施工前先检查模板的平整度。

③侧墙模板采用组合钢模板，分块长度为 2 m×1 m。面板为 6 mm 厚钢板，面板背肋采用 6 mm 厚钢板并与面板点焊连接，纵横向间距 250 mm 布置。模板加固采用 ϕ48 mm 钢管，纵向钢管间距为 300 mm，竖向钢管间距为 500 mm。两竖向钢管间采用 ϕ20 钢筋对撑，钢筋两端与竖向钢管焊接。

模板加固牢固，严防跑模，并保证轴线和净空的准确。混凝土浇筑前先检查模板的垂直度和中线以及净距是否符合要求，经"三检"合格后报监理工程师通过，方可进行混凝土浇筑。

④混凝土浇筑采用人工与反铲配合，混凝土浇筑时两边对称交替进行，严防走模。如发生走模，立即停止混凝土的浇筑，重新加固模板，并校正到设计位置后，方可继续进行浇筑。

⑤混凝土的振捣采用插入式振捣器，振捣间距根据振捣器的有效范围确定，防止振捣不均，同时也防止在一处过振而发生走模现象。

(4)模板拆除

待导墙混凝土强度达到设计强度的 80%后方可拆模，拆模后立即再次检查导墙的中心轴线和净空尺寸以及侧墙混凝土的浇筑质量，如发现侧墙混凝土侵入净空或墙体出现空洞及时修凿或封堵，并召集相关人员分析讨论事故发生原因，制定出相应措施，防止类似问题再次发生。

模板拆除后立即架设木支撑，支撑上下各一道，呈梅花形布置，间距 1.0 m。成槽施工前支撑不允许拆除，以免导墙移位。经检查合格后报监理工程师验收，验收合格后立即回填，防止导墙内挤。同时在导墙顶翼面上用红油漆做好分幅线并标上幅号。如图 2.5 所示。

图 2.5　导墙拆模后架设内支撑及回填示意图

导墙混凝土强度达到设计强度前，禁止任何重型机械和运输设备在其旁边通过。导墙施工缝与连续墙接缝错开，导墙顶面铺设安全网片或木板，以保障施工安全。

3. 导墙施工技术要求

(1)内墙面与地下连续墙纵轴平行度为±10 mm。

(2)内外导墙间距为±10 mm。

(3)导墙内墙面垂直度为0.5%。

(4)导墙内墙面平整度为3 mm。

(5)导墙顶面平整度为5 mm。

4. 导墙施工注意要点

(1)在导墙施工全过程中，保持导墙沟内不积水。

(2)横贯或靠近导墙沟的废弃管道需封堵密实，以免成为漏浆通道。

(3)导墙沟侧壁土体是导墙浇筑混凝土时的外侧土模，防止导墙沟宽度超挖或土壁坍塌。

(4)导墙的墙趾需插入未经扰动的原状土层中。

(5)导墙分段施工，每段长度以20～40 m为宜。为防止施工机械荷载大造成导墙移位，导墙接缝采用错缝搭接，水平钢筋应预留连接钢筋与邻接段导墙的水平纵向钢筋相连接，使导墙成为一个整体。导墙混凝土可与施工便道混凝土一同浇筑，以利于导墙的稳定。

(6)导墙是液压抓斗成槽作业的起始阶段导向物，必须保证导墙的内净宽度尺寸与内壁面的垂直精度达到设计和规范要求。

(7)导墙立模结束之后，浇筑混凝土之前，应对导墙放样成果进行最终复核，并请监理工程师验收签证。

(8)导墙混凝土达到设计强度后，方可进行成槽作业，在此之前禁止车辆和起重机等重型机械靠近导墙。

(9)导墙混凝土浇筑完毕，拆模后及时加设两道 10 cm×10 cm 方木对口撑，支撑间距约 1 m，上下两道。对口撑在槽段开挖时才拆除，确保导墙垂直精度，并向导墙沟内回填土方，以免导墙产生位移。

2.2.2　高压旋喷桩施工

高压喷射注浆法是利用钻机把带有喷嘴的注浆管钻进土层的预定位置后，以高压设备使浆液或水(空气)成为 20～40 MPa 的高压射流从喷嘴中喷射出来，冲切、扰动、破坏土体，同时钻杆以一定速度逐渐提升，将浆液与土粒强制搅拌混合，浆液凝固后，在土中形成一个圆柱状固结体(即旋喷桩)，以达到加固地基或止水防渗的目的。

本工程高压旋喷桩采用双重管法施工。喷射注浆前检查高压设备和管路系统，设备的压力和排量必须满足施工需要。管路系统的密封圈必须良好。各通道和喷嘴内不得有杂物，并准备适量的常规配件。

1. 高压旋喷桩施工工艺

高压旋喷桩施工工艺流程见图 2.6。

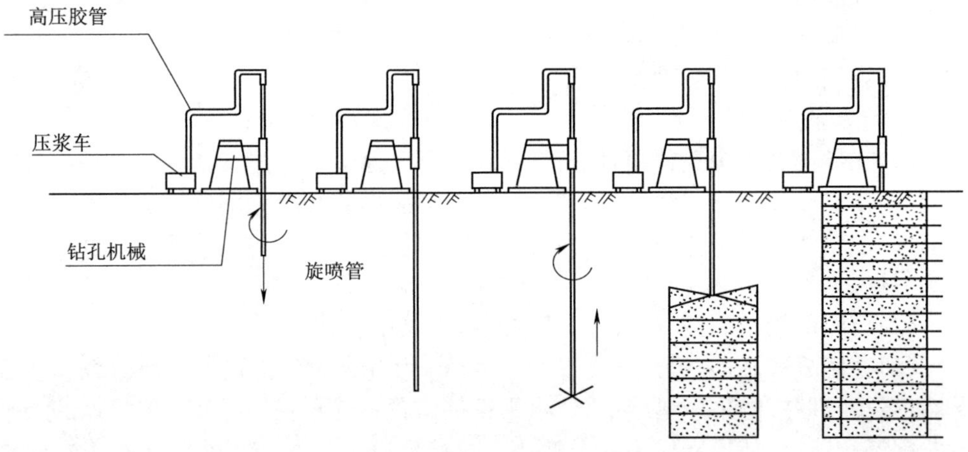

图 2.6　高压旋喷桩施工工艺流程图

1—旋喷管；2—钻孔机械；3—高压胶管；4—超高压脉冲泵

高压旋喷桩施工工艺：钻机就位钻孔→钻孔至设计标高→旋喷开始→边旋喷边提升→旋喷结束成桩。

(1)钻机就位

钻机安放在设计孔位上，使钻头对准孔位中心，纵横向偏差不得大于 50 mm。

为保证钻孔达到规范要求的垂直度偏差1%以内，钻机就位后，必须做水平校正，使钻杆轴线垂直对准孔位，并固定好桩机。

(2)造孔

钻孔的目的是为了把注浆管置入到预定深度，钻孔方法可根据地层条件、加固深度和机具设备等条件确定。成孔后，校验孔位、孔深及垂直度是否符合规范要求(孔位纵横向偏差不大于50 mm、孔深不小于设计深度、垂直度偏差不大于1%)。

(3)下注浆管

成孔合格后即可下入注浆管到预定深度。在下管之前，必须进行地面试喷，检验喷射装置及气、浆发生装置是否正常。

(4)喷射注浆作业

将注浆管下到预定深度后，检验喷射方向、摆动角度，进行地下试喷，一切正常后即可自下而上进行喷射作业。施工过程中，必须时刻注意检查浆液初凝时间、气浆流量及压力、提升速度、旋摆速度、喷射方向等参数是否符合设计要求，并随时做好记录，如遇故障及时排除。

(5)冲洗器具

喷射作业完成后，应把注浆管等机具设备冲洗干净，管内、机内不得残存水泥浆。通常把浆液换成水，在地面上喷射，以便把泥浆泵、注浆管和软管内的浆液全部排除。

(6)移动机具

将钻机等机具设备移到新孔位上。

2. 旋喷桩施工工艺要点

(1)变参数喷射

由于天然地基的地质情况比较复杂，沿着深度变化大，有多种土层，其密实度、含水量、土粒组成和地下水状态等有很大差异。若采用单一的技术参数来喷射长桩，则会形成直径或长度极不均匀的固结体，导致旋喷桩直径不一，使承载力降低。为确保质量，需根据钻孔时获得的孔位处地层情况，对不同深度或不同土层采用不同的技术参数，对硬土、深部土层和土粒大的卵砾石要延长喷射时间，适当放慢提升速度和旋摆速度或提高喷射压力和泵量。

(2)重复喷射

在不改变喷射技术参数的条件下，对同一孔位作重复喷射，能增加土体破坏的有效长度，从而加大固结体的直径或长度和提高固结体强度。有关试验资料表明，在黏性土中复喷一次直径可增大38%，在砂性土中可增大50%。

(3)冒浆处理

在喷射注浆过程中，有一定数量的土颗粒与水、浆混合后，沿着注浆管管壁冒出地面。通过对冒浆量、冒浆比重的测量及冒浆颜色的观察，可及时了解地层状况，判断喷射注浆的大致效果和喷射技术参数的合理性。完全不冒浆、继续冒浆或冒浆量及其比重过大或过小时为异常现象。当出现异常情况时，首先检查提升速度，旋摆喷速度，气、浆流量和压力等技术参数，及时采取措施调整。

①压力骤然上升或压力过高流量偏低时，说明有堵嘴或管路被堵塞现象，应及时停喷，认真检查气浆软管，必要时拔出注浆管检查气浆通道及喷嘴。

②流量不变而压力突然下降时，应检查各部位的泄漏情况，必要时拔出注浆管检查密封性能，更换过度磨损的喷嘴。

③流量压力均偏低时，应及时停喷，检查修理相应发生装置。

④不冒浆、断续冒浆或冒浆量过小时，若系土质松软可适当加快注浆管提升速度，或降低高压泵压力对已喷范围适当进行二次注浆。若附近有空洞、通道，则不提升注浆管，同时降低气压力流量，继续注浆直至冒浆为止，或拔出注浆管待浆液凝固后重新注浆直到冒浆为止，或采用速凝浆液，使浆液在注浆管附近凝固。

⑤冒浆过大时，一般是有效喷射范围与注浆量不相适应，注浆量大大超过所需浆量所致。双管法施工可适当缩小喷射孔径，提高喷射压力，基本保持注浆量不变。如仍无效时，可加快提升速度和旋摆喷速度。

(4)搭接处理

在施工中会出现种种故障造成注浆间断，为防止注浆间断造成固结体内出现软弱夹层，影响固结体均匀性和整体性，必须进行搭接处理。搭接长度不小于 10 cm。

(5)分序喷射

高压喷射注浆施工时，在水泥土浆液固结硬化之前，有效喷射范围内的地基土因受到扰动而强度降低。高压喷射注浆应分序隔孔施工，防止窜孔破坏已喷射注浆固结体。相邻孔喷射作业间隔时间不得小于 2～5 d。如发现窜孔现象，用沙袋堵塞窜孔冒浆出口。

(6)防止凹穴

旋喷施工在终喷后由于空气的排出以及水泥土浆液渗漏、析水和沉淀作用，水泥土混合浆液在凝固过程中存在不同程度的收缩，最终固结体顶部将出现一个凹穴。采取以下措施予以消除：

①采取超高喷射注浆方法，即喷射注浆的顶面，其超高量应大于收缩高度，可在施工中具体掌握。

②在浆液凝固前回灌冒浆捣实。

3. 旋喷桩检验

高压喷射注浆可根据工程要求和当地经验采用开挖检查、取芯(常规取芯或软取芯)、标准贯入试验、载荷试验或围井注水试验等方法进行检验，并结合工程测试、观测资料及实际效果综合评价加固效果。质量检验宜在高压喷射注浆结束28 d 后进行。

2.2.4 泥浆制备与管理

现场泥浆池均用工具式泥浆箱储备各种泥浆，泥浆主要是在地墙挖槽过程中起护壁作用，泥浆护壁技术是地下连续墙工程基础技术之一，其质量好坏直接影响到地墙的质量与安全。

1. 泥浆配合比

根据本工程特点及地质条件，采用优质泥浆护壁，泥浆组成采用膨润土泥浆，加入 CMC 增粘剂(羧甲基纳纤维素，又称人造浆糊)、纯碱、镁铬木质磺酸钙等辅助材料，泥浆经验组成配比见表 2.1。

表 2.1 泥浆经验配比

材料名称	水	膨润土	外加剂(CMC)	纯碱(Na_2CO_3)
配合比	1 000 kg	80 kg	0.3～0.5 kg	3～5 kg

配合比在施工中根据试验槽段及实际情况作适当调整。

2. 泥浆性能指标及检验方法

(1)泥浆应根据工程的地质情况进行配置。泥浆拌制材料采用膨润土。

(2)泥浆具有护壁防止槽壁坍塌的功能，在地墙成槽时及时灌入护壁泥浆。泥浆对挖槽施工影响很大，泥浆性能的优劣直接影响到地墙成槽施工时槽壁的稳定性。泥浆的比重和黏度应视土质而定，遇有粉砂、细砂地层时提高泥浆黏度，但不大于 45 s。当地下水位较高时，可提高泥浆比重，但不宜大于 1.25 g/cm^3。护壁泥浆在循环使用中经常测定其性能指标，施工过程中如果泥浆指标不能满足槽壁稳定，应及时对泥浆指标进行调整，对用过的浆液进行净化处理达到指标后重复使用。

根据本工程的地质情况及以往地墙施工经验，本工程拟采用泥浆指标及检验方法见表 2.2。在清槽和水下灌注混凝土等过程中，泥浆性能的要求基本与成槽过程中泥浆性能要求相同，其比重和黏度取下限值即可。各阶段泥浆质量控制指标见表 2.3。

表 2.2 泥浆指标及检验方法

泥浆类别	新鲜泥浆	再生泥浆	成槽中泥浆	清孔后泥浆	再化浆(度)	检验方法
密度(比重)(g/cm^3)	1.04～1.05	1.08～1.15	1.05～1.20	1.05～1.15	＞1.4	比重计
黏度(s)	20～24	19～25	22～60	22～40	＞60	漏斗计
pH 值	8～9	7～9	7～10	7～10	＞14	试纸
失水量(mL/30 min)	＜10	＜15	＜20	＜15	＞30	失水量仪

续上表

泥浆类别	新鲜泥浆	再生泥浆	成槽中泥浆	清孔后泥浆	再化浆(度)	检验方法
含砂率(%)	＜3%	＜5%	(可不测)	＜6%	＞10%	洗砂瓶
泥皮厚(mm)	＜1.0	＜2.0	(可不测)	＜2.0	＞3.0	失水量仪

注:新拌制泥浆应贮存 24 h 以上或加分散剂使膨润土(或黏土)充分水化后方可使用。

表 2.3　泥浆质量控制指标表

泥浆指标 / 泥浆类别	漏斗黏度(s)	比重(g/cm^3)	酸碱度(pH 值)	失水量(cm^3)	含砂量(%)	滤皮厚(mm)
新鲜泥浆	24～28	1.05～1.08	8.0～8.5	＜10	＜1	＜1.5
再生泥浆	28～32	1.08～1.15	7.0～9.0	＜15	＜4	＜2.0
挖槽时泥浆	22～60	1.06～1.25	7.0～10.0	＜20	可不测	可不测
清孔后泥浆	25～30	1.08～1.15	7.0～10.0	＜20	＜4	＜2.0
劣化泥浆	＞60	＞1.30	＞14	＞30	＞10	＞3.0

(3)技术要点

①泥浆搅拌严格按照操作规程和配合比要求进行,泥浆拌制后应静置 24 h 后方可使用。

②在成槽施工中,泥浆会受到各种因素的影响而降低质量,为确保护壁效果及混凝土质量,应对槽段被置换后的泥浆进行测试,对不符合要求的泥浆进行处理,直至各项指标符合要求后方可使用。

③对严重水泥污染及超比重的泥浆(泥浆比重大于 1.3,pH 值大于 14 时)作废浆处理,废弃泥浆应根据城市环卫要求用全封闭运浆车运到指定地点,保证城市环境清洁。

④严格控制泥浆的液位,保证泥浆液位在地下水位 0.5 m 以上,并不低于导墙顶面以下 0.3 m,液位下落及时补浆,以防塌方。

3. 泥浆制备

泥浆搅制在泥浆箱进行,利用搅拌筒配置,制浆顺序如图 2.7 所示。

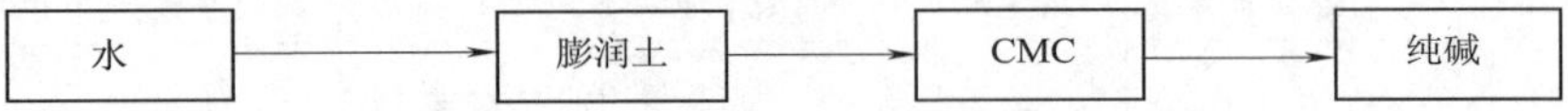

图 2.7　泥浆搅制流程图

具体配制细节:先配制 CMC 溶液静置 5 h,按配合比在搅拌筒内加水,加膨润土,搅拌 3 min 后,再加入 CMC 溶液,搅拌 10 min,再加入纯碱,搅拌均匀后,放入储浆池内,待 24 h 后,膨润土颗粒充分水化膨胀,即可泵入循环池,以备使用。

4. 泥浆循环

(1)在挖槽过程中,泥浆由循环池注入开挖槽段,边开挖边注入,保持泥浆液面距离导墙顶面 0.3 m 左右,并高于地下水位 0.5 m 以上。

(2)挖槽时采用正循环,清槽过程中采用反循环,泥浆由循环池泵入槽内,槽内泥浆抽到沉淀池,以物理处理后,返回循环池。

泥浆采用机械分离和自然重力沉淀相结合的方法进行处理。换出来的泥浆在处理槽段内采用一台 SZ2 型振动筛处理,筛子分为两段,上段 10 目,下段 20 目。一台旋流器及排渣槽,一台回流泵,一台吸力泵等。循环泥浆经过分离净化之后,虽然清除了许多混入其间的土渣,但并未恢复其在使用过程中,因膨润土、纯碱和 CMC 等成分的消耗和受水泥成分与有害离子的污染而削弱了的护壁性能,因此,循环泥浆经过分离净化之后,还需调整其性能指标,恢复其原有的护壁性能。泥浆循环如图 2.8 所示,泥浆处理如图 2.9 所示。

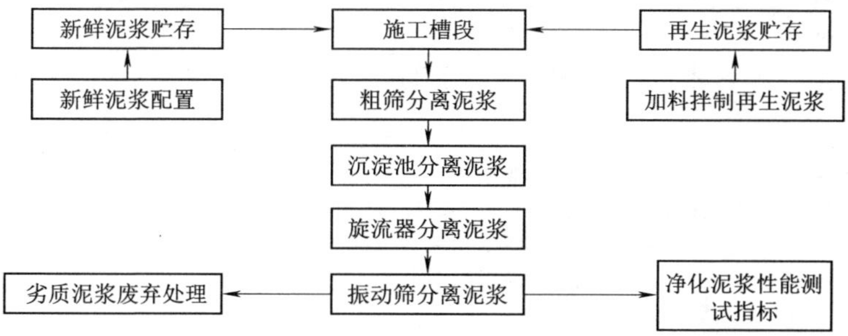

图 2.8　泥浆循环工艺流程图

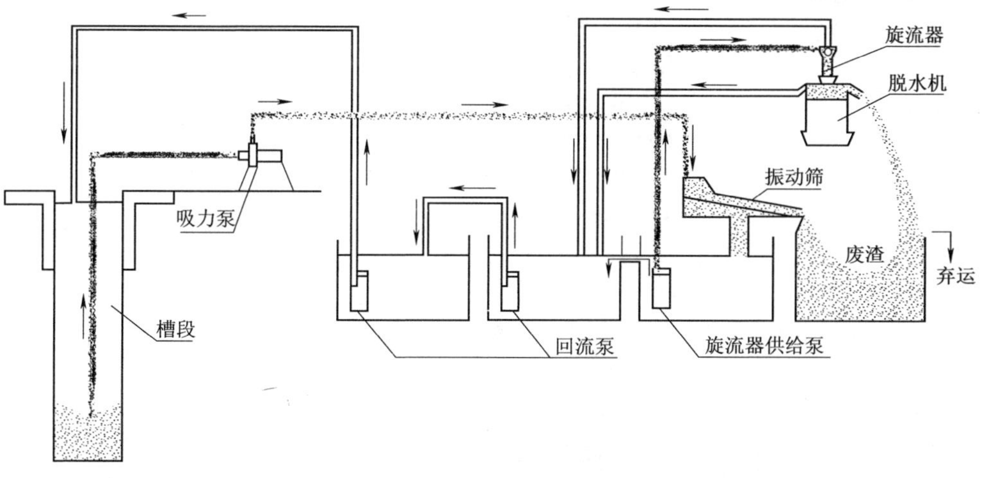

图 2.9　泥浆处理示意图

(3)混凝土灌注过程中,上部泥浆返回沉淀池,而混凝土顶面以上 4 m 内的泥浆排到废浆池,原则上废弃不用。

5. 泥浆质量管理

(1)泥浆制作所用原料符合技术性能要求,制备时符合制备的配合比。

(2)泥浆制作中每班进行二次质量指标检测,新拌泥浆应存放 24 h 后方可使用,补充泥浆时须不断用泥浆泵搅动。

(3)混凝土置换出的泥浆,应进行净化调整到需要的指标,与新鲜泥浆混合循环使用,不可调净的泥浆排放到废浆池,用泥浆罐车运输出场。泥浆调整、再生及废弃标准见表 2.4。

表 2.4 泥浆调整、再生及废弃标准

泥浆的试验项目	需要调整	调整后可使用	废弃泥浆
密度	1.3 以上	1.08～1.15	＞1.3
含砂率	10%以下	＜5%	＞10%
黏度	60 以下	19～25	＞60
失水量	30 以下	＜15	＞30
泥皮厚度	3.0 以下	＜2.0	＞3.0
pH 值	14 以下	7～9	＞14

注:表内数字为参考数,应由开挖后的土质情况而定。

(4)泥浆检测频率(见表 2.5)

表 2.5 泥浆检验时间、位置及试验项目

序号	泥浆	取样时间和次数	取样位置	试验项目
1	新鲜泥浆	搅拌泥浆达 100 m^3时取样一次,分为搅拌时和放 24 h 后各取一次	搅拌机内及新鲜泥浆池内	稳定性、密度、黏度、含砂率、pH 值
2	供给到槽内的泥浆	在向槽段内供浆前	优质泥浆池内泥浆送入泵吸入口	稳定性、密度、黏度、含砂率、pH 值(含盐量)
3	槽段内泥浆	每挖一个槽段,挖至中间深度和接近挖槽结束时,各取样一次	在槽内泥浆的上部受供给泥浆影响之处	同上
		在成槽后,钢筋笼放入后,混凝土浇灌前取样	槽内泥浆的上、中、下三个位置	同上

续上表

序号	泥浆		取样时间和次数	取样位置	试验项目
4	混凝土置换出泥浆	判断置换泥浆能否使用	开始浇混凝土时和混凝土浇灌数米内	向槽内送浆泵吸入口	pH 值、黏度、密度、含砂率
		再生处理	处理前、处理后	再生处理槽	同上
		再生调制的泥浆	调制前、调制后	调制前、调制后	同上

泥浆密度检测频率宜按 2 h 检测一次，泥浆的储备量不得低于单元槽段体积的 2 倍，混凝土浇筑过程中经检测合格的泥浆才可回收。被混凝土污染的泥浆坚决废弃。

泥浆稳定性检测时，对已静置 1h 以上的泥浆，从其容器的上部 1/3 和下部 1/3 处各取出泥浆试样分别测定其密度，如这两者没有差别则认为泥浆质量合格。

2.2.5　地下连续墙成槽施工

1. 槽段划分

地下连续墙在成槽施工前，按照设计图纸将每幅地墙进行编号，现场应将所施工的每一幅地墙的分幅宽度标志，用红漆直接显著标在导墙顶面上，以便进行挖槽控制。

2. 槽段放样

根据设计图纸和控制点在导墙上精确定位出地墙分段标记线，并根据锁口管实际尺寸在导墙上标出锁口管位置。

3. 成槽设备选型

成槽机配备主选有垂直度显示仪表和自动纠偏装置，可确保成槽垂直度不大于设计图纸中要求的不大于 0.3%。根据本工程要求具有成槽深度深、施工速度快且有自动纠偏装置的特点，采用 2 台金泰 SG-40 液压抓斗。

4. 成槽机垂直度控制

地下连续墙成槽采用长导板液压抓斗挖土，每次挖土前须拎直液压抓斗，保持其成槽垂直度不大于 0.3%。挖槽在 7.0 m 深度以内，速度不宜太快。挖槽施工中随时注意液压抓斗的垂直度并及时纠偏推板，做到勤纠、小纠。

5. 成槽挖土顺序

为防止新槽段开挖时，对相邻已灌注混凝土槽段产生一定影响，所以本工程地下墙单元槽段采用分区、分段施工，均采用间隔跳跃式流水作业施工。每个槽段施工时根据槽段宽度确定挖槽的幅数和次序，对三序成槽的槽段，应先两边后中间，对于转角的槽段，应先短边后长边。

成槽挖土顺序如图 2.10 所示。

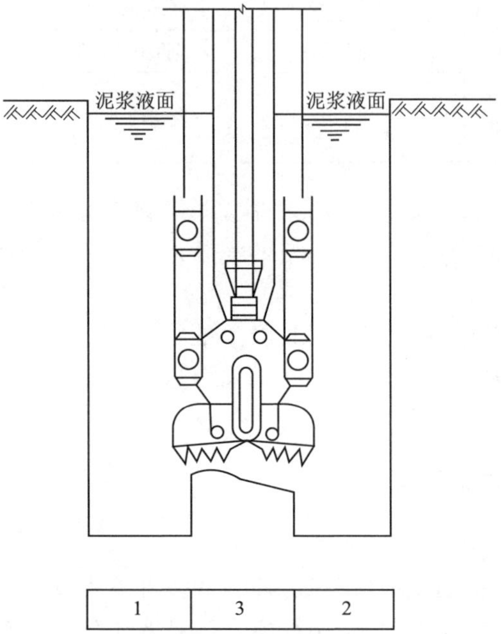

图 2.10 地下连续墙成槽挖土顺序示意图

6. 成槽挖土

(1)挖槽施工中随时注意液压抓斗的垂直度，注意保持抓斗中心平面和导墙中轴平面重合，抓斗入槽、出槽应慢速、稳当，根据成槽机仪表及垂直度情况及时纠偏，确保开挖槽壁面的垂直度和水平位置精度。

(2)成槽时，泥浆应随着出土量补入，以保证泥浆液面在规定的高度。在抓斗掘进时，不宜补入泥浆。

(3)成槽机掘进速度应控制在 15 m/h 左右，成槽时不宜快速掘进，以防槽壁失稳。当挖至槽底 2～3 m 时，应用测绳测深，防止超挖和少挖。

7. 槽深、垂直度测量及控制

槽深、垂直度按 100%检测，每幅槽段检测不少于 3 个，同时根据导墙实际标高控制挖槽的深度，以保证地墙的设计深度。为保证成槽垂直度控制，本工程采用超声波测定仪进行检测，按施工总槽段数 100%进行检测，检测前报监理工程师。

8. 成槽注意事项

①开挖之前，成槽机下需垫 20 mm 厚钢板，成槽机应以最大工作半径停机，严禁“一停三抓”，以减少开挖时导墙内外侧压力。成槽机起重臂倾斜度控制在65°～75°之间，挖槽过程中起重臂只作回转动作不做俯仰动作。技术人员要准确在导墙上标出开挖槽段尺寸，从而使钢筋笼和接头桩按设计位置准确沉放。成槽机的主钢丝绳必须与槽段的中心重合。

②成槽机必须轻提慢放，严格控制成槽速度。开始开挖 6～7 m 速度要缓慢，确保成槽垂直度，防止出现沿内或外侧开挖使连续墙偏移中心线。开挖过程中，技术人员要随时观察斗臂所在的平面是否与槽段所在平面垂直，定时观测斗臂左右偏移情况，时刻注意下沉过程中的速度是否均匀。

③转角及接头处异型槽段，应严格按规定型式开挖。不足两抓宽度的槽段，则采用交替互相搭接工艺直挖成槽施工。挖槽施工时，一旦发现异常情况应立即停止施工，分析原因并采取相应措施后，再行继续施工。

④成槽机筑坝位置应放宽，以减少泥浆面落差。

⑤成槽过程中，大型机械设备不得在槽段边缘走动，以确保槽壁稳定。

⑥挖槽时，不断向槽内注入新鲜泥浆，保持泥浆面不低于导墙顶面以下 0.3 m。随时检查泥浆质量，及时调整泥浆符合指标并满足特殊地层的要求。

⑦雨天地下水位上升时，及时加大泥浆比重和黏度，雨量较大时暂停挖槽并封盖槽口。

⑧施工中必须做好成槽记录，对地层土层分层进行详细记录。开挖至设计标高后，及时检查槽位、槽深、槽宽和垂直度，合格后方可进行清底。

9. 清槽、换浆、刷壁

地下连续墙成槽结束后，必须对槽底部的淤积物进行清理，先用抓斗抓起槽底余土及沉渣，再用吸浆反循环法吸取孔底沉渣。在灌注混凝土前，利用导管采取吸浆反循环法进行二次清底并不断置换，以保证清孔后槽底沉渣厚度不大于 100 mm、槽底 200 mm 处泥浆密度不大于 1.15 g/cm^3 的规范要求，且相邻已浇注完成的混凝土槽段接头上附贴的泥皮、灰渣应清除干净。本工程地下连续墙墙体之间的接头采用柔性接头，为提高接头处的抗渗及抗剪性能，增加地墙的抗渗性能，在钢筋笼入槽前，首先对已浇注槽段侧部利用特制钢丝刷子沿接头孔壁分段上下反复刷洗至少 20 次，直至接头洗干净、不留任何泥砂或污物，以保证混凝土浇注后密实、不渗漏。

槽段开挖至设计标高并经检查合格后，即可进行清槽换浆工作。

(1)清槽

采用沉淀法清槽，即在抓斗直接挖除槽底沉渣之后进行，为进一步清除抓斗未能挖除的细小土渣。清槽采用 Dg100 空气升液器，由起重机悬吊入槽，空气压缩机输送压缩空气，以吸浆反循环法吸除沉积在槽底部的土渣淤泥。清槽开始时，起重机悬吊空气升液器入槽，吊空气升液器的吸管不能一下子放到槽底深度，先在离槽底 1～2 m 处进行试吸，防止吸泥管的吸入口陷进土渣里堵塞吸泥管。清底时，吸泥管要由浅入深，使空气升液器的喇叭口在槽段全长范围内离槽底 0.5 m 处左右上下移动，吸除槽底部土渣淤泥。

(2)换浆

换浆是沉淀法清槽作业的延续，当空气升液器在槽底部往复移动不再吸出土渣，实测槽底沉渣厚度小于 10 cm 时，即可停止移动空气升液器，开始置换槽底部不符合质量要求的泥浆。下钢筋笼后，若槽底泥浆不合格则采用置换法清槽。清槽换浆是否合格，以取样试验为准，当槽内每递增 5 m 深度及槽底处各取样点的泥浆采样试验数据都符合规定指标后，清底换浆才算合格。此外还应保证槽底沉渣不超过 100 mm。在清槽换浆全过程中，控制好吸浆量和补浆量的平衡，不能让泥浆溢出槽外或让浆面低于导墙顶面 30 cm。清槽方法如图 2.11 所示。

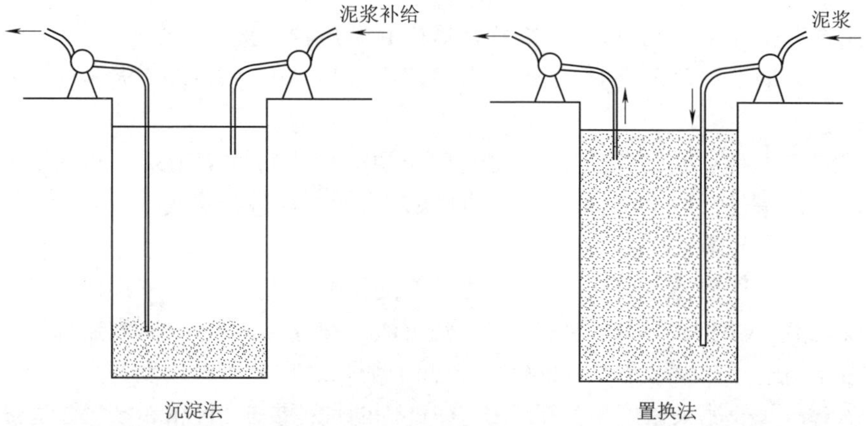

图 2.11 清槽方法示意图

(3)刷壁

接头连接施工质量直接关系到地下连续墙的防水效果，在施工中对闭合幅段及连接幅段应进行接头处理，用刷壁器进行刷壁，刷壁往复次数应不少于 20 次，保证接头质量，并做好施工原始记录。刷壁先用钢板面进行粗刷，再用钢丝面进行细刷，刷壁往复次数不少于 20 次，个别不易刷除干净的根据实际情况增加刷壁次数，直到刷壁刷至没有泥皮为止。

2.2.6　锁口管吊放

槽段清基合格后，立刻紧靠土壁吊放锁口管，全长垂直偏差<0.1%，管径小于壁厚 50 mm，管外壁应平整和光滑。锁口管由履带起重机分节吊放拼装垂直插入槽内，沉放时应缓慢，不得碰撞槽壁和强行入槽。锁口管的中心应与设计中心线相吻合，底部沉入槽底 30～50 cm，以保证密贴，防止混凝土倒灌。上端口与导墙连接处用木榫楔实，防止倾斜。

2.2.7　钢筋笼制作和吊装

1. 钢筋笼制作平台

根据施工场地的实际情况，本工程搭设钢筋笼制作平台，现场加工钢筋笼，平台尺寸 10 m×60 m。平台采用槽钢制作，为便于钢筋放样布置和绑扎，在平台上根据设计的钢筋间距、预埋件及钢筋接驳器的设计位置画出控制标记，安装后采用点焊焊接固定，以保证钢筋笼和各种预埋件的布设精度，如图 2.12 所示。

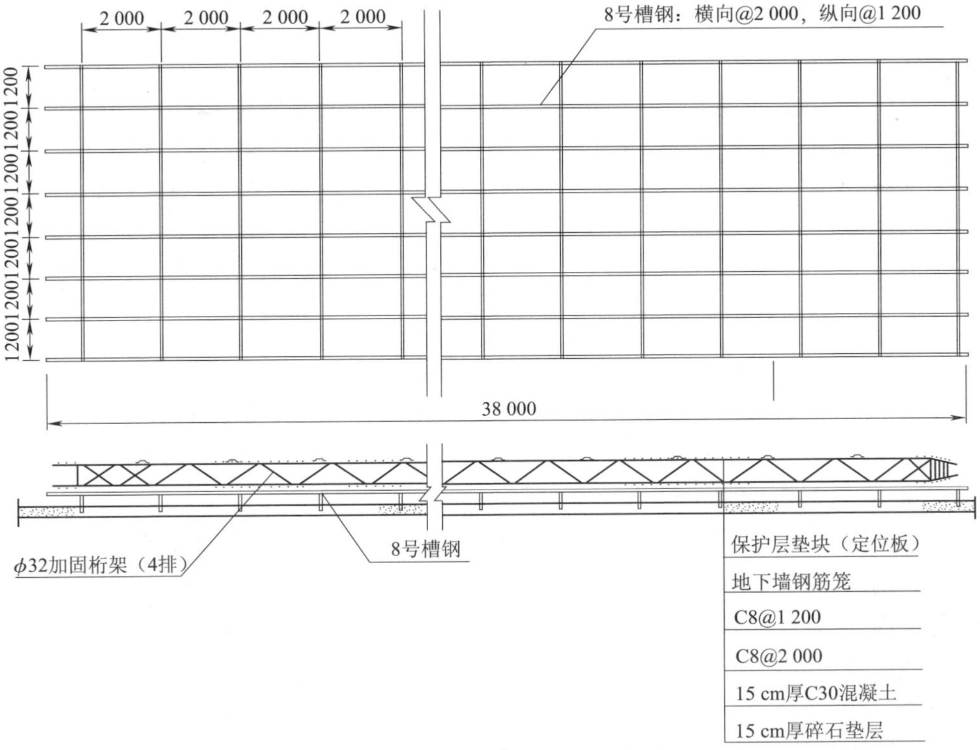

图 2.12　钢筋笼平台示意图(mm)

2. 钢筋笼吊装加固

本工程钢筋笼采取分段制作、分段吊装、槽口直螺纹套筒连接后整体入槽的方法。考虑到钢筋笼起吊时的刚度和强度，需对钢筋笼进行加固。钢筋笼内的纵向桁架数量设置 4 榀，其余不规则槽段按 1.2～1.5 m 间距视具体形式布置，横向桁架沿纵向每 5 m 设置一排。剪刀撑设置采用 Φ28 钢筋，与水平面 60°角设置，布置在迎水面、背水面两侧，通长布置。在吊点位置处，在幅宽方向上增加一根 Φ32 的钢筋与纵向钢筋焊接，作为吊点加强。对于拐角幅及特殊幅钢筋笼除设置纵、横向起吊桁架和吊点之外，另要增设"人字桁架"和斜撑杆，以加强钢筋笼的抗弯与抗扭刚度，防止钢筋笼在空中翻转角度时发生变形。斜撑杆的间隔距离为 3 m 一道。吊筋焊接如图 2.13 所示。

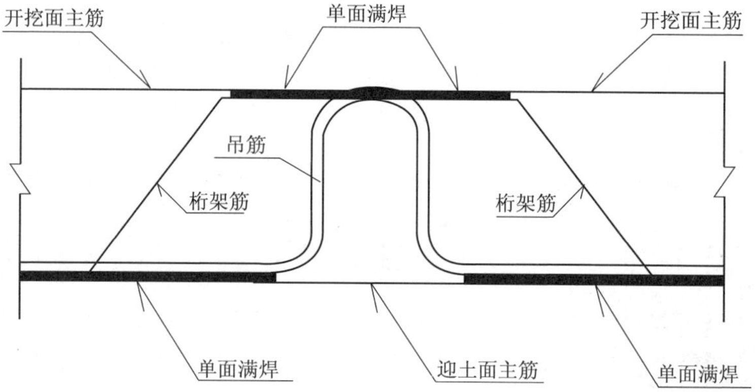

图 2.13 吊筋焊接大样图

3. 钢筋焊接及保护层设置

为保证钢筋笼保护层厚度，在钢筋笼两侧焊接断面为"⌒"型的定位钢板，钢筋笼水平方向每侧设两列，每定位垫块纵向间距为 4 m，并按设计要求安装、固定预埋注浆钢管，在钢筋笼上端头加设"U"型固定吊环。主筋保护层厚度为开挖面 70 mm、迎土面 70 mm。

钢筋接长优先采用对焊，接头位置应相互错开，同一连接区段焊接接头不超过 50%。钢筋笼成型用电焊点焊固定，纵横向受力筋相交处需点焊，四周钢筋交点需全部点焊，并且四周最外不少于两排的钢筋交点，其余交点可采用 50%交错点焊。钢筋笼底端在 0.5 m 范围内的厚度方向上作收口处理，钢筋笼须确保纵向预留导管位置，并上下贯通。

在制作好的钢筋笼上精确量测连续墙与钢筋混凝土围檩的钢筋连接器和预埋钢筋的位置，用电焊焊牢预埋筋及预埋钢板，连接器另一端用塑性盖子盖住端头口，外面设保护木板，用小铁丝固定牢固。钢筋连接器及相应预埋件的位置必须计算连续墙下沉造成的误差，还应该精确计算分段焊接的位置，以完全确保结构尺寸的正确。钢筋笼制作好后，根据本幅钢筋笼所用槽段的实测导墙顶面标高来确定安装标高线，并在钢筋笼顶部吊环上用红油漆标画示出。预埋钢板锚固钢筋采用埋弧焊连接。钢筋制作允许偏差、检验数量和方法见表 2.6。

表 2.6　钢筋制作允许偏差、检验数量和方法表

序号	项　　目	允许偏差(mm)	检验单元和数量
1	钢筋笼长度	±50	钢尺量，每片钢筋网检查上、中、下三处
2	钢筋笼宽度	±20	
3	钢筋笼厚度	0，−10	
4	主筋间距	±10	任取一断面，连续量取间距，取平均值作为一点，每片钢筋网上测四点
5	分布筋间距	±20	
6	预埋件中心位置	±10	抽查

4. 钢筋笼吊装

本工程地下连续墙钢筋笼最大尺寸为 55.76 m×6.0 m×1.06 m，最深 55.76 m，最大重量 62.0 t。根据这些特点和以往工程施工经验，钢筋笼采取双机抬吊吊装、分节吊装入槽的吊装方案，主筋接头的连接采用直螺纹套筒连接，上下节主筋对正且连接牢固经监理工程师检查合格后，方可继续下沉。考虑钢筋进场实际长度为 9 m，第一节下放的钢筋笼长度为 19.76 m、重 17.9 t；第二节下放的钢筋笼长度为 36.0 m、重 44.1 t。主机选用 250 t 履带吊车，副机选用 100 t 履带吊车。

(1)吊点布置

第二节下放的 36.0 m 长钢筋笼吊点布置如图 2.14 所示。

第一节下放的 19.76 m 长钢筋笼吊点布置如图 2.15 所示。

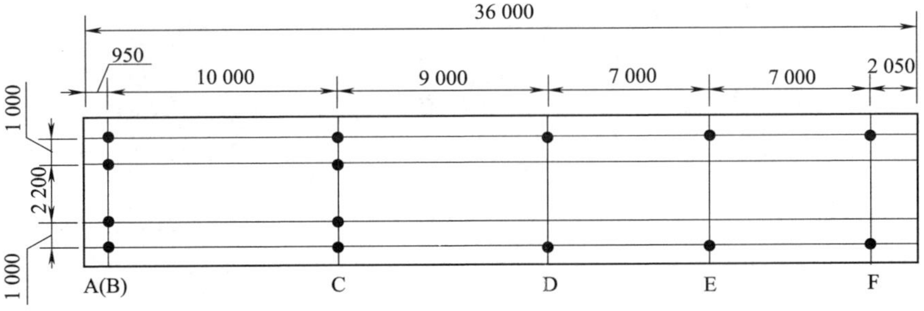

图 2.14　36.0 m 钢筋笼吊点布置图(mm)

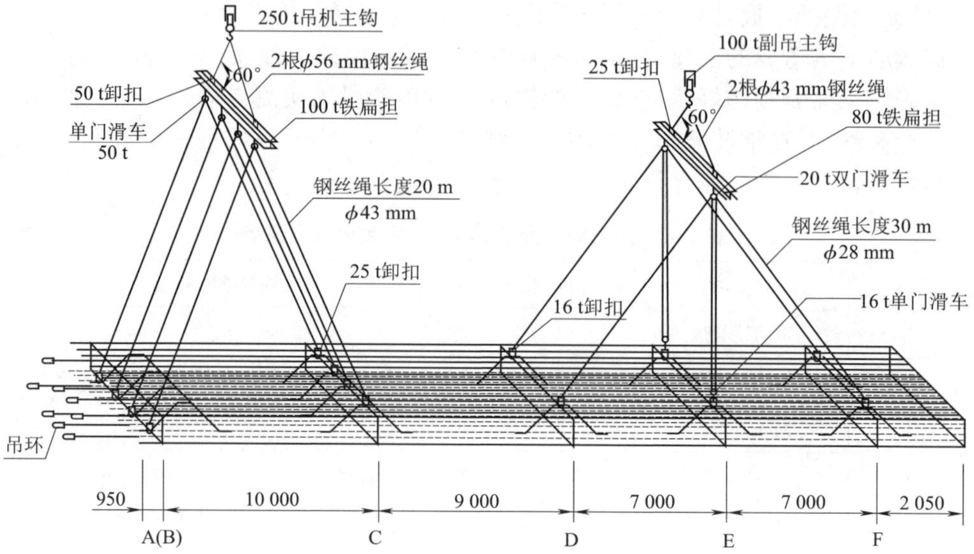

图 2.14　36.0 m 钢筋笼吊点布置图(mm)(续)

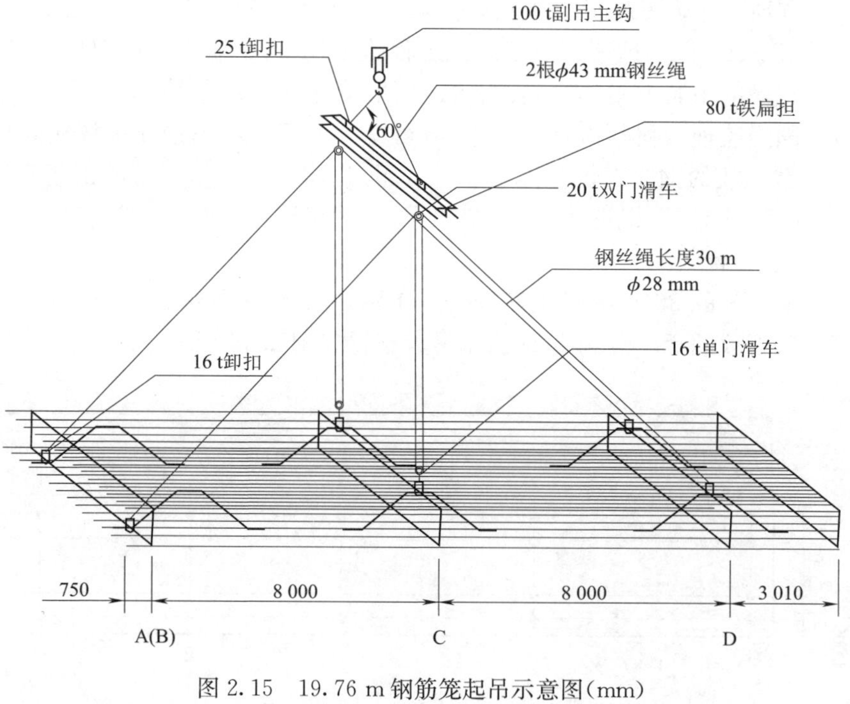

图 2.15　19.76 m 钢筋笼起吊示意图(mm)

(1)吊装方法

1)第 1 节钢筋笼吊装

第一节下放的钢筋笼长度为 19.76 m、重 17.9 t,采用 SC1 000 型 100 t 副吊 6 点整体吊装。吊放至 A 点(图 2.15)时,用搁置钢临时搁置钢筋笼于导墙上,卸掉全部卸扣。

2)第 2 节钢筋笼吊装

250 t 吊机置于钢筋笼的第一根水平筋位置,吊机中心与钢筋笼中心相距 12 m。100 t 吊机置于笼底以上约 3 m 处,吊机中心与钢筋笼中心相距 10 m。该期间吊机的工况为:250 t 吊机与 100 t 吊机进行抬吊,先缓缓将钢筋笼抬离钢筋笼平台,然后 250 t 主吊和 100 t 副吊继续提升。提升过程中根据现场吊车指挥人员信号,保证副吊钢筋笼一端不会碰地。当钢筋笼提升到一定高度后,100 t 副吊停止提升动作,同时对 250 t 吊机进行喂送,直至钢筋笼完全直立。

直立后,卸掉副吊吊钩,用主吊缓缓将钢筋笼吊至吊放槽段,慢慢将钢筋笼与第一节钢筋笼对正,上下节钢筋笼主筋对正且接头采用直螺纹套筒连接牢固,经监理工程师检查合格后方可继续下沉。当钢筋笼下放至距 C 吊点约 1 m 时(图 2.14),用搁置钢临时搁置钢筋笼于导墙上(钢筋笼加工时,提前焊接搁置点,搁置点位于横向桁架处。焊缝长度不小于 $10d$,搁置点采用 Φ32 圆钢,数量为 8 根,开挖侧及迎土侧各 4 根),卸掉 C 吊点卸扣,同时将预留钢丝绳与 A 吊点钢丝绳用卸扣连接后,去掉槽钢,钢筋笼继续由主吊下放至距 A 吊点约 1 m 处的搁置点,再用搁置钢临时搁置钢筋笼于导墙上,卸扣 A 吊点处卸扣,将钢丝绳与吊筋用卸扣连接,缓缓起吊抽出槽钢。钢筋笼完全由吊筋 8 个吊点共同承担受力,再由主吊缓慢将钢筋笼送放到位。钢筋笼沉放如图 2.16 所示。

3)“L”型与“Z”型钢筋笼吊装

Z 字型可划分为两个 L 型钢筋笼,以水平笼边作为 x 轴,转角顶点作为原点,建立 x-y 坐标系,假设两翼钢筋笼的厚度分别为 d 和 h,对异性幅横截面求形心:

$$x_c=\frac{\sum A_i x_i}{A};y_c=\frac{\sum A_i y_i}{A}$$

在形心分别对两条直角边做垂线则为吊点位置。根据实际吊装情况对吊点位置做适当调整。纵向吊点同标准幅的吊点设置。吊点钢筋采用 Φ32 圆钢。

对于拐角幅及特殊幅钢筋笼除设置纵、横向起吊桁架和吊点之外,另要增设“人字桁架”和斜撑杆来进行加强,以加强钢筋笼的抗弯与抗扭刚度,防止钢筋笼在空中翻转角度时发生变形。斜撑杆的间隔距离为 3 m 一道。L 型钢筋斜撑杆布置如图 2.17 所示。

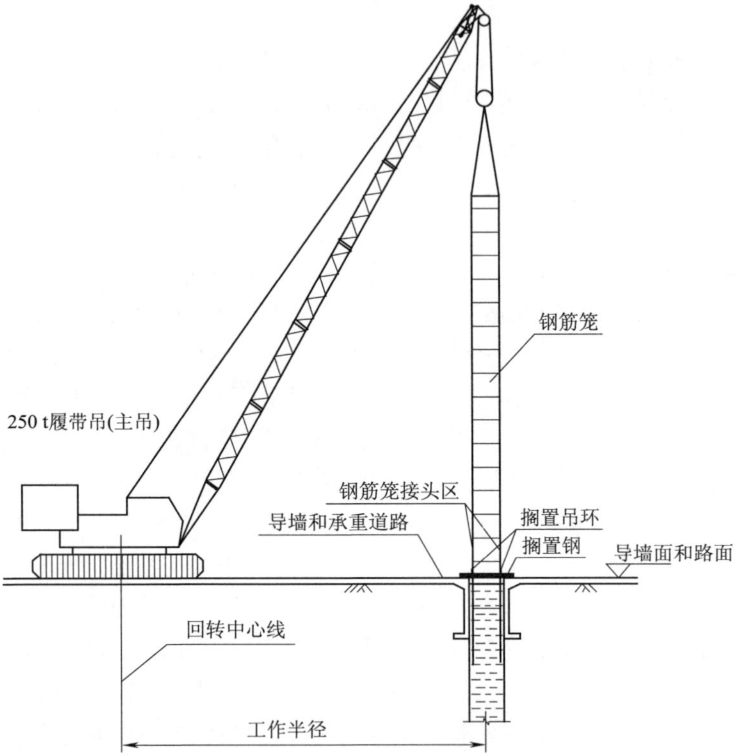

图 2.16　钢筋笼起吊沉放示意图

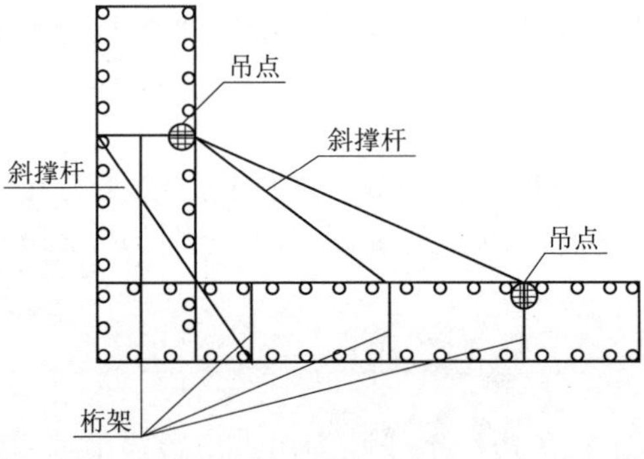

图 2.17　L 型钢筋斜撑杆布置

为了保证钢筋笼回直且副吊卸下后保持两面四点平衡受力，笼头吊点（A(B)、C 吊点）位置应位于迎土面，其余吊点(D、E、F 吊点)均位于开挖面。即 d_2、d_3 为笼头吊点，d_1、d_4 为其余吊点位置。L 型钢筋笼横向吊点布置及起吊后状态如图 2.18 所示。

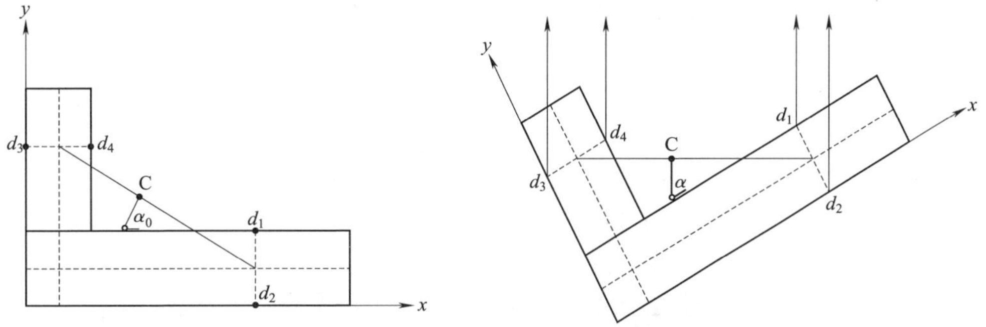

图 2.18　L 型钢筋笼横向吊点布置及起吊后状态

3. 施工要点

(1)钢筋笼抬吊或单吊时,应遵循同步、协调、平稳的原则进行。

(2)钢筋笼制作前应核对单元槽段实际宽度与成型钢筋尺寸,无差异才能上平台制作。对于闭合幅槽段,应提前复测槽段宽度,根据实际宽度调整钢筋笼宽度。

(3)钢筋笼接头必须严格按设计图进行连接,保证其连接质量。

(4)钢筋焊接质量应符合设计要求,吊攀、吊点加强处须满焊,主筋与水平筋采用点焊连接,纵横向受力筋相交处需点焊,四周钢筋交点需全部点焊,并且四周最外不少于两排的钢筋交点,其余交点可采用 50%交错点焊,并严格控制焊接质量。

(5)钢筋笼制作后须经过三级检验,符合质量标准要求后方能起吊入槽。

(6)根据规范要求,导墙墙顶面平整度为 5 mm,在钢筋笼吊放前要再次复核导墙上 4 个支点的标高,准确计算吊筋长度,确保误差在允许范围内。

(7)钢筋笼吊放入槽时,不允许强行冲击入槽,同时注意钢筋笼基坑面与迎土面,严禁放反。搁置点槽钢必须根据实测导墙标高焊接。

(8)对于异形钢筋笼的起吊,应合理布置吊点的设置,避免扰度的产生,并在过程中加强焊接质量的检查,避免遗漏焊点。当钢筋笼吊离平台后,应暂时停止起吊,注意观察是否有异常现象发生,若有则可立即予以电焊加固。

2.2.8　水下混凝土灌注

地下连续墙混凝土施工前与混凝土供应商提前联系,进行混凝土的试配工作,确定混凝土的配合比。

1. 混凝土

地下连续墙采用 C35 水下混凝土。混凝土配合比应满足设计强度要求,采用导管在泥浆中浇注的混凝土应和易性好、流动度大、缓凝。混凝土与泥浆密度差应大于 1.1。采用掺外加剂的防水混凝土,水泥用量:采用卵石时不应小于 370 kg/m^3,

采用碎石时不应小于 400 kg/m³,坍落度应采用(200±20)mm。

2. 导管布置

采用内径为 ϕ250 mm 的快速接头钢导管,节长为 2.5 m,最下一节长度为 4 m。管节连接应严密、牢固,施工前应试拼并进行隔水栓通过试验。

标准槽段设置 2 根导管(异型槽段每边 1 根导管),导管水平布置距离不应大于 3.0 m,导管距槽段端头不宜大于 1.5 m,导管下端距槽底 300～500 mm,不宜过大或过小。灌注混凝土前应在导管内临近泥浆面位置吊挂隔水栓。灌注水下混凝土的隔水栓采用预制混凝土塞,料斗做成圆锥形,一次容量不小于 3 m³。

3. 混凝土灌注

地下连续墙混凝土浇筑如图 2.19 所示。在连续墙混凝土灌注前,利用导管进行 15 min 以上的泥浆循环,以改善槽内泥浆质量。在钢筋笼沉放就位后及时灌注混凝土,并不得超过 4 h。各导管储料斗内混凝土储量应保证开始灌注时埋管深度不小于 50 cm。混凝土连续灌注,随着混凝土面的上升,适时提升和拆卸导管,其埋入混凝土的深度为 1.5～3.0 m,相邻两导管内混凝土高差不大于 0.5 m。严禁将导管提出混凝土面,导管提升时避免碰撞挂住钢筋笼。混凝土的灌注速度不应低于 2 m/h。终浇混凝土面高程应高于地下连续墙的墙顶 30～50 cm。

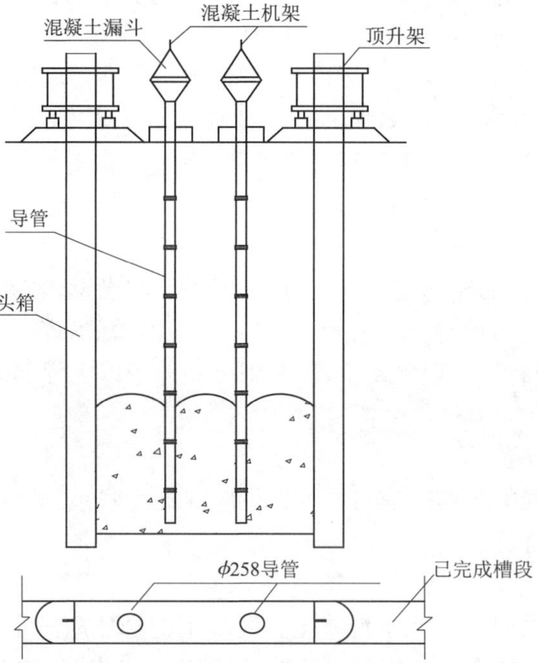

图 2.19　地下连续墙混凝土灌注示意图

施工中严格控制导管提拔速度和混凝土灌注速度，应派专人测量灌注进度，并将灌注信息及时反馈，以便施工控制。

设专人每 30 min 测量一次导管埋深及管外混凝土面高度，每 2 h 测量一次导管内混凝土面高度。混凝土高度不小于每小时上升 3 m，混凝土应连续灌注不得中断，间歇时间任何情况下不得超过 30 min。

灌注混凝土时，置换出的泥浆不得溢出地面。槽段内的泥浆一部分抽回沉淀池，另一部分暂时存放到导墙内。

4. 试件

每浇完 1～2 车混凝土，应对来料方数和实测槽内混凝土面深度所反映的方数，用测绳校对一次，二者应基本相符。根据《地下铁道工程施工及验收规范》(GB 50299—1999)2003 版，每幅槽段的抗压试件不得少于 1 组，每 5 个槽段制作 1 组抗渗压力试块。每车混凝土都必须要现场取样并做坍落度试验，发现不合格的，立即退回厂家。

5. 灌注水下混凝土质量控制要点

(1)为保证地下连续墙的混凝土质量，首先必须保证成槽质量，要求大型机械不得在已成槽段边缘频繁走动，确保槽壁稳定，使地下墙墙面质量良好。其次在成槽过程中，控制泥浆液面在导墙顶面以下 30 cm，并适当提高泥浆比重，保证槽壁稳定。

(2)在地下连续墙钢筋笼制作时，预埋筋、预埋件等位置进行精确定位并固定牢固，根据每幅槽段导墙标高，确定钢筋笼吊筋长度，从而保证预埋筋、预埋件尺寸正确无误。

(3)建立完整的质量保证体系，确保地下连续墙施工质量达到“优良”，在施工中跟踪质量管理，全过程、全方位检测。

(4)地下墙的垂直度控制：首先必须确保成槽机的主机水平，并由成槽机自行纠偏装置来双向控制，以确保成槽的槽壁垂直度，从而保证地下墙垂直度满足设计要求。

(5)槽底沉渣控制：采用 2 道施工工序来保证，即由成槽机自行一次扫孔，清除沉淤，再用吸浆反循环法进行清孔换浆，清孔时间不少于 30 min，直至沉渣厚度满足设计及规范要求。

(6)接头防渗措施：地下墙接头施工时，对首开幅及连接幅槽段接头先用紧贴端头进行刷壁，刷壁次数不少于 20 次，保证槽段接头的连接质量。

6. 锁口管提拔

锁口管提拔与混凝土灌注相结合，混凝土灌注记录作为锁口管提拔时间的控制依据。根据水下混凝土凝固速度的规律及施工实践，混凝土灌注开始后一般

2～3 h后开始拔动，其幅度不宜大于50 cm，以后每隔30 min提升一次，其幅度不宜大于50～100 cm，并观察锁口管的下沉，待混凝土灌注结束后一般在4～8 h左右（根据商混凝土厂家提供混凝土终凝时间确定），将锁口管一次全部拔出并及时做好清洁和疏通工作。

后续槽段开挖后，对前槽段竖向接头进行清刷，清除附着的土渣、泥浆等物。

2.2.9 墙底注浆施工

根据设计要求对地下连续墙槽底进行注浆处理。在地墙施工过程中，在钢筋笼上埋设注浆管和单向注浆阀，在成墙后7～8 h首先进行清水劈裂开阀，将墙底的注浆管头周围的混凝土以及土体的混合物劈开，保证管道的通畅，贯通后立即停止，7～15 d（混凝土强度达到70%时）即可进行后注浆施工。注浆前必须对注浆设备和注浆管路进行检查，检查注浆导管是否畅通，再通过注浆管用高压泥浆泵将水泥浆压入墙底。

1. 预留注浆管

根据设计要求预埋注浆管，每幅地下连续墙均需埋设2根注浆管。注浆管采用ϕ50 mm×3 mm的钢管，插入槽底50 cm。入槽的底部制成花杆形式，如图2.20所示，该部分可用封胶带或黑包布包住。为了保证桩底浆液的扩散范围，把注浆管底部50 cm范围内制作成花管，钢管的底端呈尖形开口。在花管范围内按梅花形设置出浆小孔，孔径6～8 mm，孔间距为100 mm。对于花管的密封性，安排专人验收检查，确保钢筋笼在下放过程中不会损坏。

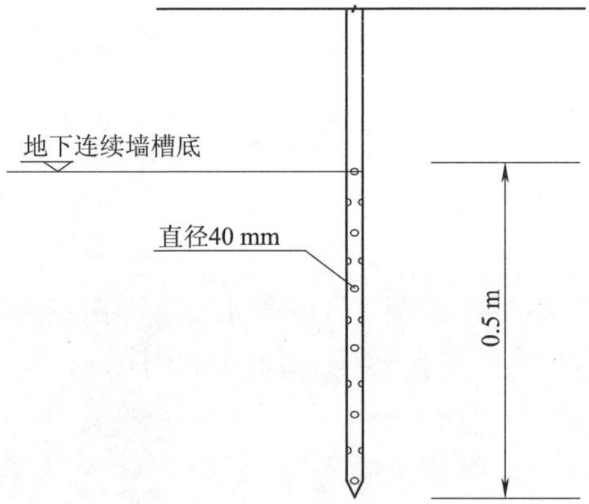

图2.20 注浆管制作示意图

2. 注浆时间

地下连续墙混凝土强度达到70%后，方可进行墙底注浆。

3. 注浆要求

注浆最高压力不超过 2 MPa,单根注浆量一般为 2 t(注浆量须根据墙段的长度和宽度进行调整),水灰比为 0.5～0.6。施工时,墙底注浆终止标准按注浆量与注浆压力双控,当注浆量达到设计要求时可终止注浆,当压力值大于 2 MPa 并持续 3 min 且注浆量达到设计注浆量的 80%时可终止注浆。

4. 试注浆

注浆时详细记录注浆压力的大小和注浆量,观察是否冒浆,墙顶标高有无变化,以此作为以后注浆时的调整依据。

5. 浆液拌制

注浆水泥采用 P42.5 级硅酸盐水泥、SF-661 型浆液搅拌机拌制。施工时严格按配合比投放各种材料,严格掌握搅拌时间,确保浆液均匀。

6. 注浆

浆液压注采用 YZB-32 型压浆机,注浆压力控制在 0.6～0.8 MPa。注浆流速控制在 32～47 L/min 之间,在完成设计要求的注浆量后封闭注浆口。

注浆时,保证水泥浆液中固体颗粒有效进入注浆地层土颗粒之间,将注浆水泥用不大于 40 μm 的滤网进行过滤。

第3章　软土地铁车站深基坑减压降水成槽技术

轨道交通车站基坑工程地下连续墙施工质量至关重要，其中槽壁稳定性的影响尤为突出。一旦槽壁坍方、混凝土充盈系数增大，易出现“大肚皮”、接缝夹泥、开挖渗漏等不良现象，严重时甚至“埋机”、机械倾覆。一方面凿除“大肚皮”耗时、支撑架设不及时，导致围护变形过大；另一方面接缝局部渗漏孔洞过大时，坑外水土流失，造成坑外地表沉降，影响周边地下管线及建构筑物的安全。地下水位对泥浆护壁、槽壁稳定性影响较大，尤其是在浅部砂性土分布较厚的地层条件下。

宁波市轨道交通沿线区域不同程度分布有粉土、粉砂夹粉质黏土，该层土对工程成槽影响较大。在1号线施工时，该层土对地下连续墙成槽影响较大，多个工点有槽壁坍塌现象。2号线沿线水文地质情况与1号线一期差异较大，尤其是浅层③$_1$层微承压水含水层及其上下岩土、水文地质条件类似的土层，形成的浅层承压含水层普遍较1号线厚，砂性亦较1号线沿线大，该层土的地下水位对槽壁稳定性的影响势必增大。通过适度降低③$_1$层微承压水位、辅助增强泥浆护壁效果，从而提高槽壁的稳定性，防止槽壁坍方，获取本区域成槽的相关技术参数，可以保障基坑安全与质量，降低环境影响。本章结合宁波市轨道交通仇毕站地下连续墙施工，对减压降水辅助成槽开展试验研究。

3.1　减压降水方案

3.1.1　试验方案

在该场地布置抽水试验层位为第③$_1$层浅层承压含水层中，进行承压水抽水试验，并取得相关层位水文地质参数。

1. 试验槽段布置

本次试验拟布置三个试验槽段，两槽段间隔约6 m，根据现场位置进行布置试验场地。

2. 试验井

根据试验要求在试验区域场地范围内布置，本次试验区域布置4口第③$_1$层浅层承压含水层抽水试验井，编号S1～S4。根据勘察资料，设计井深为22.0 m、30.0 m。具体见表3.1。

表3.1　试验井、观测井井结构一览表

试验井类型	孔号	设计井深(m)	过滤器位置(m)	井径(mm)	孔径(mm)	试验目的层位
试验井	S1	22.0	4.0～21.5	ϕ273	ϕ550	③$_1$
	S2	22.0	4.0～21.5	ϕ273	ϕ550	
	S3	30.0	4.0～29.5	ϕ273	ϕ550	
	S4	22.0	4.0～21.5	ϕ273	ϕ550	
观测井	G1	22.0	11.0～21.5	ϕ273	ϕ550	
	G2	20.0	11.0～19.5	ϕ50	ϕ200	
	G3	16.0	11.0～15.5	ϕ50	ϕ200	
	G4	20.0	11.0～19.5	ϕ50	ϕ200	

3. 试验观测井

根据试验要求在在场地试验区域布置4口第③$_1$层观测井，编号G1、G2、G3、G4，各观测井结构见表3.1。

4. 地表沉降监测

试验中心区域布置2条沉降监测点，共20个点，相应编号为C1～C20。

1)分层沉降监测

试验中心内部设置3组分层沉降点，孔深31 m，每组分层沉降点设置深度为10.0 m、21.0 m、30.0 m，相应编号为F1-1～F3-3。

2)试验平面布置及井结构设计

平面布置、成井结构如图3.1和图3.2所示，可结合现场情况予以适当调整。

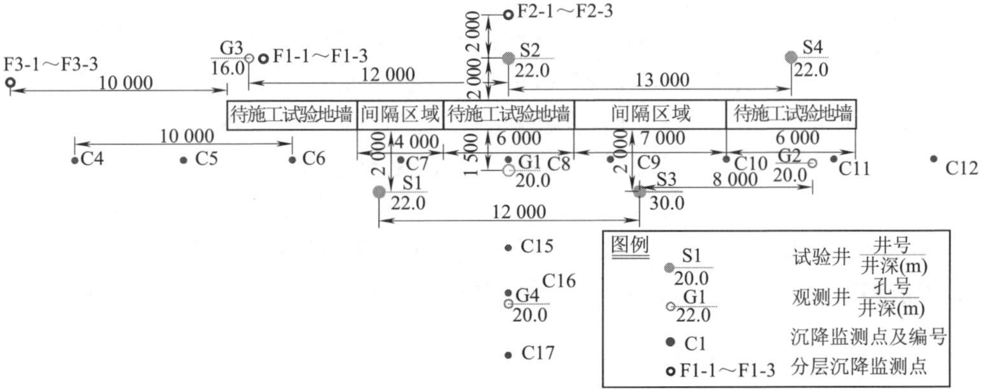

图3.1　抽水试验平面布置图(局部)

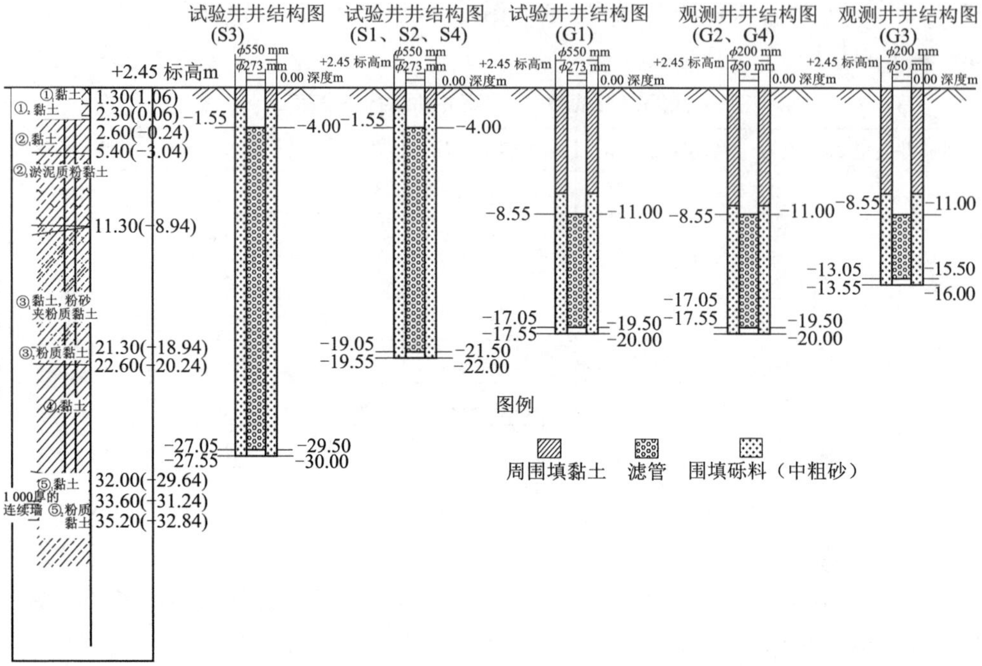

图 3.2 抽水试验井结构图

3.1.2 试验分组

根据上述成槽阶段划分,在第三阶段本次试验拟进行 3 组,根据实际工程试验进度,各组试验可能实际施工顺序及施工阶段略有不同。

第一组试验:本组成槽试验拟进行 3 m 左右降深控制成槽质量,本组试验拟采用 S1 井(S2 井备用)降水进行成槽,成槽前通过观测孔 G3 观测是否能够降深达到 3 m 要求,当能够达到 3 m 左右降深时开始进行成槽试验,成槽试验过程中维持减压降水。

第二组试验:本组试验拟进行 5 m 左右降深控制成槽质量,采用 S3 井、S4 井(S2 井备用)降水进行成槽,成槽前通过观测孔 G2 观测是否能够降深达到 5 m 要求,当能够达到 5 m 左右降深时开始进行成槽试验,成槽试验过程中维持减压降水。

第三组试验:本组试验拟进行 7 m 左右降深控制成槽质量,采用 S1～S3 井(S4 井备用)降水进行成槽,成槽前通过观测孔 G1 观测是否能够降深达到 7 m 要求,当能够达到 7 m 左右降深时开始进行成槽试验,成槽试验过程中维持减压降水。

3.1.3 成槽检测试验技术

根据地勘资料各地层的物理力学性质,初步拟定泥浆配比。成第一槽段,成槽过程中进行泥浆质量检测，应在成槽前检测 1 次，成槽过程中检测 1 次，成槽结束后检测 1 次，判断调整泥浆配比、成槽速度，以取得较好的成槽参数。

成槽结束后不下钢筋笼、不浇筑混凝土，采用超声波测试进行槽壁稳定性质量检测(测试 3 个断面，槽段左、中、右位置)，持续观测约 10 h。成槽结束后检测 1 次，成槽后 2 h 检测 1 次，成槽后 8 h 检测 1 次，成槽后 12 h 检测 1 次，共检测 4 次。根据测试到的成渣厚度、槽壁实际宽度，判断槽壁稳定性情况，以判断此过程中采用减压降水辅助手段的的成槽质量。

3.2　降水试验结果及分析

3.2.1　常规成槽试验

根据成槽试验方案，于 2011 年 3 月 22 日开始施工第一组试验槽段导墙，导墙净宽 850 mm，长 20 m。成槽机械设备 3 月 5 日进场后通过检验、备案。2011 年 4 月 8 日开始制备泥浆，泥浆制备 180 m^3，泥浆配合比为膨润土 110 kg、纯碱 4.4 kg、CMC2.2 kg、清水 1 000 kg。在试成槽段左右两端地面共布设监测点 7 个，在导墙顶面分别在第一、第二、第三抓的位置标记超声波检测点位。

成槽结束后，于 4 月 10 日 22:00、4 月 11 日 0:30、06:30、10:00 进行 5 次成槽后成槽质量检测，每次均选取成槽过程中槽壁机的三抓进行分别检测，选取第 2 抓成槽检测成果，如图 3.3～图 3.6 所示。通过成槽后槽壁质量检测结果表明，成槽后 0 h、2 h、8 h、12 h 槽壁稳定检测试验，未采用减压降水等其他辅助措施的常规成槽，质量不高，有锯齿状缺口等，且随时间推移在③$_1$层范围内有塌壁趋势。

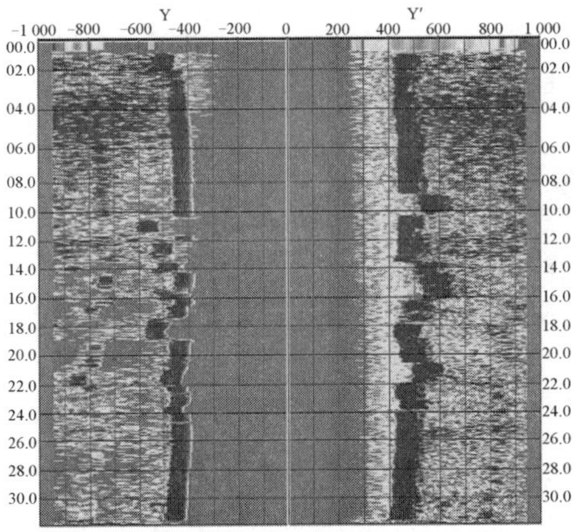

图 3.3　成槽结束后 0 h

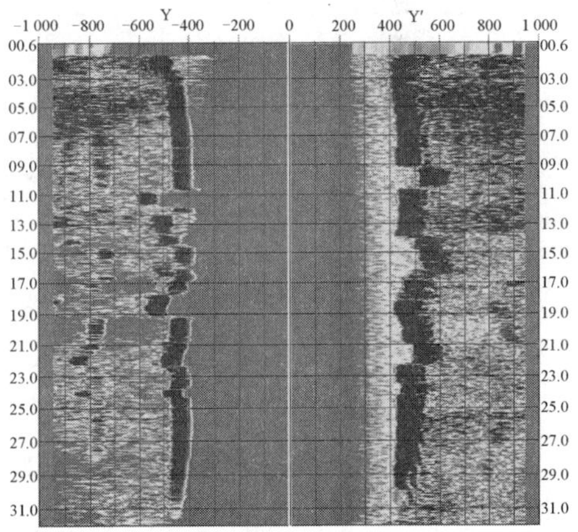

图 3.4　成槽结束 2 h后

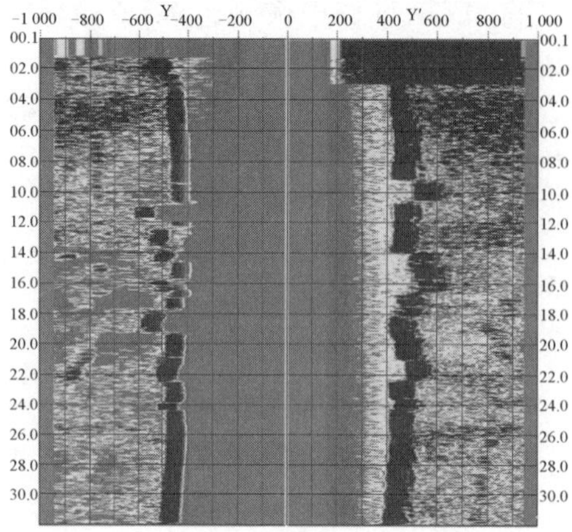

图 3.5 成槽结束 8 h 后

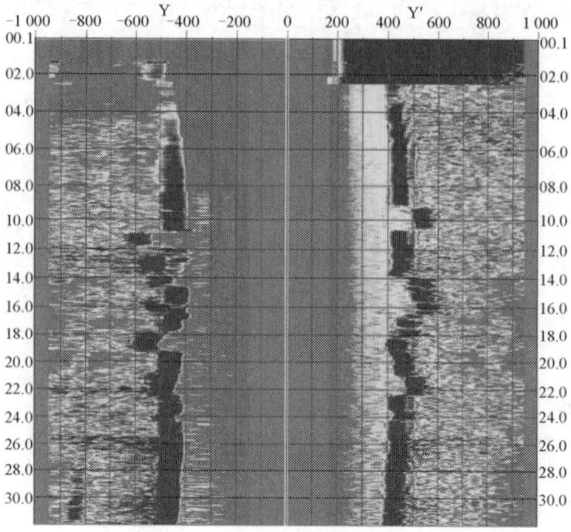

图 3.6 成槽结束 12 h 后

3.2.2 减压降水辅助成槽试验

利用本次试验的减压降水试验井 S1～S3 进行抽水，S4、G1～G4 井进行观测，重点观测 G1 井水位下降情况，同时进行沉降影响观测，如图 3.7 所示。

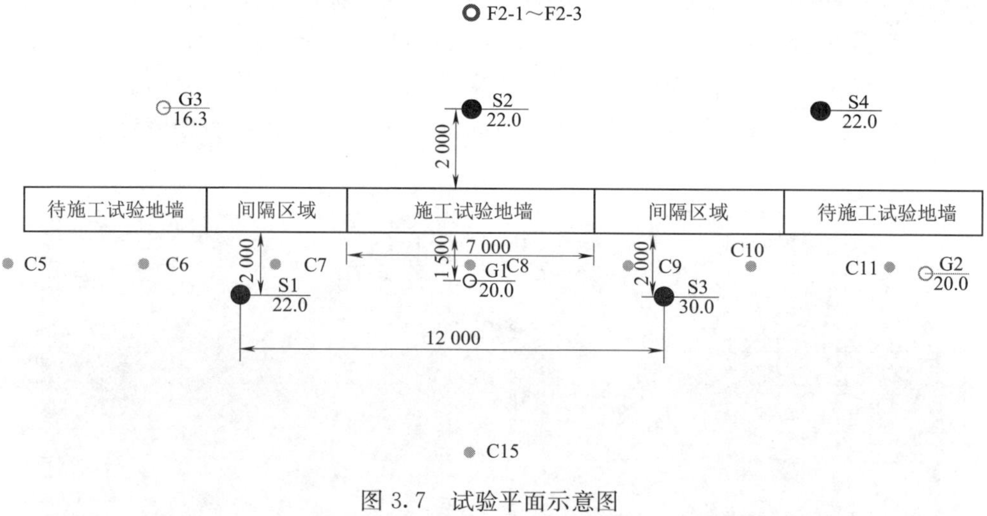

图 3.7 试验平面示意图

图 3.8 为试验期间测得的各水位观测孔的水位降深对比曲线，表面不同距离、方向上的水位不同变化。另外，试验期间 22 m 试验井单井涌水量在 5～6 m^3/d，30 m 试验井单井涌水量大于 8 m^3/d。

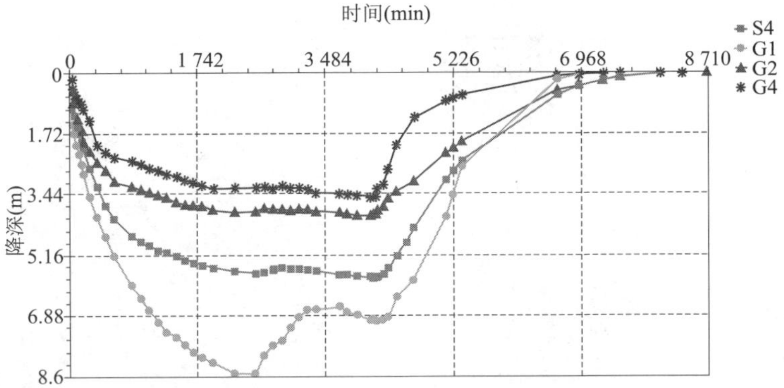

图 3.8　各观测孔水位降深对比曲线图

注：局部，其中 S1～S3 为抽水井，S4、G1～G4 为观测井，C1～C20 为沉降点。

成槽结束后，于 4 月 30 日 22：00，5 月 1 日 0：30、06：30、10：00 进行 4 次成槽后成槽质量检测，为对比本次试验成果与未采取任何加强措施的成槽质量进行对比。分别选取减压降水前后第 2 抓成槽检测成果进行对比，如图 3.9～图 3.12 所示。

通过成槽后槽壁质量检测结果表明：

(1)成槽后 0 h、2 h、8 h、12 h 槽壁稳定检测试验对比，减压降水辅助措施前后槽壁质量有较明显不同。

(2)未采用减压其他辅助措施的成槽，质量不高，有锯齿状缺口等，且随时间推移在③$_1$层范围内有微弱塌壁趋势。

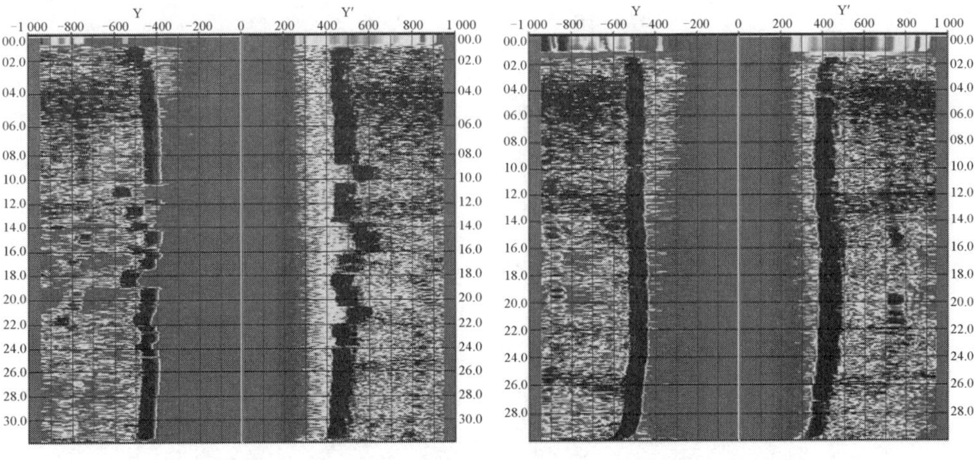

图 3.9　成槽结束后 0 h(左为降水前、右为降水后)

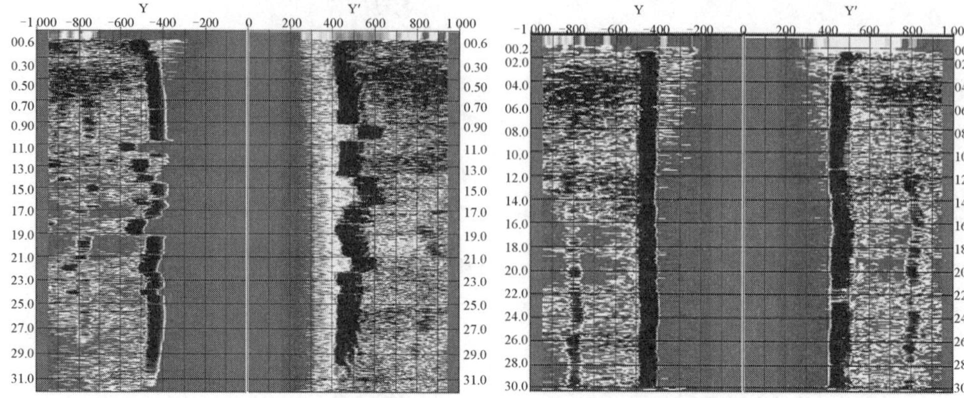

图 3.10　成槽结束 2 h 后(左为降水前、右为降水后)

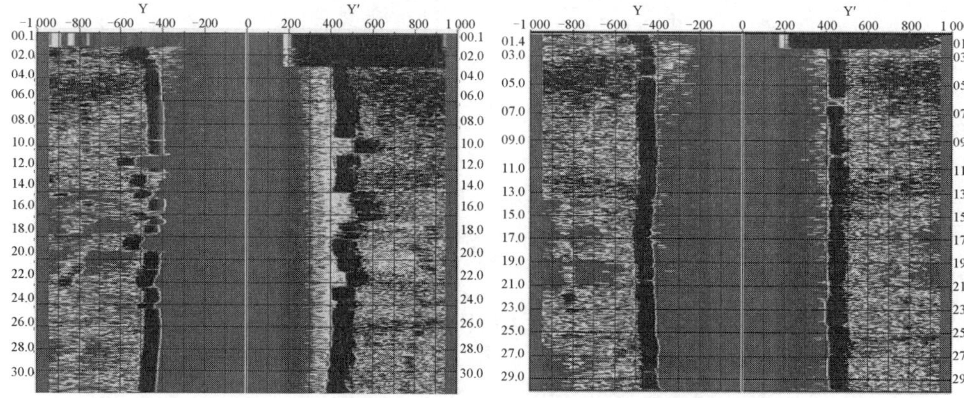

图 3.11　成槽结束 8 h 后(左为降水前、右为降水后)

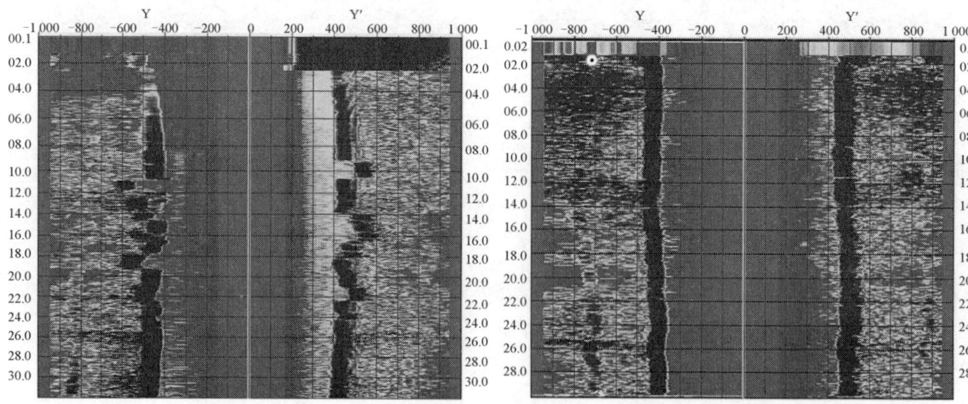

图 3.12　成槽结束 12 h 后(左为降水前、右为降水后)

(3)采用减压降水辅助措施后，成槽检测槽壁稳定性较高，且随时间延续，槽壁仍能保证稳定。

(4)在采用减压降水辅助措施下，左侧槽壁为S1、S3减压降水试验井一侧，右侧槽壁为S2减压降水试验井一侧，根据槽壁检测结果，S1、S3井一侧的槽壁稳定性优于S2井一侧的槽壁稳定性。据此分析，两口井形成的降深大，分布在槽壁两侧，分布呈均匀趋势，且S3试验井井深为30 m，单井涌水量明显大于S1、S2单井涌水量，使槽壁稳定性优于右侧仅有一口试验井减压形成的效果。

3.2.3　5 m降深优化试验

第一、二组试验表明，未降水产生的槽壁锯齿显著，降水后能够显著提高槽壁质量。在此基础上进一步开展现场优化试验，验证较大减压降水井间距下5 m、7 m降深的成槽质量。

利用本次试验的减压降水试验井S5～S6进行抽水，G5～G6井进行观测，重点观测G5井水位下降情况，同时进行沉降影响观测，如图3.13所示。

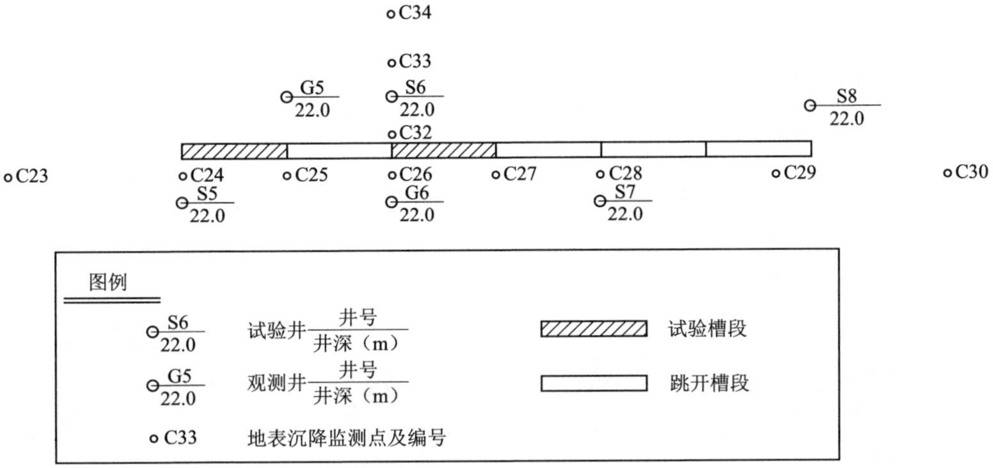

图3.13　试验平面示意图

注：局部，其中S5～S6为抽水井，G5～G6为观测井，C21～C38为沉降点。

成槽前，抽水约17 h，观测孔G5(图3.14)水位降深5.9 m。在成槽时，水位最大降深在5.9 m，成槽过程中受成槽影响，水位逐渐回升，至成槽结束后停止回升并恢复下降趋势，此时水位降深约4.0 m。成槽检测结束后为服务于下一组试验持续抽水，水位随时间逐渐下降。距本槽段外壁约6 m外观测孔G6水位呈持续下降趋势，最大降深约5.8 m，在成槽过程中受成槽影响，水位稍有回升，水位最大回升约0.3 m，幅度较小。

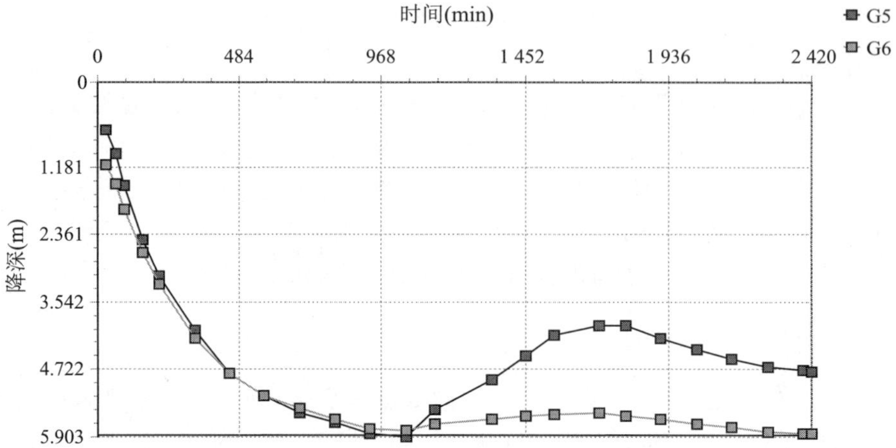

图 3.14　观测孔 G5、G6 水位降深对比曲线图

在未成槽前，水位下降趋势较一致。在成槽时，G5 距槽段近，受成槽影响较大，水位最大回升约 1.9 m。距本槽段外壁约 6 m 观测孔 G6 在成槽时受成槽影响，水位稍有回升，但幅度较小。成槽结束后，进行 4 次成槽后成槽质量检测，本次试验成果与未采取任何加强措施的成槽质量进行对比，如图 3.15～图 3.17 所示。

通过成槽后槽壁质量检测结果，成槽后 2 h、8 h、12 h 槽壁稳定检测试验对比表明，减压降水辅助措施前后槽壁质量有较明显不同；降深 5 m 且拉大井距时，成槽质量较未降水时效果明显提高，但仍有轻微锯齿状缺口。

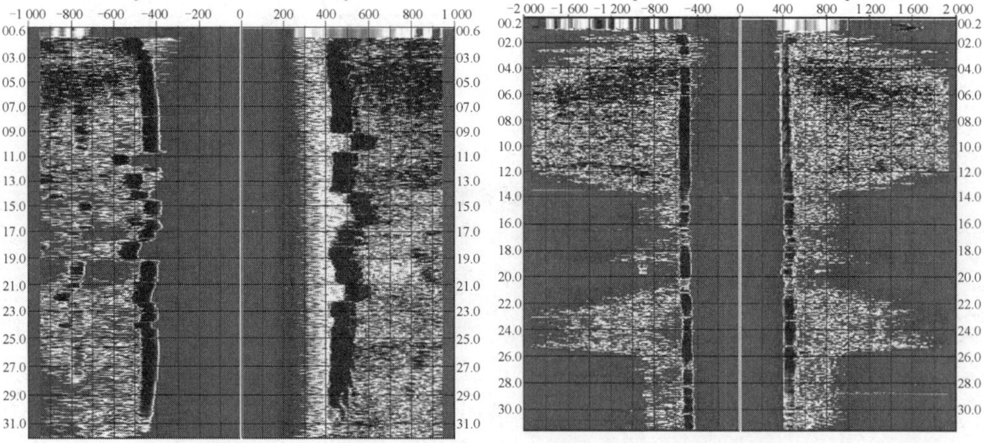

图 3.15　成槽结束 2 h 后(左为降水前、右为降水后)

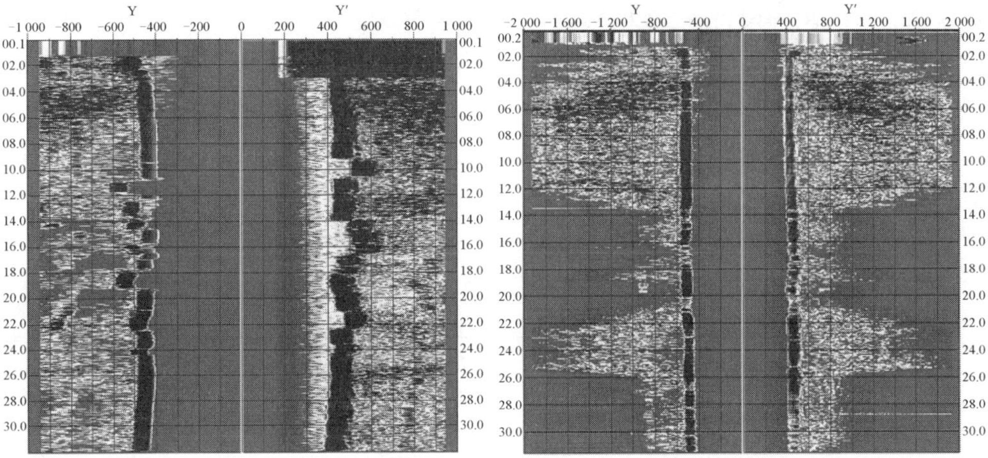

图 3.16　成槽结束 8 h 后(左为降水前、右为降水后)

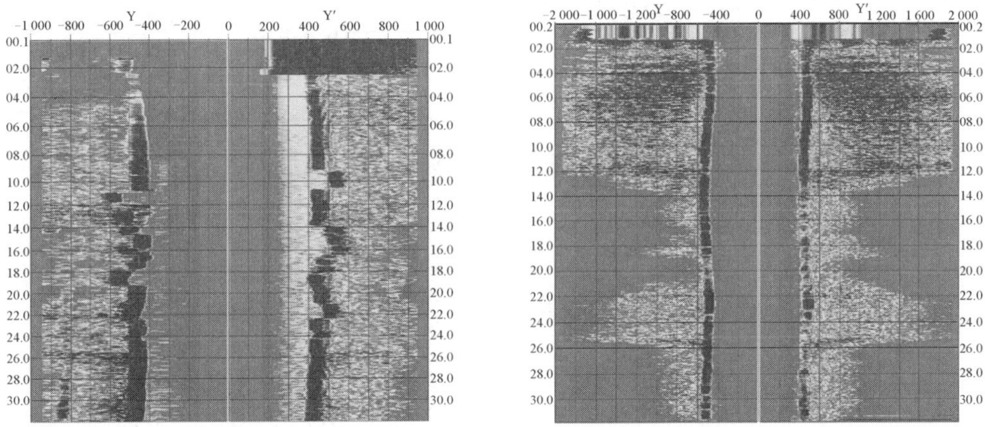

图 3.17　成槽结束 12 h 后(左为降水前、右为降水后)

3.2.4　7 m 降深优化试验

在 5 m 降深优化试验的基础上,利用本次试验的减压降水试验井 S5～S7 进行抽水,S8、G5～G6 井进行观测,重点观测 G6 井水位下降情况,同时进行沉降影响观测,试验平面布置如图 3.18 所示。

在上一组 5 m 降深成槽试验完成后,原 S5、S6 井持续进行 7 m 降深成槽辅助试验。试验期间测得的水位变化情况如下:

在未成槽前,水位下降趋势较一致,但随距离试验中心距离不同,降深不同。

在成槽时,G6 距槽段近,受成槽影响较大,水位最大回升约 1.3 m。距本槽段外壁约 6 m、18 m 观测孔 G5、S8 在成槽时受成槽影响,水位稍有回升,但幅度较小。观测孔 G5、G6、S8 水位降深对比如图 3.19 所示。

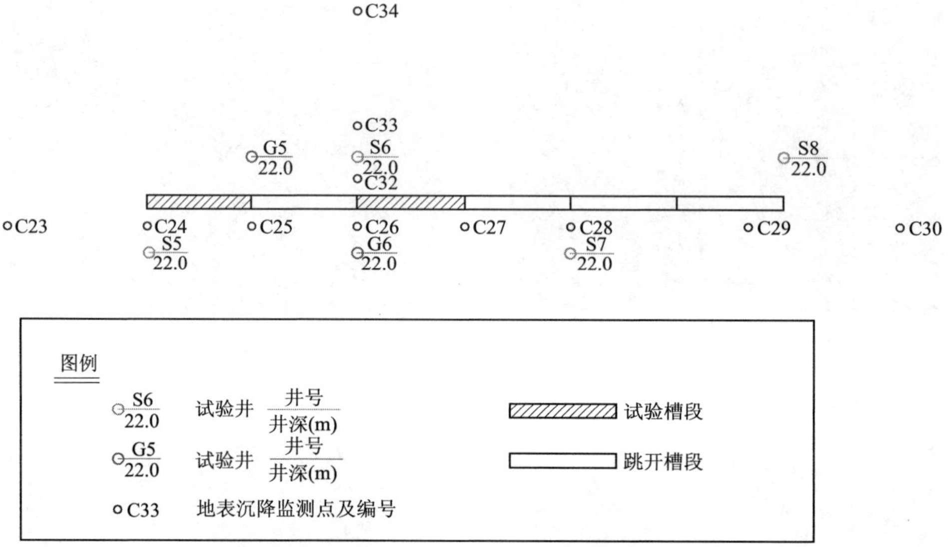

图 3.18 试验平面示意图

注:局部,其中 S5~S6 为抽水井,G5~G6 为观测井,C21~C38 为沉降点。

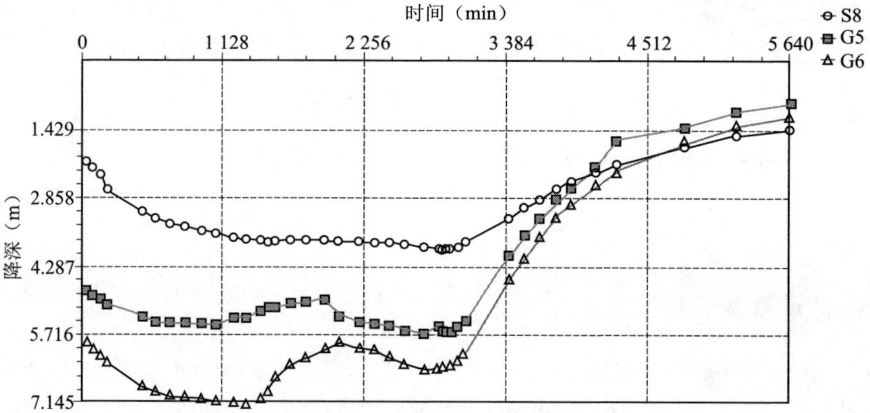

图 3.19 观测孔 G5、G6、S8 水位降深对比曲线图

成槽结束后,进行 4 次成槽后成槽质量检测,为对比本次试验成果与未采取任何加强措施的成槽质量进行对比。分别选取减压降水前后第 2 抓成槽检测成果进行对比,如图 3.20~图 3.22 所示。

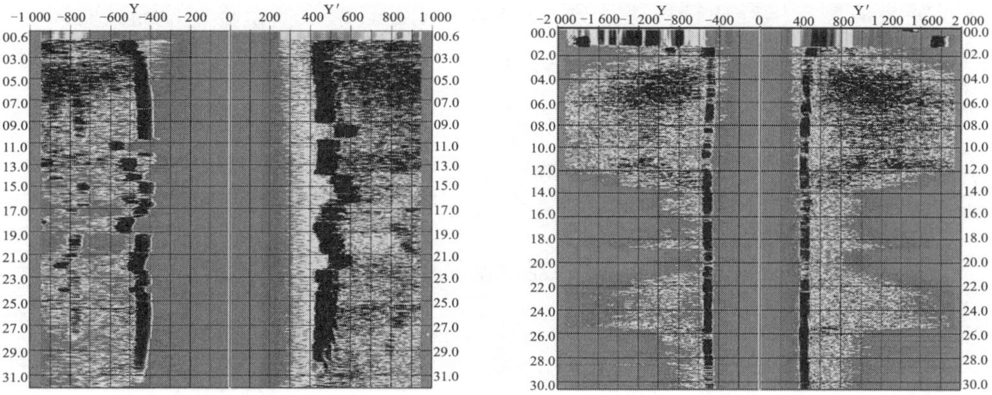

图 3.20　成槽结束 2 h 后(左为降水前、右为降水后)

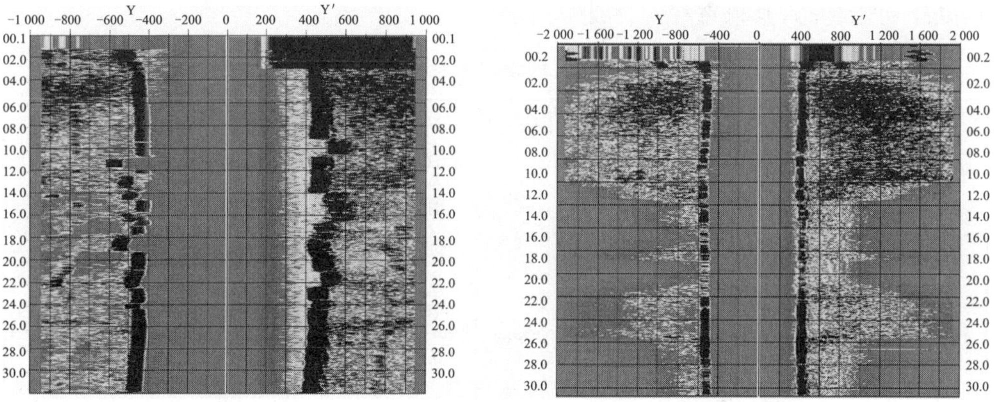

图 3.21　成槽结束 8 h 后(左为降水前、右为降水后)

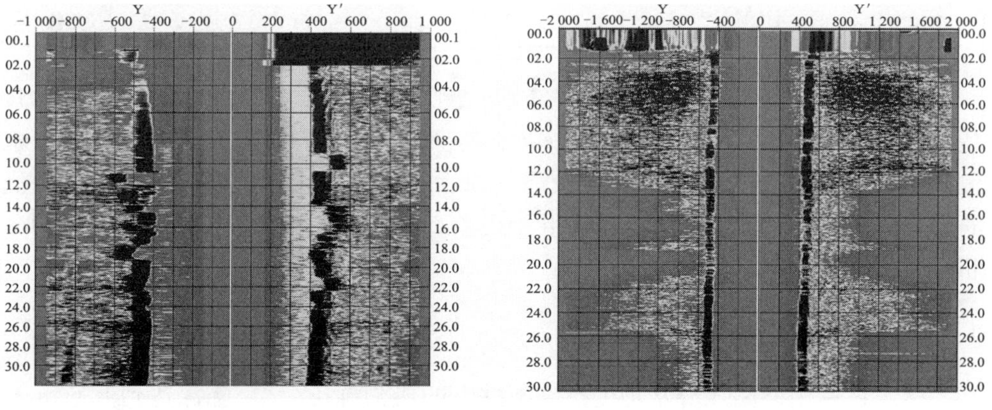

图 3.22　成槽结束 12 h 后(左为降水前、右为降水后)

通过成槽后槽壁质量检测结果，成槽后 2 h、8 h、12 h 槽壁稳定检测试验表明，减压降水辅助措施前后槽壁质量有较明显不同，降深 7 m 且拉大井距时，成槽质量较未降水时效果明显提高，但仍有轻微锯齿状缺口。

3.3 槽壁稳定性计算

根据前述槽壁稳定性分析方法，对本次试验期间的槽壁稳定性进行理论分析，并与成槽检测结果进行对照分析。

3.3.1 常规成槽

本组试验是在未采取其他辅助措施条件下的常规成槽施工工艺，地下水渗流场处于初始状态，其槽壁稳定性计算见表 3.2。

表 3.2 槽壁稳定性计算表

计算深度(m)	静止水土侧压力(kPa)	泥浆压力(kPa)	减压后动水位(m)	减压降深(m)	减压后水土侧压力(kPa)	槽壁稳定性系数	评价结果
8.0	121.44	86.24	1.00	0.00	121.44	0.71	欠稳定
12.0	183.13	129.36	1.00	0.00	183.13	0.71	欠稳定
15.0	191.68	161.70	1.30	0.00	191.68	0.84	欠稳定
18.0	234.04	194.04	1.30	0.00	234.04	0.83	欠稳定
21.0	276.40	226.38	1.50	0.00	274.44	0.82	欠稳定
22.0	304.04	237.16	1.60	0.00	303.06	0.78	欠稳定
25.0	380.57	269.50	1.60	0.00	351.17	0.77	欠稳定

在初始渗流场条件下，槽壁外静止水土侧压力均大于槽壁内泥浆形成的压力，槽壁稳定性系数在 0.71～0.84，槽壁处于欠稳定状态。根据本组试验现场槽壁检测结果，槽壁易形成锯齿状缺口且较严重，此种条件下进行钢筋笼吊装和混凝土浇筑，易形成槽壁塌方、围护体凸出大肚子现象。稳定性计算评判结果与实际检测分析结果较一致。

3.3.2 第一组试验

本组试验采取减压降水辅助措施条件下的成槽施工，减压降深达到 8.6 m 开始成槽，其槽壁稳定性计算见表 3.3。

表 3.3　第一组槽壁稳定性计算表

计算深度(m)	静止水土侧压力(kPa)	泥浆压力(kPa)	减压后动水位(m)	减压降深(m)	减压后水土侧压力(kPa)	槽壁稳定性系数	评价结果
8.0	121.44	86.24	3.80	2.80	94.00	0.92	较稳定
12.0	183.13	129.36	5.30	4.30	140.99	0.92	较稳定
15.0	191.68	161.70	9.90	8.60	107.40	1.51	稳　定
18.0	234.04	194.04	9.90	8.60	149.76	1.30	稳　定
21.0	276.40	226.38	9.90	8.40	192.12	1.18	较稳定
22.0	304.04	237.16	6.20	4.60	257.98	0.92	较稳定
25.0	380.57	269.50	4.60	3.00	351.17	0.77	欠稳定

在此渗流场条件下，槽壁外静止水土侧压力均小于槽壁内泥浆形成的压力，槽壁稳定性系数在 0.92～1.51，槽段处于较稳定～稳定范畴，此种降深下，槽壁稳定性好。根据本组试验现场槽壁检测结果，槽壁稳定性较好，且成槽结束 12 h 内槽壁处于稳定状态，此种条件下有利于进行钢筋笼吊装和混凝土浇筑。稳定性计算评判结果与实际检测分析结果较一致。

3.3.3　5 m 降深组

本组试验在采取减压降水辅助措施条件下的成槽施工，减压降深达到 5.9 m 开始成槽，其槽壁稳定性计算见表 3.4。

表 3.4　5 m 降深槽壁稳定性计算表

计算深度(m)	静止水土侧压力(kPa)	泥浆压力(kPa)	减压后动水位(m)	减压降深(m)	减压后水土侧压力(kPa)	槽壁稳定性系数	评价结果
8.0	121.44	86.24	2.50	1.50	106.74	0.81	一　般
12.0	183.13	129.36	3.50	2.50	158.63	0.82	一　般
15.0	191.68	161.70	7.20	5.90	133.86	1.21	较稳定
18.0	234.04	194.04	7.20	5.90	176.22	1.10	较稳定
21.0	276.40	226.38	7.20	5.70	218.58	1.04	一　般
22.0	304.04	237.16	5.00	3.40	269.74	0.88	一　般
25.0	380.57	269.50	3.50	1.90	361.95	0.74	欠稳定

在此渗流场条件下，槽壁外静止水土侧压力均小于槽壁内泥浆形成的压力，槽

壁稳定性系数在 0.81～1.21，槽段处于一般稳定～较稳定范畴，此种降深下，槽壁稳定性稍好。根据本组试验现场槽壁检测结果，槽壁稳定性一般，且成槽结束12 h内槽壁稳定状态逐渐变差，此种条件下进行钢筋笼吊装和混凝土浇筑槽壁仍有坍塌的可能。稳定性计算评判结果与实际检测分析结果较一致。

3.3.4 7 m 降深组

本组试验在采取减压降水辅助措施条件下的成槽施工，减压降深达到 7.0 m 开始成槽，其槽壁稳定性计算见表 3.5。

表 3.5 7 m 降深槽壁稳定性计算表

计算深度(m)	静止水土侧压力(kPa)	泥浆压力(kPa)	减压后动水位(m)	减压降深(m)	减压后水土侧压力(kPa)	槽壁稳定性系数	评价结果
8.0	121.44	86.24	3.00	2.00	101.84	0.85	一 般
12.0	183.13	129.36	4.50	3.50	148.83	0.87	一 般
15.0	191.68	161.70	8.50	7.20	121.12	1.34	稳 定
18.0	234.04	194.04	8.50	7.20	163.48	1.19	较稳定
21.0	276.40	226.38	8.50	7.20	205.84	1.10	一 般
22.0	304.04	237.16	5.50	3.90	264.84	0.90	一 般
25.0	380.57	269.50	4.00	2.40	357.05	0.75	欠稳定

在此渗流场条件下，槽壁外静止水土侧压力均小于槽壁内泥浆形成的压力，槽壁稳定性系数在 0.85～1.34，槽段处于一般稳定～稳定范畴，此种降深下，槽壁稳定性较好。根据本组试验现场槽壁检测结果，槽壁稳定性较好，且成槽结束 12 h 内槽壁仍能保持稳定状态，此种条件下较有利于进行钢筋笼吊装和混凝土浇筑。稳定性计算评判结果与实际检测分析结果较一致。

经过上述几组试验对比分析，初步形成如下结论：

(1)未进行成槽降水时，成槽质量差，锯齿状缺口较严重；采用减压降水辅助成槽效果明显优于未降水前常规成槽效果。

(2)本试验设计的降水系统达到了方案设计的目标降深，此时单井涌水量在 6.0～8.0 m^3/d。

(3)第一次较小井间距条件下较大减压降深(8.6 m 降深)成槽效果最好，槽壁稳定性佳，减压降深大对成槽质量提高效果显著。

(4)根据 5 m、7 m、8.6 m 不同降深条件下减压降水成槽检测效果，成槽质量会随减压降深增大，成槽质量效果不断提高。

3.4　降水对周边环境影响

本次环境影响评价主要通过可能影响范围的地表沉降、分层沉降两个方面予以监测。

3.4.1　第一组 8.6 m 降深

1. 地表沉降监测情况

监测结果见表 3.6 和图 3.23、图 3.24。结果表明:(1)抽水阶段,横向监测剖面线各点均有不同程度的沉降,随时间变化具有一定的规律性,且随着至抽水中心的距离增大,沉降量逐渐减小;抽水结束后,地表呈现出回弹趋势。(2)试验期间最大沉降约 6.5 mm,一般沉降在 3～5 mm,且本组试验停止抽水后沉降有回弹,回弹 1～2 mm,最终沉降在 3～4 mm。

表 3.6　地表沉降量统计表

编号	验期间累计最大沉降量(mm)	最终累计沉降量(mm)	编号	试验期间累计最大沉降量(mm)	最终累计沉降量(mm)
C1	−3.74	−3.28	C11	−5.13	−4.35
C2	−4.49	−3.90	C12	−4.1	−5.48
C3	−4.42	−1.44	C13	−3.59	−0.96
C4	−5.12	−5.00	C19	−0.92	−0.75
C5	−6.31	−1.50	C20	−1.69	−0.34
C10	−6.5	−4.49			

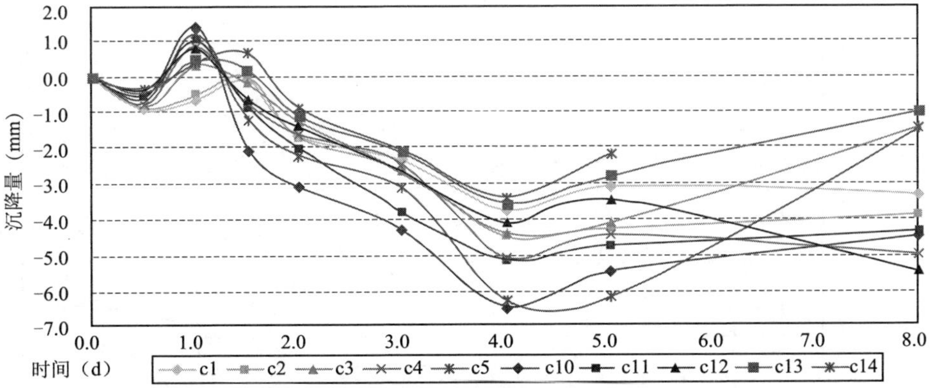

图 3.23　横向监测剖面 C1～C14 累计沉降量随时间变化曲线图

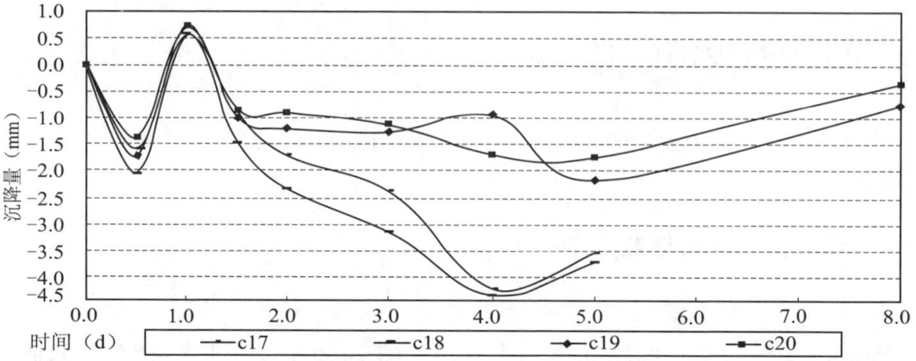

图 3.24　纵向监测剖面 C17～C20 累计沉降量随时间变化曲线图

2. 分层沉降监测情况

本组试验布置 3 组分层沉降孔(平面位置见平面图)，监测曲线如图 3.25 和图 3.26所示。

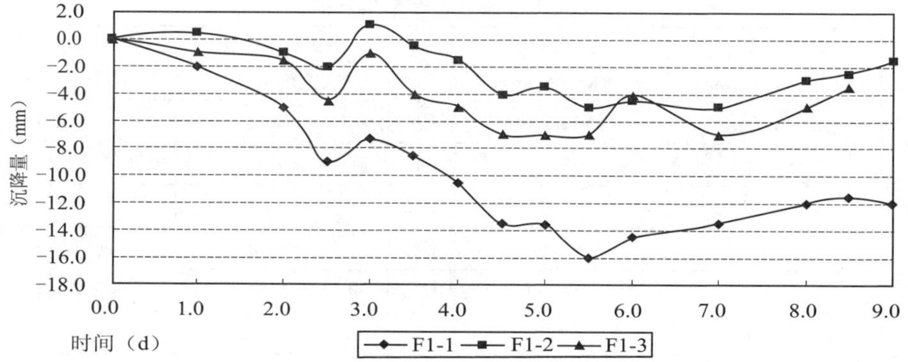

图 3.25　F1-1～F1-3 分层沉降量随时间变化曲线

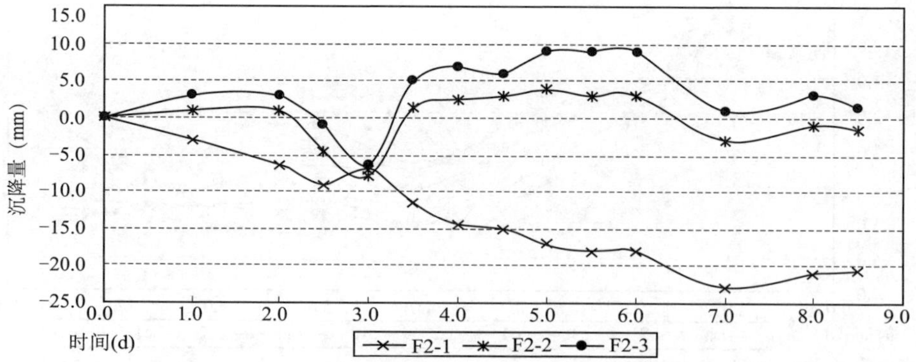

图 3.26　F2-1～F2-3 分层沉降量随时间变化曲线

分层沉降监测结果表明:(1)减压降水辅助成槽试验期间,各分层沉降点沉降量垂向上有一定的变化趋势,随着分层沉降点埋设深度变浅,其累计沉降量逐渐增大。(2)F1 最大累计沉降量约 16 mm,在群井抽水停止后,水位恢复阶段,各监测点沉降量略有回弹,回弹在 3～4 mm。(3)F2-2、F2-3 在第三天开始成槽,因距离槽壁近,受成槽施工影响,监测结果有 10～13 mm 回弹且随成槽施工结束逐渐停止回弹,后期有进一步沉降趋势。

3.4.2　第二组 5 m、7 m 降深

地表沉降监测情况如下。

本组试验期间,在场地范围内布置两条地表沉降监测剖面,根据试验期间的监测,减压降水辅助成槽施工对周边环境有一定影响,具体监测成果见表 3.7 和图 3.27、图 3.28。

表 3.7　地表沉降量统计表

编号	5 m 降深累计沉降量(mm)	7 m 降深累计沉降量(mm)	编号	5 m 降深累计沉降量(mm)	7 m 降深累计沉降量(mm)
C21	−1.10	−4.34	C30	−1.06	−1.76
C24	−7.87	−15.9	C31	−1.26	−0.91
C26	−7.18	−19.96	C35	−3.52	−4.87
C27	−10.59	−21.28	C36	−2.58	−3.60
C28	−8.15	−15.12	C37	−2.70	−3.49
C29	−4.46	−6.86			

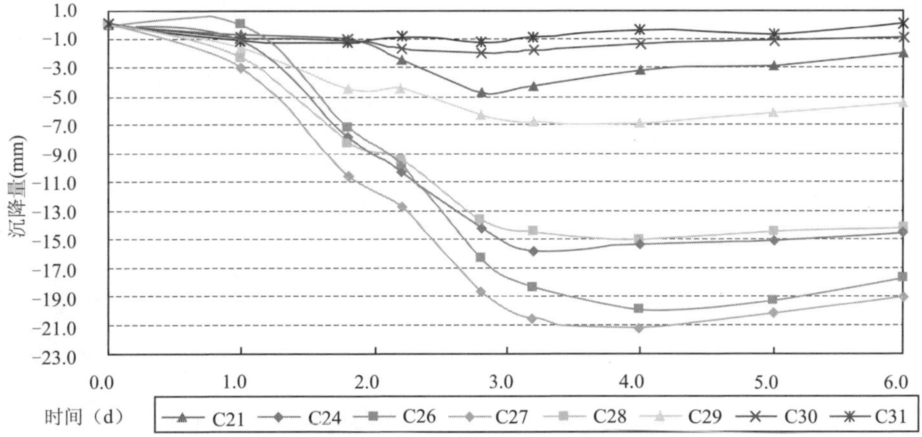

图 3.27　横向监测剖面 C21～C14 累计沉降量随时间变化曲线图

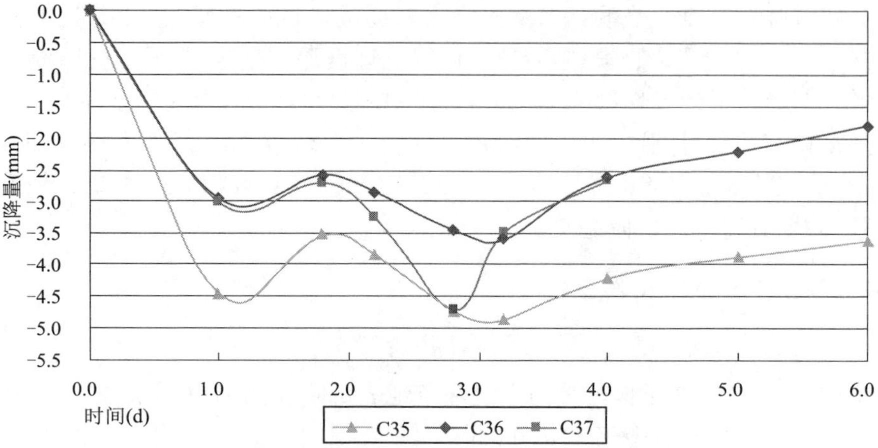

图 3.28　纵向监测剖面 C17～C20 累计沉降量随时间变化曲线图

根据监测结果，在成槽抽水阶段，横向监测剖面各监测点均有不同程度的沉降，随时间变化具有一定的规律性，且随着至抽水中心的距离增大，沉降量逐渐减小。抽水结束后，地表呈现出回弹趋势。

试验期间距槽壁 10 m 范围内最大沉降 15～21 mm，距槽壁 10 m 以外一般沉降在 3～7 mm，且本组试验停止抽水后沉降有回弹，回弹 1～2 mm，距槽壁 10 m 以外最终沉降在 3～5 mm。

第4章　软土地铁车站深基坑抽灌一体化降水技术

由于仇毕站基坑工程下部存在⑧$_3$层砾砂，该层渗透性强，含水量高，层顶标高－51.08～－54.65 m，密实状态，具有中～低压缩性。根据抗突涌验算，该层存在突涌风险(计算过程详见第7章)，而地墙未能隔断⑧$_3$层，因此该基坑进行坑外降压。坑外降水运行过程中对周边环境影响主要表现在基坑周边地面不均匀沉降，宁波轨道交通深基坑施工过程中，周围环境影响的控制要求日益严格，车站深基坑施工安全，已不仅仅是稳定和强度问题，如何保护周围环境，将施工过程对周围环境的影响控制在更加严格的容许范围内，以确保基坑周围原有建筑物、构筑物、地下管线及道路等的安全，已成为该类地区基坑工程施工过程中周边环境保护的首要工作。

基坑外保护建筑区进行地下水回灌是减弱基坑降水对周边环境的影响有效途径之一，该技术在技术经济方面有着明显的优点，这一措施，在工程界也获得了广泛的认可。在目前实际工程应用中，采用回灌井用于实际控制降水对周边环境的影响有一些记录，但在宁波地区浅层承压水工程回灌可实施性、经济性及回灌控制沉降效果等各方面，都缺乏足够的相应的工程经验。对于工程性回灌还缺乏针对性的研究，尚无成熟的设计及运行方案。因此，本章对宁波市深基坑浅层承压水回灌进行系统性研究，获取仇毕站⑧$_3$层砾砂层的水文地质特征，⑧$_3$层承压水回灌特性，抽灌作用下的⑧$_3$层土地变形特性以及深基坑抽灌运行控制技术，可以为今后宁波市地下工程施工中控制地下水引发的周边环境地面沉降的措施实施提供借鉴和参考。

4.1　试验设计与方法

根据前述抽水试验目的与任务，通过孔隙水压力计、分层沉降孔和地表沉降点的布设，开展抽水试验、回灌试验和抽灌试验，分析不同试验条件下的孔压、土层及地表变化规律，确定回灌井设计参数。

4.1.1 设计方案

1. 抽灌试验

本次试验将依托仇毕站，在仇毕站原有降水方案中，增加 1 口回灌井(井深 62 m，采用 273 mm 钢管井)，1 口观测井兼备用回灌井(井深 62 m，采用 168 mm 钢管井)，试验井工作量见表 4.1。

表 4.1 试验井工作量统计

井类型	数量	井深	编号
⑧$_3$层降压井	1	60	YL1
	4	62	YL2-YL5
	1	63	YL6
回灌井	1	62	H1
	1	62	H2
观测井	1	62	G1

2. 地表沉降监测

本次抽灌试验，为分析抽水回灌期间地表变形规律，在基坑周边布设 4 个沉降监测断面，合计 25 个沉降监测点，编号为 C1-1～C1-6、C2-1～C2-5、C3-1～C3-7、C4-1～C4-10、F1～F7。

3. 孔隙水压力计

本次抽灌试验，为分析回灌功效，在基坑两侧(一侧回灌区，一侧无回灌井)等距离处分别布设 1 组孔隙水压力监测孔(孔深 59 m)，同时为分析回灌对紧邻地墙的影响，另在紧邻地墙处布设 1 组孔隙水压力监测孔(孔深 59 m)，如图 4.1 所示。

图 4.1 孔隙水压力计探头及埋设

4. 分层沉降监测孔

本次抽灌试验，为分析回灌功效，在基坑两侧（一侧回灌区，一侧无回灌井）等距离处分别布设 1 组分层沉降监测孔（孔深 56 m），同时为分析回灌对紧邻地墙的影响，另在紧邻地墙处布设 1 组分层沉降监测孔（孔深 56 m），如图 4.2 所示。

图 4.2　分层沉降监测计

4.1.2　试验方法

1. 抽水试验

成孔：采用 GPS-10 型钻机 1 台，正循环泥浆护壁回转钻进，泥浆采用自然造浆，钻头选用带保径圈的三翼钻头，钻头直径 650 mm。根据施工经验，该钻进工艺施工稳定性好，能有效控制成孔中的缩径与塌孔现象，确保工程质量。

成井：根据设计及规范要求制作井管并焊接，中粗砂滤料回填，黏土球和黏土进行管外封井。

洗井：采用活塞与空压机联合洗井方法，先用空压机洗井，待出水后改用活塞洗井，然后再用空压机洗井，清除井底存砂。

抽水：采用 QX25-35-4 型、QJ100-54-22 型潜水泵。

水位观测：抽水试验过程中，前期水位人工加密观测，后期采用自动化监测设备进行水位观测，观测精度为 1 cm。

流量观测：用流量表测量抽水试验井的出水量，流量表的测读精度为 0.1 m^3。

2. 地表沉降监测

设置基准点：在抽水试验区外 150 m 处引入基准点，对控制点定期进行高程闭合测量，观测稳定后投入使用。

地面沉降标：人工开孔至原状土层内，用素混凝土浇筑，内插 Φ16 钢筋。

监测：采用 DSZ2＋FS1 水准仪，精度 0.1 mm。

3. 孔隙水压力计

埋设：采用钻孔埋设法，钻孔应垂直，孔径宜为 110～130 mm，现场实际孔径为 110 mm。采用 YD-KYJ-211 型振弦式孔隙水压力计测量水位，量程 0.2～0.7 MPa（水位量程 20～70 m）。

填料：孔隙水压力计周围回填中粗砂等透水填料，上下两个孔隙水压力计之间有充填厚度不小于 3 m 的黏土球隔水封闭层。

监测：采用 YD-KYJ-211 型振弦式孔隙水压力计，量程 0.2～0.6 MPa（水位量程 20～60 m），分辨率＜0.05％F.S，综合误差＜1.0％F.S。

4. 分层沉降监测孔

埋设：采用钻孔埋设法，本次钻孔直径为 110 mm。套管宜采用 ϕ45 mm 或 ϕ53 mm 的 PVC 管，套管接头选择合理。按照设计深度完成钻孔后，在地面上，按照设计深度，将磁环式位移计拼装好，磁环的三角爪用纸绳绑在套管上，确保在孔中预置的位置。监测采用 XP11 智能综合读数仪，精度 0.01 mm，如图 4.3 所示。

图 4.3 地面沉降人工监测

4.2 抽水、回灌试验成果分析

4.2.1 抽水、回灌试验工况

成井以及监测点布置施工完成后，观测各试验井内的承压水初始稳定水位（抽水试验运行前观测）及各沉降监测点的初始值后，正式进行抽水试验。试验开始前，须待初始水位、孔隙水压力计与沉降标测量初始值稳定后，才能开始进行抽水试验。根据试验目的和试验井布设情况，本次抽水试验流程见表 4.2 所示。

表 4.2　现场抽水试验流程

试验方式	抽水井号	回灌井号	观测井号	试验日期		试验目的
				抽水/回灌	恢复	
单井抽水试验	H1		G1，H2，YL2	4 月 2 日	4 月 3 日	确定⑧$_3$层初始水位、单井出水量
	H2		G1，H1，YL2	4 月 4 日	4 月 5 日	确定⑧$_3$层初始水位、单井出水量
单井回灌试验		H1	G1，H2，YL2	4 月 6 日		确定单井回灌量及进行回灌井优化设计
		H2	G1，H1，YL2	4 月 7 日		确定单井回灌量及进行回灌井优化设计
群井抽水试验	YL1，YL4，YL5，YL6		G1，YL2，YL3	4 月 16 日～4 月 21 日		检验群井降水效果
抽灌一体化试验	YL1，YL4，YL5，YL6	H1，H2	G1，YL2，YL3	4 月 21 日～4 月 28 日		分析抽灌作用下的回灌效果

注：(1)各阶段试验期间同步进行分层沉降监测、孔压监测和地表监测。
(2)各抽水阶段应对观测井水位进行自动化监测。

1. 单井抽水试验

考虑到此次研究目的含水层为⑧$_3$ 层，利用基坑外的回灌井进行两组单井抽水试验，即 H1、H2 单井抽水试验，目的是求取相关水文地质参数，确定⑧$_3$ 层初始水位、单井出水量。单井抽水试验流程如下：

(1)H1 单井抽水试验：以 H1 为抽水井，持续抽水约 1 d，至观测井内的水位趋于稳定为止，G1、H2、YL2 作为观测井。抽水试验期间，观测、记录各井内的水位，观测、记录抽水井 H1 的单井出水量。单井抽水试验结束后进行水位恢复。

(2)H2 单井抽水试验：以 H2 为抽水井，持续抽水约 1 d，至观测井内的水位趋于稳定为止，G1、H1、YL2 作为观测井。抽水试验期间，观测、记录各井内的水位，观测、记录抽水井 H2 的单井出水量。单井抽水试验结束后进行水位恢复。

水位恢复试验：停止抽水后，观测恢复水位的持续时间约为 1 d，至观测井内的水位趋于稳定为止。观测井内水位稳定标准：连续 2 h 内的水位变幅小于 2 cm/h。

预期试验成果：确定相应于 H1 和 H2 的单井出水量和降深效果，初步查明含水层的水文地质特性，并可利用实测的水位数据借助有限差程序求得⑧$_3$ 层含水层的渗透系数、贮水率等水文地质参数。

2. 单井回灌试验

为了确定单井回灌量、回灌压力与流量，利用基坑外的回灌井进行两组单井回灌试验，即 H1、H2 单井回灌试验，同时根据试验成果对后期抽灌试验进行优化设计。单井回灌试验在天然状态下进行，回灌水直接采用自来水，以保证地下水不受污染。单井回灌试验需测定单井回灌量、观测井水位抬升值等，同时根据工程特性和现场条件选择性进行加压的回灌试验，以确定合适的压力值。

H1 单井回灌试验：以 H1 为回灌井，G1、H2、YL2 作为观测井，试验初始在无压状态下进行，确保回灌井水位回灌至井口附近，随后逐步增加回灌压力，根据工程特性和现场条件选择性进行分阶段加压的回灌试验以确定合适的压力值。观测、记录各观测井内的水位，记录 H1 各阶段的单井回灌量、回灌压力。随后停止回灌进行水位恢复。

H2 单井回灌试验：以 H2 为回灌井，G1、H1、YL2 作为观测井，试验初始在无压状态下进行，确保回灌井水位回灌至井口附近，随后逐步增加回灌压力，根据工程特性和现场条件选择性进行分阶段加压的回灌试验以确定合适的压力值。观测、记录各观测井内的水位，记录 H2 各阶段的单井回灌量，回灌压力。随后停止回灌进行水位恢复。

水位恢复试验：停止抽水后，观测恢复水位至观测井内的水位趋于稳定为止。观测井内水位稳定标准：连续 2 h 内的水位变幅小于 2 cm/h。预期试验成果：根据单井回灌试验成果，确定回灌井合适的回灌量及回灌压力。

3. 群井抽水试验

群井抽水试验要求测定各抽水井时的抽水量、观测井的水位降深，同时结合地面沉降监测、分层沉降监测、孔隙水压力监测，根据试验数据，分析群井抽水对周围环境的影响。群井抽水试验流程如下：

以 YL1、YL4、YL5、YL6 四口井为抽水井，持续抽水 3 d，抽灌试验期间，观测、记录各井内的水位，观测、记录各抽水井的单井出水量以及回灌井中回灌量。同步观测分层沉降点、地面沉降，分析群井抽水期间引起的地层变形与地面沉降分布规律、影响范围及沉降与时间曲线关系。

预期试验成果：可通过数值模拟及反演程序进一步验证各水文地质参数取值的合理性，结合面沉降监测、分层沉降监测、孔隙水压力监测数据，探明地面沉降的影响范围、时空分布特征、群井抽水引起的沉降规律。

4. 群井抽灌试验

群井抽灌试验要求测定群井回灌时的回灌量、水位抬深效果以及影响范围，同时对土体沉降进行观测，分析采用地下水回灌措施减小和抑制沉降变形的规律和可行性。主要分析回灌开启后对沉降控制的可靠性，以及回灌侧与非回灌侧的沉降差异。群井抽灌试验流程如下：

同时开启 YL1、YL4、YL5、YL6 四口井为抽水井，并以最大抽水量进行抽水，H1、H2 同时回灌，回灌初始在无压状态下进行，确保回灌井水位回灌至井口附近，随后逐步增加回灌压力，持续回灌 7 d 后，同时停止抽水和回灌，水位恢复观测按 1 d考虑。抽灌试验期间，观测、记录各井内的水位，观测、记录各抽水井的单井出水量以及回灌井中回灌量。同步观测分层沉降点、地面沉降，分析抽灌期间引起的地层变形与地面沉降分布规律、影响范围及沉降与时间曲线关系。

本次群井抽灌试验是在群井抽水试验基础上进行，即群井抽水试验运行期满后不进行恢复试验，直接开启 H1、H2 回灌井进行回灌，回灌水考虑直接采用抽汲出的地下水(如现场条件不满足可考虑直接使用自来水)，单井回灌试验需测定单井回灌量、水位抬升值、回灌影响半径等。

预期试验成果包括：同时查明回灌引起的不同土层在不同深度处的沉降变化，分析回灌侧和非回灌侧的变形差异，明确各含水层之间的水力联系强弱，并探明地面沉降的影响范围、时空分布特征、抽水回灌引起的沉降规律等。

4.2.2　初始试验条件

抽水试验开始前，进行了初始水位观测。各试验井内的初始稳定水位见表 4.3。根据水位观测结果，试验场区内第⑧$_3$层承压水水位总体呈现东侧高、西侧低，北侧高、南侧低的规律。在正式抽水试验前，对 H2、G1、YL3 初始水位进行了24 h观测，初始水位变化如图 4.4～图 4.6 所示。

表 4.3　试验井井口标高及初始稳定水位

井号	含水层	井口标高(m)	初始水位埋深(自井口计)(m)	初始水位标高(m)
YL1	⑧$_3$	2.35	5.83	−3.48
YL2		2.49	5.71	−3.22
YL3		2.67	4.41	−1.74
YL4		2.60	4.60	−2
YL5		2.71	4.42	−1.71
YL6		2.59	4.92	−2.33
H1		2.67	4.39	−1.72
H2		2.61	4.87	−2.26
G1		2.67	4.50	−1.83

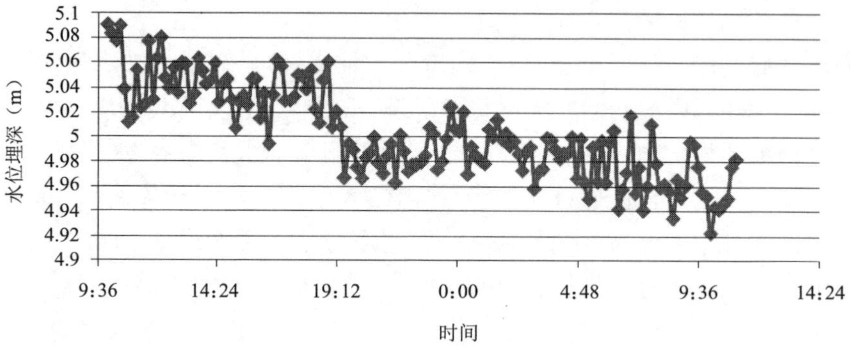

图 4.4　H2 初始水位观测曲线图

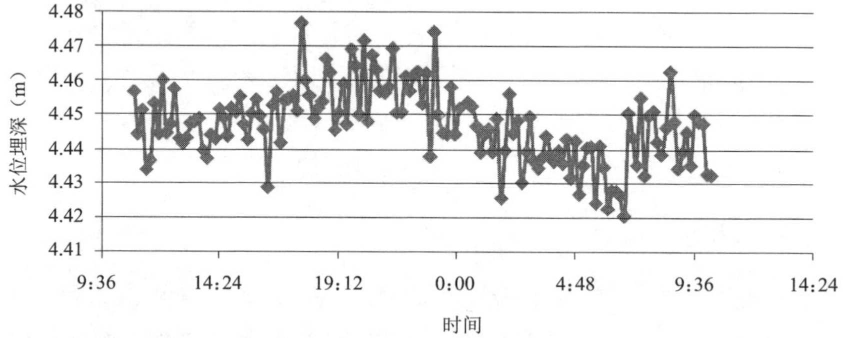

图 4.5　G1 初始水位观测曲线图

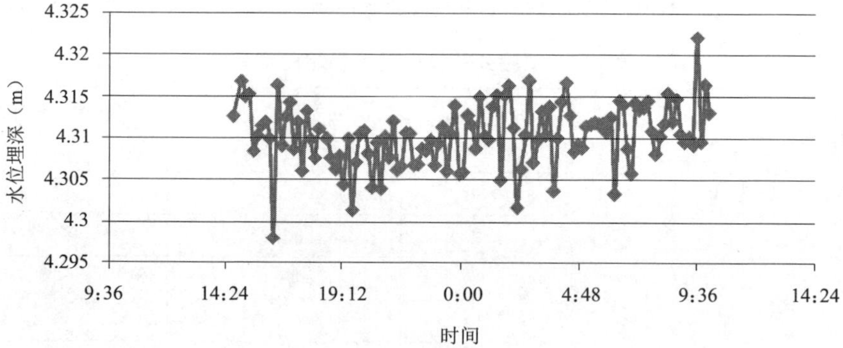

图 4.6　YL3 初始水位观测曲线图

4.2.3　承压含水层（⑧$_3$层）单井抽水/回灌试验结果

1.　H1 单井抽水试验

H1 单井抽水试验于 2016 年 4 月 2 日进行，抽水历时 24 h，随后停止抽水并进行水位恢复。试验采用 20 t 的潜水泵，变流量抽水，稳定时刻流量依次为 7 m^3/h、4.5 m^3/h、2.5 m^3/h，共历时 2 天。抽水井抽水量和各观测井内水位变化情况如图 4.7 所示，各观测井内水位降深情况如图 4.8 所示。

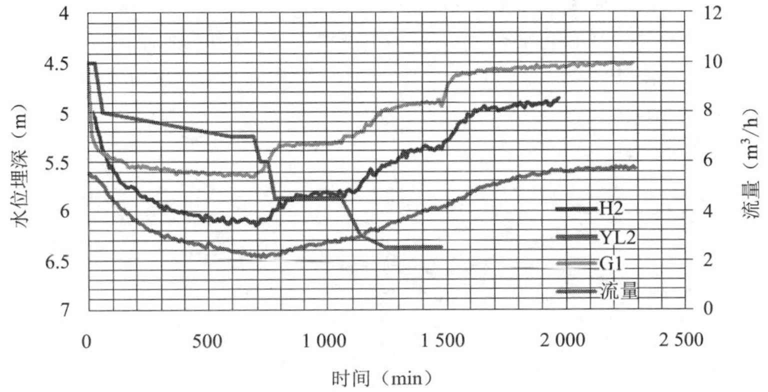

图 4.7　H1 单井抽水试验历时曲线

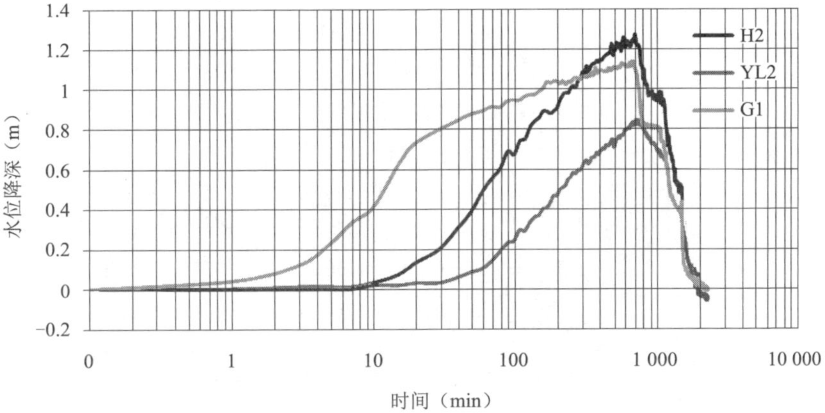

图 4.8　H1 单井抽水试验期间观测井水位降深变化（s-lg$t$）

由图 4.7、图 4.8 可知：

(1)当以完整井形式抽汲⑧$_3$层中的承压水时，不同距离处的⑧$_3$层观测井均发生了相应阶段性变化，随着距离的增大，水位降深变小。G1 观测井最大降深约为 1.10 m，H2 观测井最大降深约为 1.27 m，YL2 观测井最大降深约为 0.83 m。

(2)抽水井抽水量为 7 m^3/h 时，G1 观测井稳定降深为 1.00～1.20 m，H2 观测井稳定降深为 1.20～1.30 m；抽水井抽水量为 4.5 m^3/h 时，G1 观测井稳定降深为 0.80～0.90 m，H2 观测井稳定降深为 0.90～1.00 m；抽水井抽水量为

2.5 m^3/h时，G1观测井稳定降深为0.30～0.40 m，H2观测井稳定降深为0.40～0.50 m。

2. H2单井抽水试验

H2单井抽水试验于2016年4月4日进行，抽水历时24 h，随后停止抽水并进行水位恢复。试验采用20 t的潜水泵，变流量抽水，稳定时刻流量依次为4.5 m^3/h、3.0 m^3/h、1.5 m^3/h，共历时2天。抽水井抽水量和各观测井内水位变化情况如图4.9所示，各观测井内水位降深情况如图4.10所示。

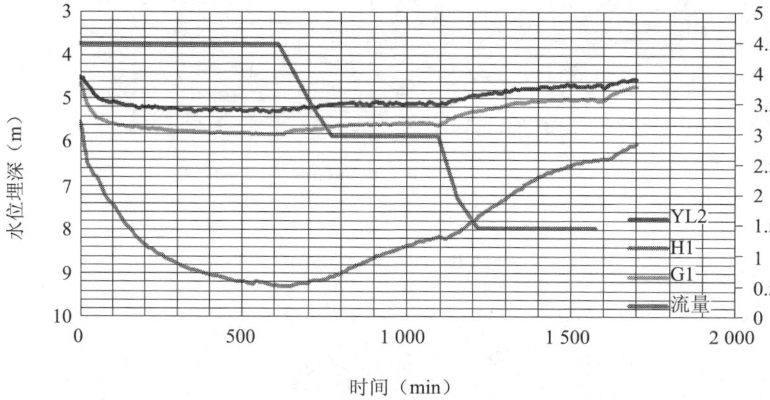

图4.9　H2单井抽水试验历时曲线

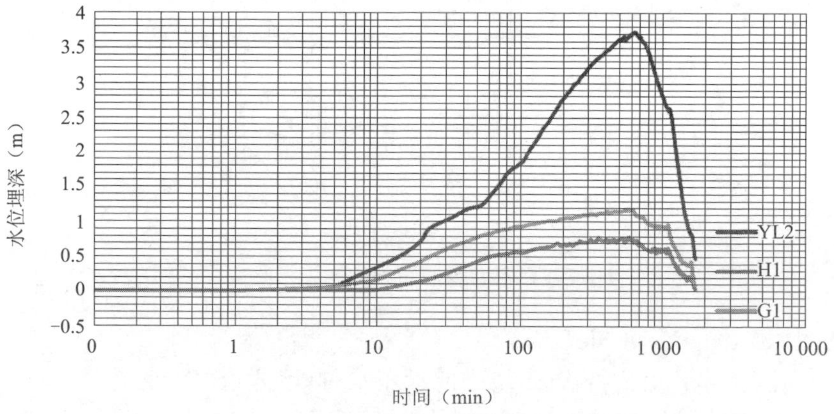

图4.10　H2单井抽水试验期间观测井水位降深变化（s-lg$t$）

由图4.9、图4.10可以看出：

(1)当以完整井形式抽汲⑧$_3$层中的承压水时，不同距离处的⑧$_3$层观测井均发生了相应阶段性变化，随着距离的增大，水位降深变小。G1观测井最大降深约为

1.18 m，H1 观测井最大降深约为 0.79 m，YL2 观测井最大降深约为 3.72 m。

(2)抽水井抽水量为 4.5 m^3/h 时，G1 观测井稳定降深为 1.00～1.20 m，H2 观测井稳定降深为 1.20～1.30 m；抽水井抽水量为 3.0 m^3/h 时，G1 观测井稳定降深为 0.80～0.90 m，H2 观测井稳定降深为 0.90～1.00 m；抽水井抽水量为 2.5 m^3/h 时，G1 观测井稳定降深为 0.30～0.40 m，H2 观测井稳定降深为 0.40～0.50 m。

3. H1 单井回灌试验

本次单井回灌试验，历时 1 天，试验期间回灌流量、回灌压强、观测井水位变化情况如图 4.11～图 4.13 所示。

(1)从上图中可以看出，回灌期间回灌量相对较稳定，回灌流量约 1 m^3/h，且前期回灌压强相对较平缓，后期增大。

(2)回灌过程中，不同距离处的⑧$_3$ 层观测井均发生了相应变化，随着距离的增大，水位抬升变小。G1 观测井最大抬升约为 0.4 m，H2 观测井最大降深约为 0.48 m，YL2 观测井最大降深约为 1.10 m。

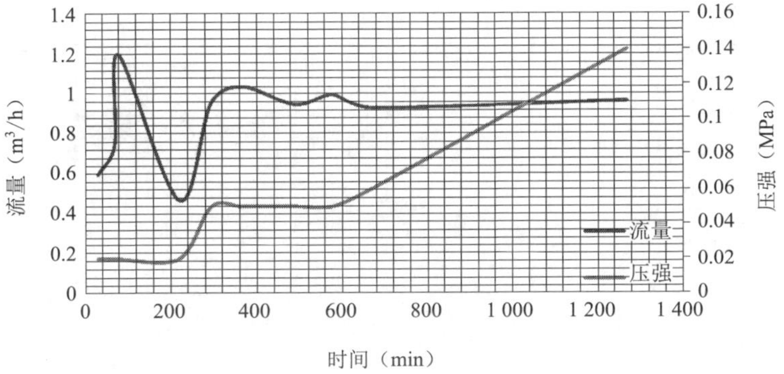

图 4.11　H1 单井回灌量与时间关系曲线

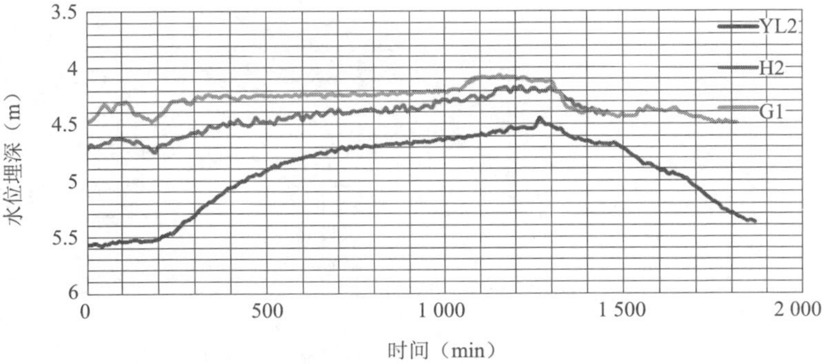

图 4.12　H1 单井回灌试验历时曲线

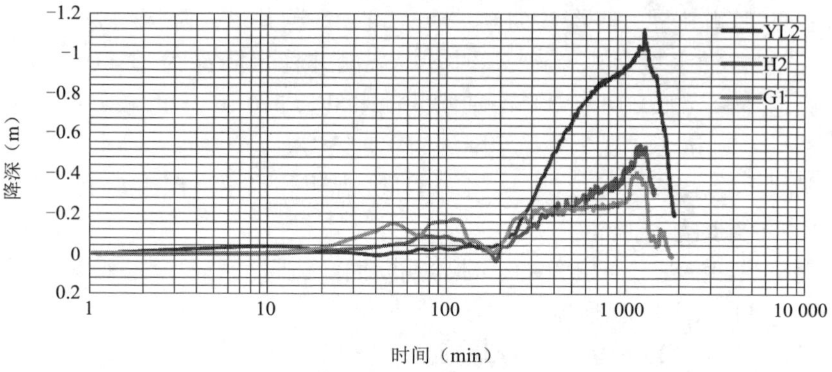

图 4.13 H1 单井抽水试验期间观测井水位降深变化

4. H2 单井回灌试验

本次单井回灌试验，历时 1 天，试验期间回灌流量、回灌压强、观测井水位变化情况如图 4.14～图 4.16 所示。

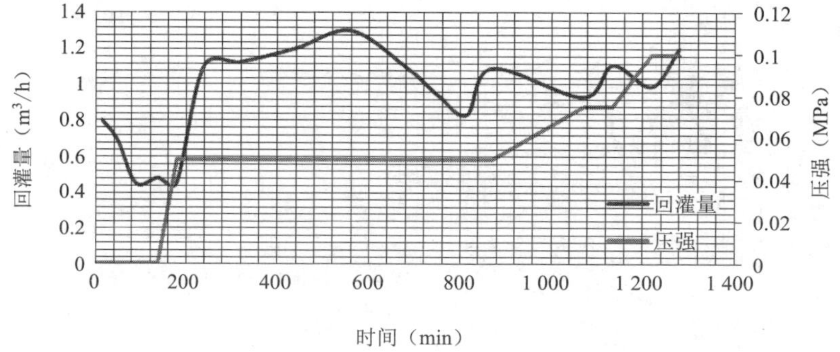

图 4.14 H2 单井回灌量与时间关系曲线

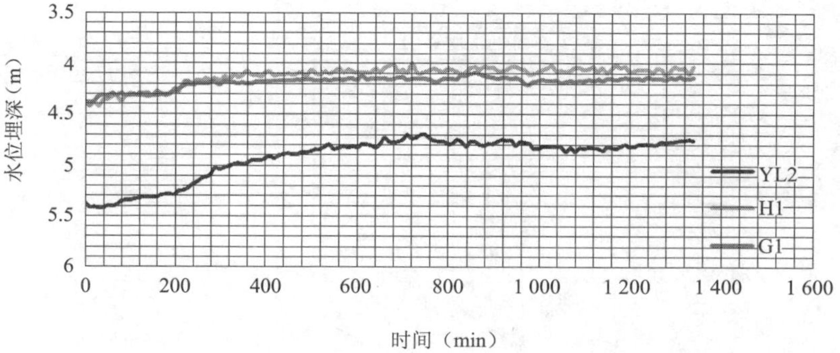

图 4.15 H2 单井回灌试验历时曲线

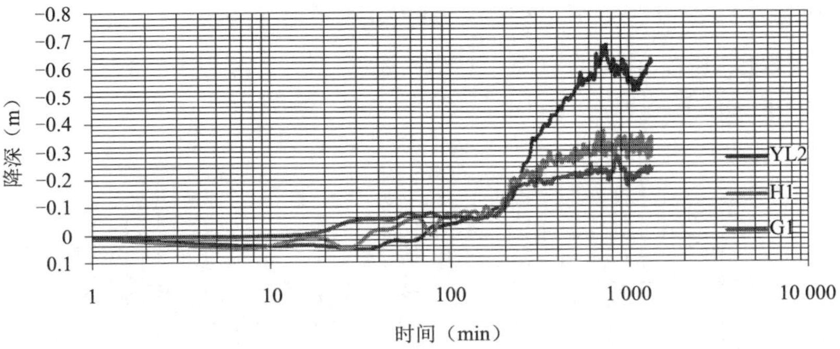

图 4.16　H2 单井抽水试验期间观测井水位降深变化

(1)从上图中可以看出，回灌期间回灌量相对较稳定，回灌流量约 1 m^3/h，且前期回灌压强相对较平缓，后期增大。

(2)回灌过程中，不同距离处的⑧$_3$层观测井均发生了相应变化，随着距离的增大，水位抬升变小。G1 观测井最大抬升约为 0.3 m，H2 观测井最大降深约为 0.38 m，YL2 观测井最大降深约为 0.68 m。

4.2.4　群井抽灌试验全过程分析

此次抽灌试验分为两个阶段，第一阶段为群井抽水试验阶段，即坑外抽水井持续抽水，回灌井不运行；第二阶段为抽灌一体化试验，即在群井抽水试验的基础上，回灌井开启运行。

群井抽水试验于 2016 年 4 月 16 日进行，群井抽水试验历时 5 天。先后开启 YL6、YL5、YL4、YL1。其中 YL6 抽水量为 17 m^3/h(4 月 22 日后因水泵损坏，调换水泵，调换后抽水量为 9.7 m^3/h)，YL5 抽水量为 73 m^3/h，YL4 抽水量为 29 m^3/h，YL1 抽水量为 1.5 m^3/h。

抽灌一体化试验于 2016 年 4 月 21 日进行，抽灌一体化试验历时 7 天。抽灌一体化试验在群井抽水试验的基础上进行，即维持群井抽水试验井抽水状态下，开启回灌井 H1、H2。回灌期间逐步加压，后期回灌井 H1 回灌量约为 2.1 m^3/h，回灌压强为 0.2 MPa；回灌井 H2 回灌量约为 1.3 m^3/h，回灌压强为 0.2 MPa。

抽灌期间各回灌井的回灌量及井口压强见图 4.17，试验全过程中观测井水位变化见图 4.18。

图 4.17、图 4.18 反映出本次抽水试验过程中不同含水层内地下水水位的阶段性变化，以及相对影响情况。

从数据统计结果分析可以得到如下结论：

(1)对于⑧$_3$层本身而言，该层具有一定承压性(其水位埋深要比该层顶板埋深浅的多)和透水性。根据岩土工程勘察报告,⑧$_3$层顶底板起伏较大,含水层厚度变化呈现两端较厚、中部最薄的特点,且北端含水层厚度大于南端含水层厚度。基坑外降压井出水量差异明显。

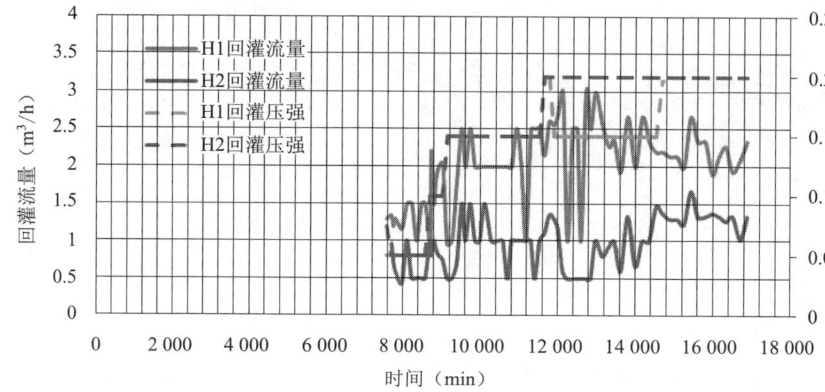

图 4.17　试验期间各回灌井的回灌量、井口压强及时间关系

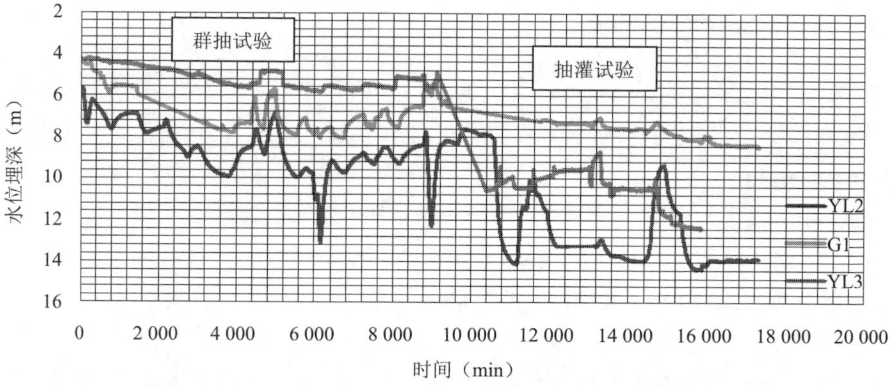

图 4.18　试验期间各试验井水位变化情况全程图

(2)后期回灌井 H1 回灌量约为 2.1 m^3/h,回灌压强为 0.2 MPa;回灌井 H2 回灌量约为 1.3 m^3/h,回灌压强为 0.2 MPa。与前期单井抽水试验相比较,H1 单井抽水量为 7 m^3/h,H2 单井抽水量为 4.5 m^3/h。H1 回灌水量与抽水量之比 28%,H2 回灌水量与抽水量之比 28.9%。

(3)观测井中 G1 距离基坑最远、距离回灌区域最近。根据水位观测成果,回灌井开启前,G1 观测井水位降深约为 3.01 m,回灌井开启 1 h 后,G1 观测井水位降深约为 2.60 m,水位上升约 0.4 m。水位回灌井开启后,G1 观测井出现较为明显的水位上升。

4.3　抽水、回灌试验数据分析

4.3.1　含水层水文地质参数计算

1. 地下水三维非稳定流数值模型建立

为进行全面的基坑降水渗流分析，需建立关于本基坑工程降水的水文地质物理模型及数值分析模型，在此基础上进行基坑降水渗流分析与计算。因此，必须对各含水层的顶底板的埋深、含水层厚度及初始水位进行了解。

场区浅部以淤泥质土为主，含水量大但较难疏干；⑥$_{2T}$层微承压含水层埋深 45.1～50.1 m，厚度 2～6 m；⑥$_2$层弱透水层埋深 50.9～53.8 m，厚约 1～6 m；⑧$_3$层承压含水层埋深 53.2～57 m。

根据已有的岩土工程勘察报告、水文地质条件、静探资料，模拟区平面范围按下述原则确定：以基坑为中心，边界布置在降水井影响半径以外。

(1)含水层的结构特征

本次数值模拟计算采用水文地质物理模型。模型中地层从上到下，共剖分 5 层，自上至下依次为：潜水含水层、⑥$_{2T}$承压含水层、⑥$_2$弱透水层、⑧$_3$承压含水层、⑨$_1$弱透水层。

(2)水力渗流特征

地下水渗流系统符合质量守恒定律和能量守恒定律；含水层分布广、厚度大，在常温常压下地下水运动符合达西定律；考虑浅、深层之间的流量交换以及渗流特点，地下水运动可概化成空间三维流；地下水系统的垂向运动主要是层间的越流，三维立体结构模型可以很好地解决越流问题；地下水系统的输入、输出随时间、空间变化，参数随空间变化，体现了系统的非均质性，但没有明显的方向性，所以参数概化成水平向各向同性。

综上所述，模拟区可概化成均质水平向各向同性的三维非稳定地下水渗流系统。模拟区水文地质渗流系统通过概化、单元剖分，即可形成为地下水三维非稳定渗流模型。

(3)模拟期及应力期确定

数值模拟的模拟期和相应计算周期依据试验不同而设定不同值，在每个计算周期中，所有外部源汇项的强度保持不变。

(4)模型网格剖分

根据研究区的含水层结构、边界条件、地下水流场特征和试验特点，进行模型网格剖分。由外到内逐步加密，在抽水中心尤其在抽水井和观测井附近控制单元格长度为 1 m 左右。如图 4.19 和图 4.20 所示。

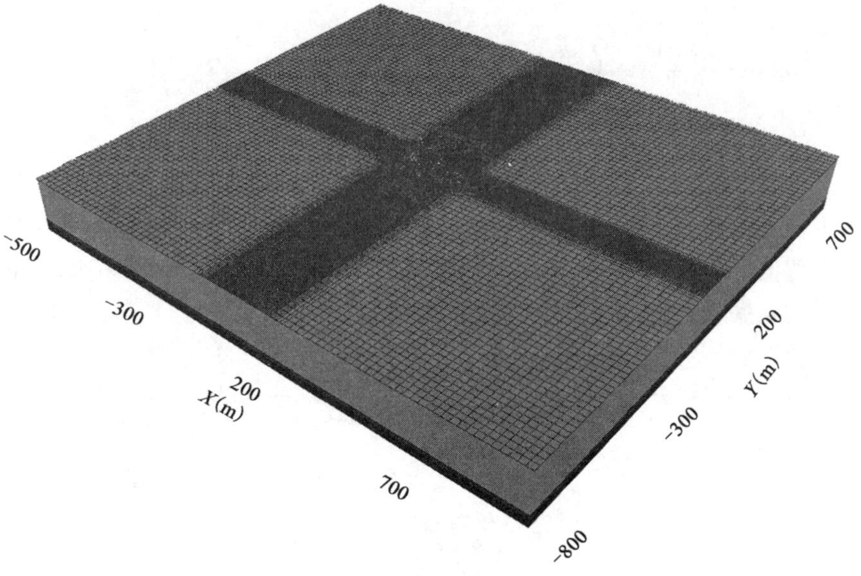

图 4.19 模型三维立体图

图 4.20 模型平面剖分俯视图

(5)源汇项处理方式

①抽水井处理

在 Visual Modflow 中,抽水井可以设置过滤器长度、出水量等参数,与实际数据具有很强对比性。试验井设置如图 4.21 所示。

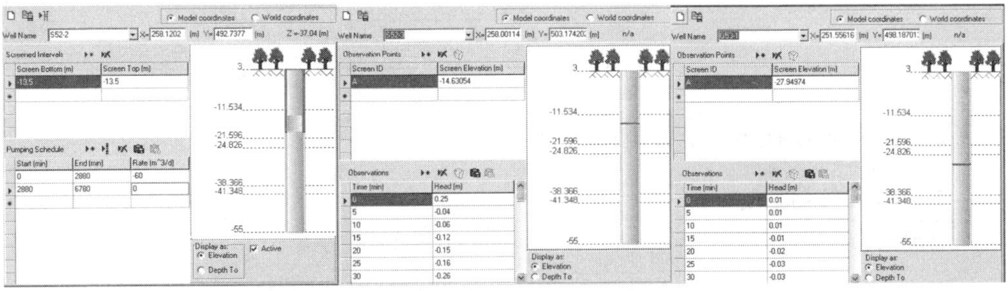

图 4.21　井模型示意图(左侧为抽水井,中、右侧为观测井)

②边界条件处理

本次抽水试验区较小,抽水时间短,且宁波地区承压水水力梯度小,故可将模型边界定义为定水头边界,水位不变。

2. 水文地质参数反演、识别

本节将利用 H1 单井试验数据进行参数的反演。以 H2 和 G1 的观测值为依据,根据前期进行的单井试验所得参数(解析法),对模型进行初步赋值,实际模型参数根据数值反演不断进行调整及优化。把反演得到的水文地质参数应用到地下水水流模型中,引入单井抽水试验数据,可以得到抽水试验中观测井的实测数据曲线与数值模拟曲线的对比分析图,如图 4.22 所示。反演结果见表 4.4。

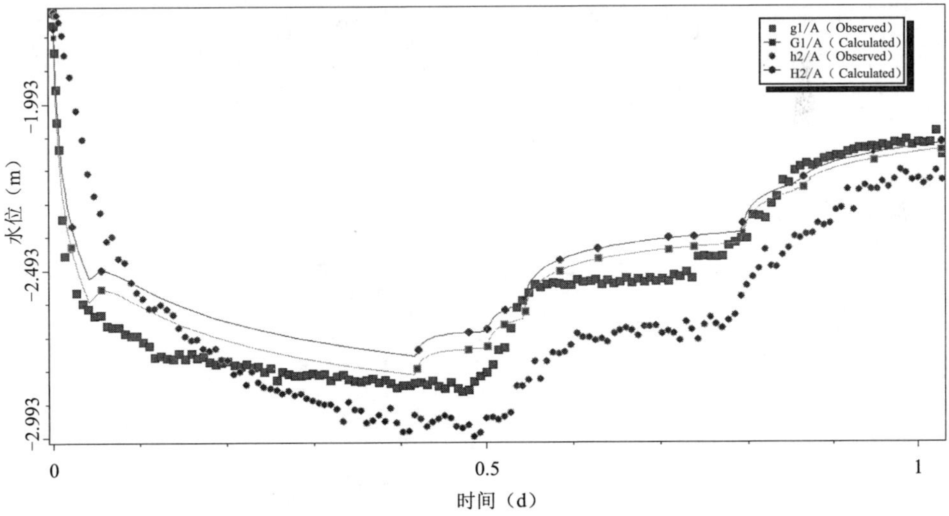

图 4.22　H1 单井抽水试验计算水位实测水位拟合图

表 4.4　数值模拟反演结果

含水层	水平渗透系数 k_h(m/d)	垂直渗透系数 k_v(m/d)	贮水率 S_s(1/m)
⑧$_3$	16	1.6	2.0×10^{-4}

4.3.2　抽水试验引起的地面沉降分析

1. 地面沉降理论

土中的有效应力：

$$\sigma'=\sigma-u \tag{4.1}$$

式中：σ——作用在土中任意面上的总应力(自重应力与附加应力)；

σ'——有效应力，作用于同一平面的土骨架上，也称粒间应力；

u——孔隙水压力，作用于同一平面的孔隙水上。

上式即为饱和土有效应力原理的表达式。抽取地下水引起的土层压缩变形反映在土层孔隙的变化，因而，根据土力学原理，由土层孔隙的变化，可以求得土层的压缩变形量。

依土的压缩系数定义：

$$\alpha_v=-\frac{\mathrm{d}e}{\mathrm{d}\sigma'} \tag{4.2}$$

式中，负号代表随着有效应力 σ' 的增量，孔隙比 e 逐渐减少，下面推导孔隙比 e 与土层变形的关系。

设土体初始高度为 S_0，变形后高度为 S，土层压缩变形 $\Delta S=S_0-S$，图 4.23 表示了土层高度、孔隙比、土粒体积和孔隙体积之间的关系，由于固体颗粒的体积 V_s 变化很小，通常假定不变，故有：

$$\frac{S_0}{1+e_0}=\frac{S}{1+e} \tag{4.3}$$

从上式得出：

$$\Delta S=\frac{e_0-e}{1+e_0}S_0=-\frac{\Delta e}{1+e_0}S_0 \tag{4.4}$$

用 de 代替 Δe，有 $\Delta e=\mathrm{d}e=-\alpha_v\cdot\mathrm{d}\sigma'$，则：

$$\Delta S=\frac{\alpha_v\cdot\mathrm{d}\sigma'}{1+e_0}S_0 \tag{4.5}$$

根据定义：

$$\sigma'=\sigma-p \tag{4.6}$$

假定 σ 保持不变，则 $\mathrm{d}\sigma'=-\mathrm{d}p$

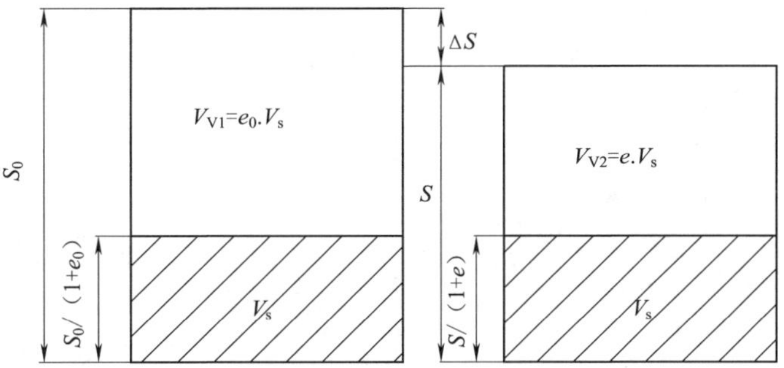

图 4.23　土体压缩机理图

而依水头 H 的定义：

$$H=z+\frac{p}{\gamma_w}; \quad p=\gamma_w(H-z) \tag{4.7}$$

假定水体重力密度 γ_w保持不变,则：

$$dp=\gamma_w dH \quad 或 \quad d\sigma'=-\gamma_w dH \tag{4.8}$$

即有效应力的增加量可用水头的减少量来表示。

把式(4.8)代入式(4.5)有：

$$\Delta S=-\frac{\alpha_v.\gamma_w.dH}{1+e_0}S_0 \tag{4.9}$$

可见,当水位降深相等时,即 dH 不变,土层的压缩变形量与原始厚度、初始孔隙比和土层压缩系数有关。依定义土体的侧限压缩模量 $E_s=\frac{1+e_0}{\alpha_v}$,所以土层的压缩变形量 $\Delta S=-\frac{\gamma_w.dH}{E_s}S_0$,与水位降深、压缩模量和土层的初始厚度有关。

若共有 N 层土层,则总的沉降量为：

$$\Delta S_{总}=-\xi\sum_{i=1}^{N}\frac{\alpha_v.\gamma_w.dH_i}{1+e_0}S_{0i} \tag{4.10}$$

式中:ξ——经验系数。

2. 沉降数据分析

(1)地面沉降监测

为初步掌握基坑减压降水对周围环境的影响,结合试验场地形状,布置了28 个的地面沉降观测点和 7 个建筑物沉降点,分为 5 个沉降断面。在现场抽水试验期间,利用沉降监测数据,分析相邻地面沉降的时空分布规律。试验期间地表沉降和建筑物沉降变化见图 4.24～图 4.28。地表沉降和建筑物沉降速率见表 4.5～表 4.8。

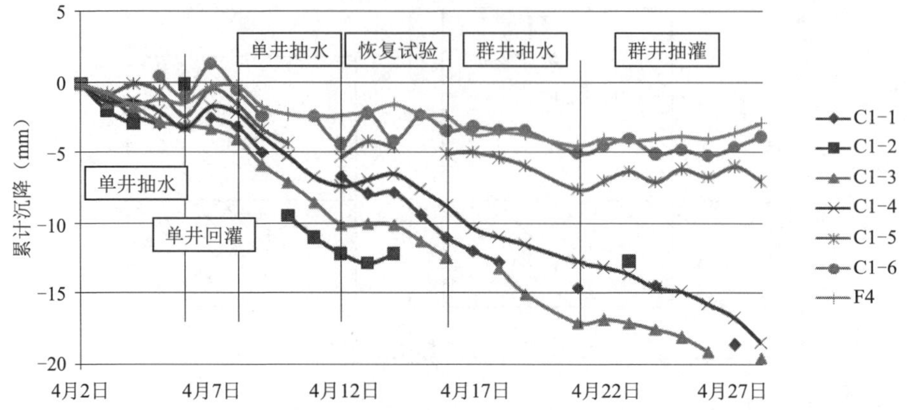

图 4.24　C1 剖面地表沉降变化

表 4.5　C1 剖面地表沉降速率一览表

	C1-1	C1-2	C1-3	C1-4	C1-5	C1-6	F4
距离基坑距离(m)	1.3	9.7	18.1	27.4	32.9	41.4	47.4
单井抽水期间沉降速率(mm/d)	－0.56	－1.34	－1.41	－1.23	－0.65	－0.57	－0.20
单井回灌期间沉降速率(mm/d)	－0.6	—	－0.52	＋0.53	＋0.41	＋0.24	＋0.62
恢复试验期间沉降速率(mm/d)	－1.07	—	－0.83	－0.66	－0.28	－1.91	－0.16
群井抽水期间沉降速率(mm/d)	－0.65	—	－1.24	－0.60	－0.68	－0.48	－0.22
群井抽灌期间沉降速率(mm/d)	－1.41	—	－0.50	－0.84	＋0.03	＋0.03	＋0.17

注："－"表示沉降，"＋"表示隆起，"—"表示测点被覆盖。

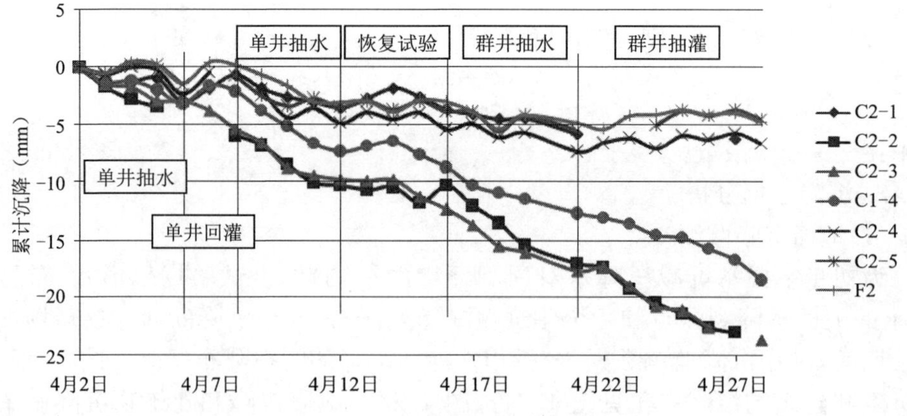

图 4.25　C2 剖面地表沉降变化

表 4.6　C2 剖面地表沉降速率一览表

	C2-1	C2-2	C2-3	C1-4	C2-4	C2-5	F2
距离基坑距离(m)	1.3	6.6	16.4	27.4	36.2	45.8	57.8
单井抽水期间沉降速率(mm/d)	−0.54	−1.21	−1.03	−1.23	−0.79	−0.22	−0.85
单井回灌期间沉降速率(mm/d)	+1.14	−1.20	—	+0.53	—	+0.41	+0.79
恢复试验期间沉降速率(mm/d)	−0.39	−0.57	−0.91	−0.66	−0.39	−0.19	+0.07
群井抽水期间沉降速率(mm/d)	−0.40	−1.25	−0.92	−0.60	−0.55	−0.28	−0.12
群井抽灌期间沉降速率(mm/d)	—	−1.11	−1.03	−0.84	+0.06	+0.12	+0.09

注:“−”表示沉降,“+”表示隆起,“—”表示测点被覆盖。

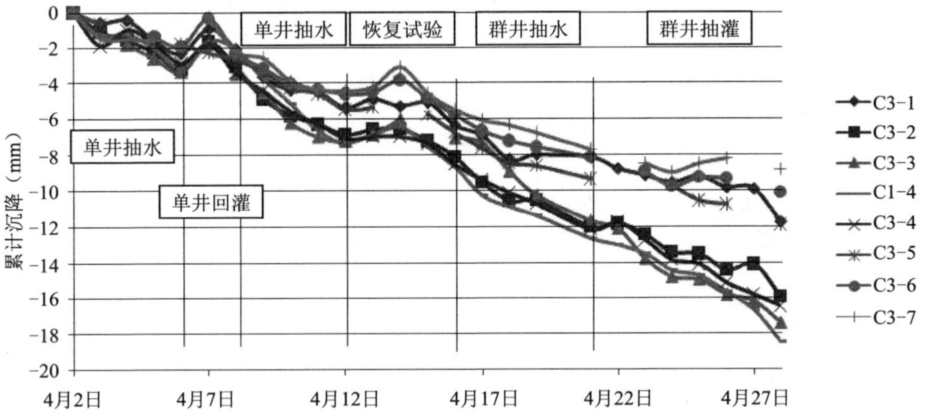

图 4.26　C3 剖面地表沉降变化

表 4.7　C3 剖面地表沉降速率一览表

	C3-1	C3-2	C3-3	C1-4	C3-4	C3-5	C3-6	C3-7
距离基坑距离(m)	10.1	14.1	19.3	27.4	32.1	37.4	42.6	48.2
单井抽水期间沉降速率(mm/d)	+0.11	+0.04	−0.07	−1.23	−0.30	−0.44	−0.20	—
单井回灌期间沉降速率(mm/d)	−0.53	−0.65	−0.89	+0.53	−0.87	−0.66	−0.48	−0.59
恢复试验期间沉降速率(mm/d)	−0.41	−0.52	−0.12	−0.66	−0.51	−0.44	−0.48	−0.54
群井抽水期间沉降速率(mm/d)	−0.22	−0.58	−1.07	−0.60	−0.68	−0.40	−0.36	−0.42
群井抽灌期间沉降速率(mm/d)	−0.38	−0.59	−0.77	−0.84	−0.77	−0.54	−0.18	−0.02

注:“−”表示沉降,“+”表示隆起,“—”表示测点被覆盖。

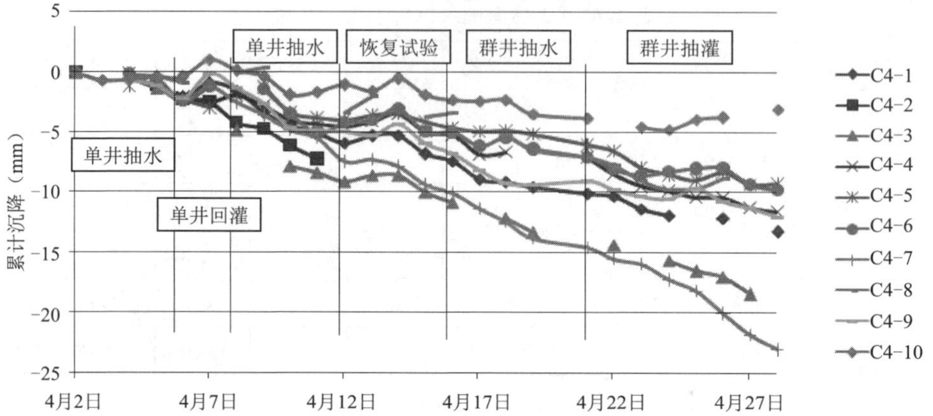

图 4.27　C4 剖面地表沉降变化

表 4.8　C4 剖面地表沉降速率一览表

	C4-1	C4-2	C4-3	C4-4	C4-5	C4-6	C4-7	C4-8	C4-9	C4-10
距离基坑距离(m)	5.1	16.3	25.8	36.9	46.6	59.8	55.6	46.4	32.6	78.8
单井抽水期间沉降速率(mm/d)	−0.82	−1.24	−0.65	−0.55	−0.87	−1.00	−1.22	—	−0.75	−0.14
单井回灌期间沉降速率(mm/d)	+0.29	−0.97	—	+0.07	—	—	−0.08	—	+0.40	+0.27
恢复试验期间沉降速率(mm/d)	−0.77	—	−0.81	−0.50	−0.39	−0.50	−0.98	−0.52	−0.61	−0.34
群井抽水期间沉降速率(mm/d)	−0.30	—	−1.17	−0.07	−0.30	−0.31	−0.80	−0.62	−0.17	−0.40
群井抽灌期间沉降速率(mm/d)	−0.42	—	−0.78	−0.48	−0.38	−0.23	−1.33	−0.29	−0.31	+0.34

注："−"表示沉降，"+"表示隆起，"—"表示测点被覆盖。

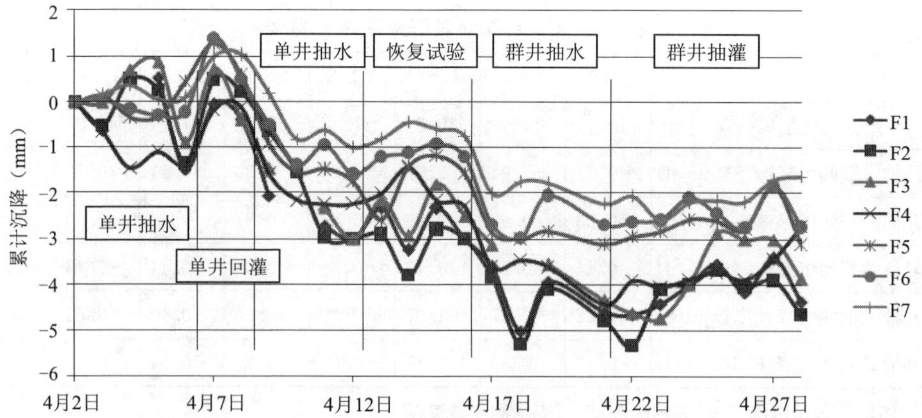

图 4.28　F 剖面地表沉降变化

表 4.9　F剖面地表沉降速率一览表

	F1	F2	F3	F4	F5	F6	F7
距离基坑距离(m)	61.1	56.4	52.3	47.4	43.3	39.0	37.0
单井抽水期间沉降速率(mm/d)	−0.31	−0.85	−0.50	−0.20	−0.24	−0.29	−0.33
单井回灌期间沉降速率(mm/d)	+0.55	+0.79	+0.25	+0.62	+0.08	+0.36	+0.42
恢复试验期间沉降速率(mm/d)	−0.11	+0.07	0	−0.16	+0.33	+0.02	0
群井抽水期间沉降速率(mm/d)	−0.14	−0.12	−0.31	−0.22	−0.05	+0.04	−0.07
群井抽灌期间沉降速率(mm/d)	+0.10	+0.09	+0.24	+0.17	+0.05	+0.02	+0.11

注："−"表示沉降，"+"表示隆起，"—"表示测点被覆盖。

由于本次抽水试验工期较短，地表沉降曲线变化趋势总体特征如下：

1)根据地面沉降监测点平面位置分布，在同一剖面下，总体呈现距基坑距离越近的监测点，沉降速率越大，距离基坑越远，沉降速率越小。

2)根据基坑开挖工况，试验期间基坑开挖深度约12～15 m，受基坑开挖影响，距离基坑20～30 m范围内沉降的沉降监测点C1-1、C1-2、C1-3、C1-4、C2-2、C2-3、C3、C4-1、C4-2、C4-3、C4-5沉降速率较为稳定，即1.5～2倍开挖深度范围内沉降速率较为稳定，此部分沉降监测点受基坑开挖影响较大。

3)距离基坑20～30 m范围外的地面沉降监测点沉降速率变化与试验工况相关性较好，抽水阶段，地面沉降速率相对较大，恢复试验阶段地面沉降速率较小。其中C1、C2、F监测剖面距离回灌区域较近，回灌井运行期间，沉降速率减小，C4剖面距离远离回灌区域，回灌措施抑制沉降效果不明显。

4)回灌井运行期间，基坑南侧建筑物沉降速率降低明显，回灌措施保护基坑周边浅基础建筑物效果较为明显。

(2)分层沉降监测

为初步掌握土体深层变形特征，试验场地内布置了3个分层沉降观测孔和3个孔隙水压力监测孔。在现场抽水试验期间，利用分层沉降仪和孔隙水压力计采集数据，分析各层土的压缩特征。

试验期间土体分层沉降监测成果和孔隙水压力监测成果如图4.29～图4.34所示。

从图中可以看出，由于本次抽水试验工期较短，地表沉降曲线变化趋势总体特征如下：

1)通过孔隙水压力监测结果，深度55 m处(⑥$_{2T}$层承压含水层)水压力与深度深度63 m处(⑧$_3$层承压含水层)孔隙水压力相关性较好，与上部浅层孔隙水压力相关性较差。

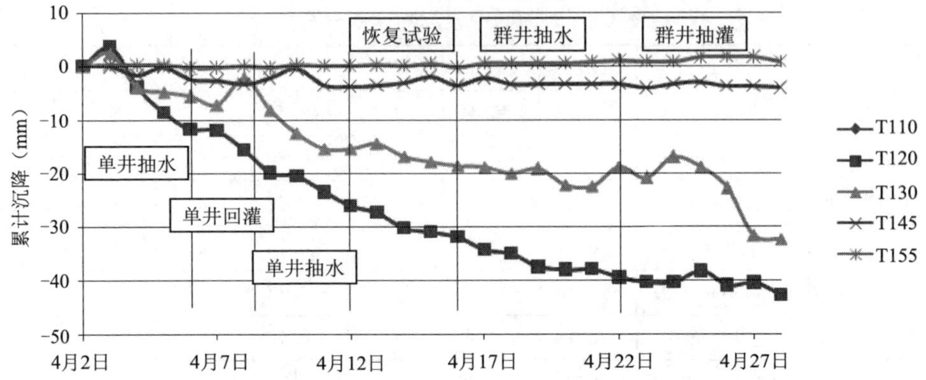

图 4.29　TA1 分层沉降监测点变形趋势图

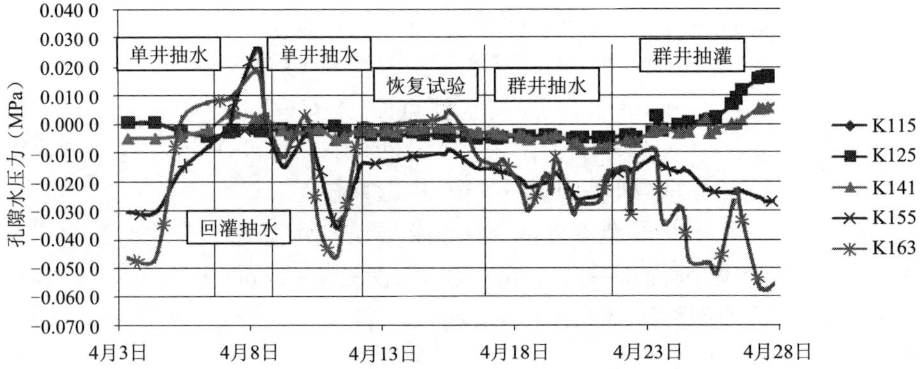

图 4.30　K1 孔隙水压力监测点变形趋势图

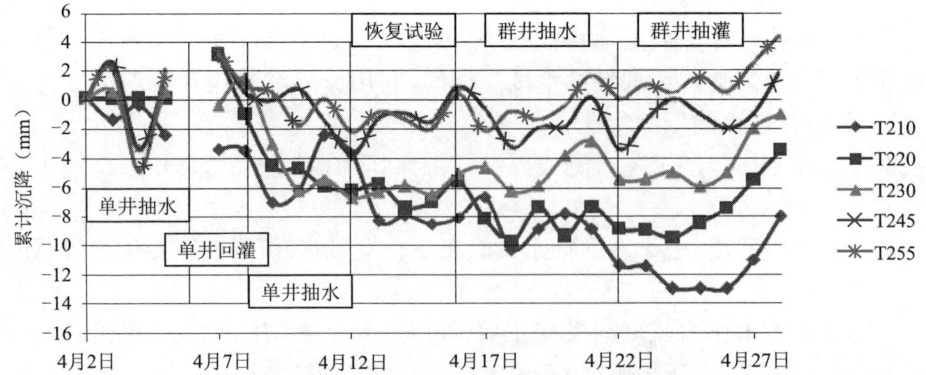

图 4.31　TA2 分层沉降监测点变形趋势图

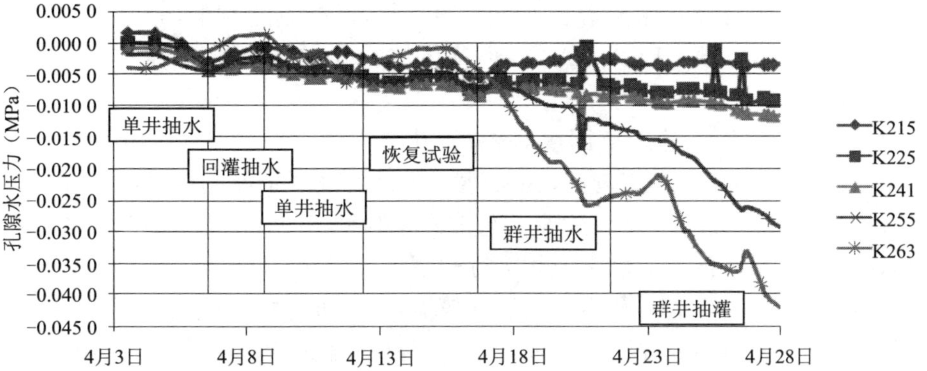

图 4.32　K2 孔隙水压力监测点变形趋势图

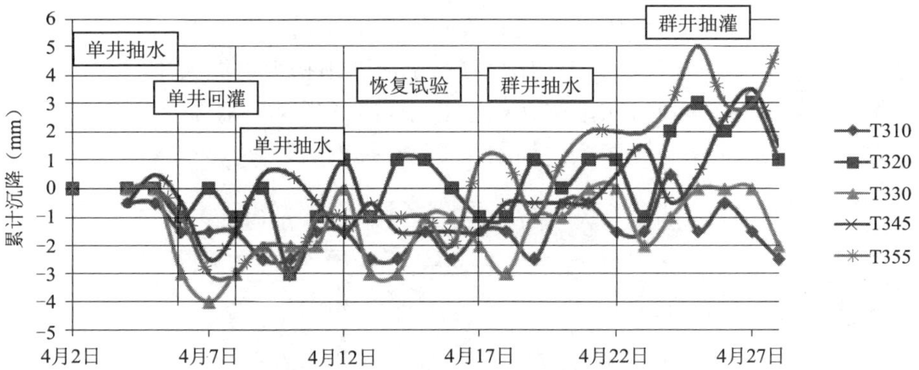

图 4.33　TA3 分层沉降监测点变形趋势图

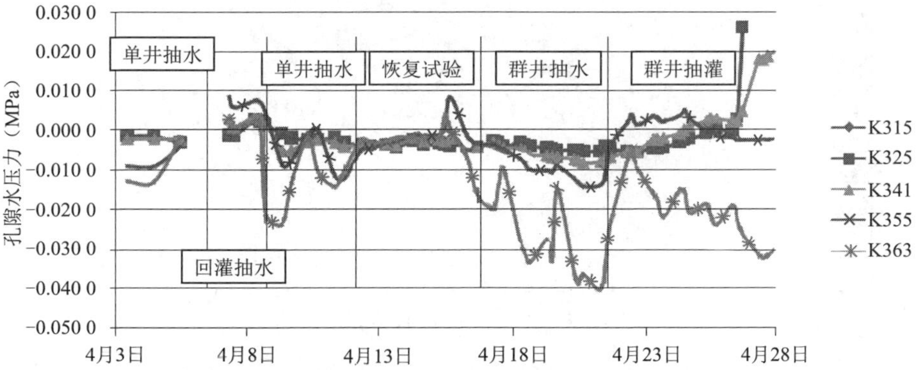

图 4.34　K3 孔隙水压力监测点变形趋势图

2)TA1 分层沉降监测孔紧邻基坑南端头井,根据监测成果,TA1 浅部土层压缩量远大于深部土层。TA2、TA3 距离基坑较远,浅部土层压缩量与深部土层压缩量相对接近。

3)K3 孔隙水压力计距离回灌井较近,孔隙水压力监测结果与工况相关性较好,K1、K2 距离回灌井距离较远,相关性不明显。且由于前期单井抽水试验影响范围较小,K1、K2 监测成果与试验工况相关性不大,后期群井试验影响范围较大,K1、K2 监测成果与群井抽水工况相关性较强。

4)TA3 分层沉降监测孔距离回灌井较近,深部沉降标变化趋势异于浅部沉降标,TA1、TA2 距离回灌井距离较远,深部沉降标变化趋势与浅部沉降标相近。

4.3.3 施工运行地面沉降控制

1. 基坑抗突涌验算

基坑开挖后,基坑与承压含水层底板间距离减小,相应地承压含水层上部土压力也随之减小。当基坑开挖到一定深度后,承压水顶托力可能大于其上覆土压力,导致基坑底部失稳。因此,在基坑开挖过程中,需考虑基坑底部承压水的水压力,必要时按需降压,保障基坑安全。如图 4.35 所示。

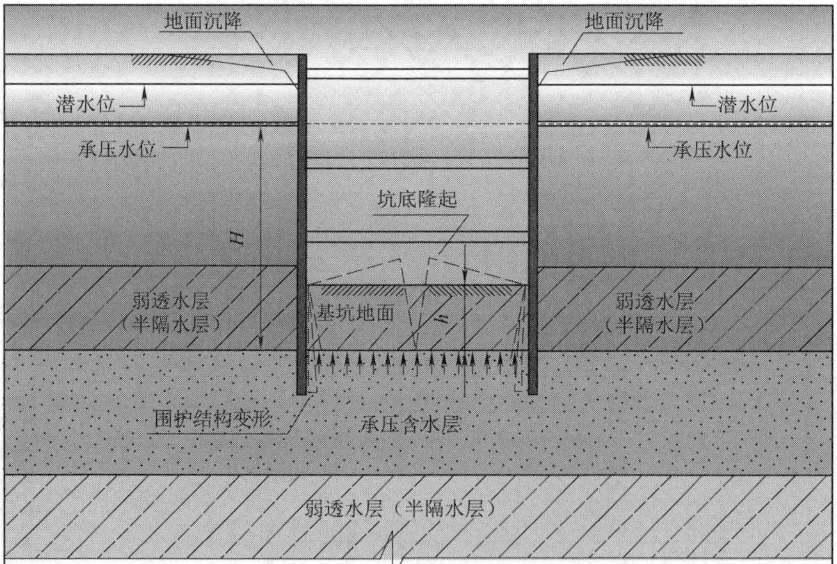

图 4.35 基坑底抗突涌验算示意图

基坑底板抗突涌稳定性条件:基坑底板至承压含水层顶板间的土压力应大于安全系数下承压水的顶托力。

$$\sum h \cdot \gamma_s \geqslant F_s \cdot \gamma_w \cdot H$$

式中：h——基坑底至承压含水层顶板间各层土的厚度(m)；

γ_s——基坑底至承压含水层顶板间各层土的平均重度(kN/m^3)；

H——承压含水层顶板以上的承压水头高度(m)；

γ_w——水的重度(kN/m^3)，取 $10kN/m^3$；

F_s——基坑抗突涌安全系数，取 1.10。

根据本工程详勘报告，对宁波市轨道交通 3 号线仇毕站基坑工程存在突涌风险的承压含水层为⑥$_{2T}$层粉土、⑧$_3$层圆砾。

承压含水层起伏较大，为做到按需降水，按地层起伏及开挖深度情况分 4 个区段进行计算分析。基坑底至承压含水层顶板间土的加权平均重度取 18.5 kN/m^3，场地内⑥$_{2T}$层粉土最浅水位在 3.0 m 左右，为确保基坑安全，采用 3.0 m 进行计算。场地内⑧$_3$层圆砾承压水水位在 4.32 m 左右，采用 4.32 m 进行计算。对减压降水的部位进行抗承压水突涌稳定性验算，⑥$_{2T}$层计算结果见表 4.10。⑧$_3$层计算结果见表 4.11。由表 4.10 和表 4.11 可知，⑥$_{2T}$层和⑧$_3$层均需要降压，且降压幅度较大。

表 4.10　⑥$_{2T}$层基坑底抗突涌稳定性验算表

工程部位	坑底埋深(m)	地下水顶托力(kPa)	上覆土压力(kPa)	水位降深(m)	控制水位标高(m)	临界开挖底标高
1～3 轴	−25.31	472.78	326.90	13.26	−13.26	−17.42
3～10 轴	−24.85	493.02	369.45	11.23	−11.23	−18.17
10～21 轴	−24.85	513.15	403.30	9.99	−9.99	−18.91
21～23 轴	−27.51	506.00	342.07	14.90	−14.90	−18.65

表 4.11　⑧$_3$层基坑底抗突涌稳定性验算表

工程部位	坑底埋深(m)	地下水顶托力(kPa)	上覆土压力(kPa)	水位降深(m)	控制水位标高(m)	临界开挖底标高
1～3 轴	−25.31	548.68	476.75	6.54	−7.74	−21.42
3～10 轴	−24.85	549.45	486.55	5.72	−6.92	−21.45
10～21 轴	−24.85	567.93	517.63	4.57	−5.77	−22.13
21～23 轴	−27.51	567.93	468.42	9.05	−10.25	−22.13

2. 降水设计思路

根据拟建区域地质情况及降水要求，本次针对承压水降水设计思路如下：

(1)经计算可知⑥$_{2T}$层粉土需考虑降压，该层含水层厚度较薄，约 3～5 m，按勘察报告，渗透性一般，该层止水帷幕已将其隔断，因此坑内按 50 m 间距布设一口降压井。该层被止水帷幕完全隔断，理论上，该层降水不会引起周边地面沉降。

(2)经计算可知⑧$_3$层圆砾需考虑降压，该含水层层顶埋深起伏较大，厚度较薄，约 3～8 m，按勘察报告渗透性强，止水帷幕未将其隔断，因此采用坑外降水。由于各区段降水幅度差异大，同时有保护的建(构)筑物，因此考虑采用分区段、按需降水，以减小降水影响范围和相应降水影响。

(3)⑧$_3$层圆砾层降水对外围环境影响大，考虑针对南侧天然地基房屋的保护，有针对性地布设回灌井，减少降水对环境的影响。

3. 地面沉降监测

为保证宁波市轨道交通 3 号线仇毕站基坑安全开挖，基坑周边共布设了 20 条地面沉降监测剖面，同时针对基坑周边建筑布设了多个建筑沉降监测点。为了研究深层承压水抽灌一体化技术在地铁基坑中的应用，各选取基坑南端头井周边 3 条地面沉降监测剖面(回灌区)和北端头井周边 3 条地面沉降监测剖面(非回灌区)进行对比分析，即回灌区域内的 D2 剖面和非回灌区域内的 D3、D19、D20 剖面。同时考虑到回灌井的作用是保护南侧天然地基房屋，因此选取基坑南侧房屋沉降监测点进行分析。

宁波市轨道交通 3 号线仇毕站基坑⑧$_3$层承压水自 2016 年 4 月 16 日开始减压降水，减压降水运行过程中地面沉降监测曲线如图 4.36～图 4.39 所示，基坑南侧房屋沉降监测曲线如图 4.40～图 4.41 所示。

降水、回灌运行期间，地表沉降曲线变化趋势总体特征描述如下：

(1)D2、D3、D18、D19 剖面受基坑开挖、场地材料堆积影响，地面总沉降量相对较大。

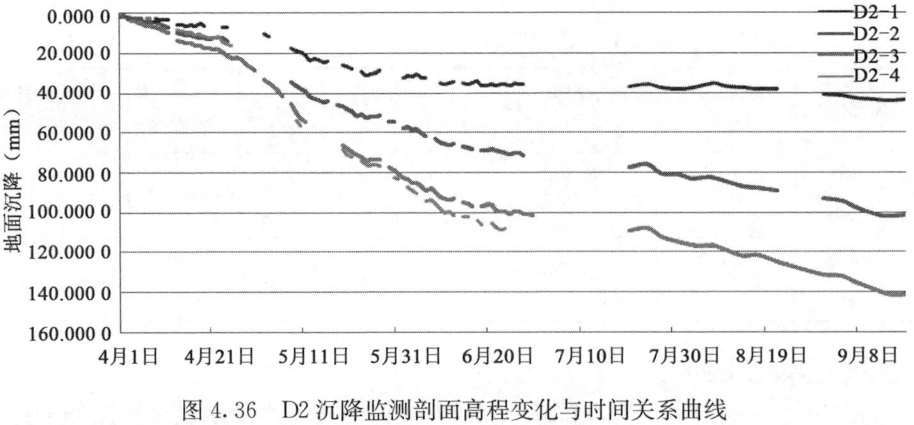

图 4.36 D2 沉降监测剖面高程变化与时间关系曲线

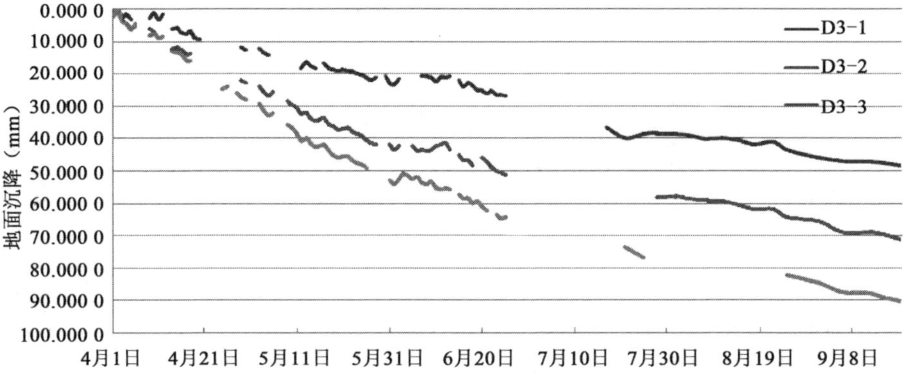

图 4.37　D3 沉降监测剖面高程变化与时间关系曲线

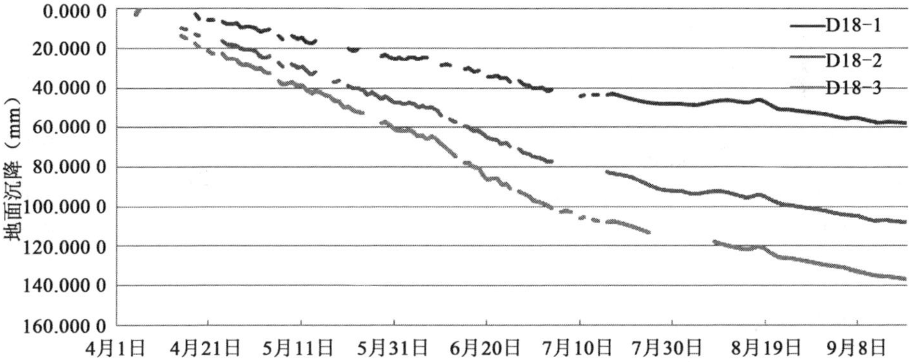

图 4.38　D18 沉降监测剖面高程变化与时间关系曲线

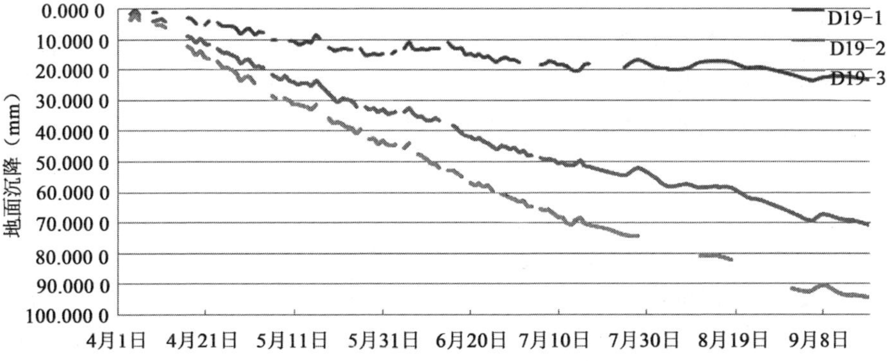

图 4.39　D19 沉降监测剖面高程变化与时间关系曲线

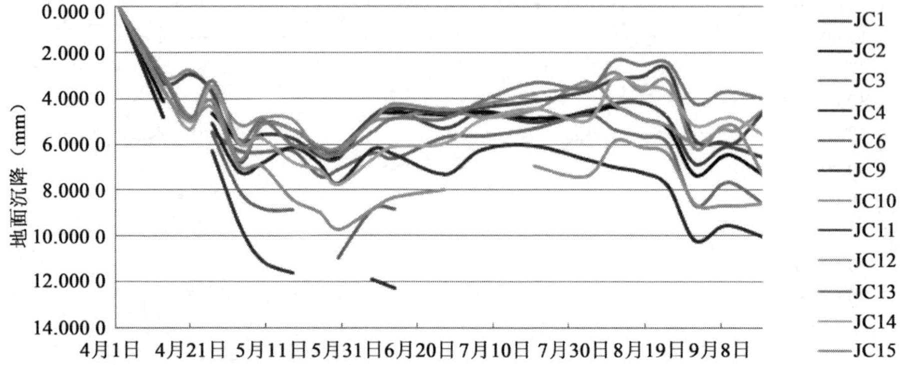

图 4.40 基坑西南侧建筑物沉降与时间关系曲线

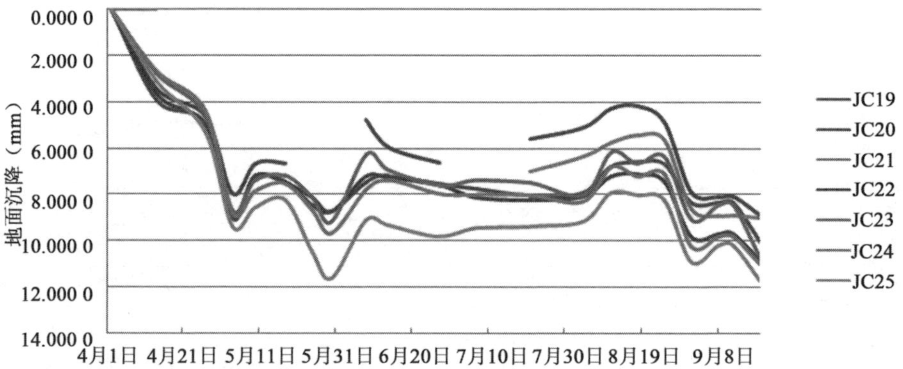

图 4.41 基坑东南侧建筑物沉降与时间关系曲线

(2)基坑西南侧为回灌区域,西南侧建筑物为百隆街商铺,距离基坑 30～40 m,自 4 月 1 日降水至 9 月 16 日房屋累计沉降 4～8 mm。

(3)基坑东南侧为非回灌区域,东南侧建筑物为某公司职工宿舍,距离基坑 30～40 m,自 4 月 1 日降水至 9 月 16 日房屋累计沉降 8～12 mm。

(4)对比基坑两侧房屋沉降量,房屋与基坑距离相近,回灌区房屋累计沉降是非回灌区域的 50%～66.7%。

综上,本章依托宁波轨道交通 3 号线仇毕站主体基坑工程,在基坑减压降水的基础上开展深层承压水抽灌一体化试验,结果表明:

(1)宁波地区深部⑧$_3$层承压含水层起伏较大,含水层厚度变化明显。南侧天然承压水位标高约－1.71～－3.48 m,且北侧观测井天然水位高于观测井天然水位,地下水整体呈现自北向南的流动方向。

(2)⑧$_3$层承压含水层渗透性较好,通过数值法参数反演,水平渗透系数 K_h 约为 16 m/d，垂向渗透系数 K_v 约为 1.6 m/d。受地层起伏等因素影响，工程降水井出水量差异较大，工程降水井最大出水量约 73 m^3/h，最小出水量约为 1.5 m^3/h。

（3）根据抽水试验成果，H1 单井最大出水量为为 7.5 m^3/h，最大回灌量约为 2.1 m^3/h，回灌压强为 0.2 MPa；H2 单井最大出水量为为 4.5 m^3/h，最大回灌量约为 1.3 m^3/h，回灌压强为 0.2 MPa。H1 回灌效率为 28%，H1 回灌效率为 28.8%。

（4）根据单井回灌试验成果，以恒定压强回灌地下水，回灌流量有随着时间的推移而慢慢减小的趋势。

（5）根据试验阶段孔隙水压力监测成果，K1、K3 与回灌井运行工况相关性强，K2 与回灌井运行工况相关性弱。回灌措施具有一定的影响范围，且影响范围较小。

（6）根据试验阶段分层沉降监测成果，TA1 距离基坑近，浅部土层压缩远大于深部土层，多是由于基坑开挖所引起的。TA2 受场地堆土影响，土体呈现整体下沉的趋势。TA3 总体平缓。

（7）根据试验阶段地面沉降监测成果，基坑外房屋建筑群群井抽水试验阶段沉降速率约为 0.05～0.22 mm/d，回灌井措施有效控制地面沉降，运行 7 天基坑外建筑群有抬升趋势，抬升速率为 0.02～0.24 mm/d。

（8）根据试验阶段地面沉降监测成果，对于在回灌范围内且远离周边的地面沉降监测点，回灌井运行后，地面沉降速率有减小趋势；而对于在非回灌范围内且远离周边的地面沉降监测点，回灌井运行后，地面沉降速率相对较为稳定。

（9）根据降水、回灌运行阶段地面沉降监测成果，基坑西南侧百隆街商铺（回灌区）房屋总体沉降量为 4～8 mm，基坑东南侧职工宿舍（非回灌区）房屋总体沉降量为 8～12 mm，回灌区房屋累计沉降是非回灌区域的 50%～66.7%。

（10）根据本次试验研究成果，在保障基坑安全开挖的前提下，对基坑周边浅基础建筑群附近布设回灌井，是一种控制地面沉降、保护基坑周边环境的措施。

第5章　软土地铁车站基深坑施工变形监测研究

宁波地区属典型的软土地区，广泛分布厚层状软土，具有地下水位高、土层含水率高、压缩性高、强度低、灵敏度高、透水性低等特点，与上海地区的土性具有较大的相似性。在这样复杂的软土地质条件下进行工程活动，其本身的难度就较大，又由于影响深基坑工程的不确定性因素多，且涉及到结构力学、基础工程、施工技术和工程结构等，因此深基坑工程风险很大。此外，宁波市的建筑物和地下管线密集，对环境的保护要求很高。因此，基坑支护结构不仅要满足自身强度，而且要满足变形要求。对于宁波的深基坑工程，基坑的稳定和周边环境的保护成为基坑工程设计和施工的关键问题，基坑工程的设计及施工开始从强度控制转向变形控制。

对于软土深基坑工程，常规的基坑支护方法已不能满足施工要求。深基坑工程支护结构的埋置深度大，基坑内部的支撑施工工序变复杂，增加了地下结构施工难度，同时也增加了对钢材的需求。普通的支护方式刚度相对较小，支护结构和土体的变形较大，相对而言对周围环境影响较大。对于复杂的软土地质情况，简单的支护方式已不能满足要求，需针对基坑位置的土质特点、开挖深度和周边地物地貌情况采用不同的支护方式。

由于宁波轨道交通车站深基坑采用地下连续墙支护，在特定的深厚海相淤泥质软黏土地质条件下，迫切需要对地连墙基坑变形规律进行系统的研究。实际上，深基坑施工期内受降水等气候条件影响而导致深基坑周边土体含水量、容重、地下水位升降的动态影响，都会引起深基坑的围护结构发生不规则的水平及竖直方向的位移、坑底隆起、支撑轴力增大等情况。在轨道交通深基坑施工过程中对周边建筑物进行沉降观测、对支护结构或土体进行水平位移监测、对支撑体系进行轴力测量等工作十分必要。

为确保基坑工程，特别是深大基坑系统工程的施工及周围建筑和地下管线的安全、可靠，保证基坑在开挖中及后期地下室结构施工阶段的整体稳定，需不断地对基坑系统的外观表征进行现场监测，并以监测的数据反馈设计和施工，对初始设计的模型和图纸进行修改、更新和完善。为此，本项目以宁波轨道交通3号线仇毕站深基坑工程为例，开展工程区域地表、周边建(构)筑物与地下管线以及工程本身进行监控量测，并分析其变化和发展规律；利用考虑时空效应的有限元程序对基坑变形进行分析，再利用 Plaxis 有限元软件，开展考虑深基坑承压水降水的深基坑施工开挖数值模拟，分析承压水降水对基坑变形的影响；最后，利用位移反分析方法，对仇毕站附属结构基坑进行反分析，获得各土层基坑设计参数 m 值，可以为车站基坑变形控制及类似工程的优化设计提供技术支持。

随着城市地铁工程的快速发展，地铁基坑越挖越深，目前，地铁车站基坑基本都是 20 m 以上的深度。基坑深度的加深无形中加大了施工难度，而且深基坑工程的复杂性以及综合性几乎涉及到了岩土工程方面多个学科。由于轨道交通车站基坑工程一般位于市中心区域，周围建筑密集，这对基坑的变形控制及保证周围建筑物的稳定性提出了极高的要求。如果施工方法不当、支护不及时或者不合理，周边土体会因此而失稳、倾斜、开裂，情况严重时，甚至会发生倒塌，带来严重的经济损失。因此，研究地铁车站基坑的变形特征具有十分重要的意义。

基坑工程的信息化施工，是指在基坑开挖施工过程中，采用科学仪器、设备和手段对基坑本体(如支护桩墙、支撑、坑内立柱、坑内土层等)和周边环境(如周围地层、周边建筑物、周边道路、地下管线等)进行综合监测，通过对开挖监测所获信息的分析计算，验证原有设计、施工方案的合理性，了解基坑工程的安全现状，反馈分析与修正相关的岩土参数，同时预测下一阶段可能出现的新行为、新动态，对施工设计和施工组织进行调整优化，更好地指导后续开挖施工，实现基坑工程的最优化施工。信息化施工监测的流程如图 5.1 所示。

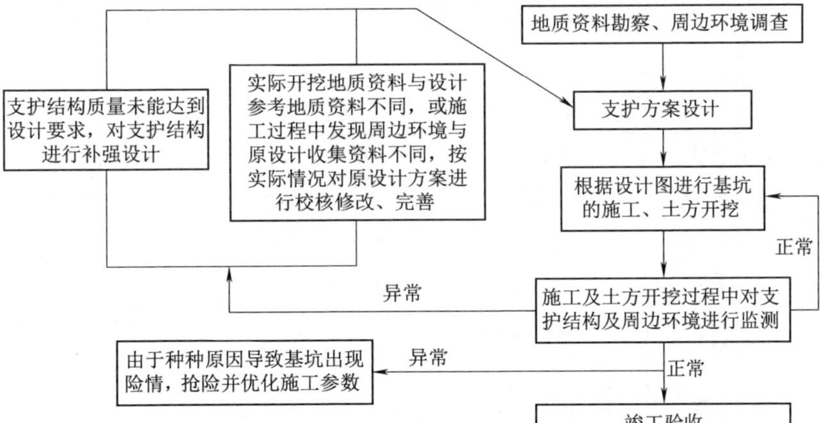

图 5.1　信息化施工监测流程图

深基坑工程的现场监测是深基坑开挖施工中的关键环节，通过现场监测，才能实现深基坑工程的信息化施工。轨道交通深基坑的变形受到岩土特性、外部载荷、地下水等诸多不确定因素的影响，另外，在宁波软土地区，其工程水文地质条件较差，土体具有含水量高、渗透性差、压缩性高、抗剪强度低、灵敏度高和流塑等特点，进一步增加了基坑工程的难度。因此，开展深基坑变形现场监测研究对于轨道交通工程的安全建设具有重要价值，已成为确保轨道交通深基坑工程施工安全的必要和有效手段。

本章以宁波市轨道交通仇毕站深基坑工程为研究背景，结合岩土工程勘察报告与支护设计方案，给出仇毕站的施工监测方案，并根据实际监测数据，重点分析测斜、支撑轴力、墙顶竖向位移、地表沉降、建筑物沉降与坑外水位的变化情况，从而得出宁波软土地区典型深大基坑变形的一般规律与受力特征。

5.1 变形监测方案

5.1.1 范围及内容

根据监测方案，以该工程基坑施工区域周围 3 倍开挖深度范围内地下管线、周边土体、周边建筑物和基坑围护结构本身作为本工程监测及保护的对象。根据有关规范，并结合本工程自身特点、周边环境的实际情况和已有的工程经验，确定本深基坑监测项目及控制指标，见表 5.1，监测点平面布置见图 5.2。

(1)基坑外地表沉降监测

在垂直于基坑地下连续墙外布设沉降监测点，沿基坑四周共布设了 20 个测量断面，每一个测量断面随距基坑距离的增大依次布设 7 个测点。编号为 D1-1～D20-7。

表 5.1 基坑监测项目及控制指标

序号	监测项目	累计值	变化速率	备　注
1	深层水平位移	±45 mm	±3 mm/d(连续两天)	包括墙体测斜和土体测斜
2	墙顶竖向位移	±25 mm	±3 mm/d(连续两天)	
3	墙顶水平位移	±45 mm	±3 mm/d(连续两天)	
4	支撑轴力	大于设计值 80% 或小于 40%		
5	地表沉降	±26 mm	±3 mm/d(连续两天)	
6	管线沉降	±15 mm	±2 mm/d	压力刚性管线
7	建筑物沉降	±20 mm	±2 mm/d	
8	坑外水位	±100 cm	±30 cm/d	

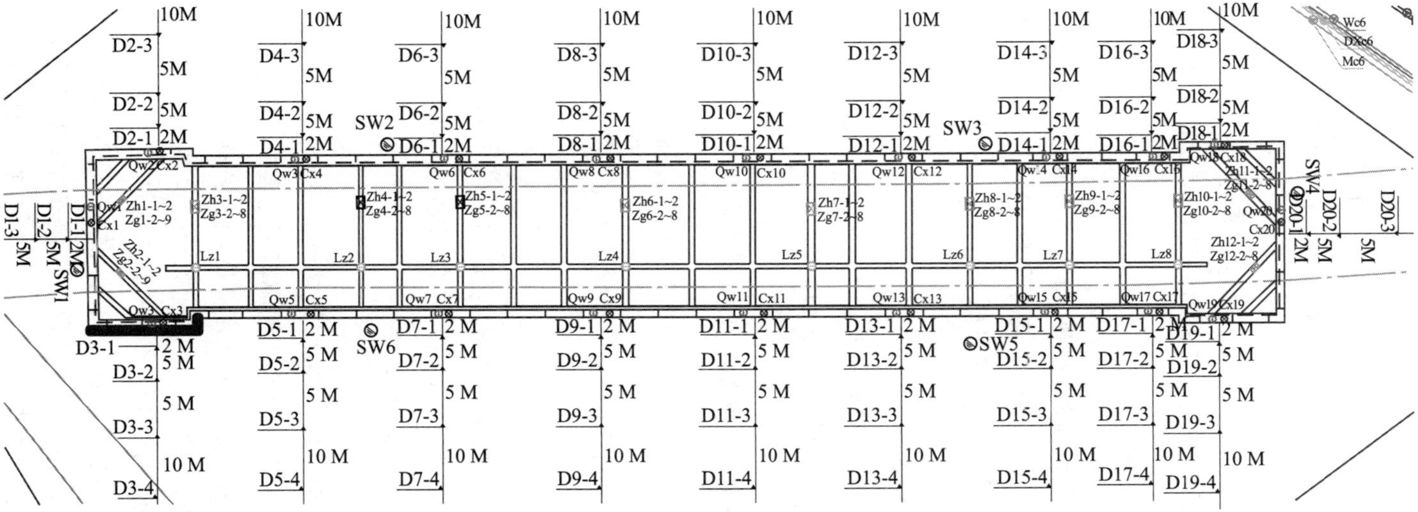

Sw⊜	地下水位监测	Jc ●	房屋沉降监测
Lz⦶	立柱沉降监测	Wc◉	污水管线监测
D ▼	地表沉降监测	Gc◉	给水管线监测
Zg⊠	钢支撑轴力监测	DXc◉	电信管线监测
Zh⊠	混凝土支撑轴力监测	Yc◉	雨水管线监测
Qw◍	墙顶位移监测	Mc◉	燃气管线监测
Cx⊕	墙体位移监测	DLc◉	路灯管线监测
		LDc◉	电力管线监测

图 5.2　仇毕站基坑测点平面图

(2)基坑外水位观测

地下水位观测孔沿基坑周边布设,每 50 m 左右布设 1 个观测孔,沿长边布设时,保证每侧至少布设 2 个孔。共布设了 6 个孔,编号为 SW1～SW6。

(3)建筑物沉降监测

本工程对周边建筑物沉降监测共布设了 50 个测点,编号为:JC1～JC50。其中百隆街商铺设置了 15 个测点,JC1～JC15;某公司职工宿舍设置了 14 个测点,JC19～JC32。

(4)周边管线监测

对开挖影响区域内的管线进行重点监测,按 20 m 左右间距设点,邻近基坑边的管线加密布设监测点。燃气管线 Mc1～Mc11、电信管线 DXc1～DXc11、污水管线 Wc1～Wc11、电力管线 DLc1～DLc10、给水管线 Gc1～Gc8、雨水管线 Yc1～Yc8、路灯管线 LDc1～LDc8。

(5)地下连续墙墙体水平位移监测

墙体水平位移(侧移)监测点沿基坑周边每 20 m 左右间隔布设,且每边确保 1 个监测孔。共布设 20 个监测孔,编号为 CX1～CX20。

(6)地下连续墙墙顶沉降监测

地下连续墙墙顶沉降监测点沿地下连续墙水平位移监测孔布设,共布设 20 个测点,编号为 QC1～QC20。

(7)立柱竖向位移监测

沿基坑长边方向的断面上布设立柱监测点,共布设 8 个立柱隆沉监测点,编号为 LZ1～LZ8。

(8)支撑轴力监测

对基坑支撑布设轴力监测点,混凝土支撑编号为 Zh1-1～Zh12-1,Zh1-6～Zh12-6;钢支撑编号为 Zg1-2～5～Zg12-2～5,Zg1-7～8～Zg12-7～8。

5.1.2　监测周期及监测频率

监测工作贯穿于基坑工程施工全过程,一般应从基坑工程施工前开始,直至结构施工完成为止。对有特殊要求的周边环境的监测应根据需要延续至变形趋于稳定后才能结束。各监测项目在基坑开挖前至少测定 2 次,取其平均值作为初始值。

基坑工程的监测频率不是一成不变的,应根据基坑开挖及地下工程的施工进程、施工工况以及其他外部环境影响因素的变化及时地做出调整。一般在基坑开挖期间,地基土处于卸荷阶段,支护体系处于逐渐加荷状态,应适当加密监测;当基坑开挖完后一段时间,监测值相对稳定时,可适当降低监测频率;遇超过报警值或异常情况时,根据具体情况及时调整监测时间间隔,加密监测频率,直至跟踪监测,以保证及时反馈信息。监测频率应综合基坑工程等级、不同施工阶段以及周边环境、自然条件的变化和当地经验而确定，在无数据异常和事故征兆的情况下，本基坑具体监测频率见表 5.2。

表 5.2　基坑监测频率

基坑类别	施工进度							
	围护结构施工	地基加固降水	基坑开挖≤15m	基坑开挖>15m	垫层浇筑～完成底板	拆撑时	拆撑后至完成顶板	顶板完成后六个月
一级	1 次/1 d	1 次/3 d	1 次/1 d	2 次/1 d	1 次/1 d	1 次/1 d	1 次/1～7 d	1 次/30 d
二级	1 次/2 d	1 次/7 d	1 次/1 d	2 次/1 d	1 次/2 d	1 次/1 d	1 次/2～15 d	1 次/30 d

注：(1)支护结构各道支撑开始拆除到拆除完成后 3 d 内监测频率应为 1 次/1 d；
(2)结构封顶后，视周边建筑物的沉降情况确定后续监测工作的延续时间。

5.2　变形监测结果

5.2.1　深层水平位移(侧移)

以墙体水平位移为横坐标，墙体深度为纵坐标作出各测斜孔在不同时间的变形图。图 5.3～图 5.10 依次为 CX1、CX20、CX10、CX11、CX2、CX3、CX6、CX7 的变形图。

CX1 随深度的变形形状呈大肚状，变形曲线比较波折。随时间(开挖深度)的增大，维护结构侧移也增大，维护结构侧移最大值为 69.6 mm，位于地下 29.5 m 处。其他测斜孔变形图的规律类似于 CX1，在此不再赘述。

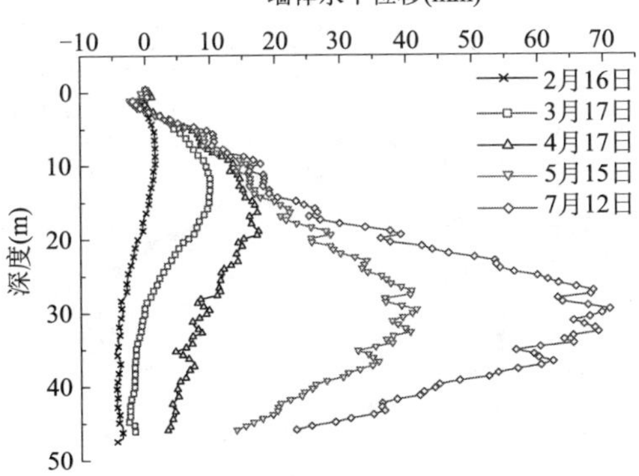

图 5.3　CX1 侧移随时间变化

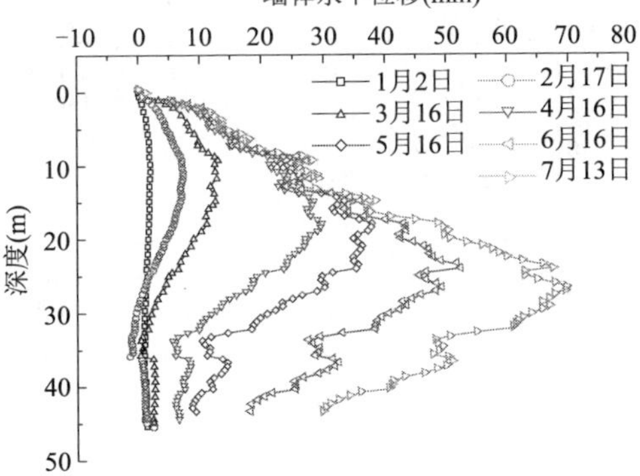

图 5.4　CX20 侧移随时间变化

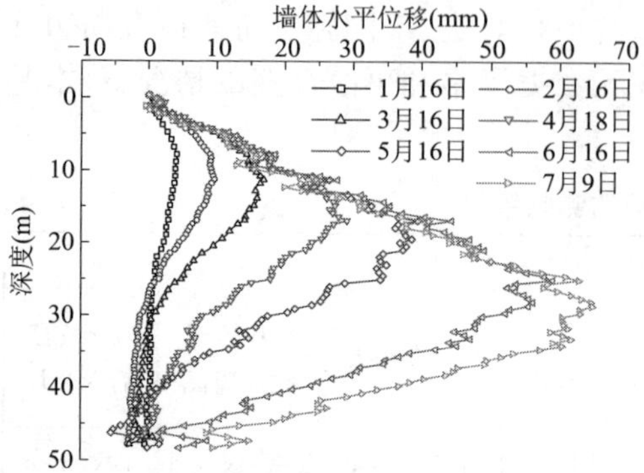

图 5.5 CX10 侧移随时间变化

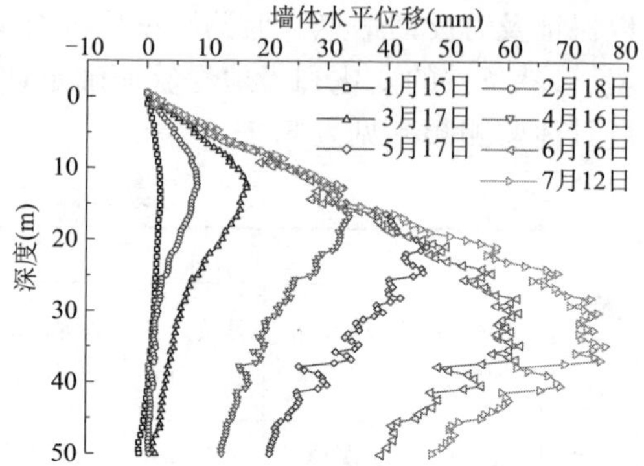

图 5.6 CX11 侧移随时间变化

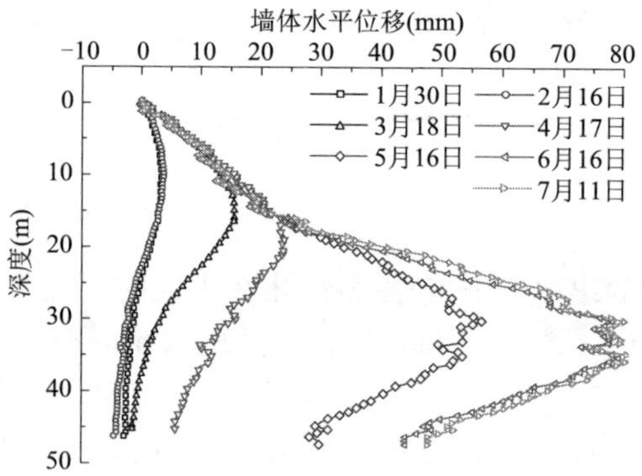

图 5.7 CX2 侧移随时间变化

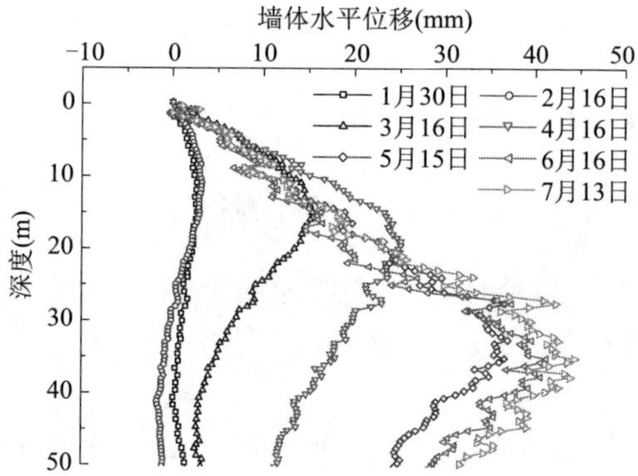

图 5.8 CX3 侧移随时间变化

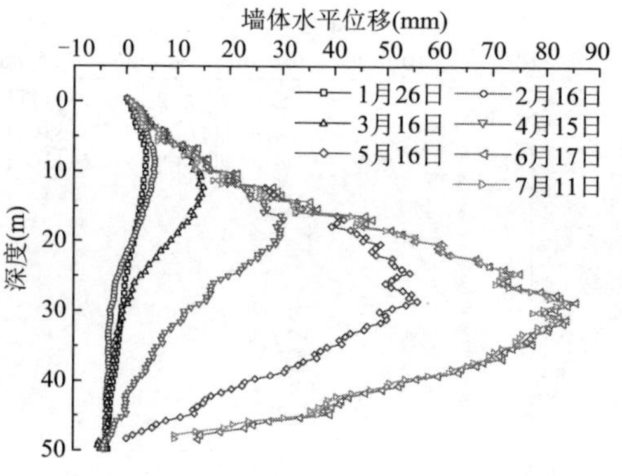

图 5.9 CX6 侧移随时间变化

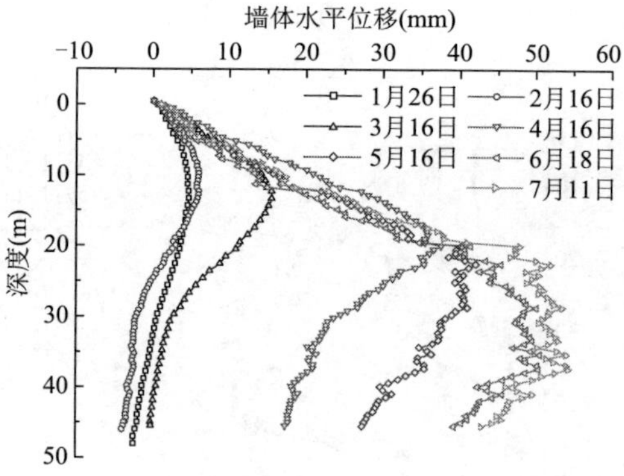

图 5.10 CX7 侧移随时间变化

5.2.2　地下连续墙墙顶沉降

图 5.11 为 QC1、QC20、QC10、QC11、QC2、QC3、QC6 和 QC7 的竖向位移随时间的变化图。符号规定：上抬为正，沉降为负。由图 5.11 可以看出：

QC1 和 QC20 分别位于短边中部，QC10 和 QC11 分别位于长边中部，QC2 和 QC3 位于长边但靠近端部，QC6 和 QC7 位于长边大概四等分点的位置。QC3 的沉降最大，为 15.1 mm，QC7 的上抬最大为 7.2 mm。基坑开挖至底部，由于土体卸载导致墙后土体产生较大变形，墙体受墙后土体作用使得沉降值达到最大。底板浇筑完成后，整个基坑围护结构的刚度增大，墙体受到支撑的作用，上抬达到最大。

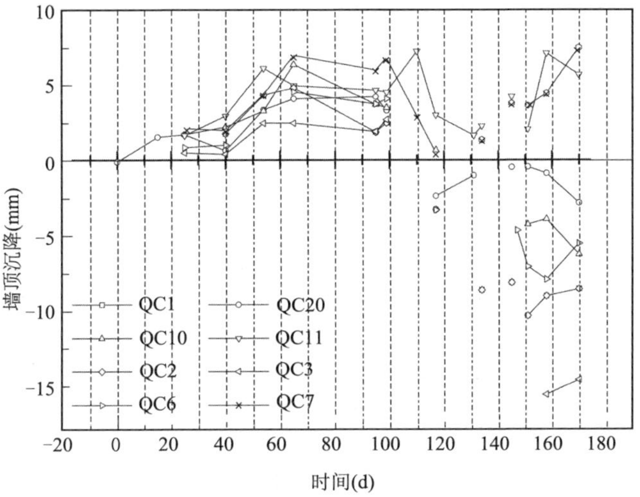

图 5.11　地连墙墙顶沉降随时间变化图

5.2.3　地表沉降

选取 D1-1～D1-3、D20-1～D20-7、D10-1～D10-5、D11-1～D11-3、D2-1～D2-4、D3-1～D3-5、D6-1～D6-5 和 D7-1～D3-3 共 8 个断面绘制地表沉降随时间的变化图，结果如图 5.12～图 5.19 所示。D1 和 D20 分别位于短边中部，DC10 和 D11 分别位于长边中部，D2 和 D3 位于长边但靠近端部，D6 和 D7 位于长边大概四等分点的位置。由图 5.19 可知，断面 D3-1～D3-5 沉降曲线呈漏斗状，即随测点离基坑的距离增大，沉地表降先增大后减小；随时间(开挖深度)的增大，地表沉降不断变大；地表沉降发生在距基坑 12 m 处，达 110.9 mm。其他断面沉降线有部分数据缺失，但基本都符合 D3-1～D3-5 沉降曲线的规律，在此不再一一讨论。

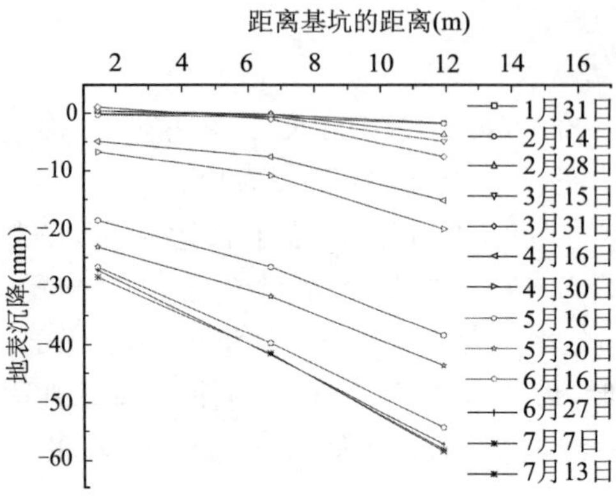

图 5.12 断面 D1-1～D1-3 沉降随时间变化

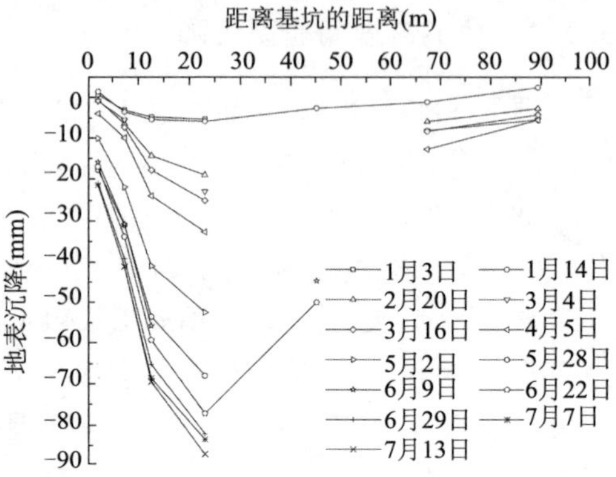

图 5.13 断面 D20-1～D20-7 沉降随时间变化

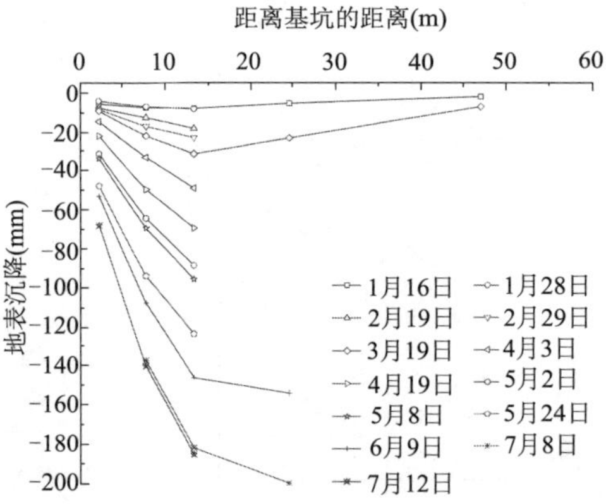

图 5.14 断面 D10-1～D10-5 沉降随时间变化

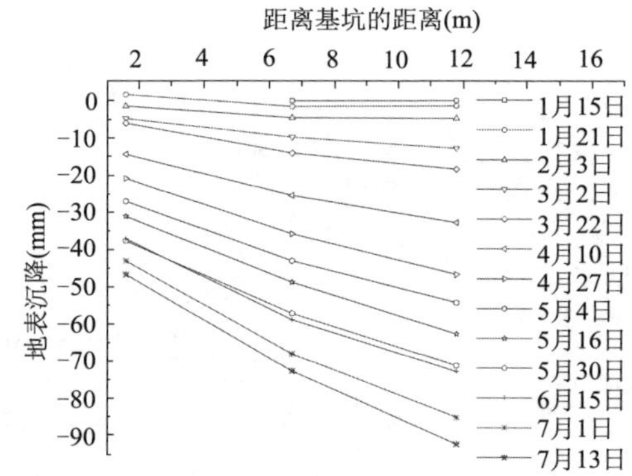

图 5.15 断面 D11-1～D11-3 沉降随时间变化

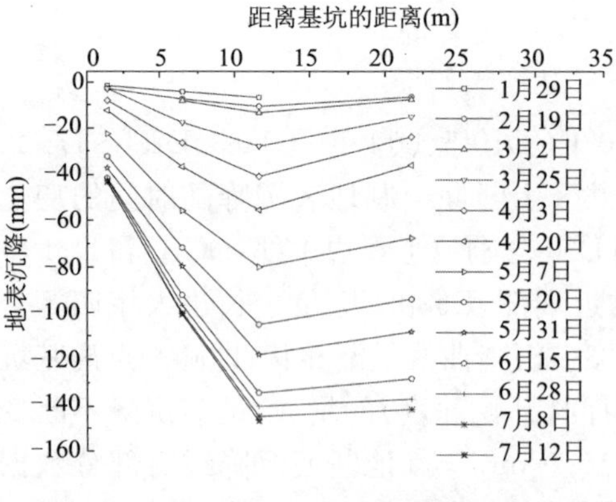

图 5.16 断面 D2-1～D2-4 沉降随时间变化

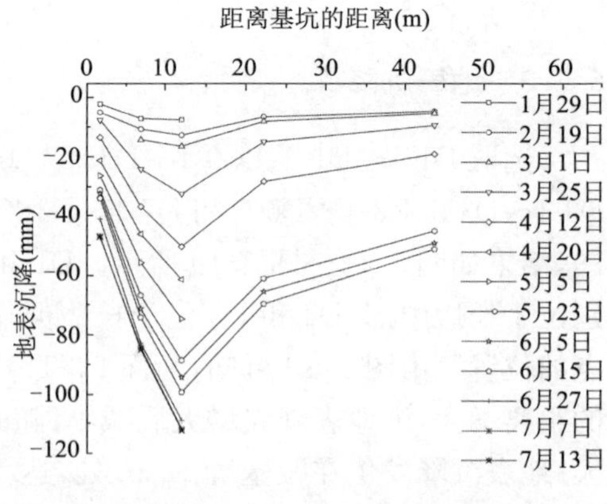

图 5.17 断面 D3-1～D3-5 沉降随时间变化

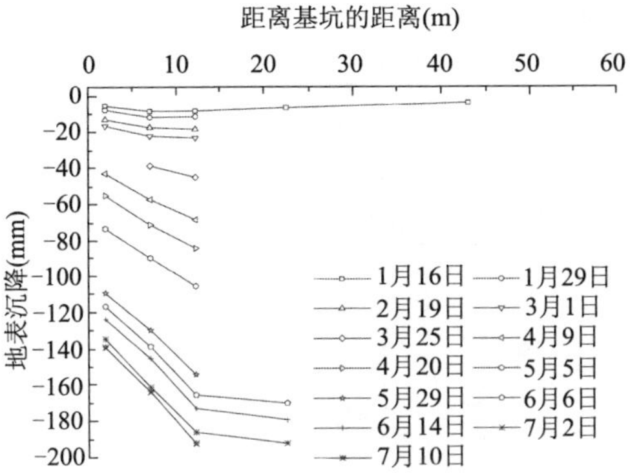

图 5.18　断面 D6-1～D6-5
沉降随时间变化

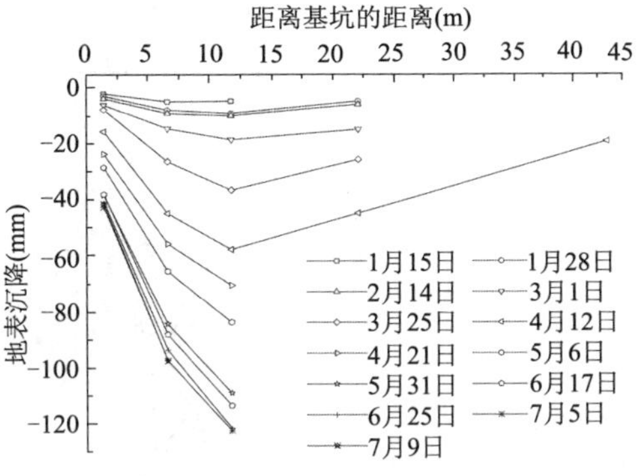

图 5.19　断面 D7-1～D3-3
沉降随时间变化

5.2.4　管线沉降

图 5.20～图 5.22 依次为燃气管线、电信管线和污水管线沉降随时间的变化图。由基坑监测点布点图(图 5.2)可知，各类管线均集中在基坑的东北角，管线间的距离较近，燃气管线距基坑最近，电信管线次之，污水管线最远。

三类管线沉降的变化规律基本一致，以燃气管线沉降为例进行分析。由图 5.20可知，随时间(开挖深度)的增大各测点沉降均增大；同一时刻 Mc6～Mc11 的沉降值依次减小，这是因为 Mc6～Mc11 到基坑的距离依次增大。燃气管线、电信管线和污水管线的沉降最大值依次减少，分别为 128.7 mm、109.5 mm、89.7 mm。

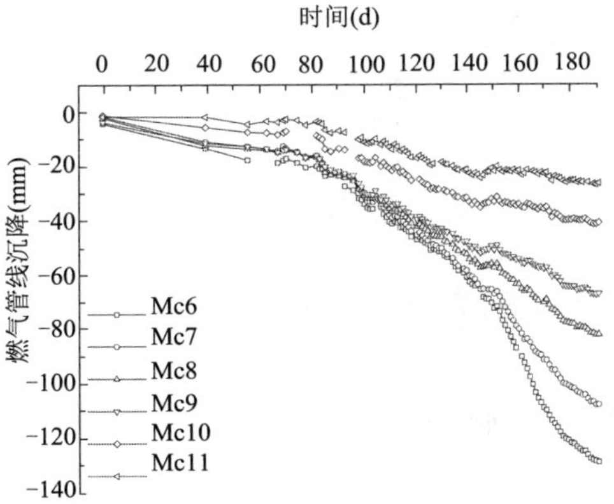

图 5.20　燃气管线沉降
随时间变化

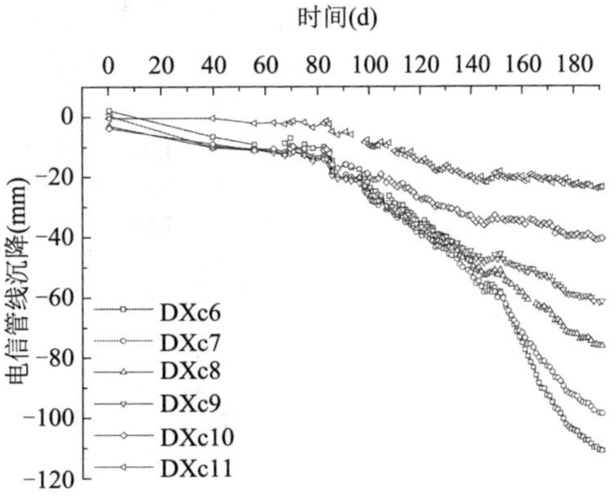

图 5.21　电信管线沉降
随时间变化

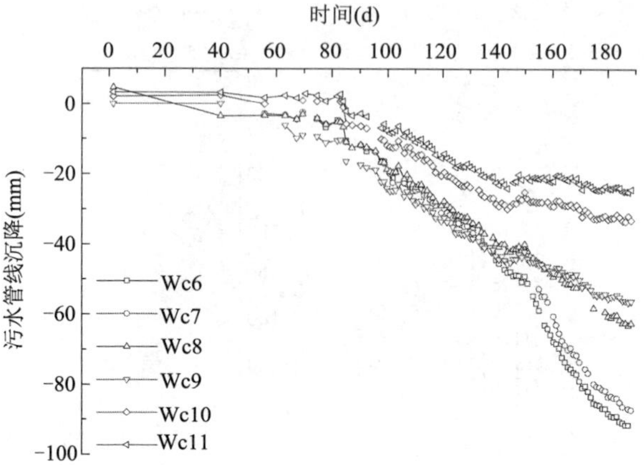

图 5.22 污水管线沉降随时间变化

5.2.5 立柱沉降

图 5.23 为立柱 LZ1～LZ8 的竖向位移随时间的变化曲线。LZ1～LZ8 沿基坑长边方向依次设置，LZ1 和 LZ8 靠近基坑两端，LZ4 和 LZ5 靠近基坑中部。由图 5.23 可知，LZ1～LZ8 的沉降变化规律大致相同，表现为随时间(开挖深度)的增大沉降值波折增大，这是由于基坑开挖、土体卸载回弹与上部荷载的共同作用引起。沉降最大值出现在 LZ7 上，达 26.3 mm。

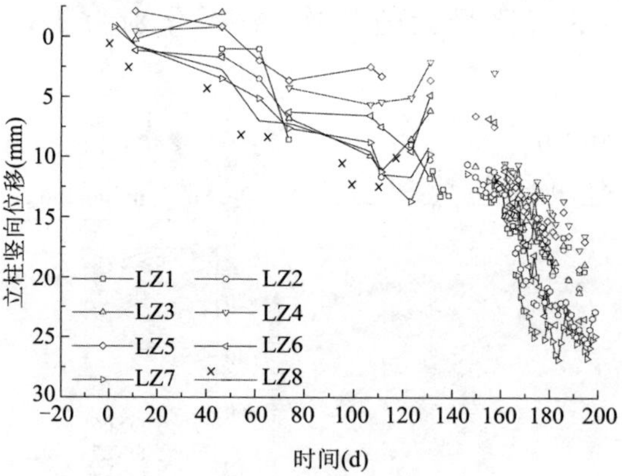

图 5.23 立柱沉降随时间变化

5.2.6 房屋沉降

图 5.24 和图 5.25 为基坑周边房屋沉降随时间变化曲线，其中百隆街商铺位

于基坑西北侧，某公司职工宿舍位于基坑西南侧。

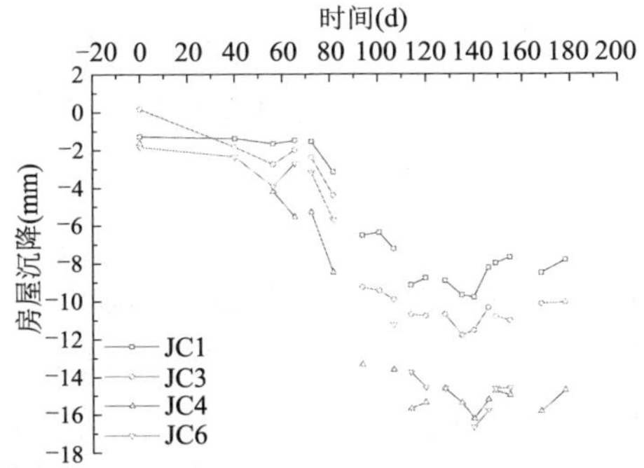

图 5.24 百隆街商铺沉降随时间变化

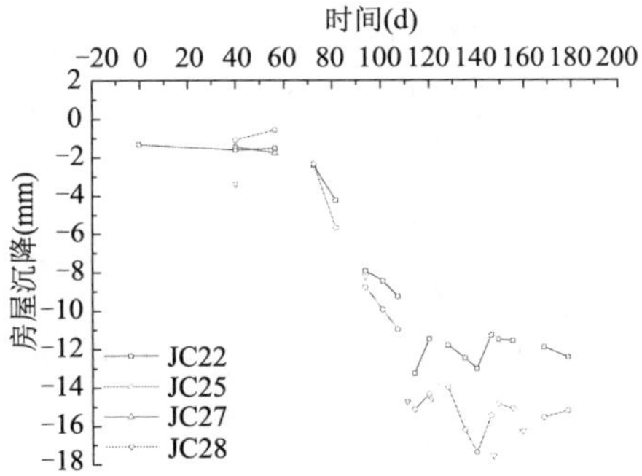

图 5.25 某职工宿舍沉降随时间变化

由图可知，百隆街商铺与职工宿舍沉降变化规律大致相同，表现为随时间(开挖深度)的增大沉降值波折增大，其沉降的最大值分别为 16.7 mm、17.6 mm。

5.2.7 水位变化

由基坑监测点布点图(图 5.2)可知，地下水位观测孔沿基坑周边顺时针布置。SW1 和 SW4 位于基坑短边两侧，SW2、SW3 沿基坑长边布设，SW5 在 SW3 的对侧。

由图 5.26 可知，各观测孔水位变化有较大差异，其中 SW1、SW2 波动较大，而 SW3、SW4、SW5 先增大后减小，在 70 d 左右有一个峰值。这是因为基坑周边环境复杂，且基坑降水设置了疏干井(坑内)、减压井(坑外)和回灌井(坑外)等降水设施。

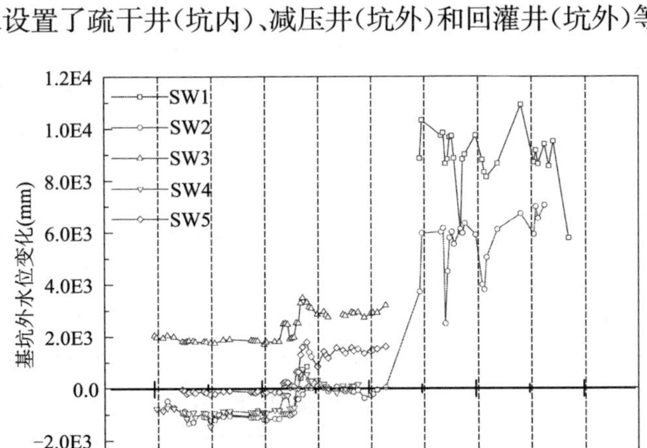

图 5.26 基坑周边水位随时间变化

5.2.8 轴力分析

第 1、6 道支撑为混凝土支撑，第 2、3、4、5、7、8 道支撑为钢支撑。图 5.27 和图 5.28为混凝土支撑轴力随时间变化曲线，图 5.29～5.31 为钢支撑轴力随时间变化曲线。

1. 混凝土支撑轴力分析

Zh1 为基坑端部斜撑，Zh3～Zh6 为短边方向的直撑，Zh3 靠近端部，Zh6 靠近中部。由图 5.27 可知，开挖浅层土，由于主动土压力作用，第 1 道支撑轴力增大。随着开挖深度增大以及支撑作用，混凝土支撑轴力趋于稳定。由图 5.28 可知，随着开挖深度增大，坑内土体卸载，主动土压力增大，第 6 道支撑（混凝土）轴力逐渐增大。

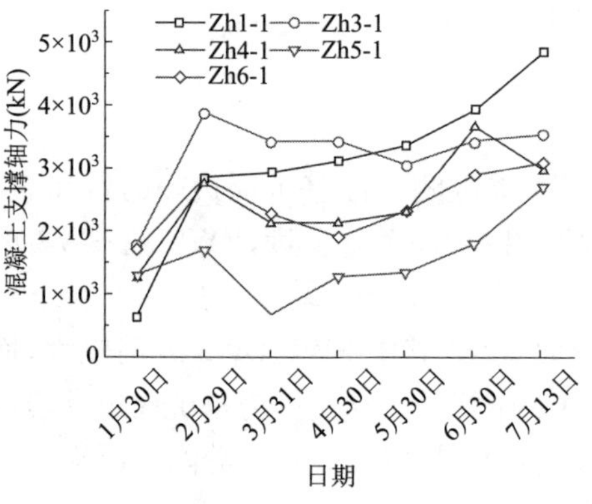

图 5.27 第 1 道支撑（混凝土）轴力随时间变化

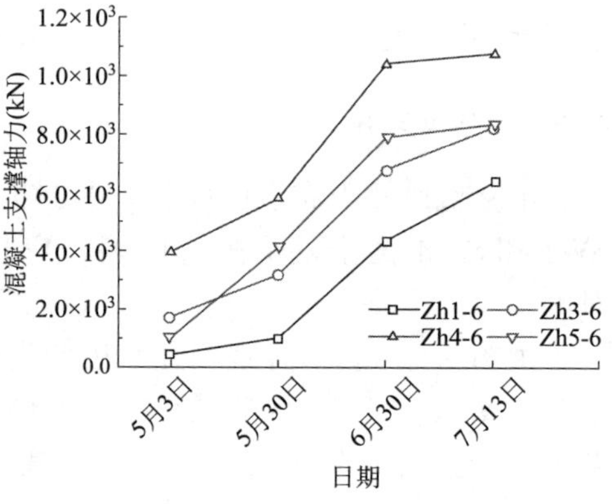

图 5.28 第 6 道支撑（混凝土）轴力随时间变化

2. 钢支撑轴力分析

Zg1 为基坑端部斜撑，Zg3～Zg6 为短边方向的直撑，Zg3 靠近端部，Zg6 靠近中部。由图 5.29 可知，随着开挖深度增大，坑内土体卸载，主动土压力增大，第 2 道支撑（钢）轴力增大。开挖到深层土体，由于底下支撑的施加，钢支撑轴力稳定。底板浇筑，围护结构整体刚度增大明显，钢支撑轴力逐渐变小，最大轴力出现在 Zg6-2，达 884.8 kN。由图 5.30 可知，支撑轴力的变化规律与图 5.29 类似，也呈现出先增大后减小的趋势。Zg4-4 轴力远大于其他其他轴力，最大值达 1 638.6 kN。由图 5.31可知，Zg3-8 轴力的变化规律与图 5.29 和图 5.30 基本一致，其他轴力因数据不全不再进行分析。

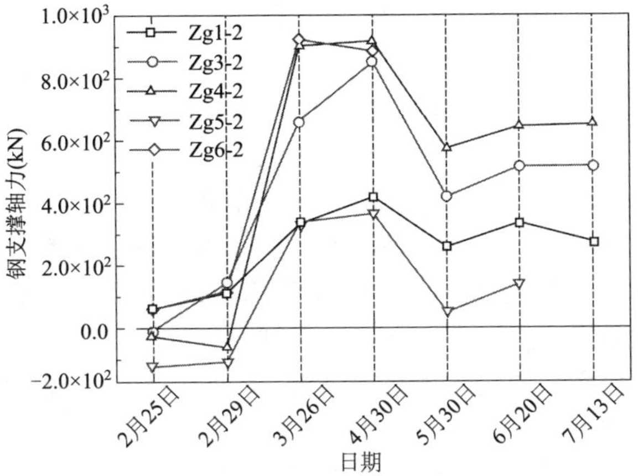

图 5.29　第 2 道支撑(钢)轴力随时间变化

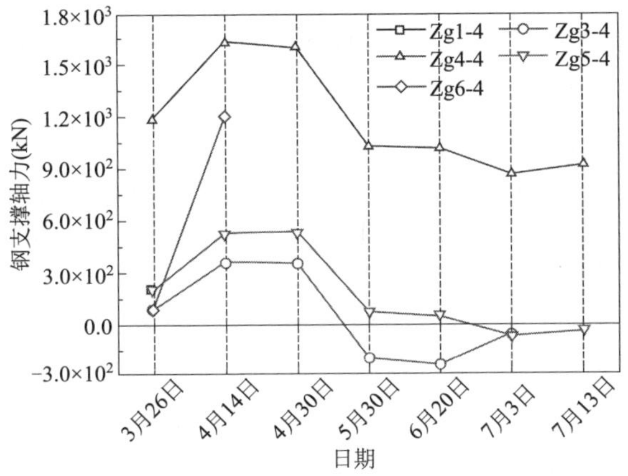

图 5.30　第 4 道支撑(钢)轴力随时间变化

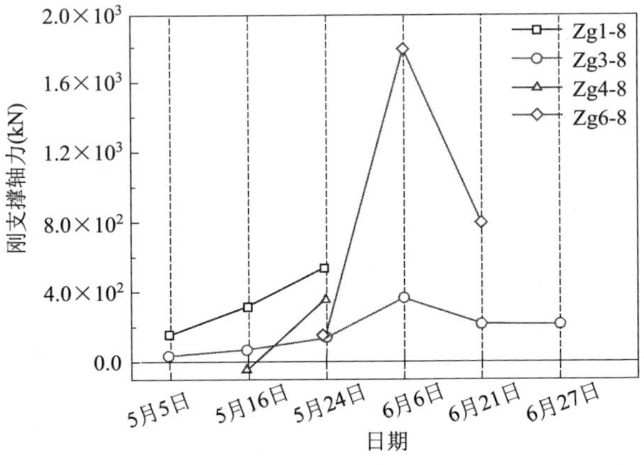

图 5.31　第 8 道支撑(钢)轴力随时间变化

综上，软土地区深基坑施工中，基坑变形以及基坑周边环境的控制已成为基坑施工中的关键技术。本章以宁波市轨道交通 3 号线一期工程仇毕站车站深基坑工程为背景，从实测的施工监测数据出发，对软土深基坑开挖过程中的深层水平位移（测斜）、支撑轴力、地表沉降、建筑物沉降等做了重点分析，得出以下结论：

(1)墙体变形整体呈“大肚”状，即两头小，中间大，符合常见采用多道支撑围护结构的变形规律。随着开挖不断加深，地下连续墙变形不断增大，水平位移的最大值也不断向下移动，一般出现在开挖面以下 2.0 m 范围内。底板浇筑完成后，基坑变形基本处于相对稳定状态。

(2)土体测斜孔变形曲线并不是很光滑，上部变形常出现异常，测斜精度较墙体测斜孔低，施工监测应尽可能利用墙体测斜孔。

(3)宁波地区软土具有显著的流变性状，在深基坑施工过程中，应尽量减小无支撑暴露时间，加快底板浇筑，防止因土体流变而产生过大的位移。地基加固形式对围护结构变形有很大的影响，可靠有效的地基加固有利于减小地下连续墙的变形。

第6章　考虑时空效应的软土深基坑有限元分析研究

长期以来，基坑支护设计是以保证基坑自身稳定为主要目的，很少考虑到变形对周边环境的影响。近年来，随着基坑所处位置的日趋复杂化（周边存在大量的地下管线和地面构筑物），对周边环境的不良影响日渐凸显。这样一来，不但要求基坑支护结构具有足够的强度以及整体的稳定性，而且对变形也提出了严格限制，尤其是在软土地区的深基坑工程中，许多情况下变形控制往往起决定性作用。深基坑本身是一个三维空间结构，加之软土地区地基土的流变特性，使得支护结构的内力与变形具有明显的时空效应，因此其支护结构的设计是一个复杂的三维空间受力问题。

随着基坑工程的发展和计算技术的进步，基坑支护结构的内力变形计算方法也经历了不同的发展阶段，从早期的古典法到解析法再到复杂的有限元法。古典法主要包括自由端法、等值梁法、Terzaghi 法等，主要应用于早期开挖深度不深的钢板桩和普通挡土墙，由于其假设与实际差别较大，难以考虑深基坑开挖过程中的复杂条件，且难以分析支护结构的整体性状，从而很少应用于实际深基坑工程设计。解析法主要包括弹性法、山肩帮男法和弹塑性法，由于在理论上存在明显的局限性而难以满足复杂深基坑工程的设计要求，因而现在也应用得很少。有限元法（包括弹性杆系有限元法以及连续介质有限元法）逐渐成为一种很有前途的深基坑支护计算分析方法，由于土的本构模型尚在发展中，且计算参数难以准确确定，使得连续介质有限元法目前还得不到广泛的工程应用。弹性杆系有限元法由于概念清晰、计算简单、计算参数少、易于工程模拟，在挡土结构分析中独具优势，其与工程经验相结合，特别适合于目前状况的工程应用，已被广大的工程技术人员所接受。然而，传统的弹性杆系有限元法没有考虑时间（即土的流变性）和空间作用对挡土结构的内力与变形的影响，而时间和空间恰是软土深基坑工程中影响最大的因素。刘建航、刘国彬等结合上海地区多年基坑施工经验，总结和研究了基坑中的时间和空间作用特点后，提出了软土深基坑时空效应理论。多年实践表明，时空效应理论是进行基坑变形控制和预测的一种行之有效的方法。

本章结合宁波市轨道交通仇毕站车站深基坑工程施工，采用有限元程序对基坑开挖进行时空效应分析。

6.1 基坑工程的时空效应规律

6.1.1 基坑开挖的时间效应

软土地区中，土的强度低、含水量高，具有明显的流变性。土的流变性，即土体的应力和变形随着时间而不断变化的特性，表现在应力松弛、蠕变、流动及长期荷载作用下强度降低等方面。经过长期的研究发现，土体流变性对基坑工程的影响主要表现在以下几点。

1. 土体应力松弛的影响

在应变水平不变的条件下，应力随时间而逐渐减小的特性称为土的应力松弛。深基坑工程施工中，土体的应力松弛会引起挡土结构外侧主动区土压力随时间不断增加，趋向于静止土压力，而随着支护结构的位移变形，土压力又会有所减小，当土体的应力松弛占优势时(基坑施工中搁置较长时间)，作用在支护结构上的土应力会不断增加，将大于主动土压力，同时支护结构被动区土压力因土体的应力松弛而不断减小。在常规的基坑设计计算中，支护结构的主动区、被动区土压力均采用主动土压力和被动土压力，因而当基坑施工拖延周期较长时，其安全性会逐渐减低。

2. 土体蠕变性的影响

在一定的荷载作用下，应变随时间而逐渐增长的特性称为土的蠕变性，它是土的重要工程性质之一。同上海地区的软土类似，宁波软土也具有明显的蠕变特性，典型的含水量大的宁波软土($W=50\%$，$W_L=39\%$，$I_p=17$，$e=1.43$，$S_r=100\%$)的蠕变试验结果如图 6.1 所示。

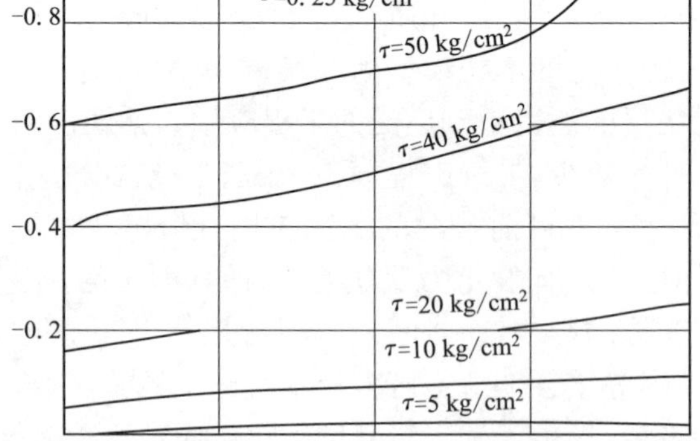

(a)

图 6.1 宁波软土流变曲线

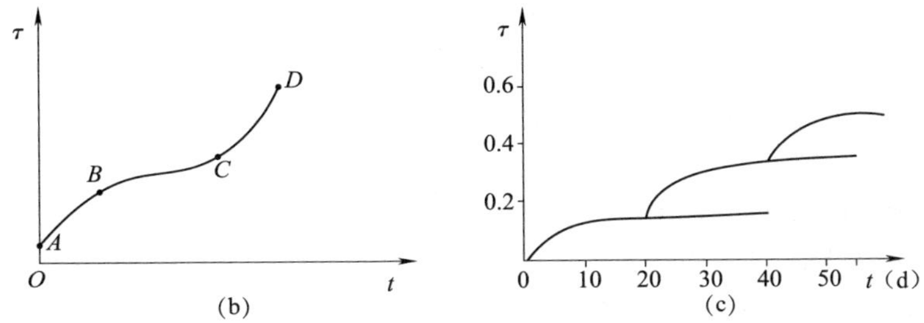

图 6.1　宁波软土流变曲线(续)

由试验可知,当土体的应力小于上屈服值时,土应变与时间对数呈直线关系,随着蠕变现象逐渐减弱,土应变速率也会随之减小,永远达不到破坏阶段,为阻尼蠕变曲线,蠕变是收敛和稳定的。当土体的应力大于上屈服值时,蠕变曲线表现为上凹,产生非阻尼蠕变,即在某一时间后会达到破坏。通过对非阻尼蠕变曲线(即流变曲线)解析,可将宁波软土的流变过程划分为 4 个阶段:OA 为瞬时弹性蠕变阶段,蠕变变形很小;AB 为非稳定蠕变阶段,变形速率由大变小;BC 为稳定蠕变阶段(即流动阶段),变形速率基本保持不变;CD 为渐变阶段,变形速率逐渐增大,最后会发生破坏。因此,在应力水平较高的情况下,土体会在一定的承载时间内,以不易察觉的蠕变速度发生破坏。

从上述试验结果的分析可知,在处于具有流变地层的深基坑中,土的流变特性不仅会影响到基坑的稳定,而且对于基坑的变形控制也至关重要。在软土地区的深基坑开挖时,支撑架设不及时或坑底无支撑暴露时间过长,都会因土体的流变性影响而产生明显的变形。

6.1.2　基坑开挖的空间效应

基坑的平面形状、尺寸、开挖深度及开挖步骤等均对基坑的变形及其稳定性有较大影响,即表现为基坑工程的空间效应。基坑土体的空间作用,早在太沙基时代就已被重视,发展到齐法特时已知道采用分层开挖来减小基坑底部的弹性隆起。

深基坑本身是一个具有长、宽和深的三维空间结构,其变形同土体的性质、基坑的形状与尺寸、支护系统的刚度等因素紧密相关。国内外学者对于基坑开挖的空间作用对支护结构本身及周围地层位移的影响方面研究较少,而对基坑稳定影响方面作了较深入的研究。Eide 等深入研究了长条形、方形与长宽比为 2 的矩形基坑的抗隆起现象,最后提出了如下抗隆起安全系数的计算公式,即抗隆起安全系数为:

$$F_s = \frac{S_u N_c}{\gamma H + q} \tag{6.1}$$

式中：S_u——不排水抗剪强度(kN/m^2)；

γ——土体重度(kN/m^2)；

H——开挖深度(m)；

N_c——从图6.2中查出；

q——地面超载(kN/m^2)。

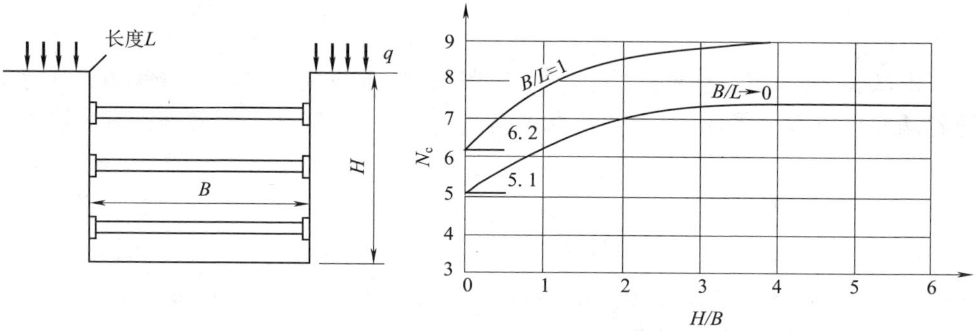

图6.2 基坑长、宽、深尺寸与N_c关系曲线

从式(6.1)可知，同样地质的基坑中，抗隆起安全系数与N_c成正比关系。根据同济大学史世雍的分析可知：$H/B=1$的方形基坑($B/L=1$)，其抗隆起安全系数比$H/B=1$的长条形($B/L\rightarrow 0$)基坑要大21%，长条形深基坑按限定长度(不超过基坑宽度)进行分段开挖时，抗隆起安全系数必有一定的增加，增加比例约为20%。结合上海地区的工程经验可知，当某长条形深基坑的抗隆起安全系数为1.5时，若不分段进行开挖，墙体最大水平位移$\delta_h=1\%H$，这属于大的墙体位移，相应的地面最大沉降$S_v=\delta_h=1\%H$，地面沉降范围$\geqslant 2H$。若分段进行开挖，抗隆起安全系数会增加20%，$K_s=1.5\times(1+20\%)=1.8$，墙体最大水平位移$\delta_h=0.6\%H$，这属于小的墙体位移，相应的地面最大沉降$S_v=\delta_h/1.4=0.43\%H$，地面沉降范围$<2H$。由此可以得出：将长条形基坑按比较短的段分段开挖，能有效减小墙体位移、底层水平位移与地面沉降。同样，将深大基坑分块进行开挖亦具有相同作用。

6.2 考虑时空效应的有限元法

6.2.1 计算方法

传统的杆系有限元法的基本思想是把挡土结构理想化、离散化为单位宽度的各种杆系单元(如两端嵌固的梁单元、弹性地基梁单元、弹性支承单元等)。对每个单元列出单元刚度矩阵$[\boldsymbol{k}]_e$，然后形成总刚度矩阵$[\boldsymbol{K}]$，由基本平衡方程$[\boldsymbol{K}]\{\boldsymbol{\delta}\}=\{\boldsymbol{P}\}$求得节点位移，进而求单元内力。

杆系有限元法有几个假设，即地层假设线弹性、后架设的支撑不考虑墙体位移的影响、土压力不变等，其计算简图如图 6.3 所示。在该方法中，只要给定土压力和被动抗力系数，就可以求解出挡土结构的内力和变形。

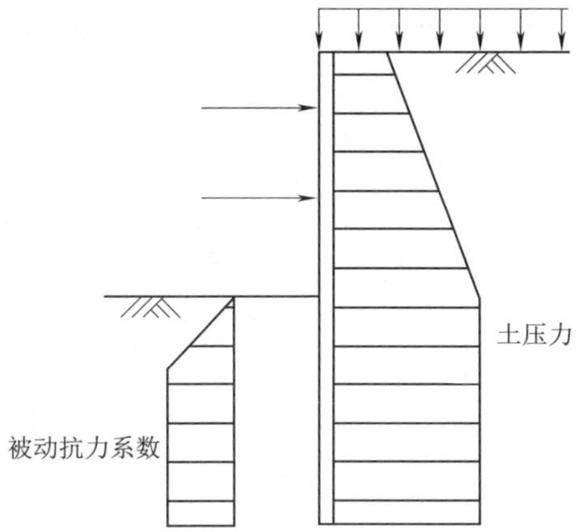

图 6.3　传统弹性杆系有限元法计算简图

然而，在事实上，土体（特别是软土）是黏弹性体，架设支撑以前已有明显的变形，土压力不仅随工况变化，而且随开挖支撑的时间和空间变化。由于传统有限元法在计算中没有考虑这些因素，故计算的墙体变形与实测的墙体变形差别较大，一般相差一倍以上。

时空效应规律对支护结构的内力、变形是有影响的，而这种影响主要体现在土体的流变性对计算参数（即主动土压力和被动抗力）的作用上。因此，基坑工程的内力与变形应该考虑时空效应规律对计算参数的影响，即每一计算工况下的主动土压力与被动抗力是变化的。而且，主动土压力是结合基坑的保护等级、施工工况来取值。被动抗力则在被动抗力标准值的基础上，考虑时间（无支撑暴露时间和撑好后的放置时间）、空间（无支撑暴露面积、开挖土体的宽度和高度等）、开挖面深度以及地基加固（包括降水）和土层的性质对其的影响，因此，被动抗力沿深度的分布不是按梯形取值的，而是按与实际十分接近的曲线来取值的。

6.2.2　计算模型及边界条件

1. 计算模型和单元类型

深基坑支护结构示意如图 6.4 所示，考虑时空效应的深基坑支护结构力学模型如图 6.5 所示。计算模型假定如下：

(1)围护墙为板壳单元,支撑为线弹性杆单元。

(2)围护墙外侧土压力的选取,需综合考虑基坑保护等级、施工工况的主动土压力与工程实测土压力数据;围护墙内侧开挖面以下被动区土体的水平基床系数为考虑时空效应的等效土体水平抗力系数 K_h。

(3)围护墙的模量与土的弹性模量存在较大差异,在两者之间设接触面单元。

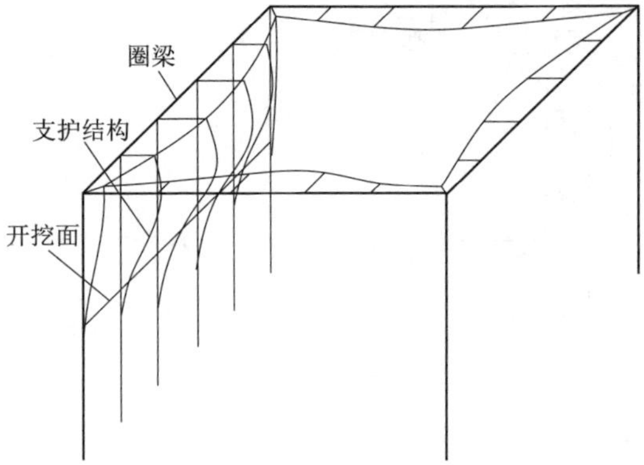

图 6.4 深基坑支护结构示意图

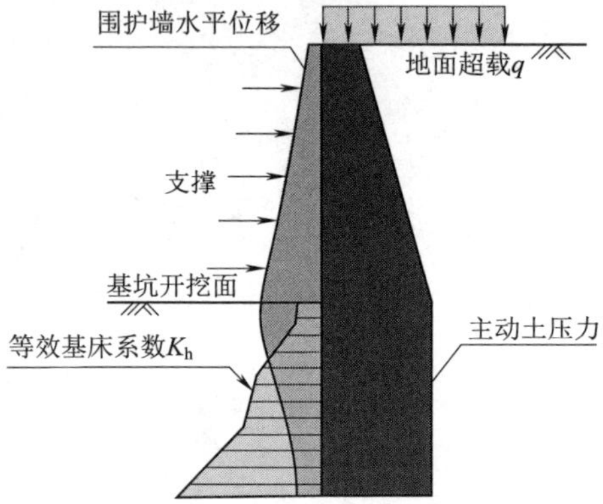

图 6.5 考虑时空效应的支护结构力学模型

2. 计算域和边界条件

当基坑支护的结构形式、介质条件、施工条件、荷载分布等均呈轴对称时,可选取对称轴的一侧作为计算域。边界条件的一般确定原则为:

(1)墙背侧边界:根据基坑所在场地土体性质的不同,可选取 1～2 倍的地下连续墙深度作为不动边界。

(2)墙底边界:当墙底以下一定深度范围仍为较软弱土层时,可选取基底以下深度大于基坑宽度的位置作为边界;当墙底不深处存在坚硬地层或墙底位于坚硬地层上时,则选取坚硬地层面作为不动边界。

3. 基坑施工过程的模拟

在常规的工程设计计算中,对于假设有 n 道支撑的支护结构,考虑先支撑后开挖的原则。实际上,在采用多道支撑的支护结构中,各支撑的受力先后是不同的,支撑是在墙体已产生了一定位移的情况下架设的。各支撑发挥作用的时刻不同,先架设上的支撑较早参与了共同作用,后架设上的则相对迟些产生作用。因此,在分阶段计算围护墙的内力及位移时,需考虑各施工阶段受力之间的连续性。采用杨光华提出的“增量法”来模拟基坑施工过程,由于“增量法”考虑了施工过程,符合工程实际,所得结果较常规的计算方法更为合理。

采用“增量法”分析计算时,对于每一个受力阶段,都按支护结构的实际支撑情况建立计算简图，只需计算荷载增量部分引起的内力和位移，再叠加上前面各步荷载增量所引起的内力和位移，就可得到本阶段的实际内力和位移。现以一道支撑的情况为例来说明“增量法”的计算过程，其同样可应用于多道支撑的情况。“增量法”计算简图见图 6.6，具体分析步骤如下：

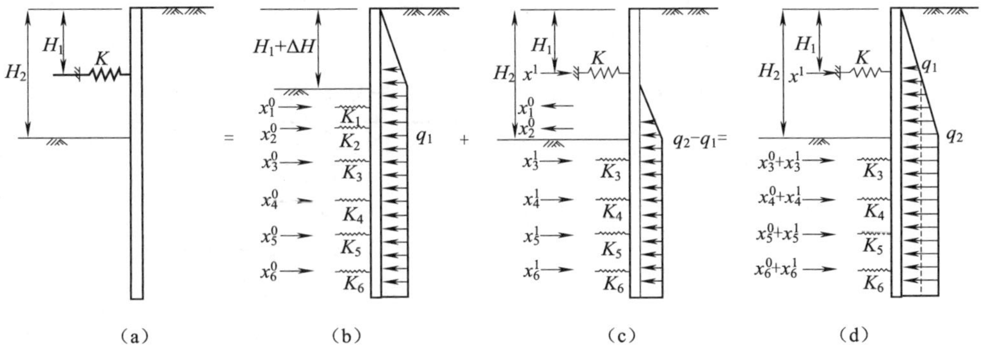

图 6.6　“增量法”计算简图

(1)为了在开挖面以下 H_1 深度处加支撑，先开挖到 $H_1+\Delta H$ 深度，此时，相应的计算简图见图 6.6(b)，其中 q_1 表示土压力大小，求解后可得到开挖面以下土弹簧的反力 x_1^0、x_2^0、……、x_6^0，对应的墙体内力与位移也可得到。

(2)在 H_1 深度处加刚度为 K 的支撑，然后由 $H_1+\Delta H$ 深度开挖到 H_2 深度，这一过程的计算简图见图 6.6(c)，相应的土压力增量为 q_2-q_1。由于 K_1 和 K_2 两个土弹簧处的土体被挖去，其相当于原作用力 x_1^0、x_2^0 反向作用在墙体上，求解后可得此时支撑弹簧 K 和开挖面以下土弹簧的反力为 x^1、x_3^1、x_4^1、x_5^1、x_6^1。

(3)整个基坑开挖加支撑的施工过程如图 6.6(d)所示，为图 6.6(b)、(c)两个增量过程迭加的结果，迭加两者所得的墙体内力与位移即得整个施工过程最终的墙体内力与位移。

6.2.3　计算参数的确定

1. 主动区土压力取值

黄院雄等研究分析了上海软土地区地铁车站深基坑及大型建筑物深基坑的实测资料，得到了支护结构后主动土压力的变化规律。在软土深基坑开挖中，一方面，由于土方开挖使得坑内卸载，引起支护结构向坑内产生一定位移，从而导致主动区土压力的下降；另一方面，由于软土具有明显的流变特性，因而在深基坑开挖过程中，即使在同一工况下，主动土压力也会随时间变化而变化。

主动土压力的取值与相应基坑的保护等级是密切相关的。基坑开挖过程中，若假设支护结构不产生位移，则可认为作用其上的土压力为静止土压力。因此，基坑保护等级越高，支护结构的允许最大变形值就越小，对应的主动土压力取值也就越大；反之，则主动土压力的取值就越小。因此，主动区土压力侧压力系数 K 的取值也应该与相应基坑的保护等级相联系。同时，K 的取值还要考虑土性、土层的应力历史及土层的 K_0 值等因素。黄院雄、刘国彬等学者根据上海地区多年的实测数据总结出侧压力系数 K 的取值，见表 6.1。

表 6.1 主动区土压力侧压力系数 K 取值表

基坑保护等级	土性	侧压力系数 K	基坑保护等级	土性	侧压力系数 K
一级	软黏土	0.75～0.55	三级	软黏土	0.60～0.45
	硬黏土	0.55～0.40			
二级	软黏土	0.70～0.50		硬黏土	0.40～0.30
	硬黏土	0.45～0.35			

注：基坑保护等级的划分参考上海市工程建设规范《基坑工程技术规范》。

每个基坑保护等级下，侧压力系数 K 的取值也是变化的，表中给出的只是一个区间值，在实际工程取值时，可参考以下原则来确定。当地质条件较好时，可取下限值；相反，地质条件较差时，可取上限值。另外，考虑到给出的区间值包含了侧压力系数 K 随工况而逐渐减小的规律，因此，当基坑开挖深度较浅时，K 值接近上限值；当基坑开挖深度较深时，K 值接近下限值。

2. 等效土体水平抗力系数 K_h

等效土体水平抗力系数 K_h 的概念来源于基床系数，与基坑开挖时间、开挖空间、地层土性条件、加固条件等密切相关，是各类施工影响因素的函数。为了便于工程应用，采用等效土体水平抗力系数 K_h 来综合反映基坑土体抵抗变形的能力，K_h 的取值考虑了土性、时空效应规律的影响及包括施工因素在内的其他许多因素。

刘国彬等通过对大量基坑现场实测数据和记录的工况进行反馈分析，归纳出等效土体水平抗力系数 K_h 分别与土体的流变特性、强度参数、土体的空间作用以及地基加固等因素的关系，由此建立了上海地区不同土层、工况条件下的 K_h 值计算模型。

(1)对于非地基加固部分的 K_h：

$$K_{hi}=635\times\frac{\gamma_i\cdot\tan^2(\pi/4+\varphi/2)+4\cdot c_i\cdot\tan(\pi/4+\varphi/2)}{1.42\cdot\gamma_i+47.6}\cdot$$

$$\exp\left(\frac{12.0-T_j}{T_j}\right)\times(8/B_j+0.1)\cdot(1-h_j/h_i)\cdot$$

$$\left\{1-\frac{2\cdot\gamma'\cdot[1-(1-h_j/h_i)^{0.36}]\cdot\tan\varphi_{cq}}{\gamma+2\cdot\gamma'\cdot\tan\varphi_{cq}}\right\} \tag{6.2}$$

(2)对于地基加固部分的 K_h：

$$K_{hi}=(29.34+1431.9p_s)\exp\left(\frac{12.0-T_j}{T_j}\right)\cdot(8/B_j+0.1)\cdot(1-h_j/h_i)\times\left\{1-\frac{2\cdot\gamma'\cdot[1-(1-h_j/h_i)^{0.36}]\cdot\tan\varphi_{cq}}{\gamma+2\cdot\gamma'\cdot\tan\varphi_{cq}}\right\} \tag{6.3}$$

式中：T_j ——每步基坑开挖的无支撑暴露时间(h)；

B_j ——每步基坑开挖时开挖土体沿墙体方向的尺寸(m)；

γ_i ——第 i 层土的天然重度；

c_i ——第 i 层土的黏聚力；

φ_i ——第 i 层土的内摩擦角；

p_s——比贯入阻力(MPa)；

h_j ——当前开挖面所处的深度；

h_i ——要计算点所处的深度；

φ_{cq} ——要计算点 h_i 处的强度指标；

γ'_i ——第 i 层土的浮重度。

6.3　考虑时空效应的有限元分析

6.3.1　工程概况及计算参数

宁波轨道交通 3 号线一期工程仇毕站位宁波市轨道交通 3 号线一期工程的第 9 站，车站结构包含主体结构、出入口与通风道、预留空间、深基坑围护及基地加固、结构防水等内容。共设 2 组风亭和 4 个出入口。1、3 号出入口设于车站主体，2、4 出入口与物业连接。车站为地下四层岛式站台，双柱三跨形框架结构，车站采用明挖顺作法施工，车站中心顶板覆土厚度 1.55 m。车站起终点里程为 YDK13＋240.176～YCK13＋428.053，站台中心里程为 YDK13＋333.000，车站基坑长 187.877 m，标准段基坑宽 23.20 m，车站标准段开挖深度 27.85 m，南(北)盾构端头井基坑深 29.30 m(29.69 m)。车站两端区间均为盾构区间。车站标准段底板埋深为 27.85m，围护结构采用 1 200 mm 厚地下连续墙(共 76 幅)＋混凝土(第一、第六支撑)和钢管内支撑(第二、三道采用直径 609 mm、壁厚 16 mm 钢支撑，第四、五、七、八道采用 800 mm、壁厚 16 mm 钢支撑)体系，连续墙插入比约为 0.97。结构侧墙厚 800～900 mm，顶板厚 800 mm，底板厚 1 500 mm。南(北)盾构端头井基坑深 29.30 m(29.69 m)，采用 1 200 mm 厚地下连续墙＋混凝土(第一、六道支撑)和钢管内支撑(第二、三道采用直径 609 mm、壁厚 16 mm 钢支撑，第四、五、七、八、九、及换撑采用直径 800 mm、壁厚 16 mm 钢支撑)体系，连续墙插入比约为

0.99(0.98)。结构侧墙厚度 800～900 mm，顶板厚 800 mm，底板厚 1 500 mm。

1. 土层参数

根据仇毕站岩土工程勘察报告，对土层情况进行处理后，可得数值模拟采用的土层分层和土层物理力学参数，见表 6.2。

表 6.2 土层物理力学参数

层号	土层名称	土层底标高	重度 (kN/m³)	水平 K_h (m/d)	垂直 K_v (m/d)	压缩模量 (MPa)	c_k (kPa)	φ_k(°)
①₂	黏土	5.7	17.9	2.14E-5	3.23E-5	3.61	15.5	12.7
②₂	淤泥质黏土	11.7	17.3	2.38E-5	3.03E-5	2.34	11.9	11.6
③₂	粉质黏土	19.7	18.7	8.23E-5	1.19E-4	4.41	16.4	20.4
④₂	黏土	24.2	17.5	2.29E-5	2.94E-5	3.1	14.4	12.7
⑤₂	粉质黏土	36	18.6	4.97E-5	6.98E-5	5.8	26.6	14.3
⑥₂	粉质黏土	46	18.5	4.97E-6	6.98E-6	5.36	19.2	18.8
⑥₂T	粉土	50	18.7	1.31	1.24	8.05	4.1	29.1
⑦₂	粉质黏土	54	18.5	4.97E-6	6.98E-6	5.36	19.2	18.8
⑧₁	粉细砂	59	19.3	1.04E+1	1.09E+1	8.90	2.6	31.3
⑨₁	粉质黏土	80	18.7	5.21E-6	6.10E-6	9.50	39.3	15.8

2. 地连墙参数

地连墙厚度为 1 200 mm，深度为 56.7 m，混凝土等级为 C40，EI 为每延米 3.9×10^7 kN·m²，EA 为每延米 $=4.68\times10^7$ kN。

3. 支撑体系参数

根据设计文件，仇毕站支撑体系参数见表 6.3。

表 6.3 支撑体系基本参数

支撑	中心位置(m)	水平间距(m)	材料	尺寸	预加轴力(%)
第一道支撑	0.5	8	C30 钢筋混凝土	800 mm×1 000 mm	/
第二道支撑	5.7	3	钢支撑	ϕ609，t=16 mm	70
第三道支撑	8.7	3	钢支撑	ϕ609，t=16 mm	70
第四道支撑	11.7	3	钢支撑	ϕ800，t=16 mm	70
第五道支撑	14.5	3	钢支撑	ϕ800，t=16 mm	70
第六道支撑	17.3	8	C30 钢筋混凝土	1 200 mm×1 200 mm	/
第七道支撑	21	3	钢支撑	ϕ800，t=16 mm	70
第八道支撑	24.2	3	钢支撑	ϕ800，t=16 mm	70

4. 主要施工步骤

模拟过程按以下施工步骤进行。

步骤一:开挖至地面下－1 m;

步骤二:装支撑 1;

步骤三:开挖至地面下－6.7 m;

步骤四:装支撑 2,并施加预应－200 kN/m;

步骤五:开挖至地面下－9.7 m;

步骤六:装支撑 3 并施加预应－300 kN/m;

步骤七:开挖至地面下－12.7 m;

步骤八:加支撑 4,并施加预应力－380 kN/m;

步骤九:开挖至地面下－15.5 m;

步骤十:加支撑,5,并施加预应力－400 kN/m;

步骤十一:开挖至地面下－18.3 m;

步骤十二:加支撑 6;

步骤十三:开挖至地面下－22 m;

步骤十四:加支撑 7,并施加预应力－480 kN/m;

步骤十五:开挖至地面下－25.2 m;

步骤十六:加支撑 8,并施加预应力－500 kN/m;

步骤十七:开挖至地面下－27.7 m。

6.3.2　计算结果与分析

选取基坑 CX10 断面进行数值模拟,分别选取工况 4、工况 6、工况 9 的模拟数据与实测数据进行对比,结果如图 6.7～图 6.10 所示。工况 4、工况 6、工况 9 依次对应于 CX10 的 4 月 18 日、5 月 16 日、7 月 9 日实测数据。具体工况描述如下:

工况 4:开挖到 12.70 m,第 3 道支撑架设完毕,第 4 道支撑尚未架设;

工况 6:开挖到 18.30 m,第 5 道支撑架设完毕,第 6 道支撑尚未架设;

工况 9:开挖到 27.70 m,第 8 道支撑架设完毕。

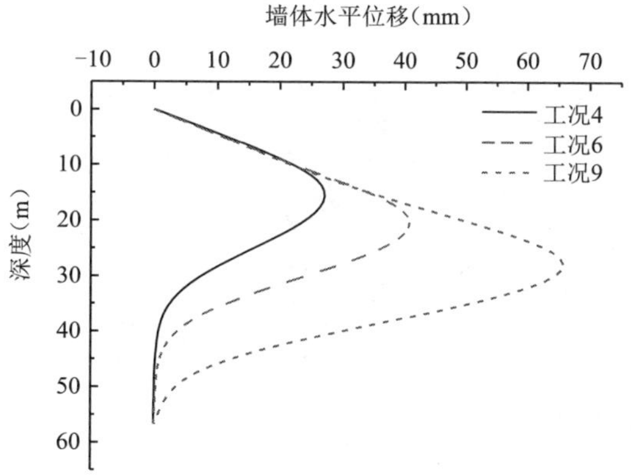

图 6.7　CX10 侧移数值模拟曲线

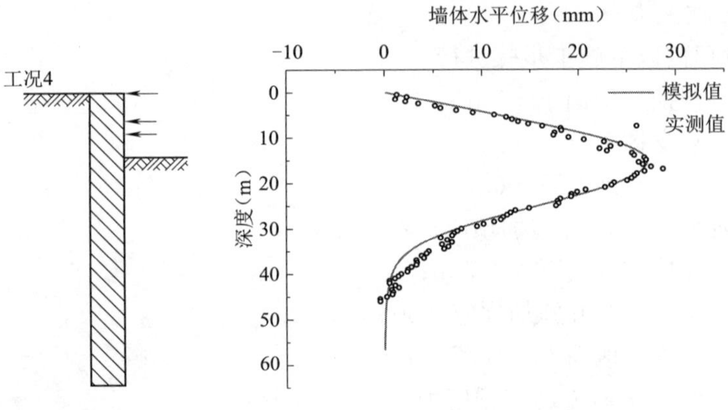

图 6.8　工况 4 下 CX10 侧移随时间变化曲线

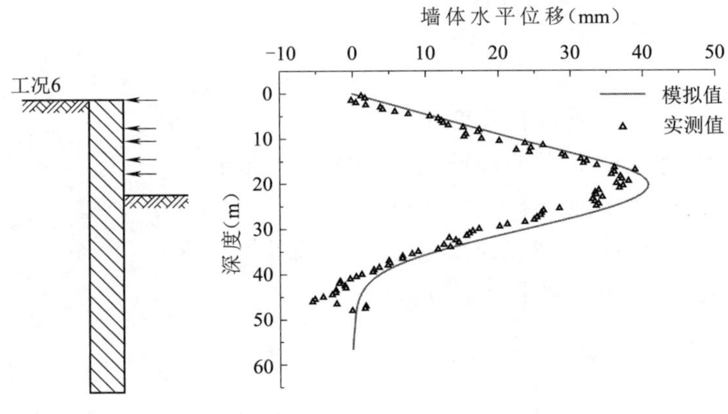

图 6.9　工况 6 下 CX10 侧移随时间变化曲线

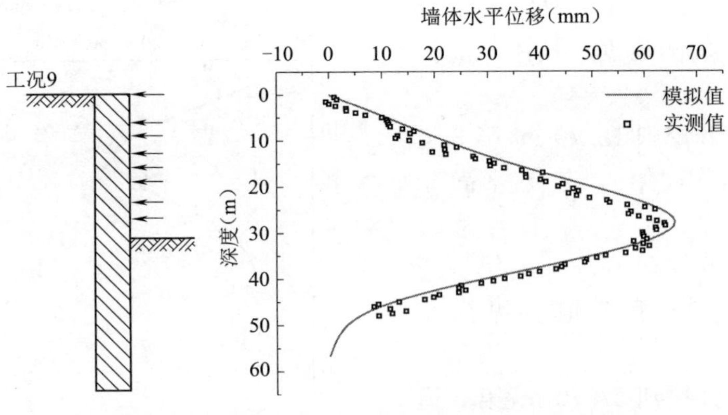

图 6.10　工况 9 下 CX10 侧移随时间变化曲线

由图 6.7 可知，数值模拟结果表现为：随着深基坑开挖深度的增大，地下连续墙的水平位移不断增大，其沿深度的变化趋势呈大肚状，符合常见采用多道支撑围护的变形规律，水平位移最大值均出现在开挖面附近(随开挖深度的增大不断下移)。

由图 6.8～图 6.10 可以看出：随着深基坑开挖的进行，地下连续墙的水平位移不断增大，其沿深度的变化趋势呈“大肚”状，符合常见采用多道支撑围护的变形规律，水平位移最大值均出现在开挖面附近。在深基坑底板浇筑完成后，传统杆系有限元计算结果远远小于墙体实测变形，而时空效应有限元计算结果则与墙体实测变形比较接近。考虑时空效应的有限元计算结果可较准确地反映支护结构的实测变形，其原因主要有：

(1)主动区土压力取值考虑了基坑保护等级、施工工况、软土流变性等因素，从而使得该程序采用的土压力较符合工程实际。

(2)该程序创造性地采用等效土体水平抗力系数 K_h 来反映土体实际抵抗变形的能力，其能考虑土体流变性、土体空间作用、土体强度参数、地基加固、开挖深度等因素的影响特性。然而，两者之间仍有一定的差别，时空效应有限元计算结果比墙体实测变形稍大，主要原因可能为现场施工监测的测斜数据一直以管顶作为基准点，实际工程中，也未采用实测墙顶水平位移来对测斜数据进行适当修正，从而使得测斜管口处的水平位移始终为零，进而相应减小了地下连续墙各个深度处实际变形。若对测斜数据进行管顶修正，时空效应有限元计算结果应该会与墙体实测变形更加吻合。

6.4　软土深基坑时空效应影响因素分析

软土地区深基坑的试验研究和施工实践表明，深基坑受力变形与土体物理力学性质、基坑水环境、地基流变、开挖深度、分步开挖宽度、支撑安装时间和基坑暴露时间、支撑与开挖顺序、墙体刚度、入土深度、支撑刚度、支撑道数、预加轴力及被动区土体加固措施等有明显的相关性，由此反映深基坑开挖过程的时空效应。

本节以仇毕站深基坑地下连续墙变形为例，调整其支护设计参数后进行有限元计算，从中得出各个因素对深基坑受力变形的影响规律。

6.4.1　墙体厚度的影响分析

围护结构变形过大会造成周围建筑物和地下管线的破坏，为了降低基坑的地表沉降和围护墙的侧移，必须保证围护墙具有足够的刚度。地下连续墙的刚度大小主要取决于其厚度，分别取地墙厚度 1 000 mm、1 200 mm、1 400 mm 进行数值模拟，CX10侧移的结果如图6.11所示。由图6.11可知，当地连墙厚度从1 200 mm减小到1 000 mm时，围护结构的水平位移明显增大，墙体最大水平位移从65.78 mm增大到74.55 mm，增幅为13.8%；当地连墙厚度从1 200 mm增大到1 400 mm时，围护结构的水平位移明显减小，墙体最大水平位移从65.78 mm减小到58.57 mm，降幅为11.0%。

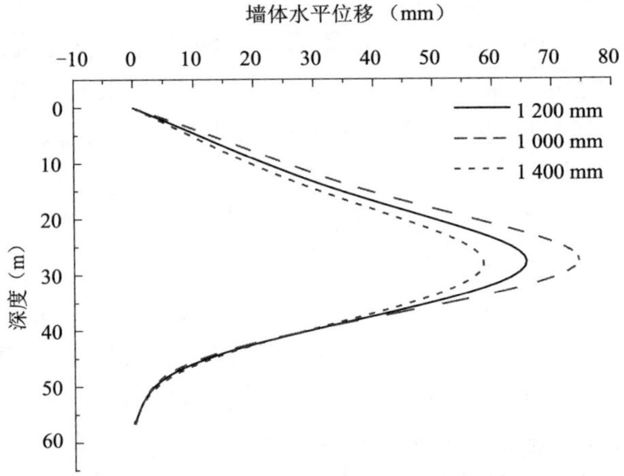

图6.11　不同地墙厚度下CX10侧移曲线

由于增加地下连续墙厚度势必会增加工程造价。因此，在支护结构设计时，地下连续墙的厚度应综合考虑墙体变形和墙体弯矩两方面的因素，在满足墙体强度的要求下，试图主要通过增加墙体厚度来减小支护结构侧移的做法并不合理。

6.4.2　墙体入土深度的影响分析

在软土深基坑工程中，地下连续墙作为承受侧向水土压力的受力结构，其入土深度是设计中的一个重要指标，需满足各项稳定性和强度要求。为了研究围护墙入土深度对深基坑受力变形的影响，将地下连续墙的插入深度设计为41.6 m(插入比0.50)、56.7 m(插入比1.05)、69.3 m(插入比1.50)进行数值模拟，CX10侧移的结果如图6.12所示。

由图6.12可知，当地连墙插入比从1.05减小到0.50时，墙体最大水平位移从65.78 mm增大到66.97 mm；当地连墙插入比从1.05增大到1.05时，墙体最大水平位移从65.78 mm减小到65.17 mm。在地连墙入土深度满足最小值的情况下，入土深度对围护结构侧向位移的影响较小，而且增大地连墙入土深度也会增加工程造价。因此，在支护结构设计时，一般只需按照支护结构稳定性和防止管涌的要求计算出最小入土深度即可。

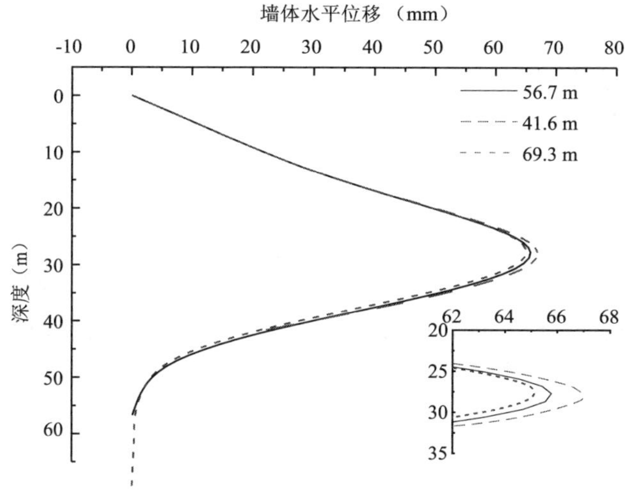

图 6.12　不同地墙插入深度下 CX10 侧移曲线

6.4.3　支撑水平间距的影响分析

大量研究表明，支撑刚度对基坑的内力和变形有较大影响，而深基坑支撑体系整体刚度与支撑水平间距的大小有关。为了研究支撑水平间距对深基坑受力变形的影响，将钢支撑水平间距，在所有支撑水平间距均减小 2 m 或增大 2 m 的情况进行数值模拟，其结果如图 6.13 所示。

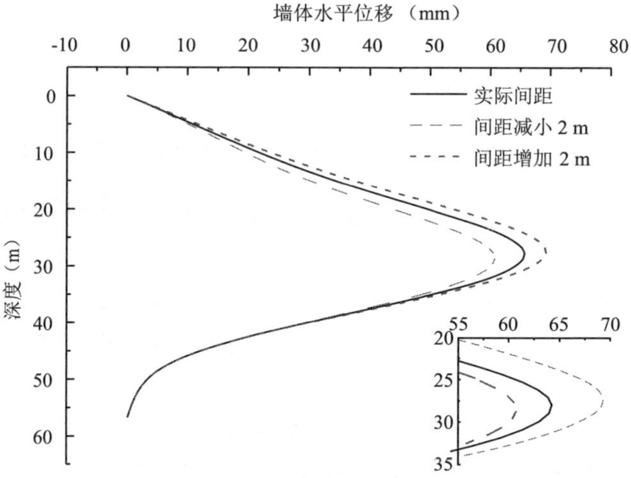

图 6.13　不同支撑水平间距下 CX10 侧移曲线

由图 6.13 可知，当支撑水平间均减小 2 m 时，墙体最大水平位移从 65.78 mm 减小到 60.58 mm，降幅为 7.9%；当支撑水平间均增大 2 m 时，墙体最大水平位移从 65.78 mm 增大到 69.32 mm，增幅为 5.4%。支撑水平间距的减小，可增大支撑体系的整体刚度，有利于深基坑变形及稳定性的控制，但是过小的水平间距不便于现场施工，且会增加工程造价，因而在支护结构设计中，应综合考虑各种因素，合理确定钢支撑水平间距的大小。

6.4.4 支撑预加轴力的影响分析

通过对钢支撑施加预加轴力来控制深基坑变形是工程施工中常用的措施。工程实际情况中混凝土支撑并无预加轴力，仅钢支撑有轴力设计值 70%的预加轴力。以钢支撑设计轴力为准，分别施加支撑设计轴力 40%、70%（实际情况）、100%的预加轴力进行数值模拟，结果如图 6.14 所示。

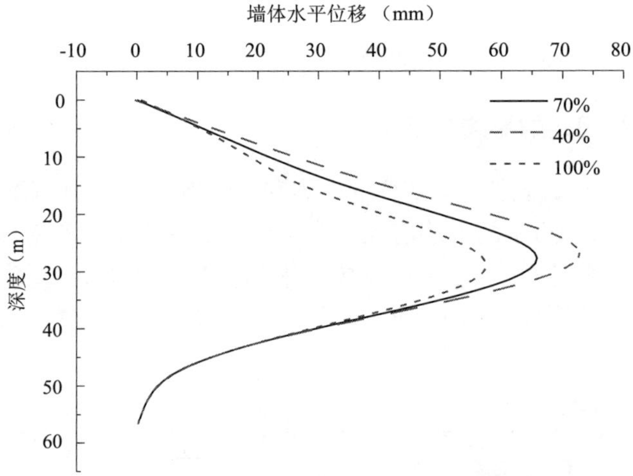

图 6.14 不同支撑预加轴力下 CX10 侧移曲线

由图 6.14 可知，当支撑预加轴力减小至 40%时，墙体最大水平位移从 65.78 mm 增大到 72.56 mm，增幅为 10.3%；当支撑预加轴力增大至 100%时，墙体最大水平位移从 65.78 mm 减小到 57.09 mm，降幅为 13.2%。因此，在深基坑开挖过程中，特别是土质较差的软土地区，增加钢支撑预加轴力是施工现场有效控制支护结构受力变形的非常重要的措施之一。

对钢支撑施加预应力可以改善围护结构内外侧的土压力情况，增加外侧主动土压力，减小内侧被动土压力，从而提高土体抗剪强度，增加支护结构与土体之间的黏结力或摩擦力，减小塑性区的开展范围。这将有利于改善深基坑的抗隆起稳定性，同时也可有效地减小深基坑的各类变形。因此在深基坑开挖过程中，特别是土质较差的软土地区，增加钢支撑预加轴力是施工现场有效控制支护结构受力变形的非常重要的措施。实际工程中，考虑到所加预应力损失 10%，预加轴力可取设计轴力的 80%，当基坑开挖较深或变形较大时，可取设计轴力的 90%或以上。

6.4.5　支撑架设时间的影响分析

软土一般具有显著的流变特征，开挖卸载后还存在着固结现象，土体的固结和流变使得软土地区的深基坑具有明显的时间效应，其变形随基坑暴露时间的延长而增大。为了分析支撑架设是否及时对深基坑受力变形的影响，将基坑下面四道钢支撑的架设时间分别取为早架设 12 h、实际架设、晚架设 12 h、晚架设 24 h 进行计算，其他参数保持不变，结果如图 6.15所示。

由图 6.15 可知，当支撑架设时间提前 24 h 时，墙体最大水平位移从 65.78 mm 减小到 58.74 mm，降幅为 10.7%；当支撑架设时间推后 24 h 时，墙体最大水平位移从 65.78 mm 增大到 69.59 mm，增幅为 10.4%。因此，在深基坑开挖过程中，应合理利用基坑的时间效应，加强土方开挖和支撑架设的衔接工作，土方开挖完成应及时架设支撑并施加预应力，尽可能减小基坑的无支撑暴露时间，进而有效地控制基坑的变形和稳定。

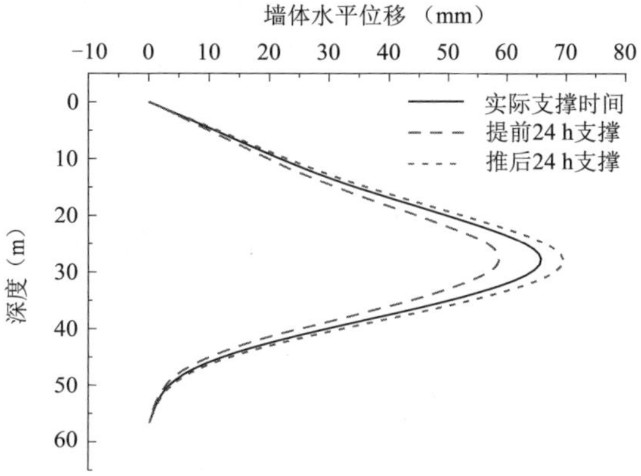

图 6.15　不同支撑架设时间下 CX10 侧移曲线

6.4.6　开挖宽度的影响分析

为分析基坑开挖宽度对深基坑受力变形的影响，将开挖宽度分别取为 3 m、6 m、9 m、12 m 进行计算，其余参数保持不变。以工程实际情况中基坑为基准，分别将开挖宽度减小 3 m 或增大 3 m 进行数值模拟，其结果如图 6.16 所示。

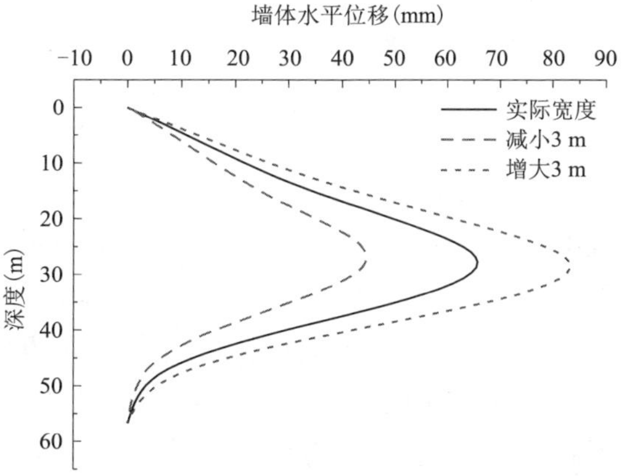

图 6.16　不同开挖宽度下 CX10 侧移曲线

由图6.16可知,当开挖宽度减小3 m时,墙体最大水平位移从65.78 mm减小到44.66 mm,降幅为32.1%;当开挖宽度增大3 m时,墙体最大水平位移从65.78 mm增大到83.39 mm,增幅为26.8%。因此,对于长条形的深基坑,应分块、分层、分段进行土方开挖,适量地减小每步开挖宽度,随挖随撑,充分利用土体的空间效应,这样可以明显地减小基坑变形。

6.4.7 面超载的影响分析

深基坑土方开挖过程中,基坑周边的施工机械、临时荷载都将对基坑的受力变形产生一定的影响。在严格控制现场堆土的条件下,一般地面超载可按20～30 kPa计算,本次设计中,取地面荷载为20 kPa。取地面超载依次为5 kPa、20 kPa(实际情况)、35 kPa进行数值模拟分析,其结果如图6.17所示。

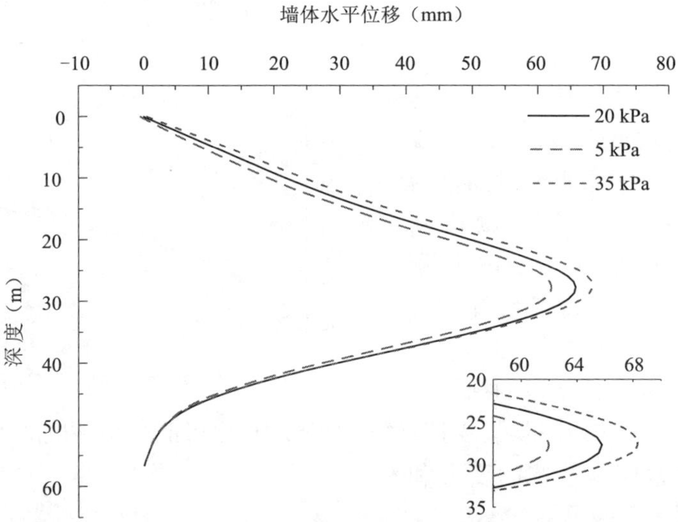

图6.17 不同地面超载下CX10侧移曲线

由图6.17可知,当地面超载减小至5 kPa时,墙体最大水平位移从65.78 mm减小到61.96 mm,降幅为5.8%;当地面超载增大至35 kPa时,墙体最大水平位移从65.78 mm增大到68.42 mm,增幅为4.0%。为了施工方便,施工单位通常会在坑边堆放大量建筑材料,有时由于土方外运困难,施工单位也会在坑边临时堆放开挖出来的土方。另外,挖土机械、土方运输车辆等也会引起地面超载的增加。因此在实际施工中,应严格控制坑边堆载,对堆载的数量、重量及区域加以限制,大型机械设备作业结束后应马上远离基坑停放。

6.5　时空效应施工方法

6.5.1　施工工艺流程

在深基坑工程中，每一开挖过程的内力和变形都与施工参数密切相关。考虑时空效应的开挖与支撑施工工艺如图 6.18 所示。

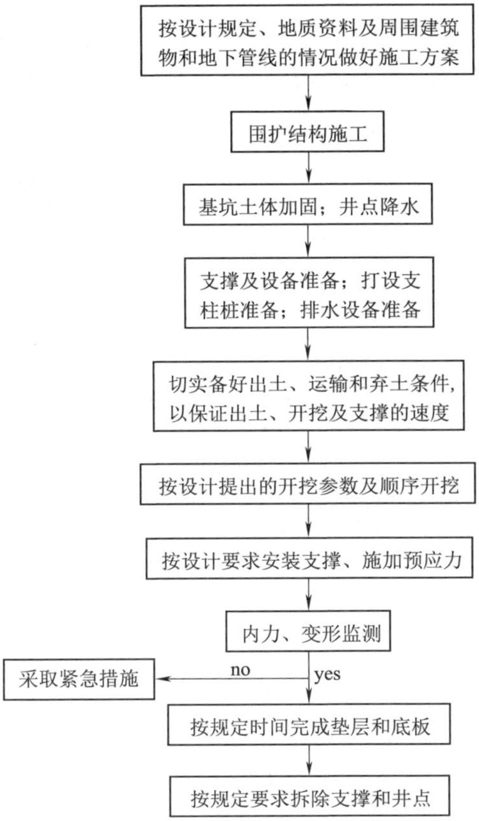

图 6.18　开挖与支撑施工工艺流程图

其施工方案的主要特点是：根据环境保护的目标及要求、基坑工程规模、开挖深度、几何尺寸、围护墙体与支撑结构体系的布置、基坑地基加固条件等因素，提出量化可操作性的开挖与支撑的施工参数，应用“分块、分层、分步、对称、平衡、限时”的施工方法，充分利用土体自身潜能来限制变形，提高基坑的整体稳定性，从而在不延长施工工期和增加工程直接造价的前提下，达到控制基坑变形、满足周围环境保护的要求。

6.5.2 三类典型基坑的开挖程序

在总结大量上海地铁车站深基坑以及邻近地铁的高层建筑地下室深基坑设计施工的成功经验的基础上，上海地铁建设有限公司提出三类典型基坑的开挖步序和参数。

1. 长条形深基坑

长条形基坑的纵向一般很长，而其横断面的形状变化则较小，地铁车站、明挖区间的标准段即属于此。对于这类典型基坑，必须按设计要求分段开挖和浇筑底板，每段开挖中又分层、分小段，并限时完成每小段的开挖和支撑，如图 6.19 所示。

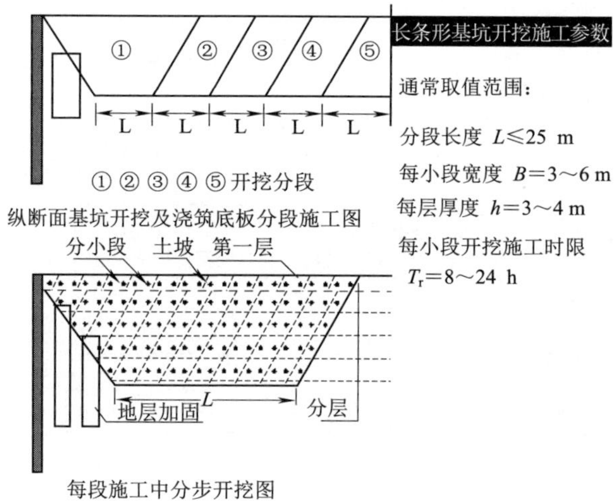

图 6.19 长条形深基坑分步开挖图

开挖时的施工参数应由设计规定，取值范围一般为：分段长度：$L \leqslant 25$ m；每小段开挖宽度：$B_i=3 \sim 6$ m；每小段开挖与支撑的时限：$T_r=8 \sim 24$ h；每层开挖厚度：$h_i=3 \sim 4$ m。基坑开挖过程中，可根据监测数据对 L、B_i、T_r、h_i 进行适当调整，但必须经过设计方的同意。

2. 车站端头井

车站端头井如图 6.20 所示，这类典型基坑的开挖原则为：首先架设好标准段内的 2 根对撑，然后开挖斜撑范围内的土方，最后挖除端头井坑内的其余土方。对于斜撑范围内的土方，应自基坑角部沿垂直于斜撑方向分段、分层、限时地进行开挖，并及时架设支撑。当斜撑长度大于 20 m 时，应先开挖中间部分的土方，再开挖两端的土方。

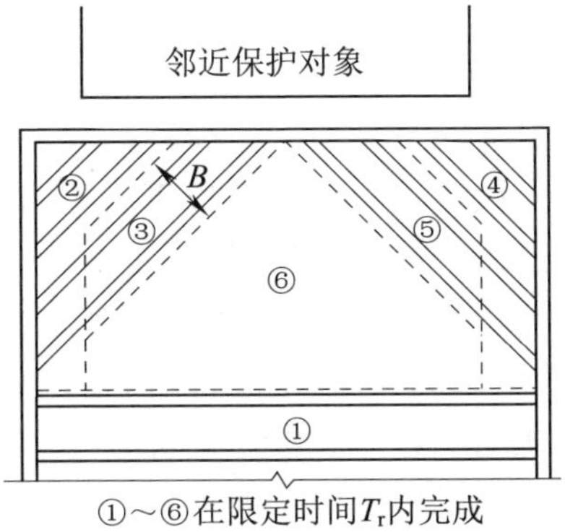

图 6.20　车站端头井分步开挖图

3. 大宽度、不规则基坑

高层建筑地下室基坑或地铁车站出入口等属于此类基坑，其特点是基坑长宽方向的尺寸相差不大，对应的空间效应特征要比长条形基坑明显，尤其在基坑角部。对于该类典型基坑，根据时空效应原理，一般采用盆式开挖，开挖也应分层进行，每层的开挖步骤应按照图 6.21 所示的顺序：

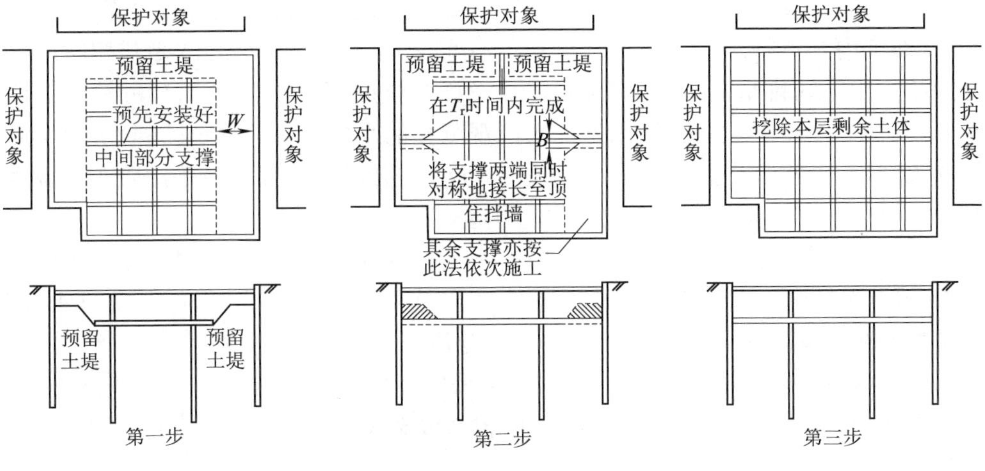

图 6.21　大宽度、不规则基坑分步开挖图

(1)在有保护对象一侧预留土堤，挖除无保护对象一侧和中间部分的土方，并及时架设相应部位的支撑。

(2)当支撑一侧存在保护对象时，应限时分段开挖预留土堤，并及时架设支撑；当支撑两侧都存在保护对象时，应对称、限时开挖每根支撑两端的预留土堤，并及时架设支撑。

(3)挖除该层剩余土方。

6.5.3 施工技术要点

软土深基坑变形的时空效应主要表现在以下三个方面:1)基坑土方开挖的空间效应;2)支护结构墙体变形与内力随时间延长而增大;3)基坑周边地层位移也随时间延长而增大。在深基坑工程中,制定考虑时空效应原理的开挖与支撑施工方案,能够合理利用基坑开挖变形的时间、空间特点,充分发挥土体自身在一定时间、空间条件下抵抗变形的潜力,限制土体的流变变形,从而达到控制基坑变形的目的。考虑时空效应的深基坑施工技术要点如下:

(1)基坑土体加固。对于变形要求较高的软土深基坑,开挖前应进行必要的土体加固,加固内容及要求按设计而定,一般有:1)地下连续墙底因清孔不好沉渣较厚时,应进行墙底注浆加固;2)当开挖土坡的稳定性不能满足安全度要求时,对一定土坡范围内的土体进行加固;3)基坑挡墙内侧被动土压力区,可采用水泥搅拌桩或注浆等方法加固土体;4)在黏性土与砂性土互层或存在夹薄层粉砂的黏性土中,对基坑内地面至坑底以下一定深度的土体,采用超前降水法进行被动区土体加固;5)当各斜撑作用在端头井两侧墙上的平行墙面的分力,可能引起端头井突出于标准段侧墙的转角结构发生转动时,应在转角处抗力较大的被动区进行可靠加固。

(2)坑内井点降水。降水应在基坑开挖前 20 d 进行,以使土体要开挖时已经受到相当程度的排水固结,降水深度需在设计基坑底面以下至少 1.0 m 深度。降水开始后,对预先设置在基坑内外的水位观测孔的水位及邻近建(构)筑物、地下管线的沉降进行观测,当其累计变化量或变化速率超过警戒值时,可采用隔水法或回灌水法以防止降水对周围环境的不利影响。

(3)开挖与支撑原则。沿基坑纵向按限定长度的开挖段逐段开挖,在每个开挖段中分层、分小段开挖,随挖随撑,按规定时限施加支撑预应力,做好基坑排水,减小基坑暴露时间。也可简单概括为:分段、分层、分块、对称、平衡、限时。

(4)对基坑浅层和深层土体的开挖,应采用不同的施工方法。对于浅层土体,须快挖快撑;对于深层土体,须严格分块开挖、及时支撑,以保证土体变形的稳定性为主。

(5)控制开挖段两头的土坡坡度。对于开挖段两头的土坡,要根据相应的土质条件,经边坡稳定性分析,计算得到安全坡度,土方开挖过程中一定要确保土体坡度小于安全坡度,并且应及时排除流出土坡的水流,避免出现滑坡现象。另外,在每小段的土方开挖中,严禁形成 3~4 m 高的垂直土坡,以免坍方导致基坑横向支撑失稳。

(6)施加支撑预应力。开挖某一层(厚度约 2.5~3.5 m)小段(宽度约 6 m)的土方，要争取在 16 h 内完成，即在 8 h 内安装 2 根支撑并施加预应力。考虑到所加预应力损失 10%，可按设计轴力的 80%进行施加。要经常检查施加预应力的油泵装置，保证其运行正常，所量出的预应力值准确。

(7)支撑轴力的控制。深基坑开挖施工中，支撑不可避免地会产生预应力损失，而由于预应力损失引起的支护结构变形通常是不可逆的，为控制支护结构变形，应及时有效地复加支撑轴力。轴力的复加应尽量选择夜晚(温度较低时)进行，可按设计要求及轴力实际损失值进行复加，其控制标准有应力控制与位移控制两种。应力控制，即当支撑轴力损失达到某一阀值时，进行轴力的复加；位移控制，即当支撑端点对应的支护结构位移达到某一阀值时，进行轴力的复加。

(8)封堵水土流失缝隙。在地下连续墙深基坑的开挖过程中，对墙体或接缝上出现水土流失的现象，须及时做好堵漏工作，严防地下连续墙中存在的充填泥土的孔洞被小股流砂冲破，以致发展成急剧涌砂，造成严重灾害性事故。

(9)坑底开挖及垫层浇筑。素混凝土垫层对支护结构的变形具有一定的支撑效应，能约束支护结构变形的发展，有利于控制基坑的变形。开挖最下道支撑土方(即最后一层土方)时，应逐小段开挖，每 6～10 m 宽度就应及时浇筑素混凝土垫层，坑底土体暴露时间尽量控制在 24 h 之内。

(10)底板浇筑。减少素混凝土垫层的暴露时间，预先将浇筑底板的设备、材料、人力等施工准备工作做好，同时加快底板防水、钢筋绑扎的施工进度，尽量争取在垫层浇筑后的 5 d 内完成对钢筋混凝土底板的浇筑，从而形成强有效的底板支撑约束体系。

(11)拆除支撑及井点。拆除最下一道支撑时，钢筋混凝土底板必须达到设计所需要的强度；其余各道支撑的拆除，也必须按设计要求进行。对于井点降水，至少要在基坑中板浇筑完成并达到必要强度后才能停止。

(12)信息化施工。整个开挖施工过程中，要紧跟每层开挖与支撑的进展，对支护结构本身变形及周围地层位移进行监测。通过监测数据的反馈，把施工与设计紧密联系起来，使设计更加科学合理地指导施工。根据各监测项目在各施工工序的警戒指标，及时采取措施改进施工工艺，从而控制基坑变形。

综上，本章简要阐述了软土深基坑工程的时空效应规律和考虑时空效应的有限元法，结合仇毕站深基坑工程实例，建立了相应的有限元模型，探讨了墙体厚度、墙体入土深度、支撑水平间距、支撑预加轴力、支撑架设时间、开挖宽度等因素对地下连续墙内力与变形的影响，并介绍了深基坑工程的时空效应施工方法。主要结论如下：

(1)墙体厚度在一定范围内可有效减小支护结构的位移，但对应的弯矩也会明显增大，同时会增加工程造价。因而，在满足墙体强度的要求下，试图主要通过增加墙体厚度来减小支护结构侧移的做法并不合理。

(2)在墙体入土深度满足最小值的要求下,其对支护结构侧移及弯矩的影响不显著。

(3)钢支撑水平间距的减小,可增大支撑体系的整体刚度,有利于深基坑变形及稳定性的控制,但是过小的水平间距不便于现场施工,且会增加工程造价。实际工程中,钢支撑水平间距通常取 3.0 m。

(4)增加支撑预加轴力可有效地减小支护结构的位移及弯矩,是施工现场控制支护结构受力变形的非常重要的措施。实际工程中,预加轴力通常可取设计轴力的 80%左右。

(5)支撑架设时间的延迟,会引起支护结构位移的明显增大。在深基坑开挖过程中,应加强土方开挖和支撑架设的衔接工作,及时架设支撑并施加预应力,尽可能减小基坑的无支撑暴露时间。

(6)开挖宽度增加时,支护结构的位移和弯矩均有非常明显的增大。在软土深基坑开挖时,不能使土方开挖宽度过大,每小段宽度建议 3～6 m。

(7)地面超载增加时,支护结构的位移将出现一定的增大。在实际施工中,应严格控制坑边堆载,对堆载的数量、重量及区域加以限制,大型机械设备作业结束后应马上远离基坑停放。

第 7 章　考虑承压水降水的软土深基坑施工变形模拟研究

软土地区城市建筑密集区内深基坑工程的设计往往由变形控制，而不是由强度和稳定控制。基坑变形控制设计的基本思想是基坑支护结构在满足强度和稳定的前提下，尚需满足其使用要求，即基坑在施工过程中既要保证其安全、稳定，又要保证其对周边环境不造成破坏性影响。在进行基坑支护结构设计前，往往要事先预测按该设计方案进行基坑施工时围护结构的变形和周围地层的变形，并根据周边环境的保护要求采取针对性变形控制措施，调整或修改基坑支护方案，从而达到既满足基坑顺利安全施工，又满足周边环境保护要求的目的。

近年来，由于计算机技术的发展，使得对支护结构、土体的位移和内力进行模拟成为可能。有限元等数值模拟法可以在考虑支护结构和土体共同作用的情况下对基坑变形进行分析，从而使基坑变形的真实情况得到反映。基于连续介质力学的数值模拟方法可以考虑复杂的基坑施工工序和作业流程，模拟土体的非线性变形特性，考虑地下水对基坑性状的影响，可以从整体上和空间上把握基坑支护结构与周围地层及周边建(构)筑物的变形与受力性状，而且可采用与基坑实际施工方案一致的动态模拟计算，不仅为施工前的设计方案优化，也为信息化施工管理提供实时处理与预测手段。利用有限元法进行结构分析的步骤如下。

1. 将实际连续结构离散为有限个单元体

离散就是对连续结构进行剖分，一般先在连续结构上确定节点，然后将结构从节点处人为地离散成有限个基本单元体。二维平面问题的基本单元形状可以是三角形、矩形或多边形；三维空间问题的基本单元体可以是四面体、三棱柱五面体及六面体等，并认为单元体之间只在节点处相互连接。在荷载作用下的连续结构，可以用作用在节点处的荷载和只在节点处连续的结构来代替。

2. 单元体分析

单元体分析的任务就是要建立作用于单元体节点处的节点力与节点位移之间的关系，进而写出总体平衡方程：

$$[K]\{\delta\}=\{R\}$$

式中：$[K]$为刚度矩阵，$\{\delta\}$为节点位移列阵，$\{R\}$为荷载列阵。

将荷载作用于节点,由上式求得位移,进而求出应变和应力。单元分析的核心是建立单元刚度矩阵,有了单元刚度矩阵,加以适当组合,可以得到平衡方程组,进而得到求解。整体结构的恢复并进行分析整体分析是保证结构从离散结构状态恢复到原状所必须的。首先,将各个单元(体)按连续条件与平衡条件,重新拼装成一个整体,并得到整体刚度矩阵,建立起结构平衡方程组;然后,当进一步考虑了边界约束条件后,就能求解这个方程组的位移,从而得到单元(体)的应力和变形。

本书第4章对现场抽水回灌施工进行了详细的介绍,其监测结果表明,回灌区建筑沉降是非回灌区域的50%～66.7%,可见回灌有助于减小基坑施工对周边环境的影响。本章选择Plaxis软件对仇毕站深基坑工程进行三维数值模拟,以期更直观地描述深基任意剖面变形发生和发展规律以及结构的受力,判定本工程减压降水与不降水条件下基坑的变形特性的差异。为了简化起见,不考虑回灌的作用,根据抽水试验重新设计减压降水井的数量以及布置,进而对考虑减压和不考虑减压降水两种工况下的结果进行分析对比,并与深基坑变形实测结果进行对比分析。

7.1 宁波典型软土地层HSS模型参数研究

在数值分析方法中的关键问题是要采用合适的本构模型和和合理的模型参数。数值模拟中能使用的本构模型是比较多的,综合分析各个本构模型的适用性,HSS模型适用性比较好。由于HS模型适用于在敏感的环境下开挖基坑的数值模拟,并已经成为基坑开挖数值分析运用最广的本构模型之一。Benz在HS本构模型的基础之上开发出了HSS本构模型,HSS本构模型不仅继承了HS模型的优点,而且还增加了考虑剪切模量在微小应变下随应变衰减的行为。HSS本构模型比HS本构模型具有更大的适用性,模拟的结果也更合理地反映围护结构变形和围护结构后土体变形。HSS本构模型的参数众多,需要获得HSS本构模型整套参数有一定困难。就HS模型而言,王卫东通过大量室内试验获得了上海地区的HS模型参数的取值经验。

由于宁波地区尚无HSS模型参数取值方面的经验及成果,本章结合土工试验、参考国内外研究成果和参数反演,获得了适合宁波地区的HSS模型参数的经验取值。

7.1.1 HS(土体硬化)模型

HS模型是Plaxis软件中的一个模型,可以用于模拟不同类型的土行为,可运用于各类岩土问题。首先Kondne与Zelasko在排水三轴试验情况下,发现轴应变与偏应力之间构成双曲线关系。后来这种双曲线关系运用于Duncan-Chang(DC)

模型中，Schanz在DC模型的基础上加入摩尔-库伦破坏准则，建立HS模型。HS模型与DC模型相比较而言，HS模型使用塑性理论，土的剪胀性被考虑了进去，最后帽盖屈服面被引入进来。

1. 双曲线应力-应变关系

在三轴加载情况下，q（偏应力）和ε_1（轴向应变）表现出双曲线关系。图7.1为标准三轴试验下的理想的应力-应变关系曲线。理想应力-应变关系曲线可用如下方程表示：

$$\varepsilon_1=\frac{1}{E_i}\frac{q}{1-q/q_a} \qquad \text{当 } q<q_f \text{ 时} \tag{7.1a}$$

$$E_i=\frac{2E_{50}}{2-R_f} \tag{7.1b}$$

式中：R_f——破坏比；

q_a——剪切强度的渐进值；

q_f——极限偏应力；

E_i——初始弹性模量；

E_{50}——主加载到50%极限荷载所对应的割线模量。表示方式如下：

$$E_{50}=E_{50}^{ref}\left(\frac{c\cos\varphi+\sigma_3\sin\varphi}{c\cos\varphi+p^{ref}\sin\varphi}\right)^m \tag{7.2}$$

式中：p^{ref}的参考割线模量，一般定值为100 kPa，实际的围压值由最小主应力σ_3决定。

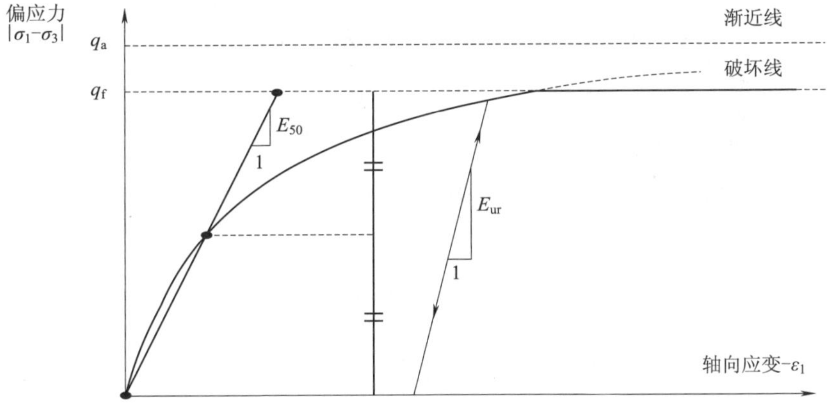

图7.1　三轴试验的双曲线偏应力-应变关系

根据摩尔-库伦破坏曲线，偏应力的极值可以用q_f表示，表示方式如下：

$$q_f=(c\cot\varphi+\sigma_3)\frac{2\sin\varphi}{1-\sin\varphi} \tag{7.3}$$

当 $q=q_f$ 时，满足摩尔-库伦破坏准则。q_a 与 q_f 的关系可表达为 $q_f=R_f q_a$

E_{ur}表示公式如下：

$$E_{ur}=E_{ur}^{ref}\left(\frac{c\cos\varphi+\sigma_3\sin\varphi}{c\cos\varphi+p^{ref}\sin\varphi}\right)^{m} \tag{7.4}$$

式中：E_{ur}^{ref}——对应于 p^{ref}条件下的卸载重加载模量。

2. 屈服面函数

HS 模型由两个屈服面组成，即剪切屈服面和帽盖屈服面。

(1)剪切屈服面

剪切屈服面的表达函数式可由式(7.5)表示：

$$f=\bar{f}-\gamma^{p} \tag{7.5}$$

式中，γ^p 是塑性体积应变的函数，$\bar{f}$ 是应力的函数，可以由下式表示：

$$\gamma^{p}=-(2\varepsilon_1^{p}-\varepsilon_v^{p})\approx-2\varepsilon_1^{p} \qquad \bar{f}=\frac{2}{E_i}\frac{q}{1-q/q_a}-\frac{2q}{E_{ur}} \tag{7.6}$$

式中：ε_1^p——塑性轴向应变；

ε_v^p——塑性体积应变，在一般情况下数值较小，因此一般可以忽略不计。

$\bar{f}$ 的定义符合图 7.1 的双曲线规律，当屈服条件 $f=0$ 时屈服轨迹的趋势就会表现出来，式(7.6)可以变为

$$-\varepsilon_1^{p}=\frac{1}{2}\bar{f}=\frac{1}{2E_{50}}\frac{q}{1-q/q_a}-\frac{q}{E_{ur}} \tag{7.7}$$

在主加载情况下，塑性应变只能在主加载情况中出现，弹性应变则会一直伴随着主加载过程、卸荷过程、重加载过程。对于三轴排水应力路径 $\sigma_2'=\sigma_3'$ 会一直保持着恒定，弹性的 E_{ur}(杨氏模量)保持着恒定，塑性应变用下式表示：

$$\varepsilon_1^{p}=\frac{q}{E_{ur}} \qquad -\varepsilon_2^{p}=-\varepsilon_2^{p}=-\nu_{ur}\frac{q}{E_{ur}} \tag{7.8}$$

式中：ν_{ur}——卸荷重加载下的泊松比。

综上所述，屈服轨迹如图 7.2 所示。

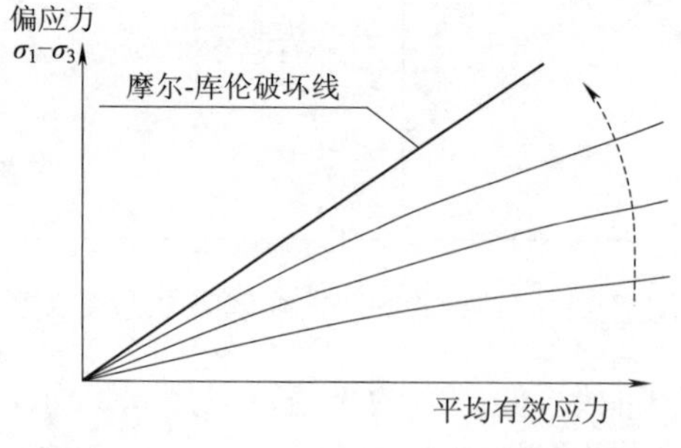

图 7.2 不同 γ^p 常数下系列屈服轨迹

(2)帽盖屈服面

剪切屈服面不能同时考虑等向压缩而产生的塑性体积应变。为此,需要引入的屈服面能考虑靠近水平轴方向上的部分弹性区域。把帽盖屈服面运用到位,就可以把 E_{50}^{ref} 和 $E_{\mathrm{oed}}^{\mathrm{ref}}$ 的关系表达到位。帽盖屈服面可以定义为:

$$f_c=\frac{\tilde{q}}{\alpha^2}+p^2-p_p^2 \tag{7.9}$$

式中:α——与静止土压力系数相关的一个辅助模型参数,能控制帽盖屈服面在 p-q 平面内的平缓程度;

p_p——先期固结压力,可以用来确定屈服帽盖的大小;

p——平均正应力;

$\tilde{q}$——偏应力,计算公式如下:

$$\tilde{q}=\sigma_1+(\delta-1)\sigma_2-\delta\sigma_3 \tag{7.10}$$

$$\delta=(3+\sin\varphi)/(3-\sin\varphi) \tag{7.11}$$

在 p-$\tilde{q}$ 平面上帽盖屈服面是一个椭圆,如图 7.3 所示。这个椭圆在 p 轴上长度是 p_p,在 $\tilde{q}$ 轴上长度是 αp_p。由此 p_p 可以用来确定帽盖的大小,而 α 用以确定对他们的比例关系。α 值越大,Mohr-Coulomb 破坏线下的帽盖会越陡,当 α 值越小,帽盖型 p 轴的曲面会变得越来越尖。

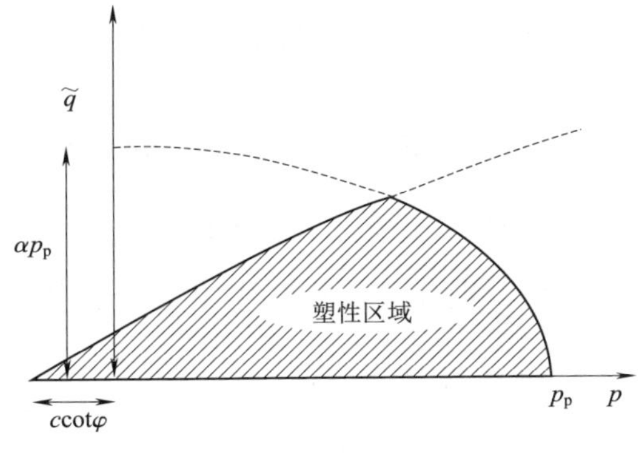

图 7.3　p-$\tilde{q}$ 平面上屈服面

综上所述,结合帽盖屈服面和剪切屈服面,可以给出主应力空间中的 HS 模型屈服面,如图 7.4 所示。

剪切轨迹和屈服帽都是如同摩尔-库伦破坏准则那样的六角形。理论上,剪切屈服轨迹可以一直扩张到摩尔-库伦破坏面。

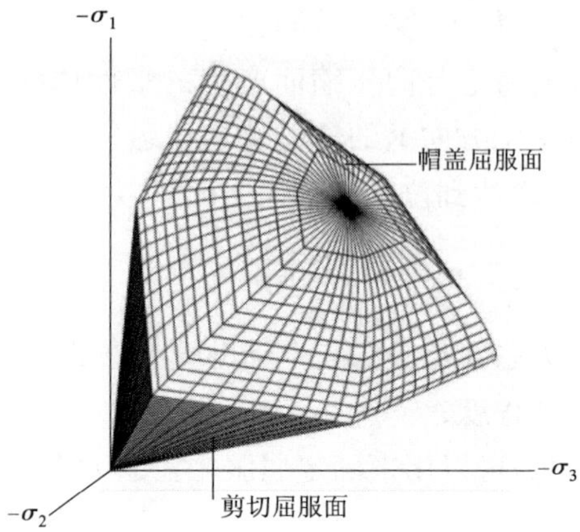

图 7.4　HS 模型屈服面

7.1.2　HSS(小应变土体硬化)模型

1. 小应变特性

HSS 模型与 HS 模型最大的区别在于，HSS 模型可以显示土体在小应变条件下的刚度衰减的过程。HS 模型中的所有参数，再加上 2 个小应变特性参数即 $\gamma_{0.7}$ 和 G_0 就构成了 HSS 模型。按 m 指数关系确定如下：

$$G_0 = G_0^{\text{ref}} \left(\frac{c\cos\varphi + \sigma_3 \sin\varphi}{c\cos\varphi + p^{\text{ref}} \sin\varphi} \right)^{\text{m}} \tag{7.12}$$

式中：G_0^{ref}——参考压力 p^{ref} 条件下的初始剪切模量，$G_0^{\text{ref}} = 33 \times \frac{(2.97 - \text{e})^2}{1 + \text{e}}$(MPa)。

当对土的动力分析过程中，小应变刚度常常被用在土的动力分析过程中，但是在静力分析时很少考虑小应变刚度。Hardin-Drnevich(1972)模型是常用的小应变模型：

$$\frac{G_{\text{s}}}{G_0} = \frac{1}{1 + \left| \frac{\gamma}{\gamma_{\text{r}}} \right|} \tag{7.13}$$

式中：γ_{r}——极限剪应变，表示如下：

$$\gamma_{\text{r}} = \tau_{\max} / G_0 \tag{7.14}$$

式中：$\tau_{\max}$——破坏时的剪应力。

若使用极限剪应变，会带来一定的误差，为了避免这些误差的产生，Santo 和 Correia(2001)建议使用 $\gamma_{0.7}$ 替代 γ_{r}，式(2.13)改写为：

$$\frac{G_s}{G_0}=\frac{1}{1+\alpha\left|\frac{\gamma}{\gamma_{0.7}}\right|} \tag{7.15}$$

在实际中，令 $\alpha=0.385$，$\gamma=\gamma_{0.7}$，$G_s/G_0=0.722$。

Benz 提出应该在式(7.15)中考虑土体的多轴膨胀和应变历史，并推导出了相对应的剪应变 γ：

$$\gamma=\sqrt{3}\frac{\|\underline{\underline{H}}\Delta\underline{e}\|}{\|\Delta\underline{e}\|} \tag{7.16}$$

式中，$\Delta\underline{e}$代表当前偏应变增量，$\underline{\underline{H}}$代表材料偏应变历史的对称张量。若出现应变方向反向，那么$\underline{\underline{H}}$会在 $\Delta\underline{e}$全部重置亦或增加前部分，与此同时土体的剪切模量会随着应变的增大而越来越小。在 HSS 本构模型中，下限值一般用上体卸载重加载剪切模量来表示，这个时候与它相适应的剪切应可以表示为 γ_c。γ_c 的表达式如下：

$$\gamma_c=\frac{1}{0.385}\left(\frac{G_0}{G_{ur}}-1\right)\gamma_{0.7} \tag{7.17}$$

式中：

$$G_{ur}=\frac{E_{ur}}{2(1+\nu_{ur})} \tag{7.18}$$

土体是不是处在小应变状态，可以通过应变幅值的大小做出判断：

$$G_{ur}=\begin{cases}G_0\left(\dfrac{\gamma_{0.7}}{\gamma_{0.7}+a\gamma}\right) & \gamma<\gamma_c\\ \dfrac{E_{ur}}{2(1+\nu_{ur})} & \gamma>\gamma_c\end{cases} \tag{7.19}$$

当 $\gamma<\gamma_c$ 时，可以判断此时为小应变；$\gamma>\gamma_c$ 时，可以判断此时为大应变。

2. 屈服面函数

图 7.5 表示为 HSS 本构模型主应力空间屈服面。在 HSS 本构模型中的帽盖屈服面出现圆锥形屈服面的形状，帽盖会变得更加光滑。原因就在于 HSS 模型的屈服准则不是摩尔-库伦破坏准则，而是 Matsuoka-Nakai(音译：松岗-中井)屈服准则(Matsuoka 和 Nakai(1974)、杨雪强等)：

$$I_1I_2-k_2I_3=0 \tag{7.20}$$

式中：k_2——材料常数；

I_1——应力张量的第一不变量；

I_2——应力张量的第二不变量；

I_3——应力张量的第三不变量。

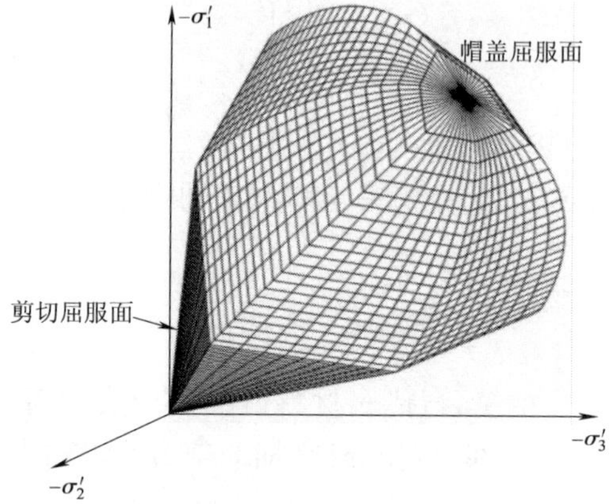

图 7.5　HSS 模型屈服面

杨雪强等推导出 Matsuoka-Nakai(音译：松岗-中井)破坏准则可以用下式来表达：

$$J_2=g(\theta_\sigma)\times f(I_1) \tag{7.21}$$

式中：J_2——应力偏张量第二不变量；

θ_σ——罗德角。在内摩擦角 φ 的确定条件下，就能在 π 平面上确定出屈服面。

7.1.3　宁波软土 HSS 参数确定

HSS 模型共有 11 个参数，其中包括 3 个 Mohr-Coulomb 强度参数：有效黏聚力(c')、有效内摩擦角(φ')、剪胀角(ψ)；4 个基本刚度参数：参考切线模量(E_{oed}^{ref})、参考割线模量(E_{50}^{ref})、刚度应力水平相关幂指数(m)、参考卸载再加载模量(E_{ur}^{ref})；2 个高级参数：卸载再加载泊松比(ν_{ur})、破坏比(R_f)；小应变参数：参考初始小应变模量 G_0^{ref}、剪切应变水平 $\gamma_{0.7}$。

1. 标准固结试验结果与参数确定

标准固结试验主要是获得参考切线模量 E_{oed}^{ref} 值。本报告选取选取宁波①～⑥层的土。试验步骤详见《土工试验方法标准》(GB/T50123—1999)。对各土层标准试验所加荷载与试验轴线应变的关系曲线如图 7.6、图 7.7 所示。

图 7.6 为①～③层土试样的荷载-应变关系曲线图，并对该关系曲线进行函数拟合。图 7.7 为④～⑥层土试样的荷载-应变关系曲线图，并对该关系曲线进行函数拟合。每条曲线的判断式 R^2 均为 0.99 以上。对该函数求导可以分别获得荷载 p 为 100 kPa 时各曲线切线的斜率值。该切线斜率值为参考应力 p^{ref} 等于 100 kPa 时标准固结试验的参考切线模量 E_{oed}^{ref}。各土层参考切线模量见表 7.1。

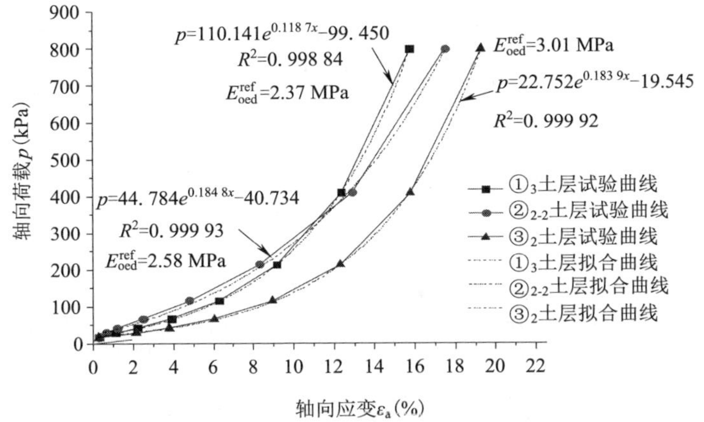

图 7.6　①～③土层荷载-应变关系曲线

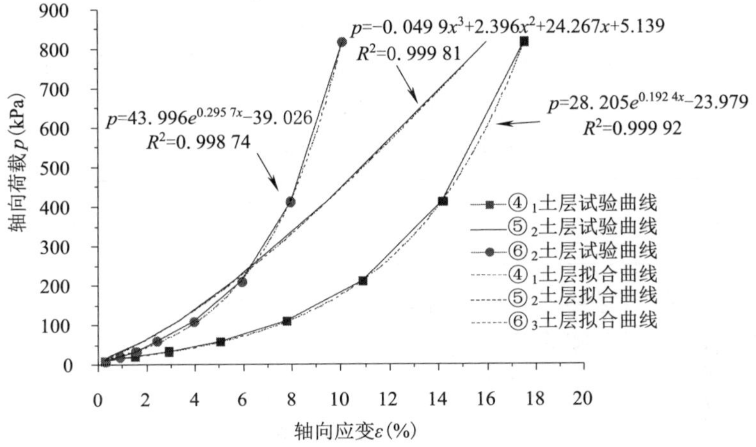

图 7.7　④～⑥土层荷载-应变关系曲线

表 7.1　各土层参考切线模量 E_{oed}^{ref} 值

土层	①$_3$	②$_{2-2}$	③$_2$	④$_1$	⑤$_2$	⑥$_2$
E_{oed}^{ref}(MPa)	2.37	2.58	3.01	2.36	4.21	4.95

固结试验孔隙比与所加荷载的关系曲线，如图 7.8 和图 7.9 所示。

图 7.8 为固结试验①～③层土孔隙比与荷载关系的曲线图，图 7.9 为固结试验④～⑥层孔隙比与荷载关系的曲线图。从图 7.8 和图 7.9 中得到各土层试验荷载 p＝100 kPa～p＝200 kPa 时对应的压缩模量 $E_{s1\text{-}2}$，具体数值见表 7.2。

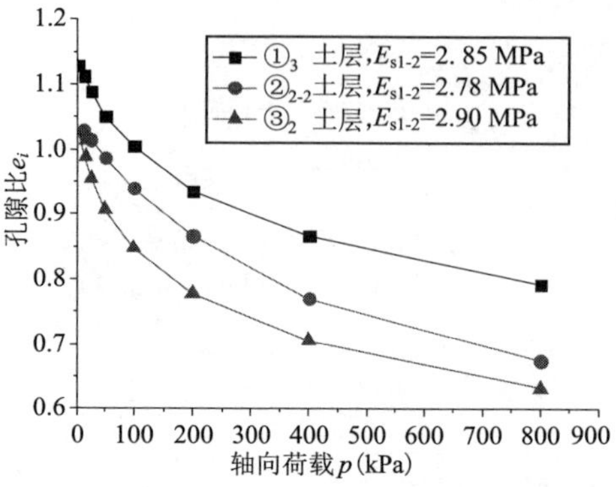

图 7.8 ①～③土层孔隙比与荷载曲线图

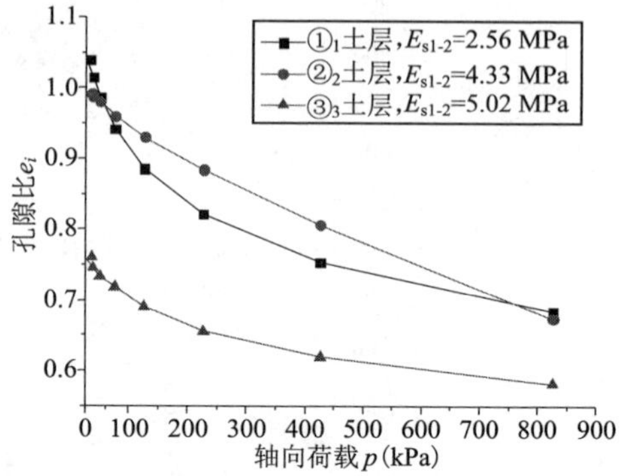

图 7.9 ④～⑥土层孔隙比与荷载曲线图

表 7.2 各土层压缩模量 E_{s1-2} 值

土层	①₃	②₂₋₂	③₂	④₁	⑤₂	⑥₂
E_{s1-2}(MPa)	2.55	2.78	2.90	2.56	4.33	5.02

在实际工程中，岩土工程勘报告会提供各层土的压缩模量 E_{s1-2} 值，而不会提供参考切线模量 E_{oed}^{ref} 值，两者的关系式见表 7.3。

表 7.3 各土层压缩模量 E_{s1-2} 值

土层	①₃	②₂₋₂	③₂	④₁	⑤₂	⑥₂
E_{oed}^{ref}/E_{s1-2}	0.93	0.93	0.97	0.92	0.93	0.99

由表 7.3 可得参考切线模量 E_{oed}^{ref} 值。所以取 $E_{oed}^{ref}=E_{s1-2}$。

2. 割线模量 E_{50}^{ref} 和卸载/重加载刚度 E_{50}^{ref} 的确定

E_{50}^{ref}、E_{oed}^{ref} 和 E_{ur}^{red} 之间的关系见表 7.4 及图 7.10 和图 7.11。

表 7.4 土体硬化模型参数对比表

土体名称		比例关系	
上海地区	②₂黏土	$E_{50}^{ref}=1.3E_{oed}^{ref}$	$E_{ur}^{ref}=5.7E_{oed}^{ref}$
	③淤泥质粉质黏土	$E_{50}^{ref}=1.3E_{oed}^{ref}$	$E_{ur}^{ref}=12E_{oed}^{ref}$
	④淤泥质黏土	$E_{50}^{ref}=1.1E_{oed}^{ref}$	$E_{ur}^{ref}=8.2E_{oed}^{ref}$
	⑤₃粉质黏土	$E_{50}^{ref}=0.9E_{oed}^{ref}$	$E_{ur}^{ref}=3.9E_{oed}^{ref}$
Gault Clay 英国		$E_{50}^{ref}=3.5E_{oed}^{ref}$	$E_{ur}^{ref}=10.4E_{oed}^{ref}$
Taipei Silty Clay 台湾地区		$E_{50}^{ref}=2.8E_{oed}^{ref}$	$E_{ur}^{ref}=8.3E_{oed}^{ref}$
Upper Blodgett 美国		$E_{50}^{ref}=1.5E_{oed}^{ref}$	$E_{ur}^{ref}=6.25E_{oed}^{ref}$
Lacustrine Clay 奥地利		$E_{50}^{ref}=E_{oed}^{ref}$	$E_{ur}^{ref}=4E_{oed}^{ref}$
天津地区		$E_{50}^{ref}=(0.5\sim1.8)E_{oed}^{ref}$	

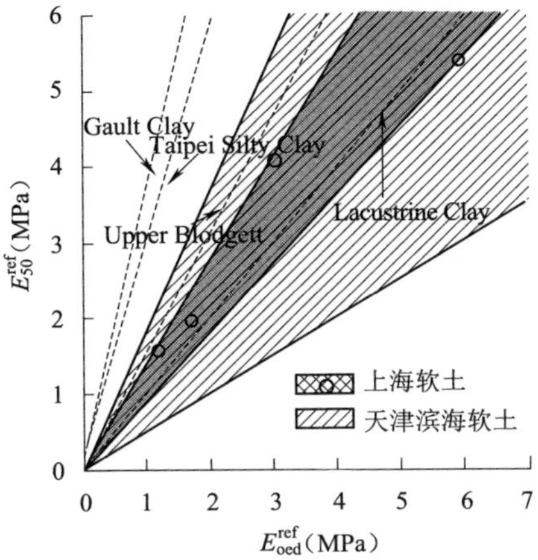

图 7.10　E_{oed}^{ref}与E_{50}^{ref}关系曲线图

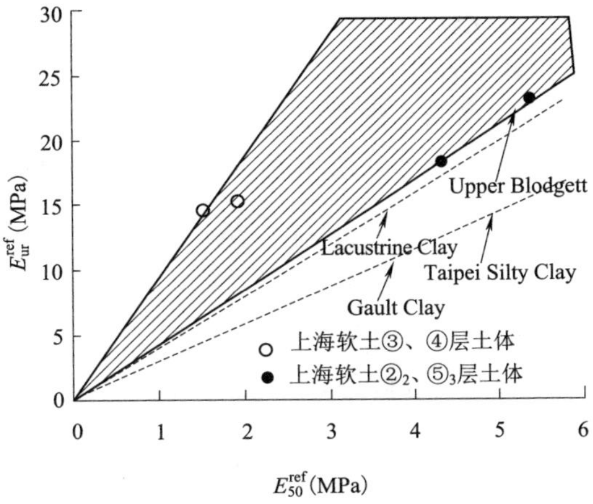

图 7.11　E_{50}^{ref}与E_{ur}^{ref}关系曲线图

由表 7.10 和图 7.11 可知：上海地区的 $E_{50}^{ref}/E_{oed}^{ref}$ 值为 0.9～1.3，天津地区的 $E_{50}^{ref}/E_{oed}^{ref}$ 值为 0.5～1.8，奥地利 Lacustrine Clay 的 $E_{50}^{ref}/E_{oed}^{ref}$ 值为 1，美国 Upper Blodgett 的 $E_{50}^{ref}/E_{oed}^{ref}$ 值为 1.5，这三者 $E_{50}^{ref}/E_{oed}^{ref}$ 值还是比较接近。英国 Gault Clay 的 $E_{50}^{ref}/E_{oed}^{ref}$ 值为 3.5，台北地区 Silty Clay 的 $E_{50}^{ref}/E_{oed}^{ref}$ 值为 12.8，这两者远大于上述三者。

由表 7.4 和图 7.10、图 7.11 可知：上海地区②$_2$、⑤$_3$层土体的 $E_{ur}^{ref}/E_{50}^{ref}$ 值约为 4.4。英国 Gault Clay 的 $E_{ur}^{ref}/E_{50}^{ref}$ 值约为 3.5。台北 Silty Clay 的 $E_{ur}^{ref}/E_{50}^{ref}$ 值为 3。美国 Upper Blodgett 的 $E_{ur}^{ref}/E_{50}^{ref}$ 值为 4.3。奥地利 Lacustrine Clay 的 $E_{ur}^{ref}/E_{50}^{ref}$ 值约为 4。以上五者大体接近。上海地区③层和④层土的 $E_{ur}^{ref}/E_{50}^{ref}$ 值约为 9.3 倍和 7.8 倍。

考虑到上海土质和宁波有相似性，建议如下取值：$E_{50}^{ref}=(0.5\sim1.4)E_{oed}^{ref}$。$E_{ur}^{ref}=(1\sim10)E_{oed}^{ref}$。

3. 刚度应力水平相关参数 m

根据 Janbu 的研究发现，对于砂土和粉土，m 一般取 0.5。根据 Brinkgreve 等研究发现，对于黏土，m 取值为 0.5～1。

4. 卸载/重加载泊松比 ν_{ur}

卸载时的泊松比比加载时的泊松比小得多。ν_{ur} 建议取值 0.2。有效黏聚力 c'、有效内摩擦角 φ' 和剪胀角 ψ 可从地勘报告获取。根据 Bolton 的研究发现，对砂土，ψ 可取为(φ—30°)。根据文献对黏性土，ψ 取 0°。

5. 破坏比 R_f

$R_f=\dfrac{(\sigma_1-\sigma_3)_f}{(\sigma_1-\sigma_3)_{ult}}$式中$(\sigma_1-\sigma_3)$为主应力差；$(\sigma_1-\sigma_3)_{ult}$为主应力极限差，即为应力趋于无限大的主应力差。采用 plaxis 默认的 $R_f=0.9$。

6. 正常固结状态下的 K_0 值

由文献得出 $K_0=1-\sin\varphi'$。

7. 初始小应变模量 G_0^{ref}、剪切应变水平 $\gamma_{0.7}$

Hardin 等通过试验，得出了如下计算公式：

$$G_0^{ref}=33\frac{(2.973-e)^2}{1+e}(OCR)^m(\text{围压 kPa})$$

式中：e——土体的孔隙比；

OCR——超固结比。

根据 Brinkgreve 等的介绍：

$$\gamma_{0.7}=\frac{1}{9G_0}\{2c'[1+\cos(2\varphi')]+\sigma_1'(1+K_0)\sin(2\varphi')\}$$

式中：

$$G_0=G_0^{ref}\left(\frac{c'\cos\varphi'+\sigma_3'\sin\varphi'}{c'\cos\varphi'+p^{ref}\sin\varphi'}\right)^m$$

其中：σ_1'——土体的竖向有效应力；

σ_3'——土体的侧向位移。

7.1.4 典型基坑工程参数反演

下面选取宁波地区 5 个典型基坑开挖案例对 HSS 模型参数进行反演。

案例一

(1)工程概况

案例一基坑长 457.1 m，宽为 19.7 m。底板埋深 14.66 m，盾构井段底板埋深约 16.2 m。采用 0.8 m 厚地下连续墙作为基坑围护结构。支撑第一道采用钢筋混凝土支撑，其他为钢支撑。车站采用明挖顺筑法施工方式。围护结构尺寸及参数见表 7.5。

表 7.5 围护结构尺寸参数表

基坑深度			14.66 m
连续墙	厚度		0.8 m
	材料		C30 混凝土
基坑嵌固深度			16 m
支撑	道数		4 道
	材料		第一支撑为 C30 钢筋混凝土撑，第二～四道为 ϕ609 钢管支撑
	截面	第一道	混凝土撑 800×1 000
		第二、三、四道	ϕ609，t=16 mm

续上表

支撑	支撑长度	标准段 19.7 m
	水平间距	混凝土撑 9 m,钢支撑 3 m
腰梁(冠梁)	第一道	1 300×1 000 的 C30 钢筋混凝土冠梁

(2)案例一基坑 HSS 模型参数(表 7.6)

表 7.6 案例一基坑 HSS 模型参数

层号	土名	c' (kPa)	φ' (°)	ψ (°)	E_{50}^{ref} (MPa)	$E_{\text{oed}}^{\text{ref}}$ (MPa)	$E_{\text{ur}}^{\text{ref}}$ (MPa)	G_0^{ref} (MPa)	$\gamma_{0.7}$ ($\times10^{-4}$)	ν_{ur}	p^{ref} (kPa)	K_0	m
①$_3$	淤泥质黏土	13	8.5	0	2.5	3.0	7.5	25	2.0	0.2	100	0.85	0.8
②$_{2\text{-}2}$	淤泥质黏土	15	8.5	0	3.8	4.2	15.0	60	2.0	0.2	100	0.85	0.9
③$_2$	粉质黏土	15.5	11	0	3.3	3.6	18.6	54	2.0	0.2	100	0.81	0.9
④$_1$	淤泥质粉质黏土	15.0	9.5	0	2.7	3.0	8.0	50	2.5	0.2	100	0.84	0.9
⑤$_2$	粉质黏土	34.5	16.4	0	4.6	4.9	15.3	56.3	2.5	0.2	100	0.72	0.9
⑥$_3$	黏土	35	16.6	0	5.1	5.1	15.2	75.1	2.0	0.2	100	0.71	0.9
⑦$_2$	粉质黏土	30	18.6	0	7.5	7.5	27.8	80.1	2.5	0.2	100	0.70	0.9

(3)模拟结果与实测数据对比分析(图 7.12、图 7.13)

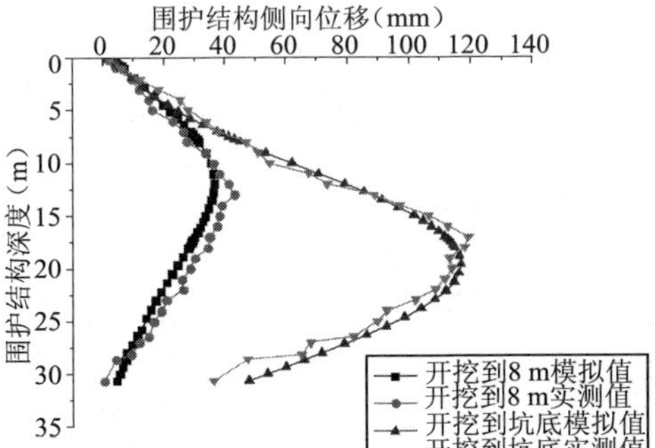

图 7.12 围护结构侧向位移图

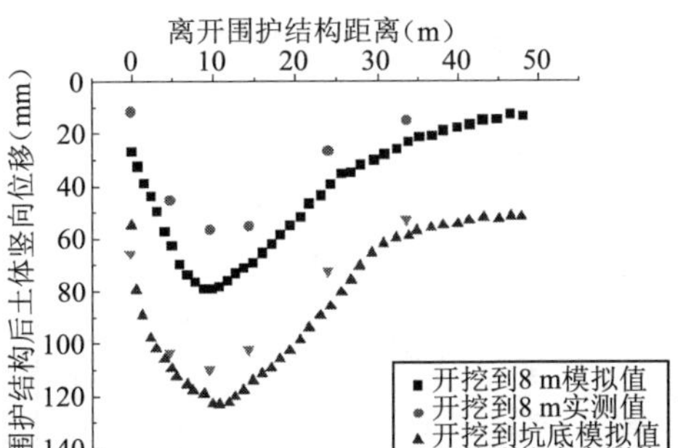

图 7.13 地表沉降图

案例二

(1)工程概况

案例二地上建筑面积为 31 127 m²,设二层地下室,地下建筑面积为 16 573 m²。工程桩采用 PHC-AB550(100)预应力高强混凝土管桩。围护共约 400 延长米。基坑计算开挖深度为 8.0 m。基坑围护采用排桩+2 道支撑的围护形式。

(2)案例二基坑 HSS 模型参数(表 7.7)

表 7.7 案例二基坑 HSS 模型参数

层号	土名	c' (kPa)	φ' (°)	ψ (°)	E_{50}^{ref} (MPa)	E_{oed}^{ref} (MPa)	E_{ur}^{ref} (MPa)	G_0^{ref} (MPa)	$\gamma_{0.7}$ (×10⁻⁴)	ν_{ur}	p^{ref} (kPa)	K_0	m
①$_3$	淤泥质黏土	13	12.6	0	2.2	2.6	10.8	30	1.8	0.2	100	0.78	0.8
②$_{2-2}$	淤泥质黏土	13	12.1	0	3.4	3.9	15.0	59	2.0	0.2	100	0.79	0.9
③$_2$	粉质黏土	19	17.4	0	4.4	4.8	15.0	60	2.0	0.2	100	0.70	0.9
④$_1$	淤泥质粉质黏土	14.8	16.8	0	6.5	7.0	25	71	1.5	0.2	100	0.71	0.9
⑤$_2$	粉质黏土	29.3	15.9	0	5.0	5.5	15	60	1.8	0.2	100	0.73	0.9
⑥$_3$	黏土	30.2	25	0	5.1	5.0	15.2	75.1	2.0	0.2	100	0.58	0.9
⑦$_2$	粉质黏土	28	17.4	0	7.5	7.6	27.8	80.1	2.5	0.2	100	0.70	0.9

(3)模拟结果与实测数据对比分析(图 7.14、图 7.15)

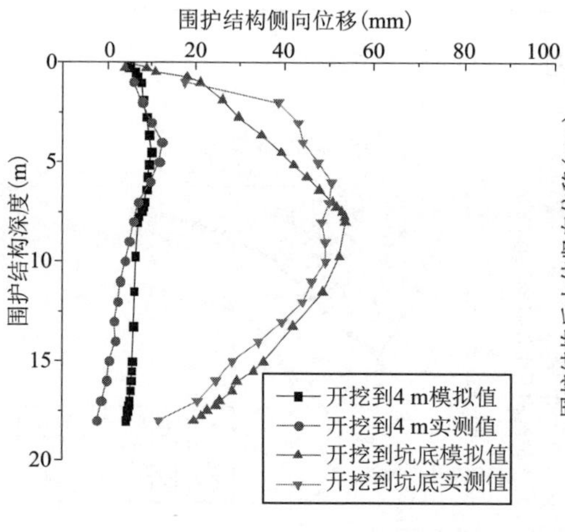

图 7.14 围护结构侧向位移图

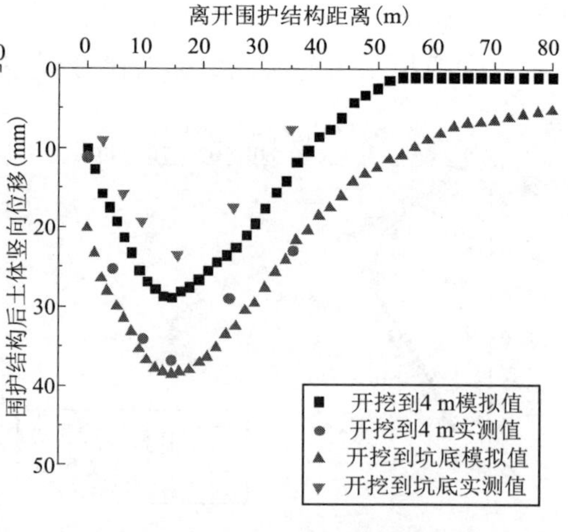

图 7.15 地表沉降图

案例三

(1)工程概况

案例三采用0.8 m厚地下连续墙作为围护结构,插入比为1∶1.25。第一道支撑采用800 mm×800 mm钢筋混凝土支撑,其他支撑为ϕ609、壁厚16 mm钢管支撑,设5道支撑。临时立柱采用460 mm×460 mm格构柱,立柱桩采用ϕ850钻孔灌注桩。

(2)案例三基坑HSS模型参数(表7.8)

表7.8　案例三基坑HSS模型参数

层号	土名	c' (kPa)	φ' (°)	ψ (°)	E_{50}^{ref} (MPa)	E_{oed}^{ref} (MPa)	E_{ur}^{ref} (MPa)	G_0^{ref} (MPa)	$\gamma_{0.7}$ (10^{-4})	ν_{ur}	p^{ref} (kPa)	K_0	m
①$_3$	淤泥质黏土	22	13.0	0	2.2	2.6	10.8	49	1.8	0.2	100	0.78	0.8
②$_{2-2}$	淤泥质黏土	13	12.6	0	3.4	3.9	15.0	60	2.0	0.2	100	0.78	0.8
③$_2$	粉质黏土	17	17.4	0	4.4	4.8	15.0	60	2.0	0.2	100	0.70	0.8
④$_1$	淤泥质粉质黏土	16	15.8	0	6.5	7.0	25.0	70	1.5	0.2	100	0.73	0.8
⑤$_2$	粉质黏土	19	16.8	0	5.0	5.5	15.0	40	2.0	0.2	100	0.71	0.8
⑥$_3$	黏土	20	29	0	6.0	6.0	19.7	50	1.8	0.2	100	0.52	0.8
⑦$_2$	粉质黏土	22	14.7	0	8.0	8.5	28.8	82	2.0	0.2	100	0.74	0.8

(3)模拟结果与实测数据对比分析(图7.16、图7.17)

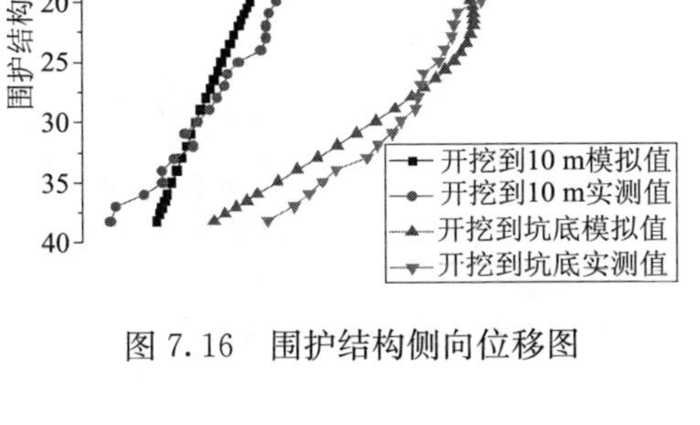

图7.16　围护结构侧向位移图

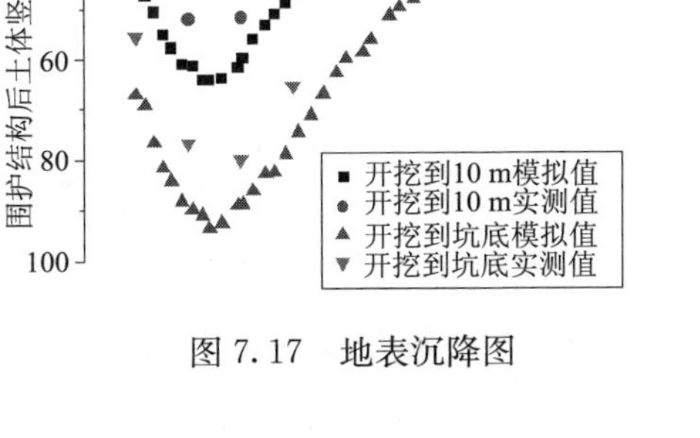

图7.17　地表沉降图

案例四

(1)工程概况

案例四本基坑支护共约有 153.6 延长米。基坑的开挖深度为 5 m。本工程支护结构采用 ϕ500 沉管灌注桩+内支撑结构的形式。

(2)案例四基坑 HSS 模型参数(表 7.9)

表 7.9 案例四基坑 HSS 模型参数

层号	土名	c' (kPa)	φ' (°)	ψ (°)	E_{50}^{ref} (MPa)	E_{oed}^{ref} (MPa)	E_{ur}^{ref} (MPa)	G_0^{ref} (MPa)	$\gamma_{0.7}$ ($\times10^{-4}$)	ν_{ur}	p^{ref} (kPa)	K_0	m
①$_3$	淤泥质黏土	11	9	0	3.0	3.0	9	26	2.0	0.2	100	0.84	0.8
②$_{2-2}$	淤泥质黏土	16	7	0	4.8	4.8	15.2	48	2.0	0.2	100	0.88	0.8
③$_2$	粉质黏土	14	12	0	3.8	3.8	18.6	42	2.0	0.2	100	0.79	0.8
④$_1$	淤泥质粉质黏土	17	12	0	3.5	3.6	9.8	52	2.0	0.2	100	0.79	0.9
⑤$_2$	粉质黏土	25.5	18.2	0	4.9	5.1	18	60	2.0	0.2	100	0.69	0.9
⑥$_3$	黏土	28	18	0	6	6	19	70	2.0	0.2	100	0.69	0.9
⑦$_2$	粉质黏土	32	19.2	0	8	8.2	30	89	2.0	0.2	100	0.67	0.9

(3)模拟结果与实测数据对比分析(图 7.18、图 7.19)

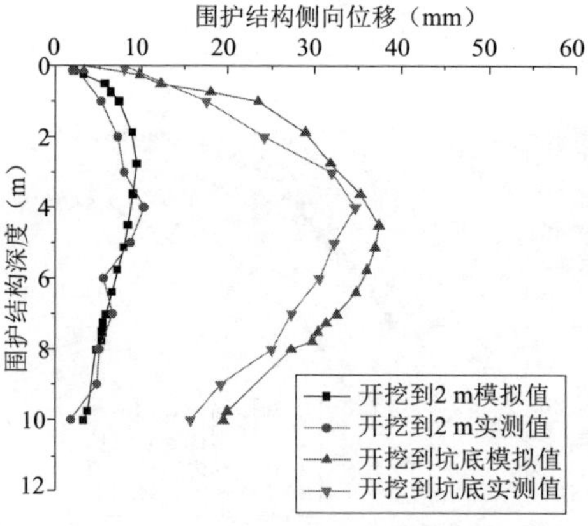

图 7.18 围护结构侧向位移图

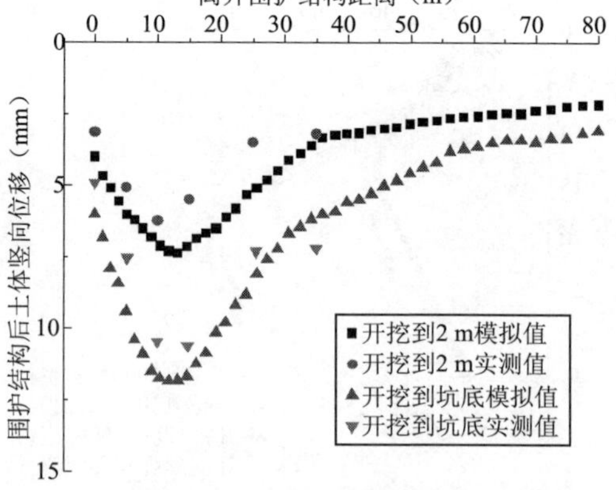

图 7.19 地表沉降图

案例五

(1)工程概况

案例五基坑的开挖深度 6 m,共约有 230 延长米。围护结构采用沉管桩加支撑结构形式

(2)案例五基坑 HSS 模型参数(表 7.10)

表 7.10　案例五基坑 HSS 模型参数

层号	土名	c' (kPa)	φ' (°)	ψ (°)	E_{50}^{ref} (MPa)	E_{oed}^{ref} (MPa)	E_{ur}^{ref} (MPa)	G_0^{ref} (MPa)	$\gamma_{0.7}$ ($\times10^{-4}$)	ν_{ur}	p^{ref} (kPa)	K_0	m
①$_3$	淤泥质黏土	9	10.5	0	3	3.5	9.5	30	2.0	0.2	100	0.82	0.8
②$_{2-2}$	淤泥质黏土	16.8	9.5	0	4.7	5	18	52	2.0	0.2	100	0.84	0.9
③$_2$	粉质黏土	15.1	9.5	0	3.9	4	19.5	80.1	2.0	0.2	100	0.84	0.9
④$_1$	淤泥质粉质黏土	14.6	10.5	0	3.1	3.5	9.5	56	2.0	0.2	100	0.82	0.9
⑤$_2$	粉质黏土	36.5	17.6	0	5.0	5.2	18.0	60.2	2.0	0.2	100	0.7	0.9
⑥$_3$	黏土	34.2	17.2	0	6.0	6.0	19.2	70.2	2.0	0.2	100	0.7	0.9
⑦$_2$	粉质黏土	31	19.1	0	8	8	29.2	90.0	2.0	0.2	100	0.67	0.9

(3)模拟结果与实测数据对比分析(图 7.20、图 7.21)

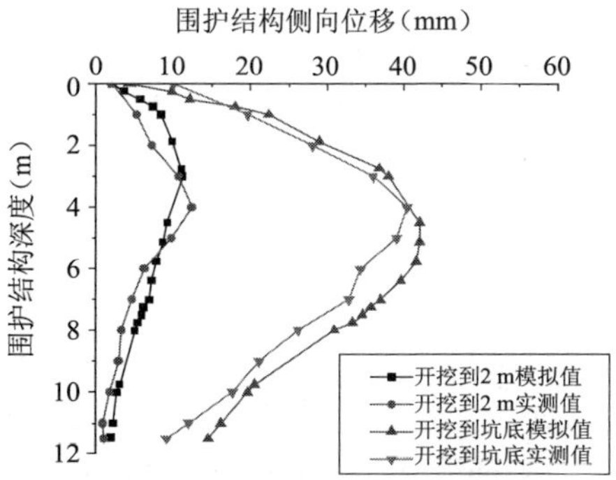

图 7.20　围护结构侧向位移图

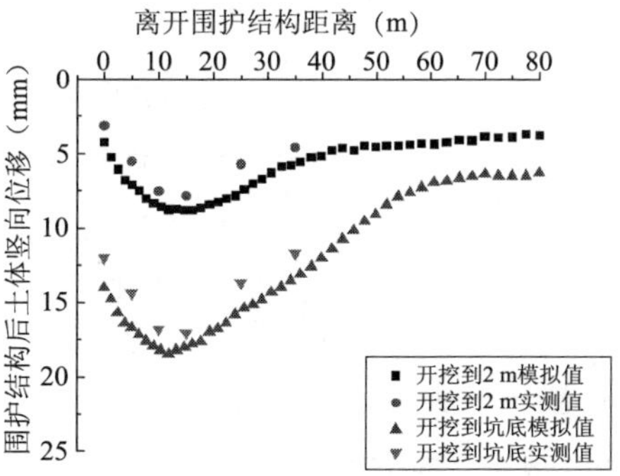

图 7.21　地表沉降图

综上所述，通过宁波地区典型参数反演可以得出如下结论，见表 7.11。

表 7.11 典型工程参数反演结论

<table>
<tr><th>土层</th><th>E_{50}^{ref}</th><th>E_{oed}^{ref}</th><th>E_{ur}^{ref}</th><th>G_0^{ref}</th><th>$\gamma_{0.7}$ (×10⁻⁴)</th><th>K_0</th><th>m</th></tr>
<tr><td>①淤泥质黏土</td><td rowspan="2">E_{50}^{ref}=(0.6～1.0) $E_{s1\text{-}2}$</td><td rowspan="7">E_{oed}^{ref} =$E_{s1\text{-}2}$</td><td rowspan="7">E_{ur}^{ref} =(2～5.5) $E_{s1\text{-}2}$</td><td rowspan="3">G_0^{ref} =(7～15) $E_{s1\text{-}2}$</td><td rowspan="7">1.5～2.5</td><td rowspan="7">K_0= 1−sinφ'</td><td rowspan="3">0.5～0.9</td></tr>
<tr><td>②淤泥质黏土</td></tr>
<tr><td>③粉质黏土</td><td rowspan="2">E_{50}^{ref}=(0.7～1.0) $E_{s1\text{-}2}$</td></tr>
<tr><td>④淤泥质粉质黏土</td><td rowspan="4">G_0^{ref} =(10～22) $E_{s1\text{-}2}$</td><td rowspan="4">0.7～0.9</td></tr>
<tr><td>⑤粉质黏土</td><td rowspan="3">E_{50}^{ref}=(0.75～1.1) $E_{s1\text{-}2}$</td></tr>
<tr><td>⑥黏土</td></tr>
<tr><td>⑦粉质黏土</td></tr>
</table>

注：$E_{s1\text{-}2}$为土层压缩模量。

7.2 不考虑回灌的承压水抽水试验

根据建筑基坑支护技术规程，承压水作用下的坑底突涌稳定性应符合下式规定：

$$\frac{D\gamma}{h_w\gamma_w} \geqslant K_h \tag{7.22}$$

式中：K_h——突涌稳定安全系数，K_h 不应小于 1.1；

D——承压水含水层顶面至坑底的土层厚度(m)

γ——承压水含水层顶面至坑底土层的天然重度(kN/m³)；

h_w——承压水含水层顶面的压力水头高度(m)；

γ_w——水的重度(kN/m³)。

由于宁波地区⑥$_{2T}$层承压层顶板埋深一般为 20.0～35.0 m，水头埋深0.9～4.5 m，⑧$_1$层承压层顶板埋深一般为 40.0～60.0 m，水头埋深 3～6 m，按最不利利因素计算突涌稳定安全系数 K_h，计算结果见表 7.12。

表 7.12 坑底土体的突涌稳定性计算表

含水层	水头埋深(m)	承压层顶板埋深(m)	基坑开挖最大深度(m)	自重应力(kPa)	承压水压力(kPa)	突涌稳定安全系数 K_h
⑥$_{2T}$	4.5	35	28.91	109.62	305	0.359
⑧$_1$	6	60	28.91	559.62	540	1.036

由表 7.12 可知:⑥$_{2T}$层和⑧$_1$层突涌稳定安全系数均小 1.1,存在突涌风险,必须对基坑进行处理。在处理之前需要开展抽水试验研究,以获得抗突涌设计参数,如水头标高、渗透系数等。

7.2.1 抽水试验井布置

本次试验共有 2 口抽水井,分别为 C1、C2,其中 C1 井进入⑥$_{2T}$层,C_2井进入⑧$_1$层,4 口观测井,井位置见图 7.22。

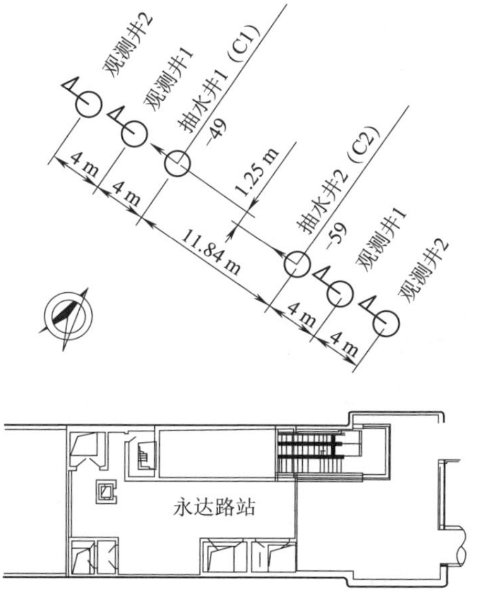

图 7.22 抽水试验井平面布置图

7.2.2 抽水过程

从 2014 年 12 月 12 日～2015 年 1 月 05 日在拟建区间对⑥$_{2T}$层和⑧$_1$层进行带 2 个观测孔的抽水试验。在试验过程中,需对静止水位、抽水时水位、恢复水位进行观测。

(1)静止水位观测

抽水试验井结构见图 7.23。其中抽水井 1 深 51.8 m,抽水井 2 深 61.8 m。抽水前对现场抽水井进行静止水位观测,测出承压水水头标高,以了解试验区域地下水水位的自然变化以及确定抽水试验前的自然水位、初始流场情况。每 2 h 观测一次,共观测 64 h。

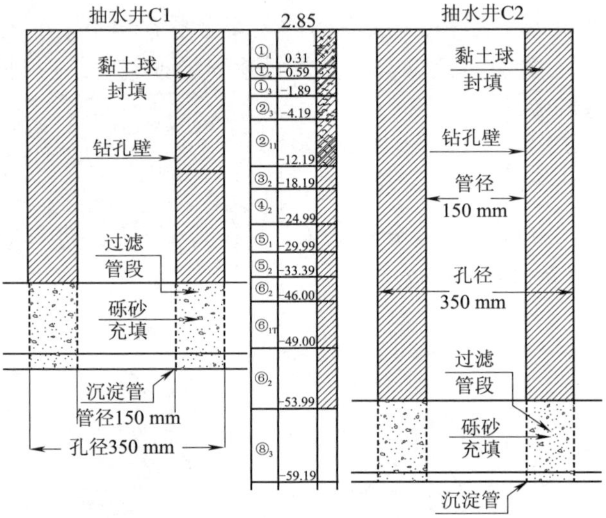

图 7.23 抽水试验井结构图

(2)抽水水位观测

试验中抽水井和观测井同步观测地下水位。在抽水孔开始抽水后第 1 min,2 min,3 min,4 min,5 min,10 min,15 min 各测一次,出现稳定趋势后每隔 30 min 测一次。抽水时间总长为 780 min。

(3)恢复水位观测

恢复水位观测自停止抽水后进行,从停止抽水后第 1 min,2 min,3 min,4 min,5 min,10 min 各测一次,待水位稳定后每隔 30 min 测一次。水位恢复观测时间为 660 min。

7.2.3 试验结果及分析

1. 静止地下水位

抽水前对⑥$_{2T}$和⑧$_1$层进行静止水位观测试验。C1 抽水井处地面标高为 2.85 m,C2 抽水井处地面标高为 2.81 m。静止水位观测结果及其变化曲线如图 7.24 和图 7.25 所示。可以看出:本场地地下水位具有一定的波动性,⑥$_{2T}$层水头标高在

0.40 m～0.65 m，波动在 25 cm，⑥$_{2T}$层承压水水头标高在 0.65 m 位置；⑧$_1$层水头标高在－1.49 m～－1.26 m，波动在 23 cm，⑧$_1$层承压水水头标高在－1.26 m 位置。

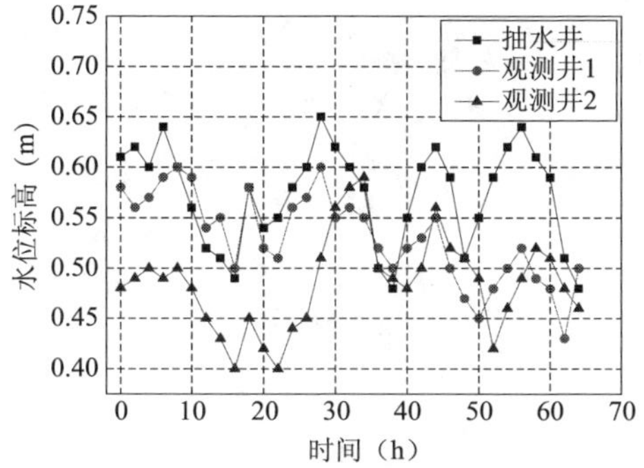

图 7.24　⑥$_{2T}$层水位波动监测曲线图

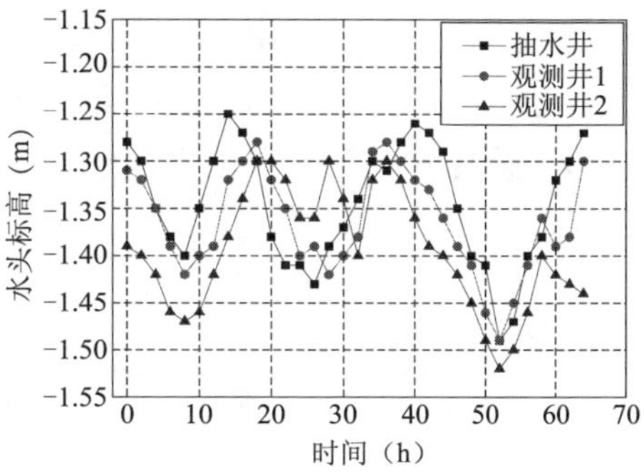

图 7.25　⑧$_1$层水位波动监测曲线图

2. 抽水试验

分别对两抽水井进行 6 m、12 m、18 m 三组降深抽水试验，抽水试验数据见表 7.13。

表 7.13　抽水试验数据

抽水井	组　号	降深(m)			涌水量 (m^3/d)
		抽水井	观测井 1	观测井 2	
C1	A1	18.02	3.83	3.47	43.73
	A2	12.13	3.01	2.67	27.72
	A3	6.010	2.43	2.15	14.52
C2	B1	18.03	2.54	2.27	120.5
	B2	12.04	2.05	1.75	64.29
	B3	6.000	1.45	1.26	14.49

(1)C_1井抽水试验

A1 组试验水头标高与时间关系如图 7.26 所示，抽水井初始水头标高为 0.65 m，停抽时水位标高为－17.37 m，水位降深 18.02 m。观测井 1 初始水位标高为 0.6 m，停抽水位标高为－3.23 m，水位降深 3.83 m；观测井 2 初始水头标高为 0.56 m，停抽水位标高为－2.91 m，水位降深 3.47 m。开始抽水后，在 0～180 min 阶段，抽水井 C1 降深急剧下降，在 180 min 后水头标高稳定在－17.37 m。观测井

1 与观测井 2 相比，观测井 1 离抽水井比较近，因此观测井 1 的降深比观测井 2 的降深大，符合实际情况。

涌水量与时间关系如图 7.27 所示，抽水井开始抽水后，在 5 min 内涌水量达到 145.9 m^3/d，在 20 min 后涌水量达到稳定，稳定在 43.7 m^3/d。抽水井、观测井 1 和观测井 2 的整个抽水试验过程水位下降及恢复比率如图 7.28 和图 7.29 所示。在抽水前期水位迅速下降，抽水 90 min 时，抽水井水位降深达到总降深的 82.02%。观测井 1 的水位降深达到总降深的 47.78%，观测井 2 的水位降深达到总降深的 45.24%。

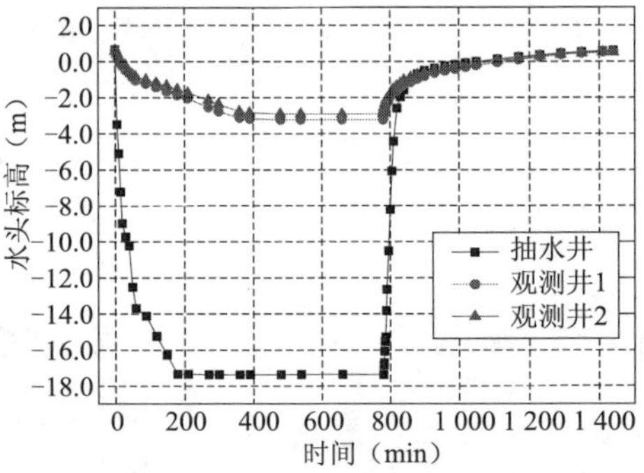

图 7.26　水头标高与时间关系图

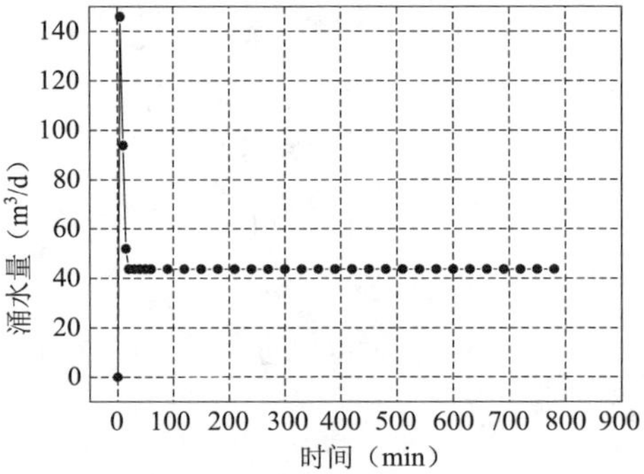

图 7.27　涌水量与时间的关系

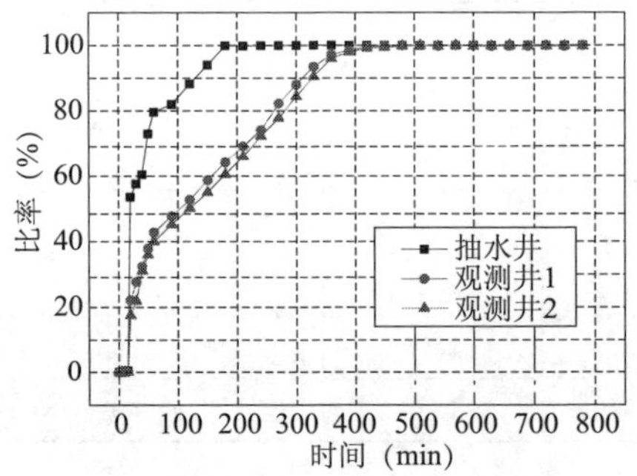

图 7.28　水位下降比率曲线

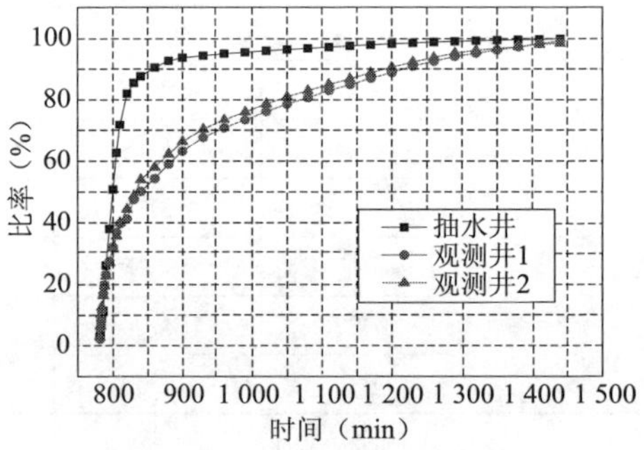

图 7.29　水位恢复比率曲线

由图 7.29 可知，在停止水位期间，前期水位恢复迅速，在停抽 40 min 时，抽水井水位恢复 82.01%。观测井 1 水位恢复 41.25%，观测井 2 水位恢复 44.38%。停止抽水 40 min 时，抽水井水位恢复 82.01%。故在工程抽水中，必须做好停止抽水的应急预案，防止由于突然停止抽水导致工程事故的发生。

(2)C2 井抽水试验

选取 B1 组试验数据进行水头标高与时间关系的分析。水头标高与时间的相关曲线见图 7.30。

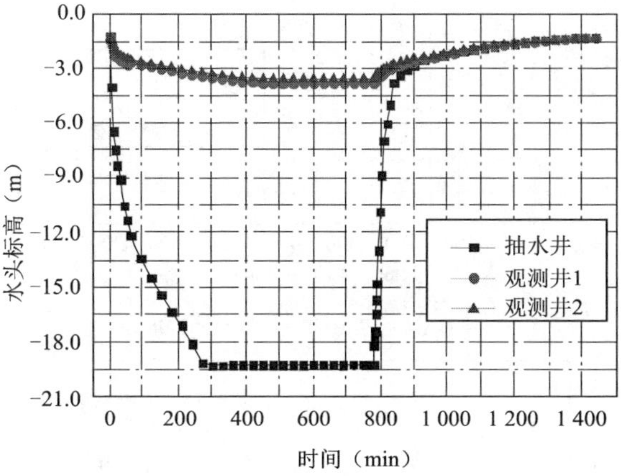

图 7.30　水头标高与时间关系图

本次抽水，抽水井初始水头标高为－1.26 m，停抽水位为－19.29 m，水位降深 18.03 m。观测井 1 初始水位标高为－1.28 m，停抽时水位为－3.83 m，水位降深 2.55 m；观测井 2 初始水位标高为－1.30 m，停抽时水位为－3.57 m，水位降深 2.27 m。在 270 min 后水头标高稳定在－19.29 m。

抽水井开始抽水后，在 5 min 内涌水量达到 401.9 m^3/d，在 20 min 后涌水量达到稳定，稳定在 120.5 m^3/d。抽水井、观察井 1 和观测井 2 的整个抽水试验过程水位下降及恢复比率如图 7.31 和图 7.32 所示。在抽水前期水位迅速下降，在抽水 180 min 时，抽水井水位降深达到总降深的 83.69%。观测井 1 的水位降深总降深的 73.33%，观测井 2 的水位降深总降深的 61.8%。由图 7.32 可知，在停止水位期间，前期水位恢复迅速，在停抽 60 min 时，抽水井水位恢复 86.08%，观测井 1 的水位恢复 36.86%，观测井 2 的水位恢复 37%。

3. 水文参数

Theis 最先提出了降深与时间的理论公式，后经 Jacob 加以补充，形成了 Theis 公式。利用 Aquifer Test 软件获取水文参数是可行的。

(1)⑥$_{2T}$层水文参数

对 C1 井 A1、A2、A3 组数据进行泰斯(Theis)拟合曲线，图 7.33 为 A1 组数据进行泰斯(Theis)拟合曲线图。依次对 A2、A3 组数据进行泰斯(Theis)拟合曲线，计算获得的⑥$_{2T}$层水文参数汇总见表 7.14。

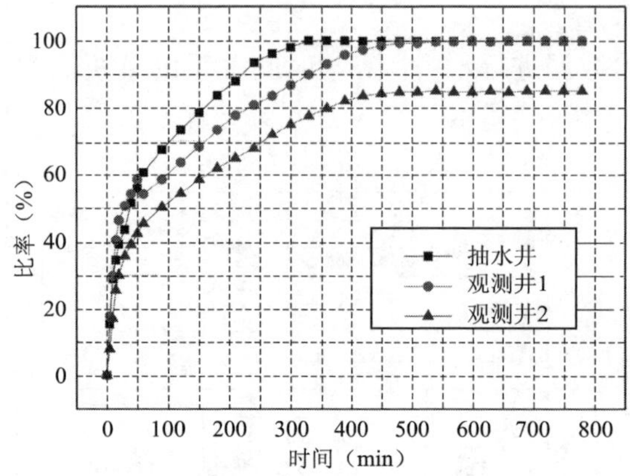

图 7.31　水位下降比率曲线图

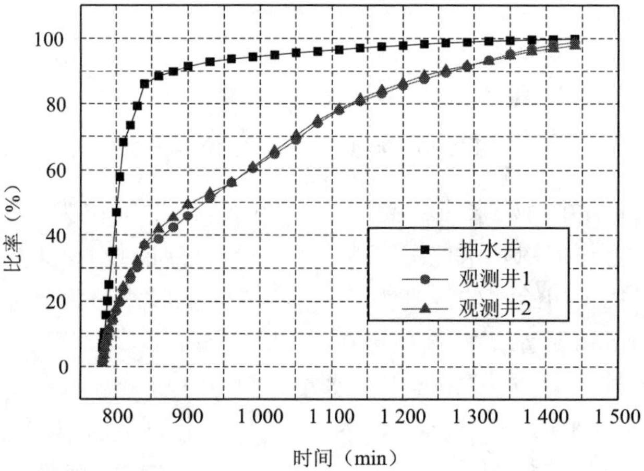

图 7.32　水位恢复比率曲线图

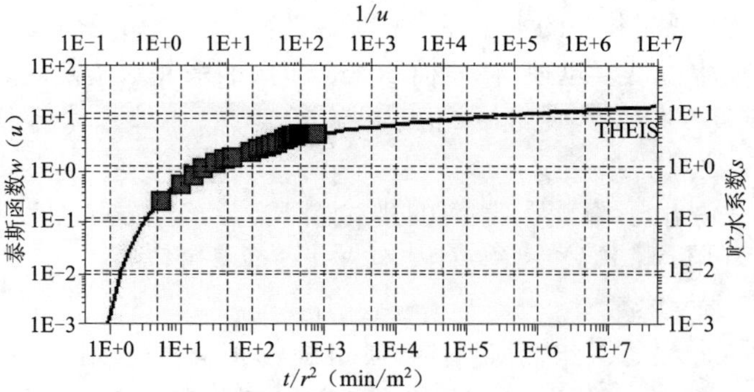

图 7.33　观测井 1 泰斯(Theis)拟合曲线图

注：u—水位降深；t—自抽水开始到计算时刻的时间；r—计算点到抽水井的距离。

表 7.14　⑥$_{2T}$层水文地质参数表

组号	观测井	导水系数(m^2/d)	贮水系数	渗透系数(m/d)
A1	1	4.34	0.054 60	1.54
	2	4.74	0.001 13	1.69
A2	1	4.59	0.043 70	1.46
	2	5.35	0.012 70	1.91
A3	1	6.39	0.729 00	1.42
	2	5.61	0.710 00	2.00
平均值		5.17	0.258 82	1.67

(2)⑧$_1$层水文参数

对C2井进行三个降深的抽水试验，用泰斯(Theis)拟合曲线拟合，得到⑧$_1$层水文参数见表7.15。

表 7.15　⑧$_1$层水文地质参数表

组号	观测井	导水系数(m^2/d)	贮水系数	渗透系数(m/d)
B1	1	2.25	0.004 90	1.54
	2	1.98	0.002 71	1.69
B2	1	1.37	0.047 70	1.46
	2	1.39	0.019 00	1.91
B3	1	4.1	0.024 80	1.42
	2	3.85	0.000 76	2.00
平均值		2.49	0.054 40	3.34

(3)影响半径

影响半径可按公式(7.23)计算，各抽水井影响半径计算结果见表7.16。

$$R=10s\sqrt{K} \tag{7.23}$$

式中：R——影响半径(m)；

s——降深(m)；

K——渗透系数(m/d)。

表 7.16 影响半径

	A1	A2	A3	B1	B2	B3
s(m)	18.02	12.13	6.01	18.03	12.04	6.00
K(m/d)	1.62	1.69	1.67	6.04	2.91	1.09
R(m)	229	158	78	443	205	63

7.2.4 抽水试验模型验证

1. 计算模型

利用抽水试验参数，利用 ModFlow 软件，对两次抽水试验进行模型验证。

(1)模型尺寸

根据计算，影响半径最大值为 443 m，建模时取影响半径为 R=500 m，以抽水井 C1 为基点，水平方向各延伸 500 m，共计 1 000 m×1 000 m。竖向范围从+2.8 m～−80 m，①层～⑤层为潜水层，透水系数极低，本报告研究承压层抽水试验，将①～⑤层合并为一层，2 个承压层，3 个隔水层，总共剖分为 5 层，如图 7.34所示。

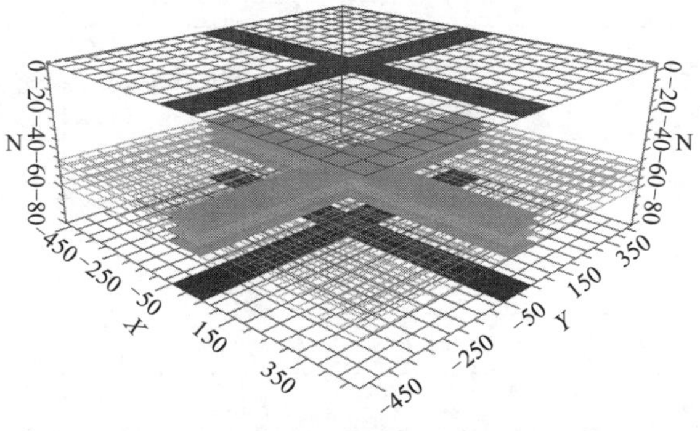

图 7.34 三维模型图

(2)初始值、边界条件及模型参数

计算区域上下边界采用含水层边界，计算区域四周边界采用常水头边界。初始流场是采用抽水试验得出的观测水位模型水文参数按表 7.14 和表 7.15 确定。

(3)网格划分

如图 7.34 所示，剖分为 200×200 个网格单元，在基坑附近对网格加密。

2. 抽水试验数值模拟验证

对 C1、C2 抽水井进行验证，将模拟计算水位与实测水位进行对比，结果如

图 7.35～图 7.38 所示。在抽水阶段，观测井 1 和观测井 2 的模拟值与实测值拟合度很高，在停止抽水阶段，模拟值水位回升比较快，最终都能都回到初始水头位置。

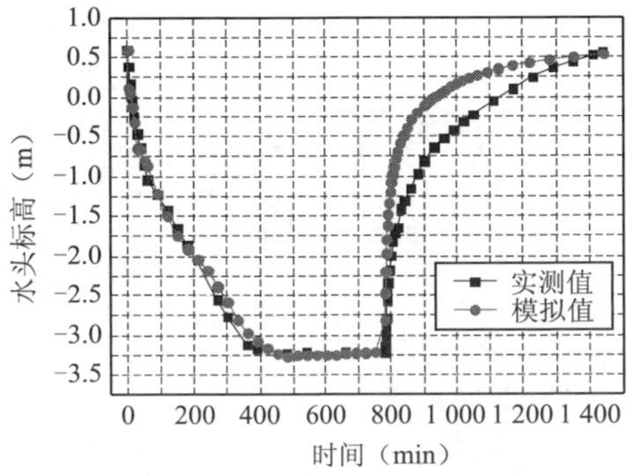

图 7.35　观测井 1 拟合曲线图

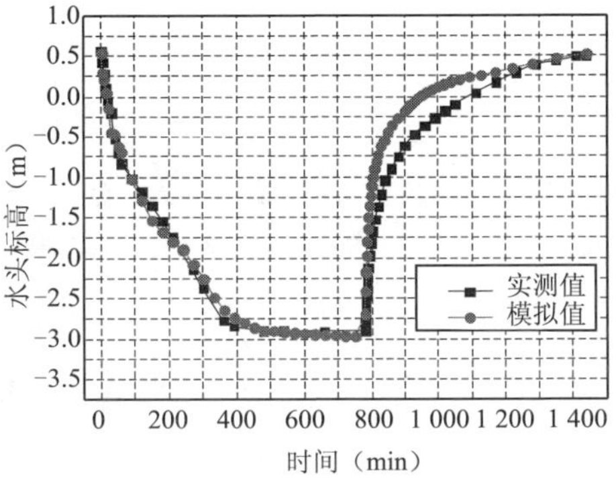

图 7.36　观测井 2 拟合曲线图

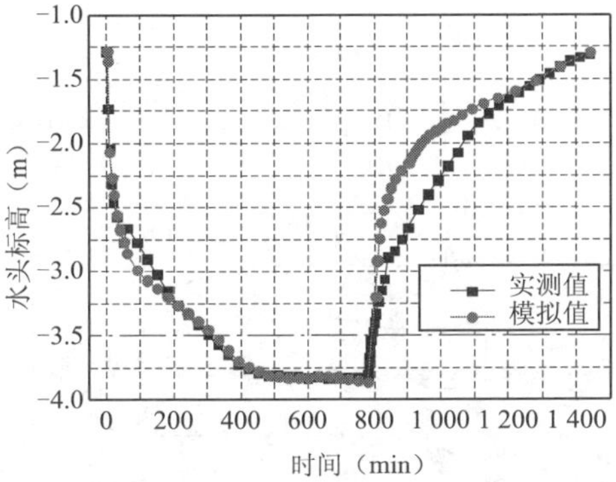

图 7.37　观测井 1 拟合曲线图

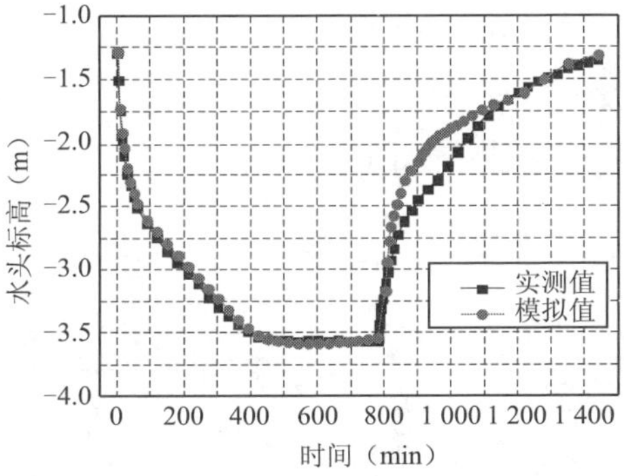

图 7.38　观测井 2 拟合曲线图

通过观测井 1 和观测井 2 的实测值与模拟值的对比可知，模拟是可行的。

7.2.5　减压降水方案设计

1. 减压降水方案

在设计时，按最不利情况进行降压方案设计。承压水作用下的突涌稳定性采用式(7.22)计算，根据计算结果，为防止基坑发生突涌事故，对⑥$_{2T}$层应降低承压水头 6.1 m，⑧$_1$层应降低承压水头 0.04 m；对⑥$_{2T}$层应该在开挖到 20.3 m 的时候开启减压井，对⑧$_1$层应该在开挖到 24.57 m 的时候开启减压井。

⑥$_{2T}$层顶面距地面为 46 m，基坑开挖深度为 28.91 m，设置地下连续墙穿透

⑥$_{2T}$层，截断地下水的补给。对于坑内部分的⑥$_{2T}$层承压水，通过坑内设置 8 口减压井、观测兼备用井 2 口来减压。⑧$_1$层顶面距地面为 54 m，基坑开挖深度为 28.91 m，坑外设置 4 口减压井、观测兼备用井 2 口来减压。具体平面图见图 7.39。

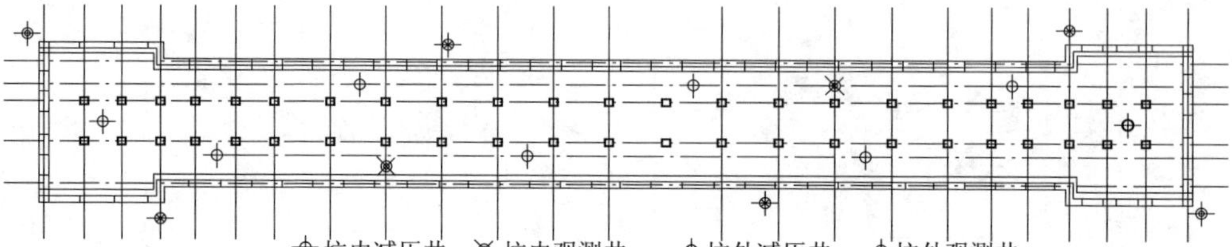

图 7.39 减压井平面布置图

2. 数值模拟结果分析

模型的建立同 7.3.5 节，本节中地下连续墙截断地下水的水平流动可以用 ModFlow 自带的水平流障(HFB)程序包来模拟。

(1)⑥$_{2T}$层数值模拟结果分析

开启布置在坑内的 8 口减压井，单井抽水量为 960 m^3/d，抽水 6 天后的水位降深等值线见图 7.40。

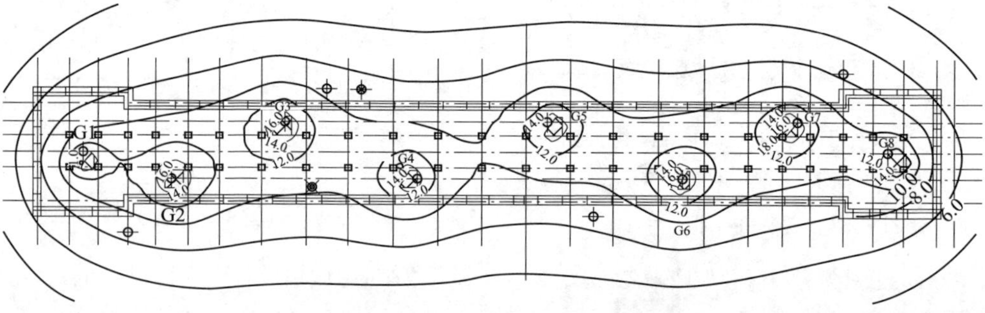

图 7.40 抽水 6 天后水位降深等值线图

减压井开启 6 天后，基坑内降深在 6.1～8 m，基坑外侧 30 m 范围内降深在 4～6 m。满足降深要求。

综合考虑;在开挖深度达到 20.3 m 前的 6 天开启⑥$_{2T}$层的减压井。另设 2 口井，作为观测兼备用的作用。

(2)⑧$_1$层数值模拟结果分析

减压井开启 5 天后，基坑内降深在 1 m，满足降深要求。如图 7.41 所示。

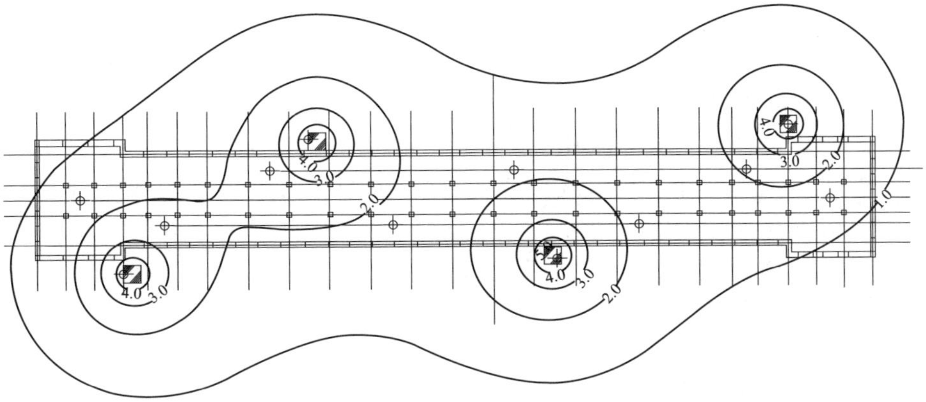

图 7.41　抽水 5 天后水位降深等值线图

综合考虑，在开挖深度达到 24.57 m 前的 5 天开启⑧$_1$层的减压井。另设 2 口井，起观测兼备用的作用。

7.3　考虑承压水降水的深基坑变形特性

根据不考虑回灌的减压降水试验模拟结果，本节利用 Plaxis 有限元软件，建立仇毕站深基坑工程的三维模型，如图 7.42 和图 7.43 所示，从图 7.42 可见该模型的坐标系。基坑开挖深度为 27.7 m，基坑宽度 23.2 m，简化模型为对称模型。地下连续墙深度为 56.7 m，共有 8 道支撑，第一道和第六道为钢筋混凝土支撑，其余六道均为为钢支撑。

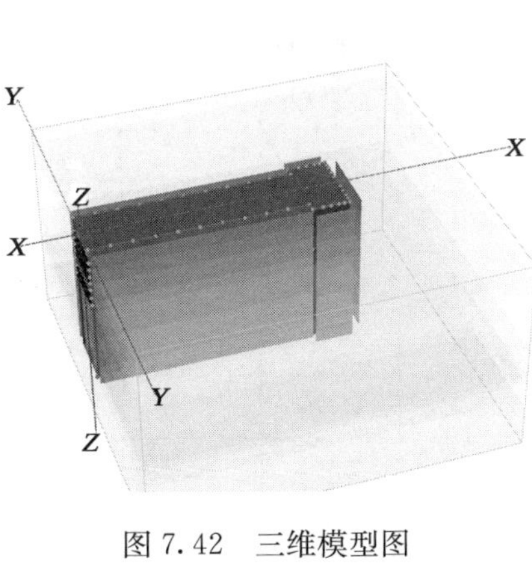

图 7.42　三维模型图

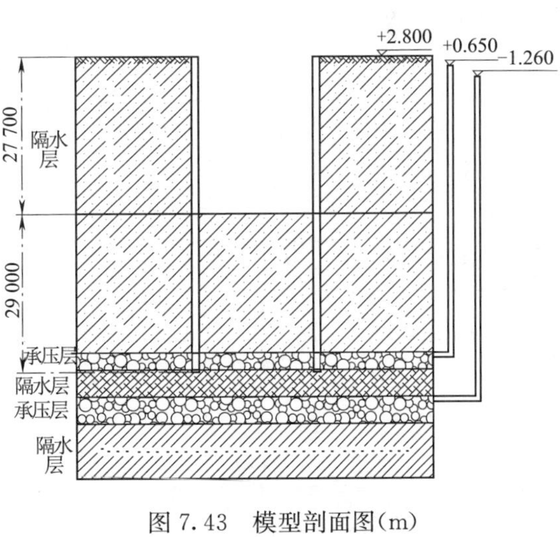

图 7.43　模型剖面图(m)

7.3.1 三维有限元模拟

模型尺寸为长度为 140 m(0～140 m)，宽度为 140 m(－70 m～70 m)，模型深度 80 m(0～－80 m)。模型采用 10 节点单元，单元密度为中等，单元为 111 268 个，节点数为 156 095 个。模型底面各向约束，模型侧面法向约束，模型上表面为自由面。地面施加 20 kPa。结构网格划分如图 7.44 所示，整体网格划分如图 7.45所示。本模型采用 HSS 本构模型。

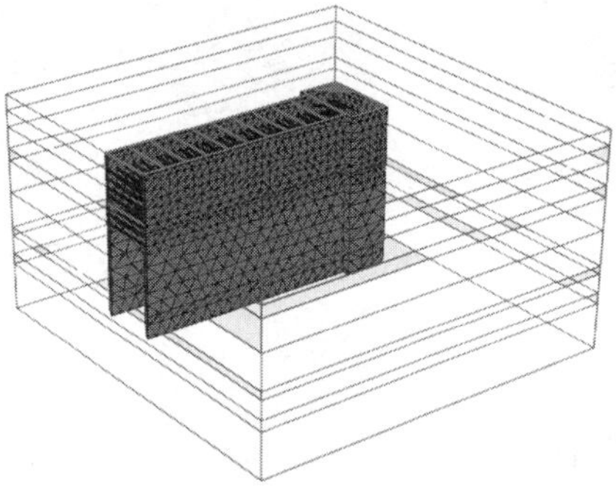

图 7.44 结构网格划分图

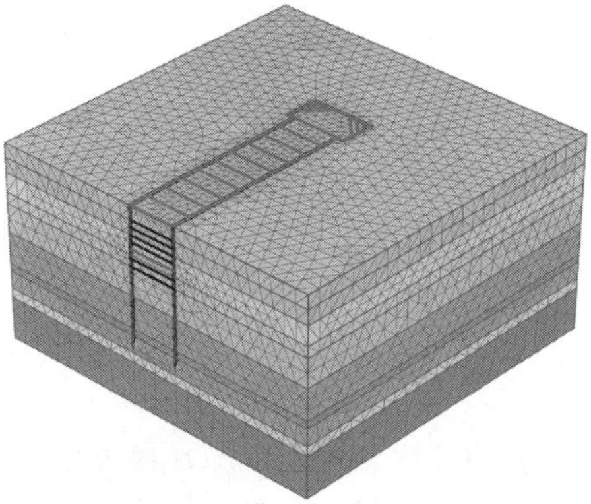

图 7.45 整体网格划分图

7.3.2 土层参数

土层参数见表 7.17。

表 7.17 土层参数表

层号	土层名称	土层底标高	重度 (kN/m³)	水平 K_h (m/d)	垂直 K_v (m/d)	压缩模量 (MPa)	c_k (kPa)	φ_k(°)
①$_2$	黏土	5.7	17.9	2.14E-5	3.23E-5	3.61	15.5	12.7
②$_2$	淤泥质黏土	11.7	17.3	2.38E-5	3.03E-5	2.34	11.9	11.6
③$_2$	粉质黏土	19.7	18.7	8.23E-5	1.19E-4	4.41	16.4	20.4
④$_2$	黏土	24.2	17.5	2.29E-5	2.94E-5	3.1	14.4	12.7
⑤$_2$	粉质黏土	36	18.6	4.97E-5	6.98E-5	5.8	26.6	14.3
⑥$_2$	粉质黏土	46	18.5	4.97E-6	6.98E-6	5.36	19.2	18.80
⑥$_{2T}$	粉土	50	18.7	1.31	1.24	8.05	4.1	29.1

续上表

层号	土层名称	土层底标高	重度(kN/m³)	水平 K_h(m/d)	垂直 K_v(m/d)	压缩模量(MPa)	c_k(kPa)	φ_k(°)
⑦₂	粉质黏土	54	18.5	4.97E-6	6.98E-6	5.36	19.2	18.80
⑧₁	粉细砂	59	19.3	1.04E+1	1.09E+1	8.90	2.6	31.3
⑨₁	粉质黏土	80	18.7	5.21E-6	6.10E-6	9.50	39.3	15.8

7.3.3　地连墙参数

地连墙厚度为 1 200 mm，深度为 56.7 m，混凝土等级为 C40，$EI=3.9\times107$ kN·m²/m，$EA=4.68\times107$ kN/m。

7.3.4　支撑体系参数

支撑系统参数见表 7.18。

表 7.18　支撑系统参数

	自开挖面下(m)	水平间距(m)	材料	尺寸	预加轴力(kN/m)
第一道支撑	0	8	C30 钢筋混凝土	800 mm×1 000 mm	
第二道支撑	5.7	3	钢支撑	ϕ609，t=16 mm	200
第三道支撑	8.7	3	钢支撑	ϕ609，t=16 mm	300
第四道支撑	11.7	3	钢支撑	ϕ800，t=16 mm	380
第五道支撑	14.5	3	钢支撑	ϕ800，t=16 mm	400
第六道支撑	17.3	8	C30 钢筋混凝土	1 200 mm×1 200 mm	
第七道支撑	21	3	钢支撑	ϕ800，t=16 mm	480
第八道支撑	24.2	3	钢支撑	ϕ800，t=16 mm	500

7.3.5　主要施工步骤

建立模型，尺寸、土层参数按上述介绍。基坑开挖时候对于坑内水处理的办法是：开挖土块以下的深度大于坑内外水头差值 1.5 倍的区域土设置成内插。

步骤一：Initial phase；

步骤二：加荷载；

步骤三：地连墙加载；

步骤四：边界激活；

步骤五：加支撑 1；

步骤六:开挖 1-1(开挖到地面下－2 m);
步骤七:开挖 1-2(开挖到地面下－5.7 m);
步骤八:加支撑 2,并施加预应力－320 kN/m;
步骤九:开挖 2(开挖到地面下－8.7 m);
步骤十:加支撑 3,并施加预应力－320 kN/m;
步骤十一:开挖 3(开挖到地面下－11.7 m);
步骤十二:加支撑 4,并施加预应力－630 kN/m;
步骤十三:开挖 4(开挖到地面下－14.5m);
步骤十四:加支撑 5,并施加预应力－670 kN/m;
步骤十五:开挖 5(开挖到地面下－17.3m);
步骤十六:加支撑 6;
步骤十七:开挖 6(开挖到地面下－21m);
步骤十八:加支撑 7,并施加预应力－920 kN/m;
步骤十九:⑥$_{2T}$层承压水降低 6.1 m,且⑥$_{2T}$层上下两层土层的水头设置为内插;
步骤二十:开挖 7(开挖到地面下－24.2 m);
步骤二十一:加支撑 8,并施加预应力－750 kN/m;
步骤二十二:⑧$_1$层承压水降低 1 m,且⑧$_1$层上下两层土层的水头设置为内插;
步骤二十三:开挖 8(开挖到地面下－27.7 m)。

7.3.6 基坑变形性状分析

在基坑开挖的过程中,会导致基坑变形和应力的变化。基坑变形主要表现在围护结构的变形(包括围护结构的侧移和沉降)和土体的变形(包括坑底回弹、土体侧向位移和墙后的沉降)。

1. 地连墙侧向位移

(1)开挖到 8.7 m 时的总位移云图和 U_x 云图见图 7.46 和图 7.47。

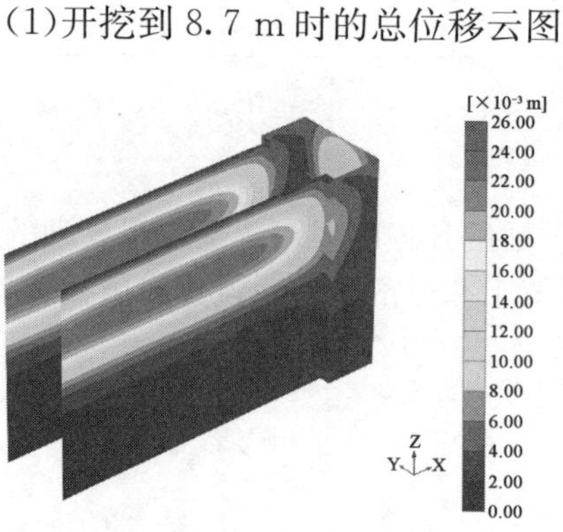

图 7.46 土体总位移云图

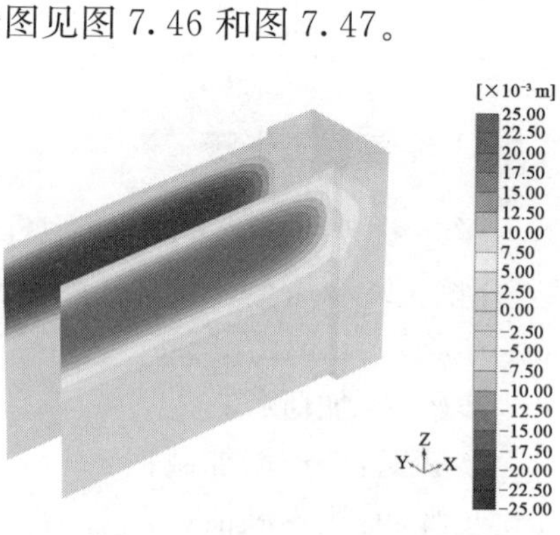

图 7.47 土体 U_x 云图

(2)开挖到 14.5 m 时的总位移云图和 U_x 云图见图 7.48 和图 7.49。

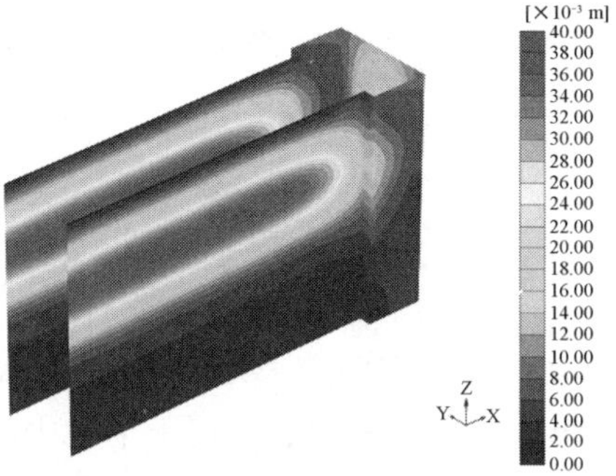

图 7.48　土体总位移云图

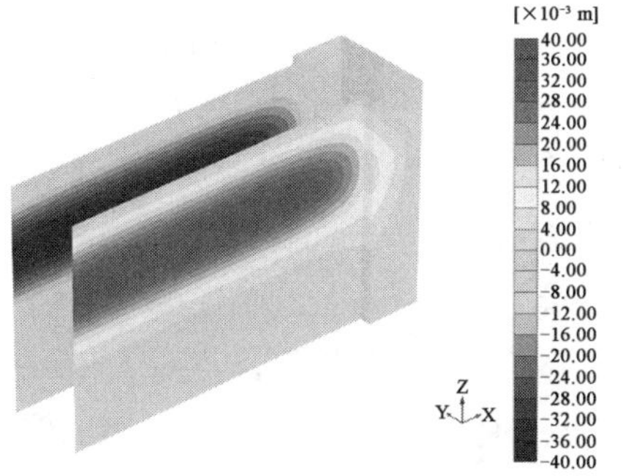

图 7.49　土体 U_x 云图

(3)开挖到 21.0 m 时的总位移云图和 U_x 云图见图 7.50 和图 7.51。

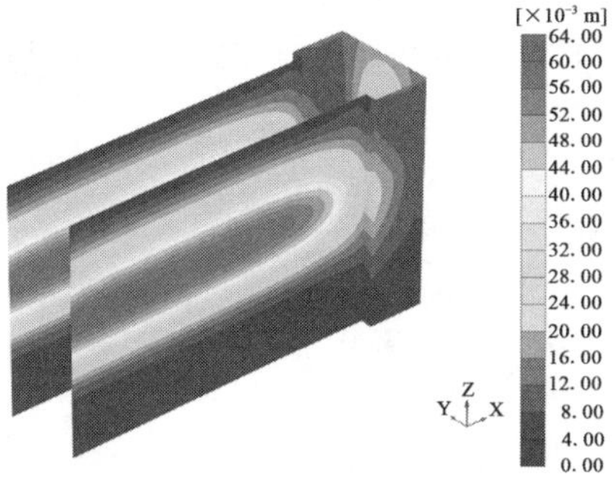

图 7.50　土体总位移云图

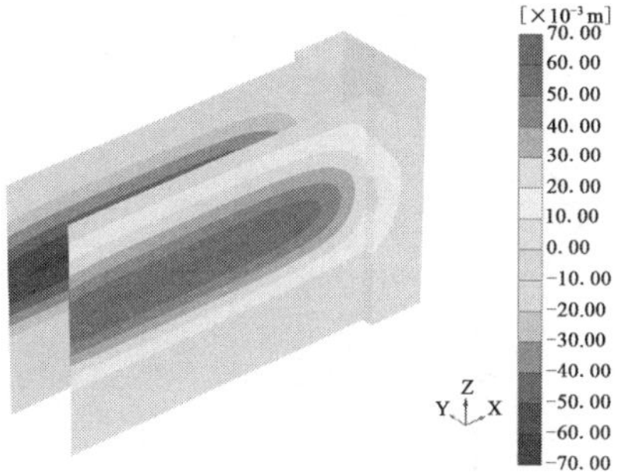

图 7.51　土体 U_x 云图

(4)开挖到 27.7 m 时的总位移云图和 U_x 云图见图 7.52 和图 7.53。

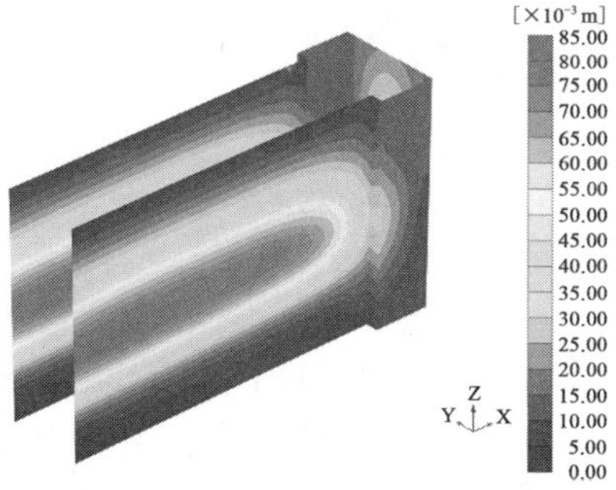

图 7.52　土体总位移云图

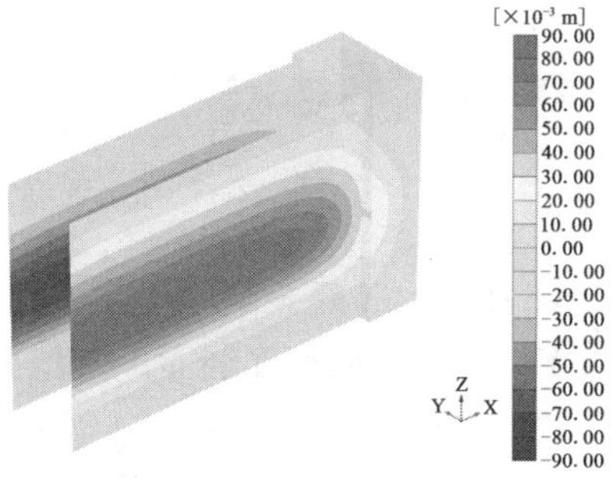

图 7.53　土体 U_x 云图

由图 7.46 可得，开挖到 8.7 m 时，总位移最大值为 0.024 04 m。由图 7.47 可得，U_x 最大值为 0.024 01 m。由图 7.48 可得，开挖到 14.5 m 时，总位移最大值为 0.039 03 m。由图 7.49 可得，U_x 最大值为 0.038 79 m。由图 7.50 可得，开挖到 21.0 m 时，总位移最大值为 0.061 11 m。由图 7.51 可得，U_x 最大值为 0.060 95 m。由图 7.52 可得，开挖到 27.7 时，总位移最大值为 0.081 37 m。由图 7.53 可得，U_x 最大值为 0.081 34 m。

(5)X=1 m 处

图 7.54 为开挖到坑底(27.7 m)时 X=1 m 处的 U_y 方向位移图，横坐标为地连墙侧向位移，纵坐标为地连墙的深度。从图中可知，地连墙变形呈现上下小中间大的纺锤形状态。按照实际工况先施工第一道钢筋混凝土支撑，待第一道钢筋混凝土支撑养护完成后，在挖土至 2.0 m 时，地连墙墙顶产生微小的侧向位移，随着开挖深度的增大，地连墙侧向位移增大。在不同开挖深度下，地连墙变形性状保持不变。地连墙侧向位移的最大位移为 8.005 cm，最大位移发生在地连墙 29.3 m，即坑底下 1.6 m 处。随着开挖深度增大，地连墙发生最大侧向变形的位置逐渐加深。

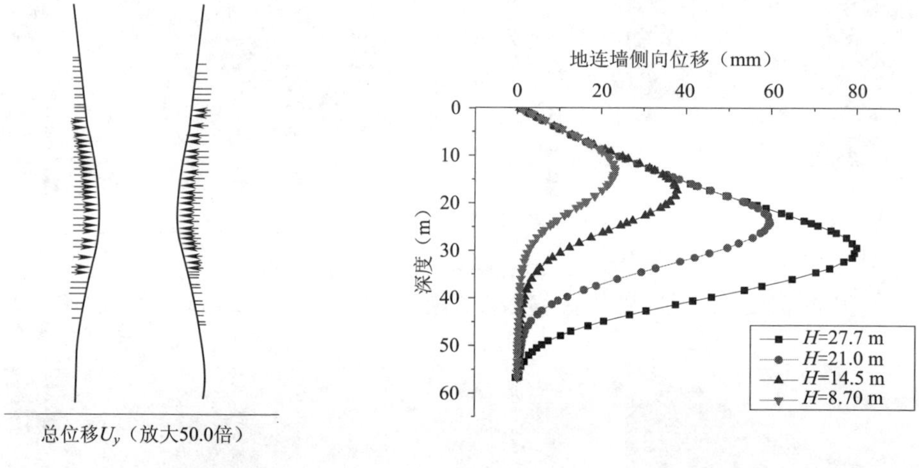

图 7.54　开挖到坑底时，X=1 m 处的 U_y 方向位移图

(6)Y=0 m 处

Y=0 m 既轴对称剖面。开挖到坑底的地连墙 U_x 位移云图如图 7.55 所示。

图 7.56 横坐标表示地连墙侧向位移，纵坐标表示地连墙深度。开挖到坑底时，盾构井部位地连墙在不同开挖深度下的位移图。从图 7.56 可知，地连墙变形呈现上下小中间大的纺锤形状态。地连墙侧向位移的最大位移为 4.0 cm，最

大位移发生在地连墙 22.6 m 处。随着开挖深度增大，地连墙发生最大侧向变形的位置逐渐加深。由于模拟得到的数据点不够多，导致图 7.56 位移曲线不够光滑。

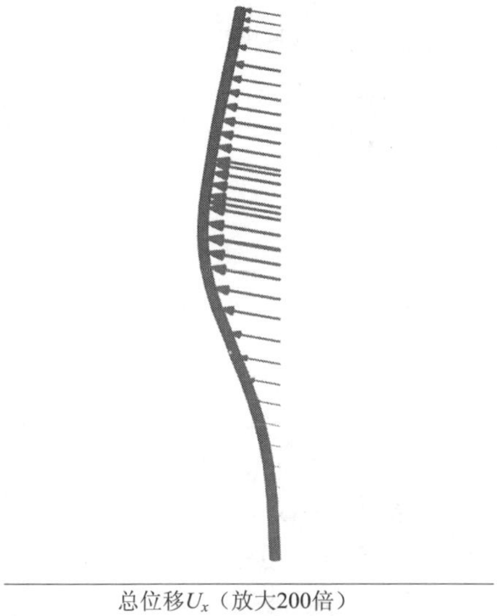

图 7.55　开挖到坑底时地连墙 U_x 方向位移图

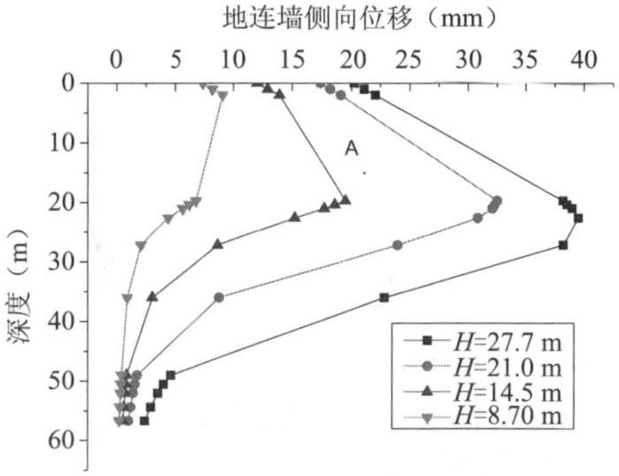

图 7.56　地连墙在不同开挖深度下的位移图

2. 地连墙内力

(1)开挖到 8.7 m 的内力如图 7.57～图 7.59 所示。

(2)开挖到 14.5 m 的内力如图 7.60～图 7.62 所示。

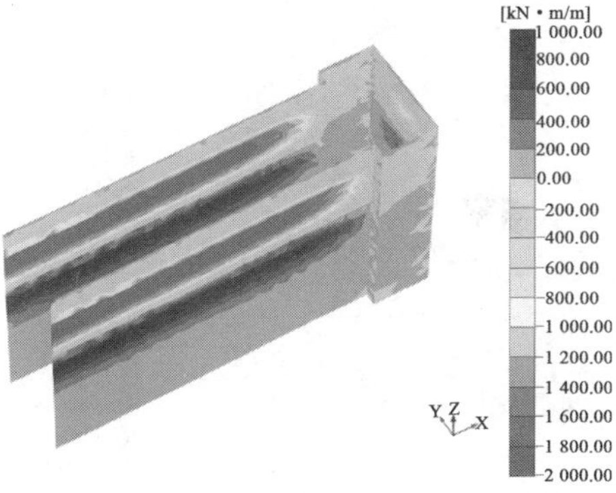

图 7.57　弯矩 M_{11} 云图

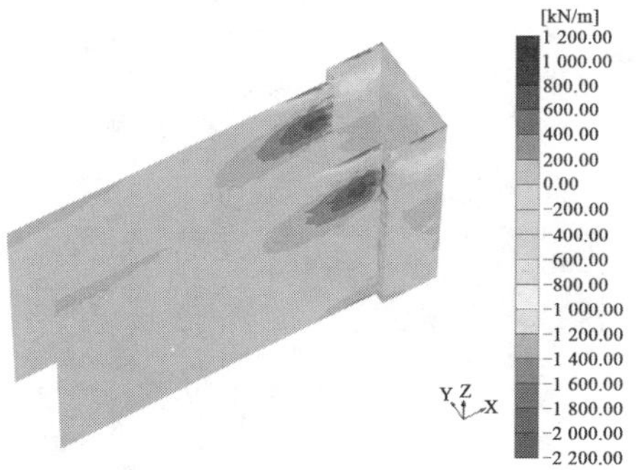

图 7.58　轴力 N_2 云图

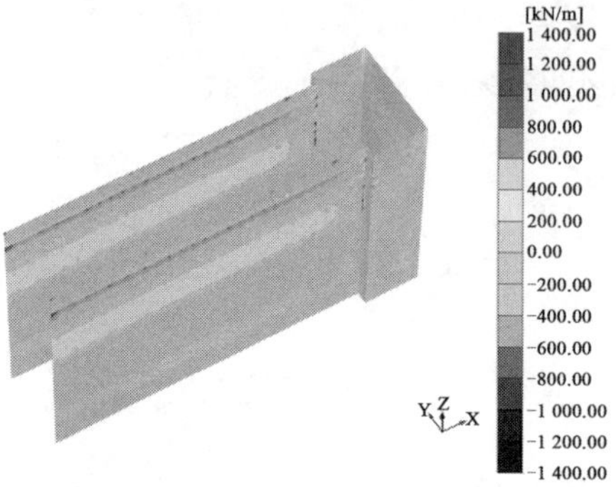

图 7.59 剪力 Q_{13} 云图

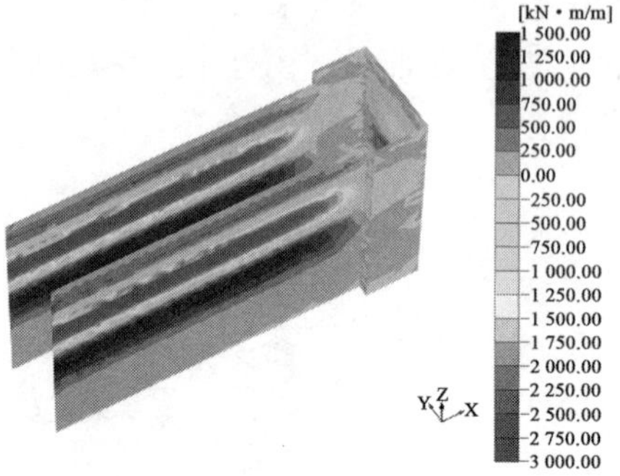

图 7.60 弯矩 M_{11} 云图

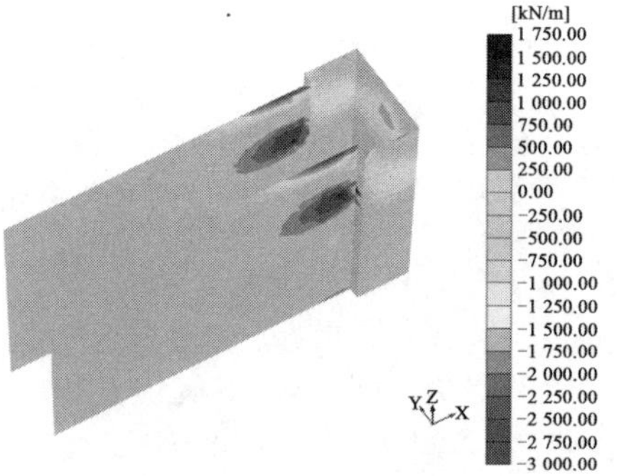

图 7.61 轴力 N_2 云图

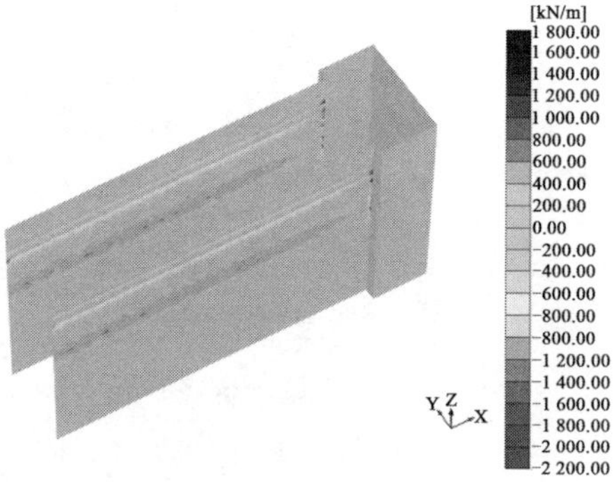

图 7.62 剪力 Q_{13} 云图

(3)开挖到 21.0 m 的内力如图 7.63～图 7.65 所示。

(4)开挖到 27.7 m 的内力如图 7.66～图 7.68 所示。

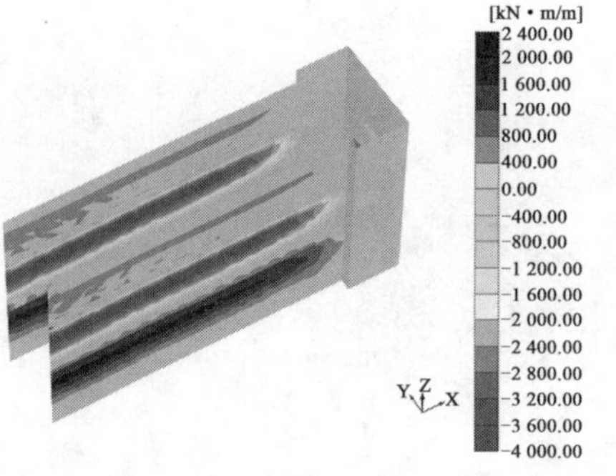

图 7.63 弯矩 M_{11} 云图

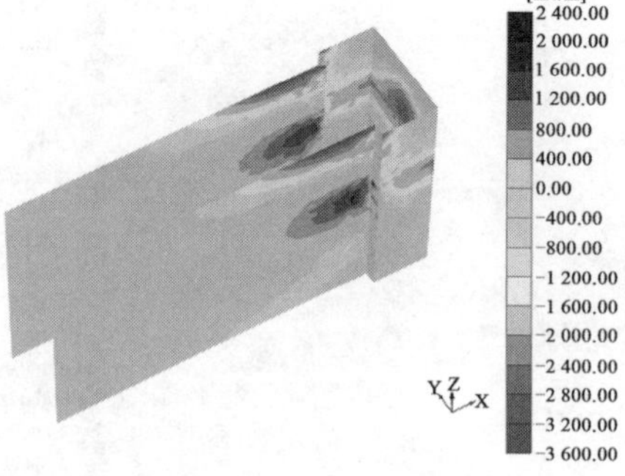

图 7.64 轴力 N_2 云图

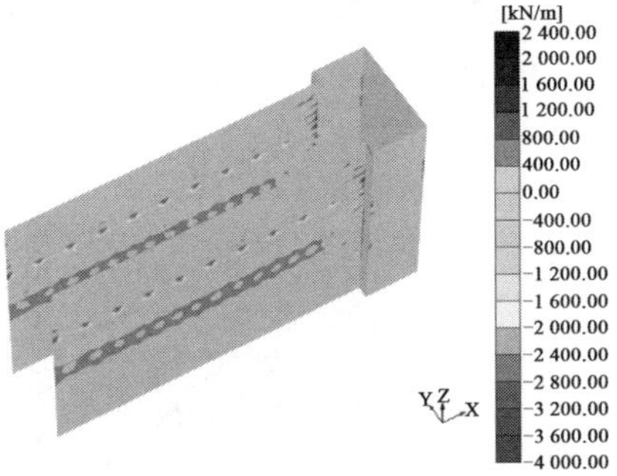

图 7.65　剪力 Q_{13} 云图

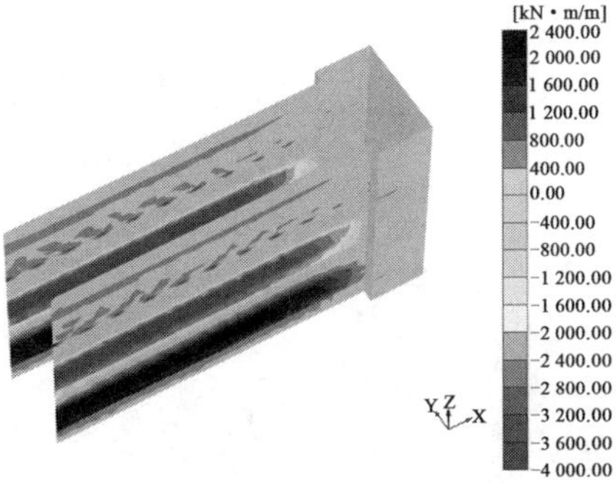

图 7.66　弯矩 M_{11} 云图

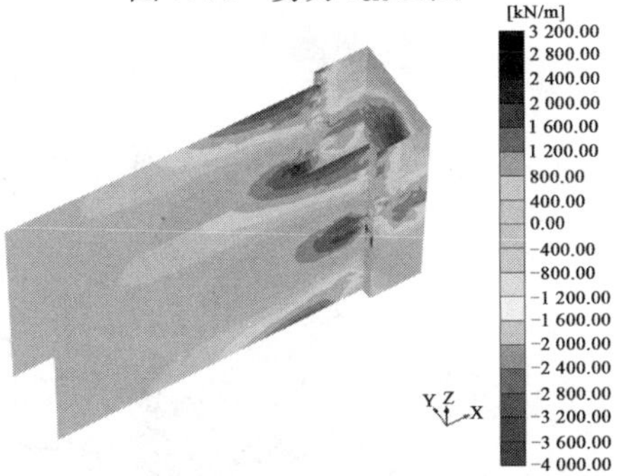

图 7.67　轴力 N_2 云图

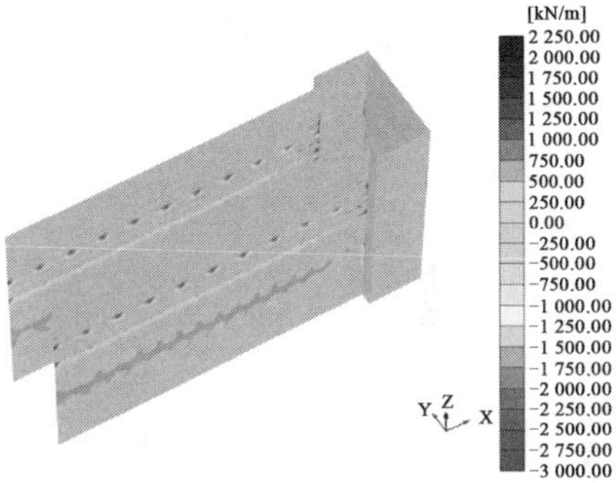

图 7.68　剪力 Q_{13} 云图

由图 7.57 可得，开挖到 8.7 m 时，弯矩 M_{11} 最大值为 961.8 kN · m/m，最小值为−1 891 kN · m/m。由图 7.58 可得，开挖到 8.7 m 时，轴力 N_2 最大值为 1 054 kN/m，最小值为−2 018 kN/m。由图 7.59 可得，Q_{13} 最大值为 1 314 kN/m，最小值为−1 254 kN/m。力以拉为正，以压为负。由图 7.60 可得，开挖到 14.5 m 时，弯矩 M_{11} 最大值为 1 319 kN · m/m，最小值为−297 0 kN · m/m。由图 7.61 可得，开挖到 14.5 m 时，轴力 N_2 最大值为 1 687 kN/m，最小值为−2 769 kN/m。由图 7.62 可得，Q_{13} 最大值为 1 673 kN/m，最小值为−2 081 kN/m。

由图 7.63 可得，开挖到 21.0 m 时，弯矩 M_{11} 最大值为 1 998 kN · m/m，最小值为−3 671 kN · m/m。由图 7.64 可得，开挖到 21.0 m 时，轴力 N_2 最大值为 2 305 kN/m，最小值为−3 228 kN/m。由图 7.65 可得，Q_{13} 最大值为 2 273 kN/m，最小值为−3 833 kN/m。由图 7.66 可得，开挖到 27.7 m 时，弯矩 M_{11} 最大值为 2 356 kN · m/m，最小值为−3 943 kN · m/m。由图 7.67 可得，开挖到 27.7 m 时，轴力 N_2 最大值为 2 965 kN/m，最小值为−3 676 kN/m。由图 7.68 可得，Q_{13} 最大值为 2 097 kN/m，最小值为−2 868 kN/m。

4. 土体位移

在基坑开挖的过程中，土体卸载，导致地连墙产生侧向位移，引起坑底的土体隆起，地连墙后土体发生变形。墙后土体变形主要体现在地表沉降和侧向位移。墙后地表的变形会对周边环境造成极大的影响，是本工程建设中的风险点和重点。

(1)开挖到 5.7 m 的位移如图 7.69～图 7.72 所示。

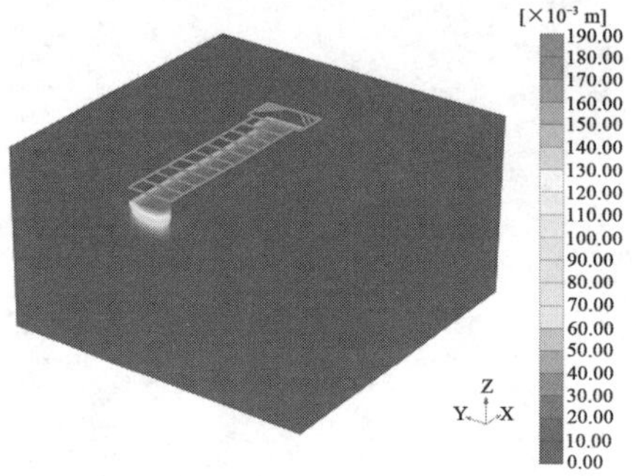

图 7.69　土体总位移云图

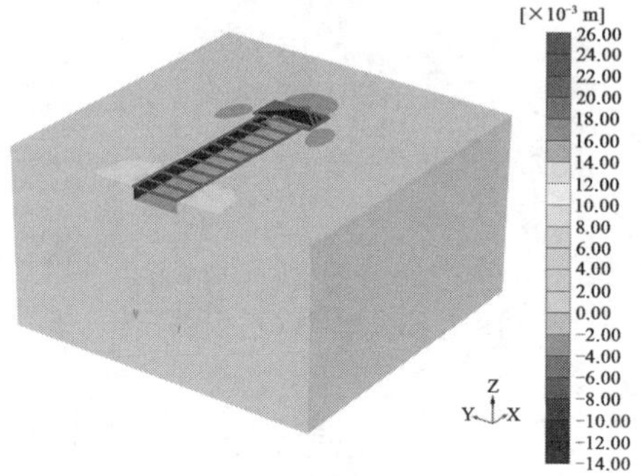

图 7.70　土体 U_x 云图

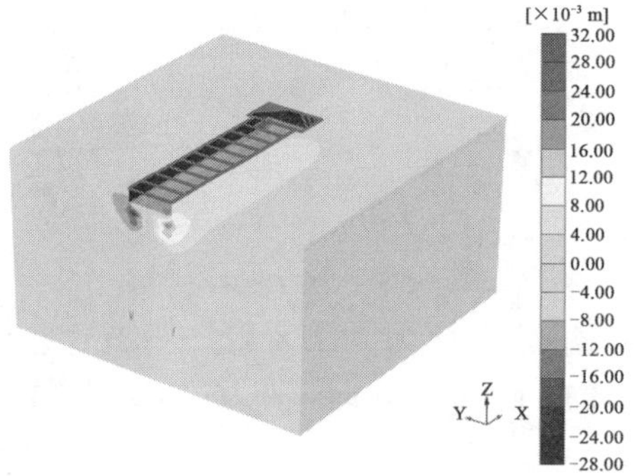

图 7.71　土体 U_y 云图

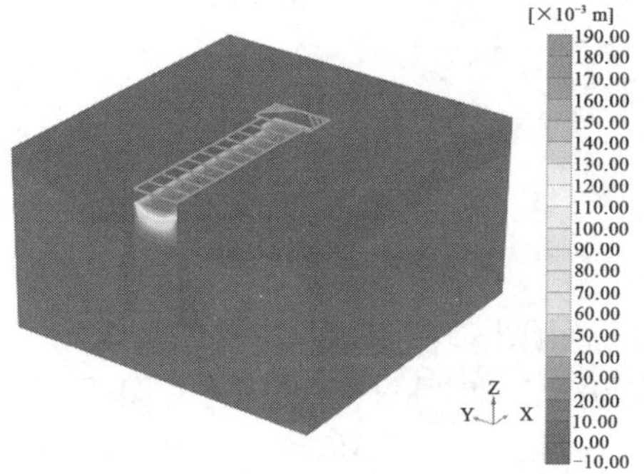

图 7.72　土体 U_z 云图

(2)开挖到 14.5 m 的位移如图 7.73～图 7.76 所示。

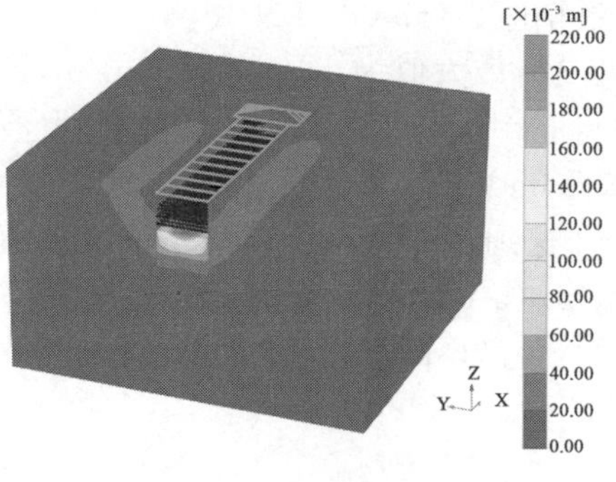

图 7.73　土体总位移云图

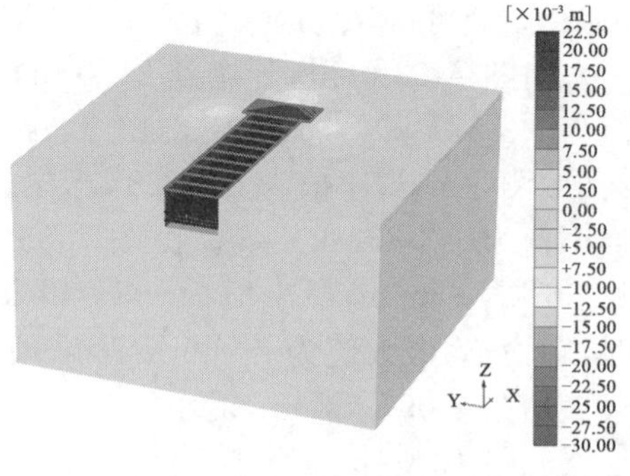

图 7.74　土体 U_x 云图

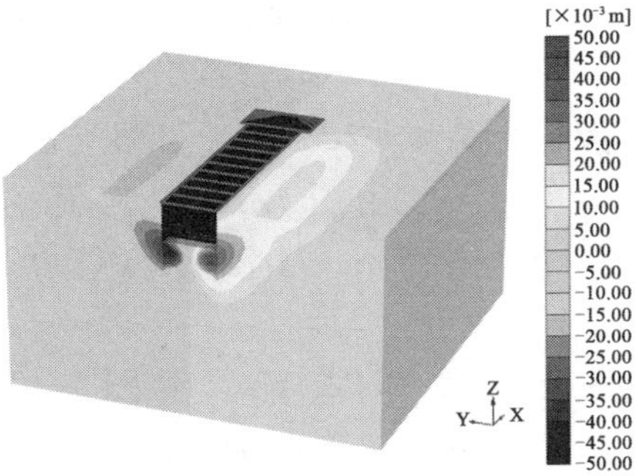

图 7.75 土体 U_y 云图

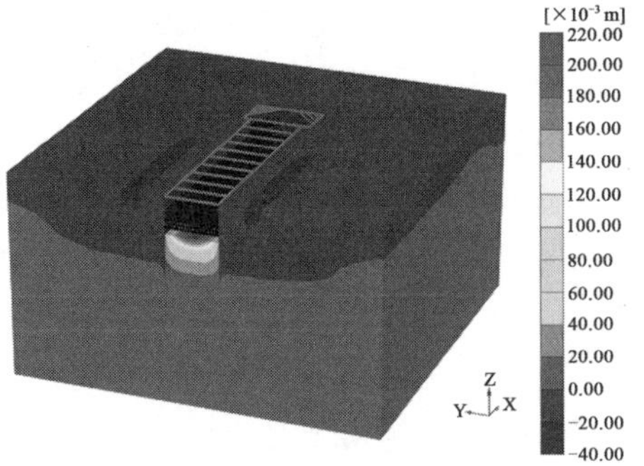

图 7.76　土体 U_z 云图

(3)开挖到 27.7 m 的位移如图 7.77～图 7.80 所示。

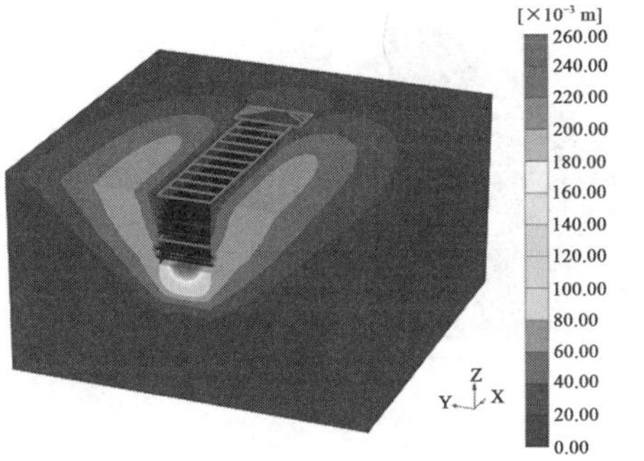

图 7.77　土体总位移云图

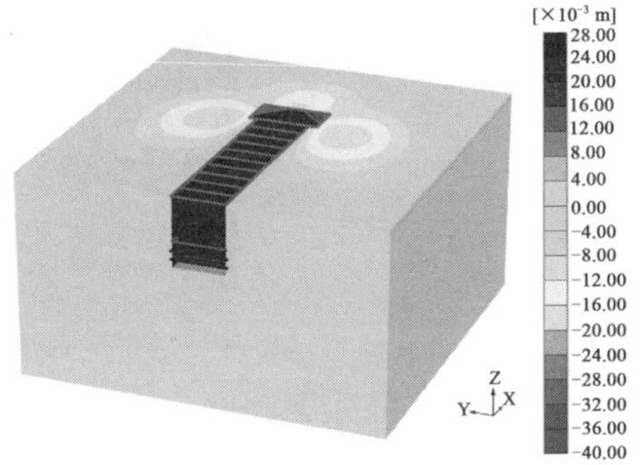

图 7.78　土体 U_x 云图

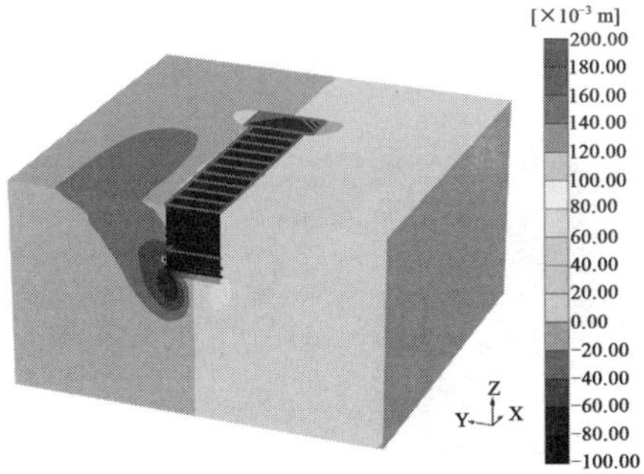

图 7.79　土体 U_y 云图

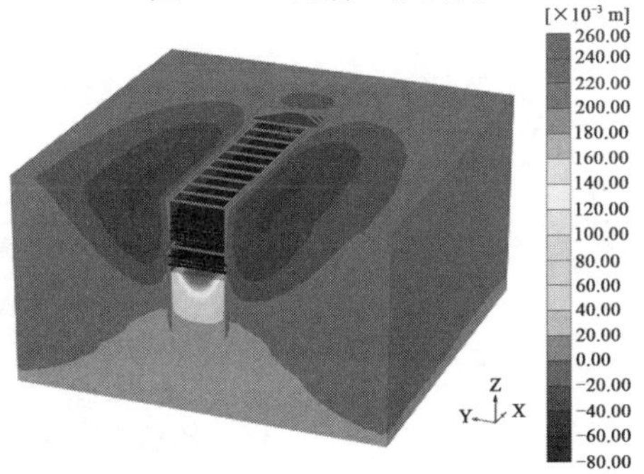

图 7.80　土体 U_z 云图

由图 7.69 可得，开挖到 5.7 m 时，总位移最大值为 0.181 7 m。由图 7.70 可得，U_x 最大值为 0.025 22 m，最小值为－0.013 72 m。位移正数表示土体向上隆起，位移负数表示土体沉降，下同。由图 7.71 可得，开挖到 5.7 m 时，U_y 最大值为

0.028 69 m，最小值为−0.025 48 m。由图 7.72 可得，U_z 最大值为 0.181 7 m，最小值为−0.007 057 m。

由图 7.73 可得，开挖到 14.5 m 时，总位移最大值为 0.208 3 m。由图 7.74 可得，U_x 最大值为 0.019 99 m，最小值为−0.028 72 m。由图 7.75 可得，开挖到 14.5 m 时，U_y 最大值为 0.046 1 m，最小值为−0.046 77 m。由图 7.76 可得，U_z 最大值为 0.208 3 m，最小值为−0.021 94 m。

由图 7.77 可得，开挖到 27.7 m 时，总位移最大值为 0.249 6 m。由图 7.78 可得，U_x 最大值为 0.024 94 m，最小值为−0.036 93 m。由图 7.79 可得，开挖到 27.7 m 时，U_y 最大值为 0.190 2 m，最小值为−0.081 88 m。由图 7.80 可得，U_z 最大值为 0.249 6 m，最小值为−0.062 17 m。

(4) X=1 m 处，开挖到坑底，土体总位移如图 7.81 所示。

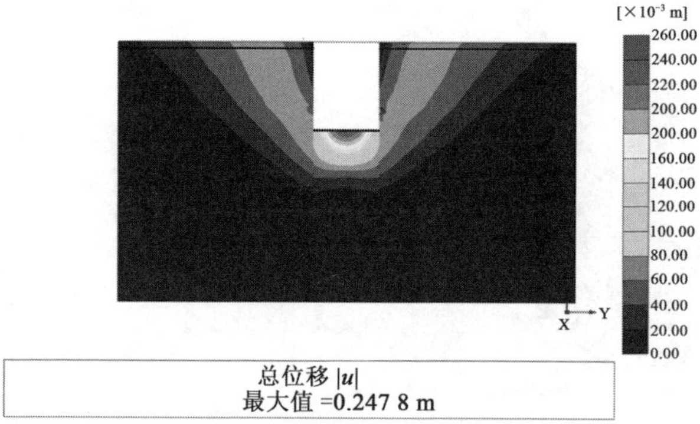

图 7.81 开挖到坑底，土体总位移云图

①地表竖向位移如图 7.82 所示。

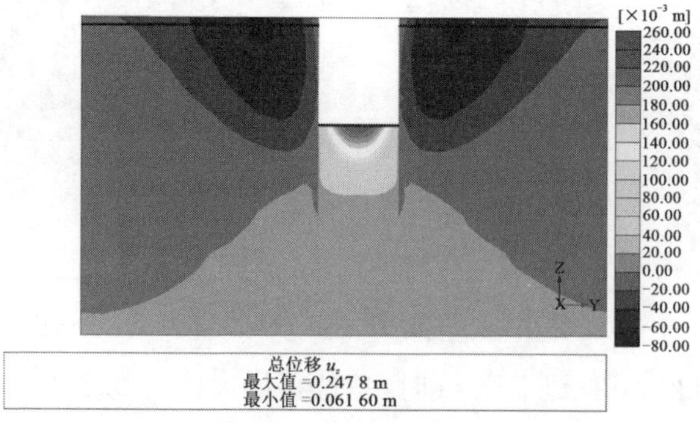

图 7.82 开挖到坑底，土体竖向位移云图

由图 7.83 可知:墙后竖向沉降为凹槽型,当基坑开挖到坑底(27.7 m)时,最大沉降达到 61.6 mm,最大沉降与开挖深度的比值为 0.222%,最大沉降位置在离开地连墙 15.3 m 的位置。不同开挖深度下,最大沉降位置从墙后 10.84 m～15.3 m。随着基坑开挖深度的不断变大,最大沉降点的位置从距离基坑 10.84 m 向 15.3 m 处移动。基坑开挖对围护结构后地表的沉降影响范围为 50 m。

②地表水平位移如图 7.84 所示。

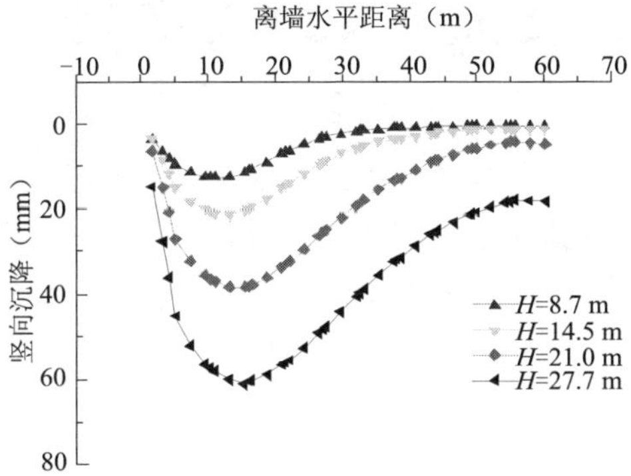

图 7.83　不同开挖深度下墙后地表竖向沉降

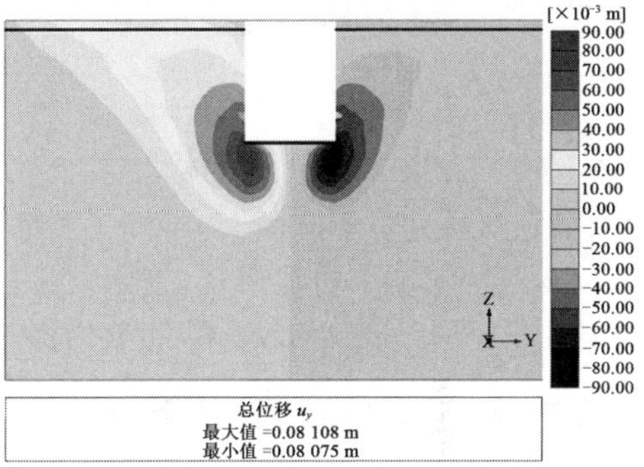

图 7.84　开挖到坑底,土体水平位移云图

由图 7.85 可知:墙后竖向沉降为凹槽型,当基坑开挖到坑底(27.7 m)时,最大水平达到 31.87 mm,最大水平位置在离开地连墙 21.97 m 的位置。不同开挖深度下,最大水平位置从墙后 15.28 m～21.97 m。

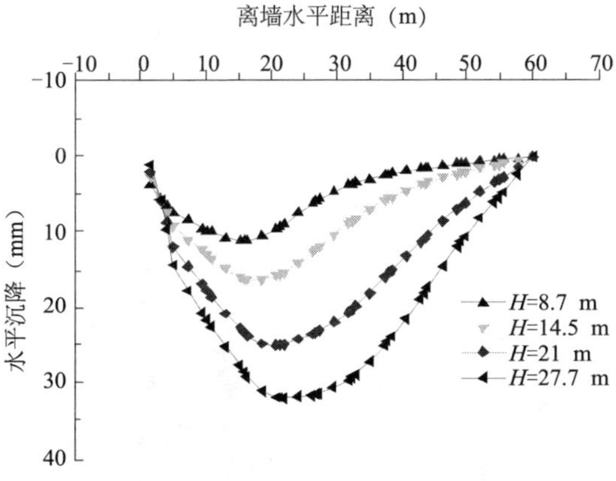

图 7.85　不同开挖深度下墙后地表竖向沉降

(5)$Y=0$ m 处

在 $Y=0$ 处,开挖到坑底,土体总位移云图和竖向(U_z 方向)位移云图如图 7.86和图 7.87 所示。

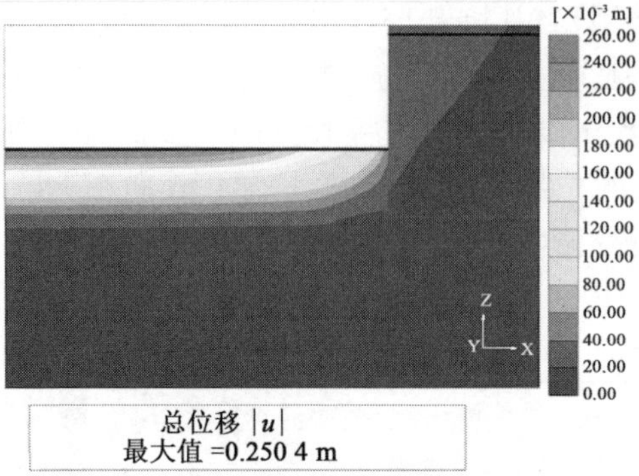

图 7.86 开挖到坑底，土体土体总位移云图

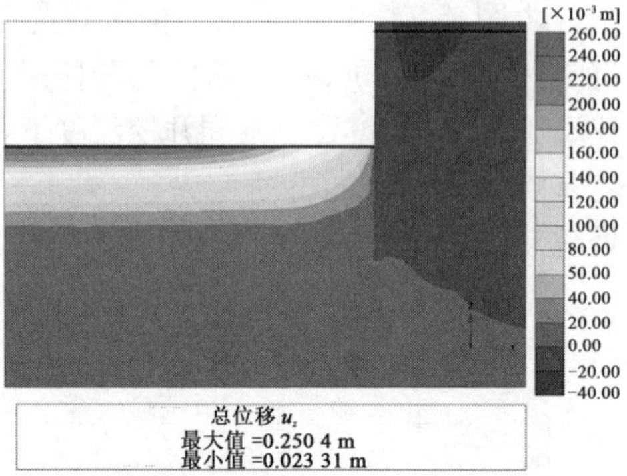

图 7.87 开挖到坑底，土体竖向(U_z 方向)位移云图

综上，通过对不同断面，不同工况条件下基坑周边地表沉降分析结果与第五章基坑变形实测结果对比可知，有限元分析结果与实测结果较为吻合，可以定性的描述各工况下基坑的变形规律，能够为深基坑施工及变形控制提供借鉴。

7.3.7 ⑥$_{2T}$层降压对土体的影响

在⑥$_{2T}$层降压前后土体总位移如图 7.88 和图 7.89 所示，降压前后距墙体不同部位的总位移和坑底隆起总位移如图 7.90 和图 7.91 所示。

由图 7.90 可知：降压前地表最大总位移为 43.8 mm，降压后地表最大总位移为 48.1 mm，降压后的地表最大总位移增加 10%。降压前地表最大总位移趋于平稳的时候的值为 4.32 mm，降压后地表最大总位移趋于平稳的时候的值为 9.64 mm，降压后的地表最大总位移增加 1.23 倍。由以上数据分析可得，⑥$_{2T}$层承压水降压导致地表沉降加大。由图 7.91 可知：降压前坑底隆起总位移为 198.7 mm，降压后坑底隆起最大总位移为 193.6 mm，降压后的坑底隆起最大总位移减小 2.6%。⑥$_{2T}$层承压水降压有助于控制坑底隆起。

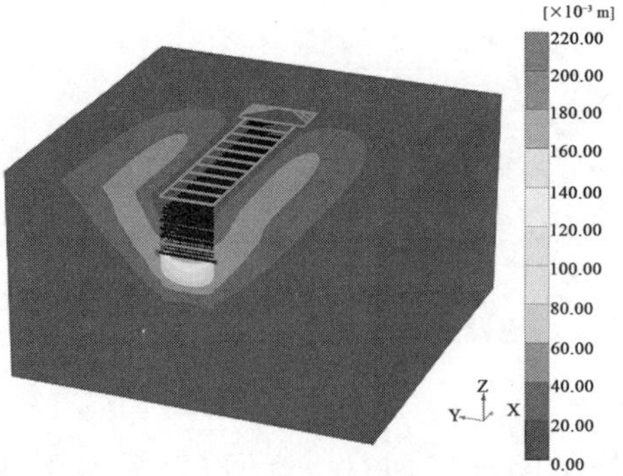

图 7.88 降压前土体总位移图

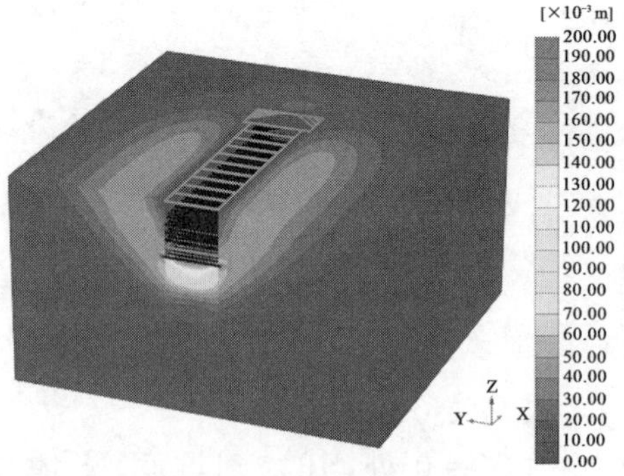

图 7.89 降压后土体总位移图

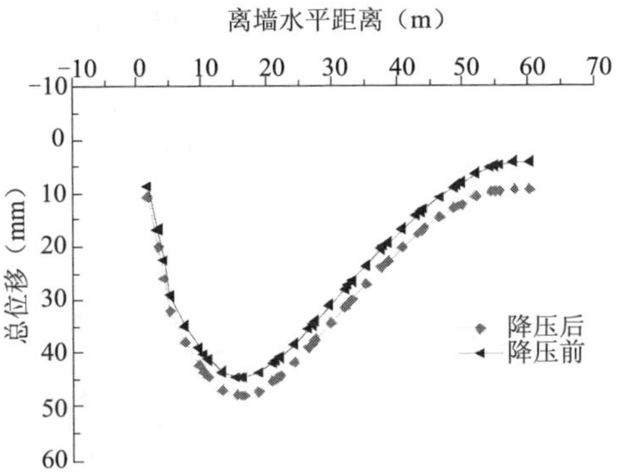

图 7.90　降压前后墙后总位移对比

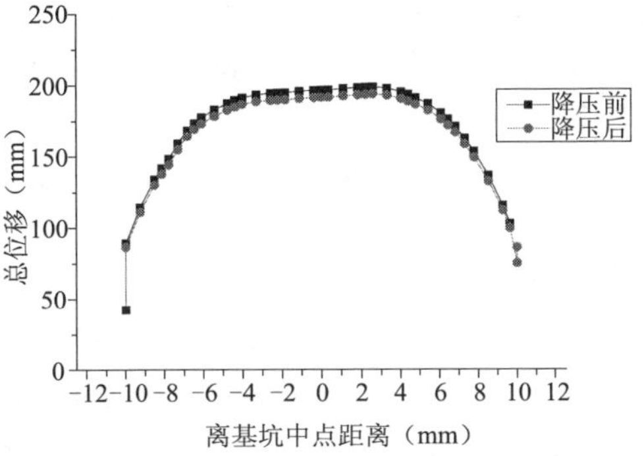

图 7.91　降压前后坑底隆起总位移对比

7.3.8　⑧$_1$层降压对土体的影响

在⑧$_1$层降压前后土体总位移如图 7.92 和图 7.93 所示，降压前后距墙体不同部位的总位移和坑底隆起总位移如图 7.94 和图 7.95 所示。

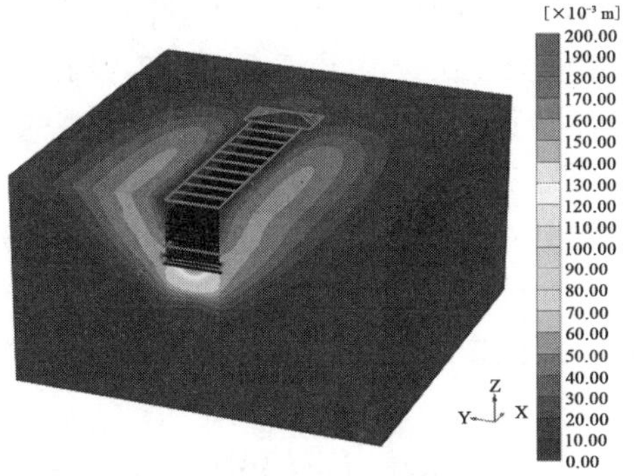

图 7.92　降压前后墙后总位移对比

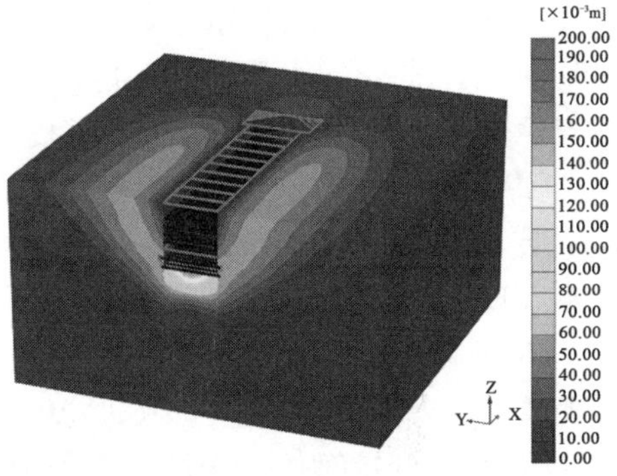

图 7.93　降压前后坑底隆起总位移对比

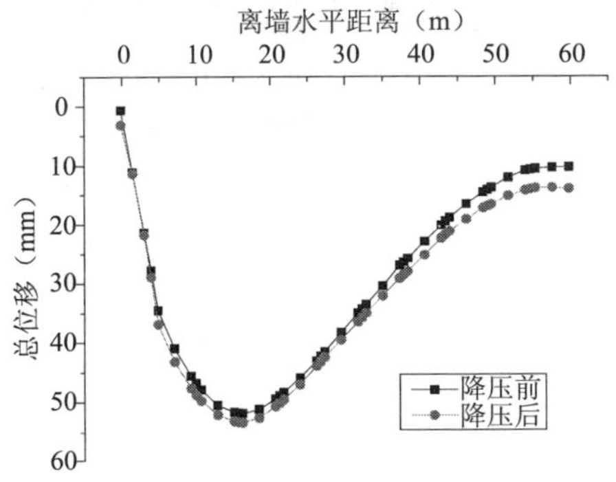

图 7.94　降压前后墙后总位移对比

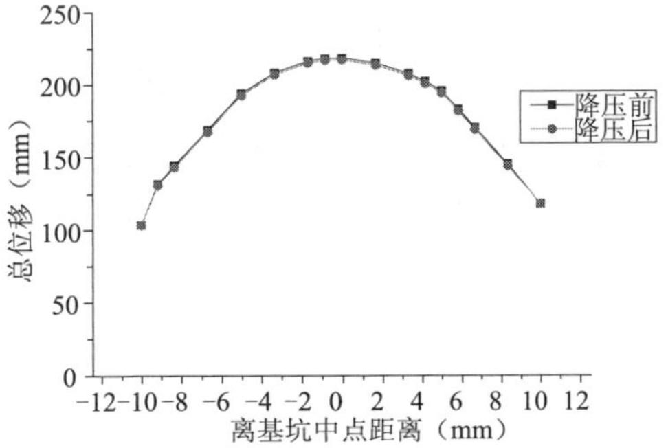

图 7.95　降压前后坑底隆起总位移对比

由图 7.94 可知：降压前地表最大总位移为 51.9 mm，降压后地表最大总位移为 53.4 mm，降压后的地表最大总位移增加 2.9%。降压前地表最大总位移趋于平稳的时候的值为 10.3 mm，降压后地表最大总位移趋于平稳的时候的值为 14.0 mm，降压后的地表最大总位移增加 35.9%。由以上数据分析可得，⑧$_1$层承压水降压导致地表沉降加大。⑧$_1$层承压水降压的幅度较⑥$_{2T}$层承压水降压幅度小，因此⑧$_1$层承压水降压后对土体的影响较⑥$_{2T}$层承压水大。

由图 7.95 可知：降压前坑底隆起总位移为 218.6 mm，降压后坑底隆起最大总位移为 217.1 mm，降压后的坑底隆起最大总位移减小 0.6%。⑥$_{2T}$层承压水降压有效的降低了坑底隆起量。⑧$_1$层承压水降压后对土体的影响较⑥$_{2T}$层降水幅度大于⑧$_1$层，因此⑧$_1$层隆起量降幅减小。

综上，本章以宁波轨道交通 3 号线仇毕站深基坑工程为例，在不考虑回灌条件下，利用 ModFlow 软件建立了抽水试验模型，重新提出了减压降水方案，再利用 Plaxis 3D 有限元软件，对考虑承压水降水的深基坑施工进行了模拟，主要结论如下：

(1)仇毕站⑥$_{2T}$层导水系数为 5.17 m^2/d，贮水系数为 0.258 82，渗透系数为 1.67 m/d。⑧$_1$层导水系数为 2.49 m^2/d，贮水系数为 0.054 40，渗透系数为 3.34 m/d。影响半径 R=500 m，为基坑抗突涌提供了设计参数。

(2)根据数值模拟，为防止基坑突涌做如下处理：对⑥$_{2T}$层用地下连续墙穿透承压层，坑内设置 8 口减压井，2 口观测兼备用井；对⑧$_1$层采用降压方法，坑外设置 4 口减压井、2 口观测兼备用井来减压。

(3)有限元分析结果与实测结果较为吻合，可以定性地描述各工况下基坑的变形规律，能够为深基坑施工及变形控制提供借鉴。

(4)基坑开挖时候对于坑内水处理的办法是：开挖土块以下的深度大于坑内外水头差值 1.5 倍的区域土设置成内插。承压水层降压的处理办法是：将承压水层的水头降低实际工况，并且将承压水层上下两层土层的水头设置为内插，不然极易出现不收敛的情况。

(5)⑥$_{2T}$层承压水降压，会导致地表最大总位移增加 10%，坑底隆起最大总位移减小 2.6%。⑧$_1$层承压水降压，会导致地表最大总位移增加 2.9%，坑底隆起最大总位移减小 0.6%。

第 8 章　软土地铁车站深基坑位移反分析研究

深基坑工程的现场监控技术已日益引起工程师们的重视，并在很多重大工程中得到广泛的应用。目前，现场监测已得到普遍重视和应用，而如何利用监测信息实现控制还主要凭借经验。所谓“收敛约束法”、“监控设计法”等关于地下工程的设计思想虽早已提出，但至今尚没有一套实现这种思想的有效方法。反分析则逐渐成为实现反馈分析和对岩土工程进行动态监控的一种有效手段。

基坑围护结构体系是一个由多种介质组成的高度复杂的空间系统，基坑支护和周围土体的变形是多种因素共同作用的结果。由于土体固有力学性质的离散性及施工过程存在种种不确定的因素，基坑支护和周围地层的变形很难借助于数值计算较为精确地进行定量描述。

挡土结构内力分析是基坑工程设计中的重要内容。随着基坑工程的发展和计算技术的进步，挡土结构的内力分析方法也经历了不同的发展阶段，从早期的古典分析方法到解析方法再到复杂的数值分析方法。古典分析方法主要包括平衡法、等值梁法、塑性铰法等；解析方法主要有山肩帮男法、弹性法、弹塑性法等。古典分析方法和解析方法由于自身理论的局限性，现在已应用得很少，目前常用的内力分析方法主要有弹性地基梁法和连续介质有限元法。

基坑工程设计中，由于弹性地基梁法具有计算模式明确、计算过程简单及结果比较符合实际的优点，且能同时模拟和计算基坑围护结构的内力和变形，备受工程设计人员的欢迎，因而在实际工程中已成为一种重要的设计方法。其中的 m 法由于较符合软土地区基坑工程的实际而在工程界中得到广泛应用。

大量工程实践和计算结果表明，地基土水平抗力系数的比例系数 m 值对围护结构的受力变形影响很大，它的取值直接关系和影响着计算结果，已成为 m 法中最关键的问题。然而，m 值是一个较难确定的土性参数，其与土体的类别、物理性质、结构物的土面位移、入土深度、抗弯刚度、应力水平、应力状态等有关。由于试验条件的限制，m 值不能通过室内试验得到，目前工程实践中往往由技术人员根据经验取值，大多规范手册虽给出了参考值，但提供的只是一个变化范围，而各个地区土层的土体性质差异很大，使得 m 值的确定具有较大的随意性。在很多情况下，地基土 m 值反映了土的流变性和时空效应，因此其可靠的取值方法应结合基坑现场实测数据进行反演分析。

利用基坑施工中已完成工况的实测位移，通过非线性优化方法反演得到地基土的 m 值，并以优化后的 m 值来预测下一工况支护结构体系的内力和变形，实现动态优化设计，从而使地基土 m 值的确定更符合工程实际，同时有助于地区工程经验的积累。

为了进一步了解宁波软土地区深基坑工程的变形性状，同时为地层相近或附近地区深基坑围护结构的设计提供参考和依据，本章结合仇毕站附属基坑工程实例，利用 FRWS 4.0 深基坑支挡结构分析计算软件和现场实测数据，开展该基坑涉及的主要土层 m 值的优化反演分析，得到了一些有益的结论，对地层相近或附近地区深基坑工程的勘察、设计工作具有一定的借鉴意义。

8.1 现有方法及评价

目前，土体 m 值的确定方法主要有单桩水平静载试验法、经验查表法和经验公式计算法。用单桩水平静载试验法确定的 m 值比较可信，但试验费用较大、工期较长，一般工程往往不会采用；用经验查表法及经验公式计算法简单方便，但 m 值的确定随意性较大。

(1)单桩水平静载试验法

直接在现场进行单桩水平静载试验，根据试验成果按《建筑桩基技术规范》(JGJ 94—2008)给出的公式计算开挖面以下土的水平抗力系数的比例系数 m。

$$m=\frac{\left(\dfrac{H_{\mathrm{cr}}}{x_{\mathrm{cr}}}v_x\right)^{\frac{5}{3}}}{b_0\ (EI)^{\frac{2}{3}}} \tag{8.1}$$

式中：H_{cr}——单桩水平临界荷载(MN)；

x_{cr}——单桩水平临界荷载对应的位移(m)；

v_x——桩顶水平位移系数，可按表 8.1 采用(先假定 m，试算 α)；

b_0——桩身计算宽度(m)；

EI——桩身抗弯刚度。

表 8.1 桩顶水平位移系数 v_x 表

换算深度 αh_{d}	≥4.0	3.5	3.0	2.8	2.6	2.4
v_x	2.441	2.502	2.727	2.905	3.163	3.526

注：表中 $\alpha=\sqrt[5]{\dfrac{mb_0}{EI}}$。

(2)经验查表法

当无静载试验资料时,可由工程技术人员根据不同国家行业标准查表确定,具体见表 8.2～表 8.5。其中表 8.2 根据《铁路桥涵地基和基础设计规范》(J 464—2005)查得,表 8.3 根据《公路桥涵地基与基础设计规范》(JTG D63—2007)查得,表 8.4 根据《港口工程桩基规范》(JTS 167—4—2012)查得,表 8.5 根据《建筑桩基技术规范》(JGJ 94—2008)查得。

表 8.2　非岩石地基的 m 值(铁路桥涵基础设计采用)

序号	土的名称	m(kPa/m²)
1	流塑黏性土、淤泥	3 000～5 000
2	软塑黏性土、粉砂、粉土	5 000～10 000
3	硬塑黏性土、细砂、中砂	10 000～20 000
4	坚硬黏性土、粗砂	20 000～30 000
5	角砾土、圆砾土、碎石土、卵石土	30 000～80 000
6	块石土、漂石土	80 000～120 000

注:1. 本表可用于结构在地面处水平位移最大值不超过 6 mm 的情况,当位移较大时应适当降低;
2. 当基础侧面设有斜坡或台阶,且其坡度或台阶总宽度与地面以下或局部冲刷线以下深度之比大于 1∶20 时,m 值应减小一半。

表 8.3　非岩石类土的 m 值(公路桥涵基础设计采用)

土的名称	m (kN/m⁴)	土的名称	m (kN/m⁴)
流塑黏性土 $I_L>1.0$,软塑黏性土 $1.0\geqslant I_L>0.75$,淤泥	3 000～5 000	坚硬、半坚硬黏性土 $I_L\leqslant 0$,粗砂,密实粉土	20 000～30 000
可塑黏性土 $0.75\geqslant I_L>0.25$,粉砂,稍密粉土	5 000～10 000	砾砂,角砾,圆砾,碎石,卵石	30 000～80 000
硬塑黏性土 $0.25\geqslant I_L\geqslant 0$,细砂,中砂,中密粉土	10 000～20 000	密实卵石夹粗砂,密实漂石、卵石	80 000～120 000

注:1. 本表用于基础在地面处位移最大值不超过 6 mm 的情况,当位移较大时,应适当降低;
2. 当基础侧面设有斜坡或台阶,且其坡度(横∶竖)或台阶总宽与深度之比大于 1∶20 时,表中 m 值应减小 50%取用。

表 8.4 非岩石类土的 m 值(港口工程基础设计采用)

序号	地基土类别	预制混凝土桩、钢桩		灌注桩	
		m 值 (MN/m^4)	对应桩在泥面处水平位移 (mm)	m 值 (MN/m^4)	对应桩在泥面处水平位移 (mm)
1	淤泥;淤泥质土	2～4.5		2.5～5	
2	流塑($I_L>1$)、软塑($0.75<(I_L\leqslant1$)状黏性土;$e>0.9$ 粉土;松散粉细砂;松散填土	4.5～6	10	3～5	6
3	可塑($0.25<I_L\leqslant0.75$)状黏性土;$e=0.7\sim0.9$ 粉土;稍密或中密填土;稍密细砂	6～10		5～10	
4	硬塑($0<I_L\leqslant0.25$)、坚硬(($I_L\leqslant0$)状黏性土;$e<0.7$ 粉土;中密的中粗砂;密实老填土	10～22		10～30	
5	中密、密实的砾砂、碎石类土	—	—	30～80	

注:1. 水平位移大于表列数值时 m 值应适当降低,水平位移小于表列数值时 m 值可适当提高;
2. 泥面为斜面时 m 值应适当降低;
3. 水平力为长期荷载时 m 值应适当降低。

表 8.5 地基土水平抗力系数的比例系数 m 值(工民建基础设计采用)

序号	地基土类别	预制桩、钢桩		灌注桩	
		m (MN/m^4)	相应单桩在地面处水平位移 (mm)	m (MN/m^4)	相应单桩在地面处水平位移 (mm)
1	淤泥;淤泥质土;饱和湿陷性黄土	2～4.5	10	2.5～6	6～12
2	流塑($I_L>1$)、软塑($0.75<I_L\leqslant1$)状黏性土;$e>0.9$ 粉土;松散粉细砂;松散、稍密填土	4.5～6	10	6～14	4～8
3	可塑($0.25<I_L\leqslant0.75$)状黏性土、湿陷性黄土;$e=0.75\sim0.9$ 粉土;中密填土;稍密细砂	6～10	10	14～35	3～6
4	硬塑($0<I_L\leqslant0.25$)、坚硬($I_L\leqslant0$)状黏性土、湿陷性黄土;$e<0.75$ 粉土;中密的中粗砂;密实老填土	10～22	10	35～100	2～5

续上表

序号	地基土类别	预制桩、钢桩		灌注桩	
		m（MN/m^4）	相应单桩在地面处水平位移（mm）	m（MN/m^4）	相应单桩在地面处水平位移（mm）
5	中密、密实的砾砂、碎石类土			100～300	1.5～3

注：1. 当桩顶水平位移大于表列数值或灌注桩配筋率较高（≥0.65%）时，m 值应适当降低；当预制桩的水平向位移小于 10 mm 时，m 值可适当提高。

2. 当水平荷载为长期或经常出现的荷载时，应将表列数值乘以 0.4 降低采用。

3. 当地基为可液化土层时，应将表列数值乘以《建筑桩基技术规范》（JGJ 94—2008）表 8.3.12 中相应的土层液化折减系数 ψ_1。

（3）经验公式计算法

地基土水平抗力系数的比例系数 m 值宜按桩的水平静载试验及地区经验取值，缺少试验和经验时，可根据《建筑基坑支护技术规程》（JGJ 120—2012）的经验公式计算：

$$m=\frac{0.2\varphi^2-\varphi+c}{v_b} \tag{8.2}$$

式中：c、φ——土的固结不排水（快）剪的黏聚力（kPa）、内摩擦角（°），对多层土，按不同土层分别取值；

v_b——挡土构件在坑底处的水平位移量（mm），当此处的水平位移不大于 10 mm 时，可取 $v_b=10$ mm。

8.2 弹性地基梁法

8.2.1 计算原理与简图

基坑工程弹性地基梁法假定挡土结构为平面应变问题，沿基坑纵向取单位宽度的支护结构作为竖向放置的弹性地基梁，支撑简化为弹性支座，基坑内侧开挖面以下土体视作土弹簧，基坑外侧作用已知的水、土压力。图 8.1 为现场规范推荐和工程界通用的平面弹性地基梁法典型的计算简图。

取长度为 b_0 的围护结构作为分析对象，开挖面以上和开挖面以下的挠曲微分方程分别如式（8.3）和式（8.4）所示。

$$EI\frac{d^4y}{dz^4}-e_a(z)=0\quad(0\leqslant z\leqslant h_n) \tag{8.3}$$

$$EI\frac{d^4y}{dz^4}+mb_0(z-h_n)y-e_a(z)=0\quad(z\geqslant h_n) \tag{8.4}$$

式中：h_n ——第 n 步的基坑开挖深度；

EI ——支护结构的抗弯刚度；

y ——支护结构的侧向位移；

z ——计算点深度；

$e_a(z)$ —— z 深度处的主动土压力；

m ——地基土水平抗力系数的比例系数。

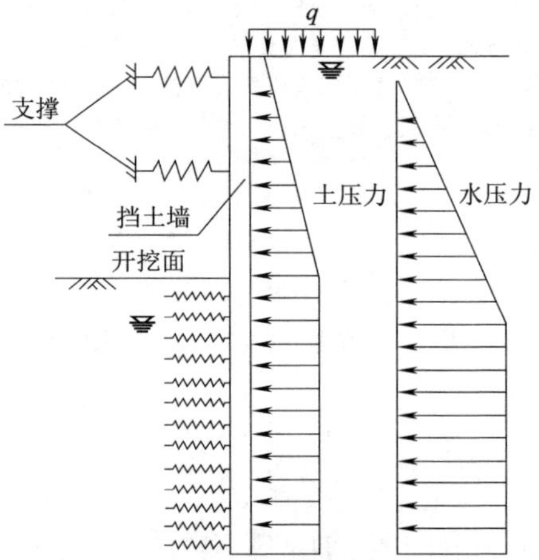

图 8.1 弹性地基梁法计算简图

弹性地基梁法一般可采用杆系有限元方法求解，考虑土层的分层（m 值不同）及水平支撑的实际情况，沿着竖向将弹性地基梁划分成若干单元，列出每个单元的上述微分方程，进而解得单元的位移和内力。当分析多道支撑分层开挖时，根据基坑各个施工工况的顺利进行支护结构的内力和变形计算，计算中要考虑不同工况下荷载形式、边界条件等因素的变化，同时应取上一工况求出的位移作为计算下一工况围护结构位移的初始值。

8.2.2 弹性支座反力

支撑简化为弹性支座，第 i 道支撑的弹性支座反力可由下式计算：

$$T_i = K_{Bi}(y_i - y_{0i}) \tag{8.5}$$

式中：K_{Bi} ——第 i 道支撑的弹簧刚度；

y_i ——第 i 道支撑处的侧向位移；

y_{0i} ——第 i 道支撑设置之前该处的侧向位移。

对于钢支撑或钢筋混凝土支撑，其等效刚度可由式(8.6)计算确定：

$$K_{Bi} = EA/SL \tag{8.6}$$

式中：E ——支撑材料的弹性模量；

A ——支撑截面面积；

S ——支撑水平间距；

L ——支撑的计算长度。

当采用主体结构的梁板作为水平支撑时，其等效刚度可由式(8.7)计算确定：

$$K_{Bi} = EA/L \tag{8.7}$$

式中：L ——支撑楼板的计算长度，一般可取开挖宽度的一半。

8.2.3　地基土水平抗力系数

弹性地基梁法中采用土弹簧来模拟土对支护结构的抗力(即地基反力)，地基反力可由地基土水平抗力系数与对应深度处支护结构的变形的乘积确定。按照地基土水平抗力系数随深度的不同分布形成几种不同的方法，地基土水平抗力系数的五种不同分布形式如图 8.2 所示，其通式如下：

$$k_H = A_0 + kz^n \tag{8.8}$$

式中：A_0 ——开挖面或地面处的地基土水平抗力系数，一般取零；

k ——比例系数；

z ——距离开挖面或地面的深度；

n ——指数，反映地基土水平抗力系数随深度而变化的情况。

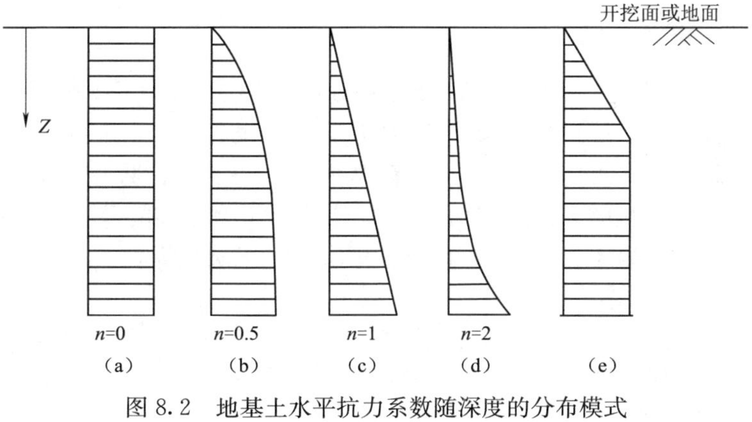

图 8.2　地基土水平抗力系数随深度的分布模式

根据指数 n 的取值不同，将图 8.2 中(a)、(b)、(d)的计算方法分别称为张有龄法、C 法和 K 法。在图 8.2(c)中，取指数 $n = 1$ ，$A_0 = 0$ ，则：

$$k_H = kz \tag{8.9}$$

此式表明地基土水平抗力系数随深度线性增大，由于我国以往应用这种分布形式时，用比例系数 m 代替 k ，即 $k_H = mz$ ，故通称为 m 法。

8.3 位移反分析法

反分析有基于应力量测和基于位移量测两类基本方法。基于应力量测的反分析方法——应力反分析法，因应力量测技术复杂且可靠性较差，计算较繁而较少采用；基于位移量测的反分析方法——位移反分析法，由于位移信息较易获取且方法简单，适应性广，在岩土工程中得到广泛应用。岩土工程中的位移反分析方法有多种，按其求解特点可归结为三大类：(1)反演法。直接建立基本控制过程的逆方程，通过最小二乘解由量测位移反求待定参数。(2)直接解法(或正演优化法)。在可能的上下界范围内，首先给定各参数的试探值(初值)，通过迭代运算和误差函数的优化技术求得反演参数的最佳值。(3)考虑先验误差信息的“贝叶斯方法”和“卡曼滤波法”。

所谓位移反分析法，即以实测位移信息为基础，选择合适的围护结构和土体的力学模型及相应的边界条件，构成使实测位移与计算位移尽量一致的目标函数，利用非线性优化技术来反演待求的土体参数的方法。本章选择弹性地基梁法中的 m 法为力学模型，输入基坑工程某一工况下的实测位移，采用合适的目标函数来反演地基土水平抗力系数的比例系数 m 值，并利用反演优化后的 m 值对下一工况支护结构体系的受力变形进行预测。

8.3.1 目标函数

结合深基坑支挡结构分析和非线性优化方法，建立基于实测位移的地基土 m 值的位移反分析法。通过不断修正给定的初值(即勘察报告提供的设计参数建议值)，使得计算位移尽可能接近实测位移，从而获得与实测位移相适应的能综合反映土体实际工作性状的 m 值。为了使计算位移与实测位移的差异达到最小，只需两者偏差的平方和最小，故可取位移反分析法的目标函数为：

$$f=\sum_{j=1}^{M}\sum_{i=1}^{N}\left(u_{i(j)}-u_{i(j)}^{*}\right)^{2} \tag{8.10}$$

式中：M——工况数；

N——测点总数；

$u_{i(j)}$——测点 i 在 j 工况的水平位移实测值(mm)；

$u_{i(j)}^{*}$——测点 i 在 j 工况的水平位移计算值(mm)。

8.3.2 m 取值范围

为了使反演分析中 m 值的解能够很好地收敛，合理设定 m 值的取值范围是需要重点考虑的问题。实际上由于 m 值是具体土层物理力学性质的反映，根据原位测试资料，并结合地方经验可以大致确定其变化区间，即存在如下的约束条件：

$$m_i^{\min} \leqslant m_i \leqslant m_i^{\max} \quad (i=1,2,3,\cdots,n) \tag{8.11}$$

式中：$m_i^{\min}$、$m_i^{\max}$ 分别为 m_i 的上、下限值。

基于土层参数 m_i 的目标优化函数可表示为：

$$\min f(m_1, m_2, \cdots, m_i, \cdots, m_n) \tag{8.12}$$

式(8.12)是一个无约束最优化问题，结合式(8.11)的约束条件构成了一个有约束非线性规划问题。为避免其求解时的复杂性，减少优化计算时间，同时使反演分析得到的优化 m 值符合实际，必须合理设定参数的上、下限值。m 值的上、下限范围不能给的太宽，太宽则计算时间较长，也不宜太窄。本工程计算中，m_i 的初值取勘察报告提供的设计参数建议值，$m_i^{\min}$、$m_i^{\max}$分别取勘察报告提供的设计参数建议值的 0.5 倍和 1.5 倍。

8.3.3　优化方法确定

尽管目前已有多种优化方法可解决非线性规划问题，但尚没有一种算法能在各种情况下都适用。位移反分析过程中可用的优化方法有：单纯形法、复合形法、变尺度法、Powell 法、共轭梯度法、罚函数法、变量轮换法、模式搜索法、遗传算法、人工神经网络法、阻尼最小二乘法、模拟退火算法等。

由于上文采用的目标函数 f 的导数无法直接求得，其梯度并不能写出解析形式，而单纯形法在计算中，只需用到函数值，不需要计算目标函数的导数，比较简单，且稳定性好，因此本书选用单纯形法作为反演分析求解中的优化方法。

1947 年 Dantzig 在自己研究的基础上，结合前人的工作创建了求解线性规划问题的单纯形法。单纯形法是位移反分析法中迫使误差函数逐步趋于极小的一种有效方法，其基本思想是通过对 n 维空间上 $n+1$ 个顶点构成的单纯形各顶点目标函数值的比较，采用反射、扩张、收缩和缩小边长 4 个搜索步骤来去掉最坏点，代以新的较好点，逐步逼近极小点。单纯形法的具体运算过程可查看相关文献。

8.3.4　计算流程

m 值位移反分析法的计算流程如图 8.3 所示，其中正分析是根据输入的 m 值由同济启明星 FRWS 4.0 深基坑支挡结构分析计算软件来计算对应的支护结构的水平位移。m 值位移反分析法的基本步骤如下：

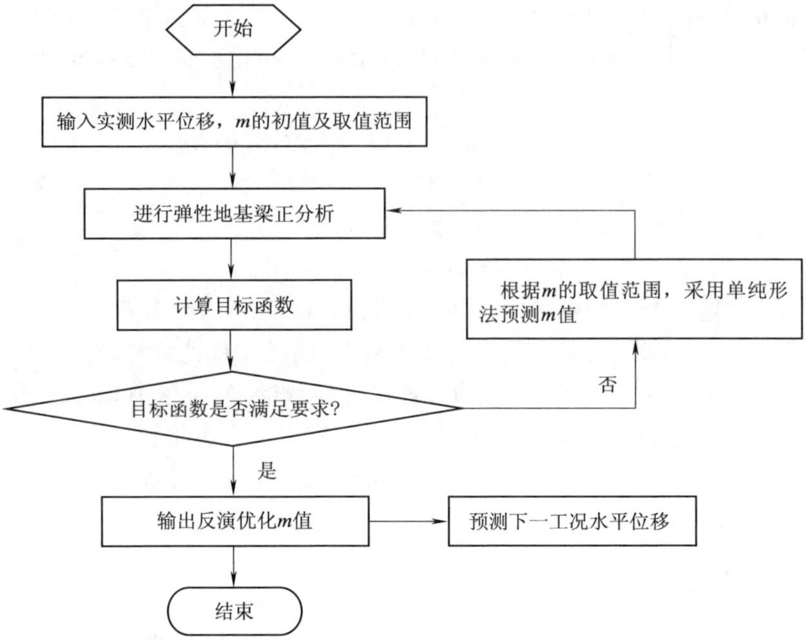

图 8.3 某工况下 m 值位移反分析法计算流程图

(1)根据工程勘察报告提供的各土层的设计参数建议值初步确定地基土水平抗力系数的比例系数 m 值的初值。

(2)由确定的 m 值的初值，利用同济启明星深基坑支挡结构分析计算软件 FRWS 4.0 计算某一工况下支护结构的水平位移。

(3)由计算得到的水平位移 $u_{i(j)}^{*}$ 和相应的实测水平位移 $u_{i(j)}$ 按式(8.10)建立目标函数。

(4)采用单纯形法，通过迭代逐次改进 m 值，求目标函数的极小值，满足收敛精度后得到的 m 值即为反演优化结果。

(5)根据反演优化结果，求解该工况下支护结构的水平位移和内力，并预测下一工况支护结构的位移性态。

8.4 m 值反演分析

8.4.1 工程概况

本节以仇毕站附属结构深基坑为研究背景，其工程水文地质条件及其他内容可详见本书第 2、3 章，同时结合地基土 m 值优化反演分析的需要，依据勘察资料，补充深基坑开挖涉及到的各土层的水平抗力系数的比例系数 m 值和水平基床系

数 K_h 见表 8.6，各施工工况见表 8.7。

表 8.6　各土层 m 值和水平基床系数 K_h

土层	①1	①2	①3	②1	②3	②4	③1	③1b	③2	④2	⑤1
m（MN/m^4）	2.0	4.7	1.9	2.5	1.9	1.9	5.0	3.0	3.0	3.5	6.0
K_h（MN/m^3）	8.0	10.5	6.5	9.0	6.5	6.2	16.0	9.0	9.5	10.0	25.5

表 8.7　仇毕站附属结构基坑施工工况（一级基坑）

工况编号	工况类型	深度（m）	支撑刚度（MN/m^2）	支撑编号	预加轴力（kN/m）
1	开挖	1.42			
2	加撑	0.92	186.67	1	0
3	开挖	5.07			
4	加撑	4.57	204.68	2	210
5	开挖	8.07			
6	加撑	7.57	204.68	3	230
7	开挖	11.37			
8	加撑	10.87	270.6	4	380
9	开挖	14.07			
10	加撑	13.57	270.6	5	390
11	开挖	16.53			
12	换撑	15.73	3 209		
13	拆撑			5	
14	换撑	8.87	1 283		
15	拆撑			3	
16	拆撑			2	
17	换撑	2.62	2 567		
18	拆撑			1	

8.4.2　m 值对围护结构的影响

m 值是弹性地基梁法中的主要参数，其变化有一定的区间，m 值越小表明土质越软。根据仇毕站附属结构基坑设计资料，选取 6 组不同的 m 值，探讨 m 值对围护结构受力变形的影响，如图 8.4～图 8.7 所示。

图 8.4 是考虑 m 值分别为 1、2、4、6、8 和 10(MN/m^4)六种情况下，开挖至坑底时围护结构的位移随深度变化曲线，图 8.5 是不同 m 值所对应的最大位移情况图。由图 8.4 和图 8.5 可知，m 值的大小对围护结构的位移有很大的影响，随着 m 值的增大，围护结构的位移减小，但减小速率逐渐变缓。

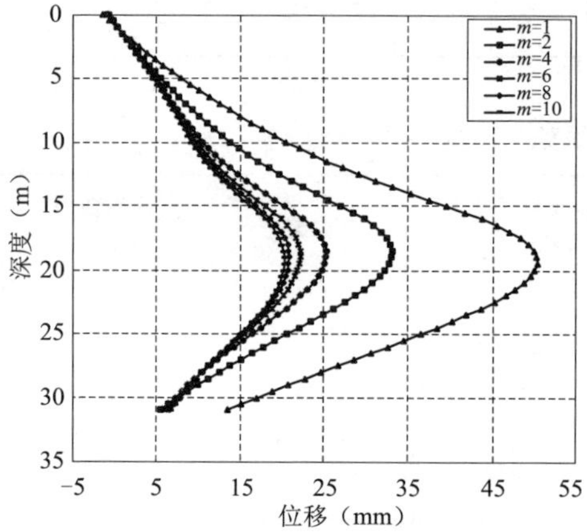

图 8.4　m 值对围护结构位移的影响

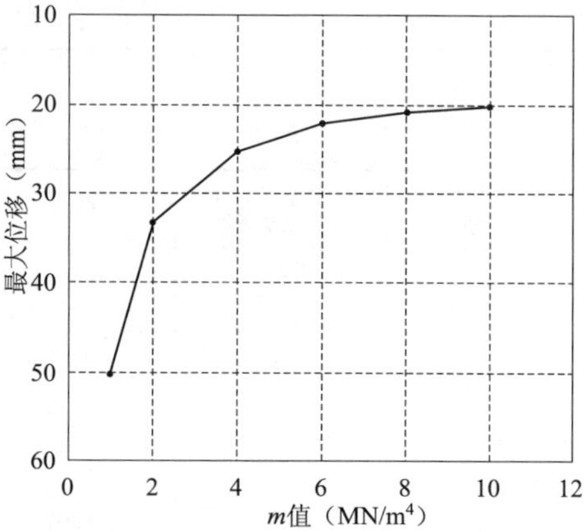

图 8.5　不同 m 值所对应的最大位移

图 8.6 是考虑 m 值分别为 1、2、4、6、8 和 10(MN/m^4)六种情况下，开挖至坑底时围护结构的弯矩随深度变化曲线，图 8.7 是不同 m 值所对应的最大弯矩情况图。由图 8.6 和图 8.7 可知，m 值的大小对围护结构的弯矩有很大的影响，随着 m 值的增大，围护结构的弯矩减小，但减小趋势也逐渐变缓。

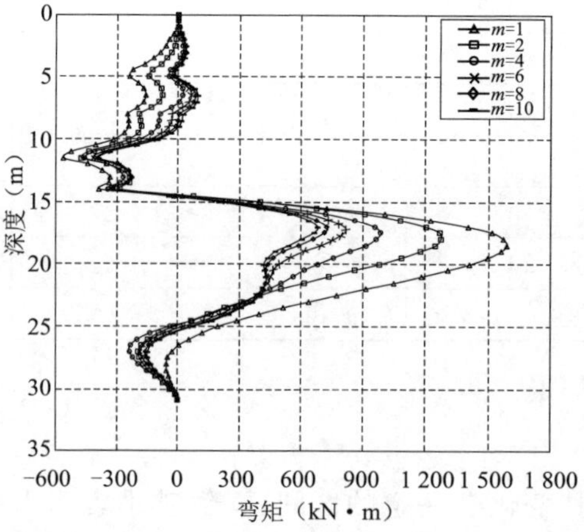

图 8.6　m 值对围护结构弯矩的影响

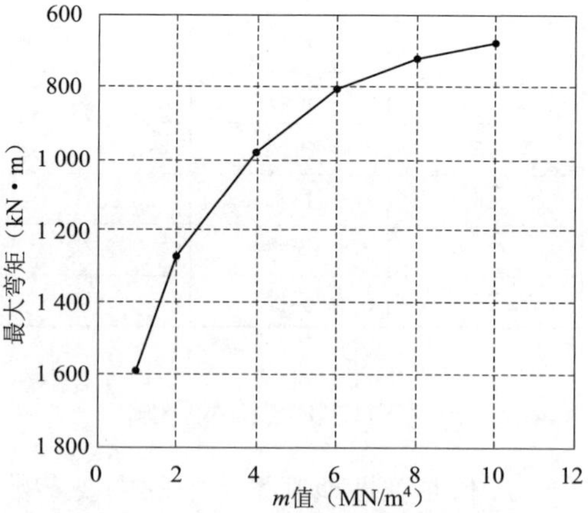

图 8.7　不同 m 值所对应的最大弯矩

通过上面的分析可知，m 值的大小对围护结构的受力变形有很大的影响，围护结构的位移和弯矩均随 m 值的增大而减小，且相同变化量，m 值较大时对围护结构受力变形产生的影响比 m 值较小时小；同时，m 值不只是仅对基坑开挖面以下部分的围护结构有影响，而是对整个围护结构都有影响。

因此，为了较准确地反映地基土体的工作形态，在采用弹性地基梁法进行围护结构计算时，应选用适当合理的 m 值。实际工程中，通过对坑底土体进行加固处理，提高被动区土体的 m 值，可以减小围护结构的受力变形。

8.4.3　反分析过程

m 值的优化反演分析以深基坑开挖过程中六个典型工况的实际监测数据为研究对象，其中工况 4 代表架设第二道钢支撑，工况 6 代表代表架设第三道钢支撑，工况 8 代表架设第四道钢支撑，工况 10 代表架设第五道钢支撑，工况 11 代表挖至坑底，工况 13 代表底板浇筑完成。首先以工况 4 的实测水平位移为基础，反演得到该工况下的优化位移和开挖面以下各土层的优化 m 值，然后根据反演得到的优化 m 值来预测工况 6 的水平位移。依次类推，可得不同工况下的优化位移、预测位移及各土层的优化 m 值。

下面以墙体测斜孔 CX23 为例对反演分析过程进行简要说明，六个典型工况下的位移反分析结果如图 8.8～图 8.13 所示，相对应的测斜孔各工况下的反演优化 m 值见表 8.9。

图 8.8 为工况 4 的位移反分析结果，该工况下，土方开挖深度 5.07 m，架设第二道钢支撑于深度 4.57 m 位置处。此时，实测最大位移为 7.1 mm，所在深度约 9.0 m 位置处，基坑深度 12.0 m 以上部位，优化位移与实测位移基本吻合。

图 8.9 为工况 6 的位移反分析结果，该工况下，土方开挖深度 8.07 m，架设第三道钢支撑于深度 7.57 m 位置处。工况 4 到工况 6 阶段，地下连续墙变形较大，此时，实测最大位移为 14.1 mm，远大于设计最大位移 8.7 mm，所在深度约为开挖面以下 2.0 m 处。优化位移较预测位移有一定改进，但与实测位移还有一定的差距，优化最大位移为 10.4 mm，占实测最大位移的 74%。

图 8.10 为工况 8 下的位移反分析结果，该工况下，土方开挖深度 11.37 m，架设第四道钢支撑于深度 10.87 m 位置处。此时，实测最大位移为 18.9 mm，所在深度约为开挖面以下 1.0 m 处，优化位移较设计位移、预测位移改进明显，优化最大位移为 14.3 mm，占实测最大位移的 76%。

图 8.11 为工况 10 下的位移反分析结果，该工况下，土方开挖深度 14.07 m，架设第五道钢支撑于深度 13.57 m 位置处。此时，实测最大位移为 24.6 mm，所在深度约为开挖面位置处，随着开挖深度的增加，设计位移远远小于实测位移，设

计最大位移为 12.3 mm,仅占实测最大位移的 50%。同时,优化位移与预测位移两曲线完全重叠,优化最大位移为 19.8 mm,占实测最大位移的 80%。

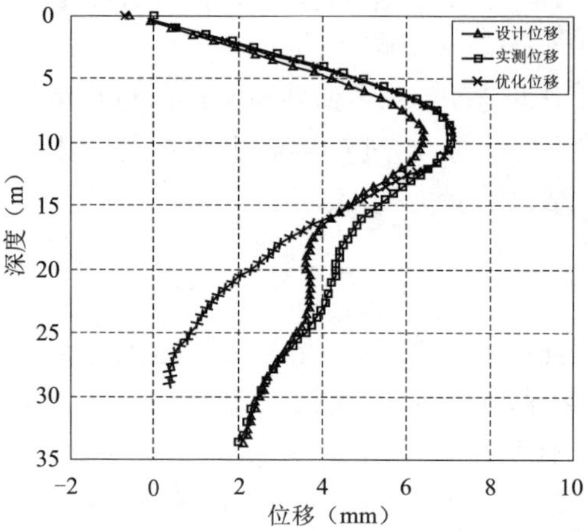

图 8.8 工况 4 下 CX23 的位移反分析结果

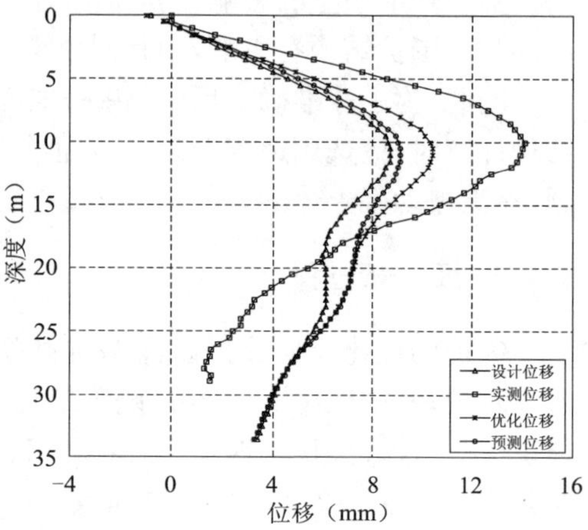

图 8.9 工况 6 下 CX23 的位移反分析结果

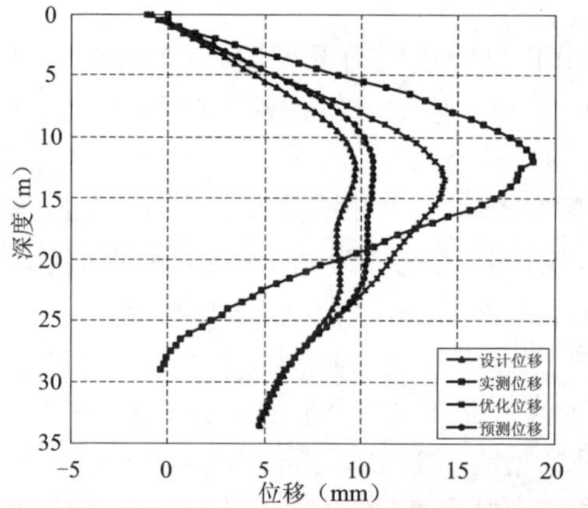

图 8.10 工况 8 下 CX23 的位移反分析结果

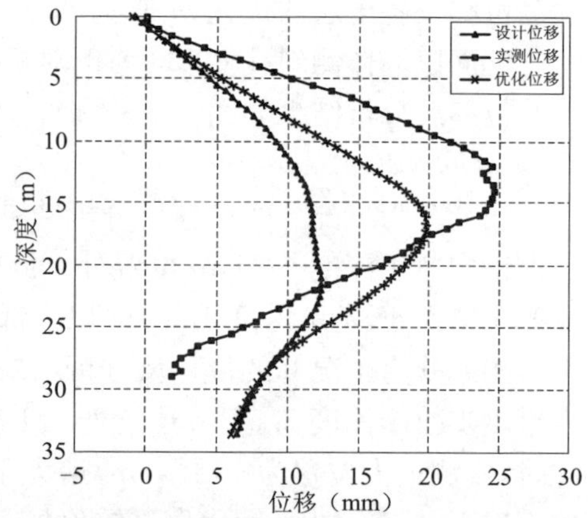

图 8.11 工况 10 下 CX23 的位移反分析结果

图 8.12 为工况 11 下的位移反分析结果,该工况下,基坑开挖至坑底,开挖深度为 16.53 m。此时,实测最大位移为 27.0 mm,所在深度为开挖面附近。优化位移与预测位移两曲线基本重叠,优化最大位移为 27.2 mm,与实测最大位移几乎相同,所在深度约为坑底以下 2.0 m 位置处。

图 8.13 为工况 13 的位移反分析结果,该工况下,基坑底板已浇筑完成,此后,深基坑变形将基本稳定。此时,实测最大位移为 29.6 mm,所在深度为坑底位置。优化位移与预测位移两曲线仍基本重叠,与实测位移曲线形状一致,都呈大肚状,

优化最大位移为 26.8 mm，占实测最大位移的 91%。

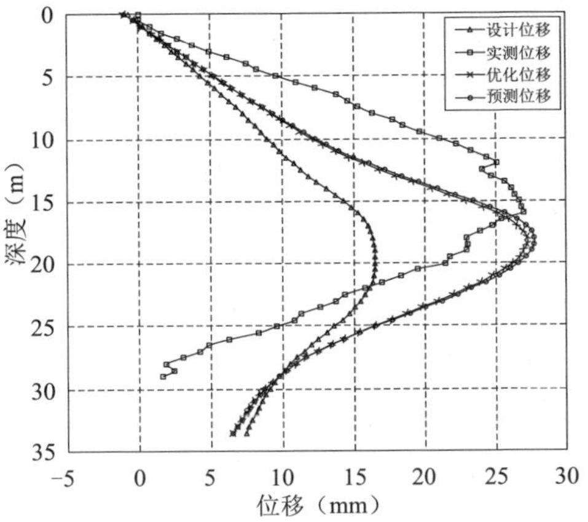

图 8.12　工况 11 下 CX23 的位移反分析结果

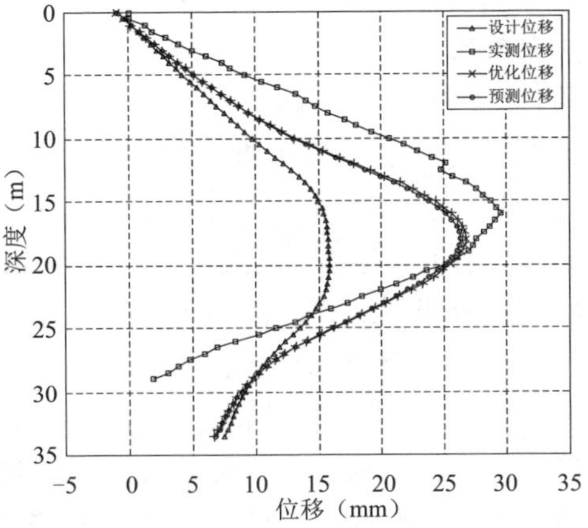

图 8.13　工况 13 下 CX23 的位移反分析结果

由图 8.8～图 8.13 可以看出：优化反演后的 m 值可以较准确地反映支护结构的位移性态，优化位移较设计位移更接近实测位移；工况 11 和工况 13 的预测位移与实测位移已非常接近，利用上一工况的实测位移反演得到的优化 m 值来预测下一工况支护结构的位移性态是合理可行的。

表 8.8　墙体测斜孔 CX23 各工况反演优化 m 值（MN/m^4）

土层编号	设计 m 值	m 的取值范围	工况 4	工况 6	工况 8	工况 10	工况 11	工况 13
①$_1$	2.0	1.0～3.0	2.0	2.0	2.0	2.0	2.0	2.0
①$_2$	4.7	2.35～7.05	4.7	4.7	4.7	4.7	4.7	4.7
①$_3$	1.9	0.95～2.85	1.9	1.9	1.9	1.9	1.9	1.9
②$_1$	2.5	1.25～3.75	2.5	2.5	2.5	2.5	2.5	2.5
②$_3$	1.9	0.95～2.85	0.95	0.95	0.95	0.95	0.95	0.95
②$_4$	1.9	0.95～2.85	2.33	0.95	0.95	0.95	0.95	0.95
③$_1$	5.0	2.5～7.5	5.63	7.4	2.5	2.5	2.62	2.5
③$_2$	3.0	1.5～4.5	3.63	4.4	4.5	3.97	3.14	3.97
④$_2$	3.5	1.75～5.25	3.7	2.5	4.7	4.46	3.28	4.46
⑤$_1$	6.0	3.0～9.0	8.52	8.66	9.0	8.6	7.16	8.6

由表 8.8 可知，地基土水平抗力系数的比例系数 m 值是随开挖工况变化而不断变化的，且对基坑开挖面附近土层的 m 值影响较大，因此，在基坑开挖过程中，各土层的水平抗力系数的比例系数 m 并不是定值，而是一个动态的变化过程，这

反映了基坑开挖的土体卸载效应。

测斜孔 CX23 所在位置的地下连续墙的墙趾位于⑤$_1$层黏土，m 值位移反分析法只能影响地下连续墙所能涉及到的土层，因而⑤$_1$层以下土层的 m 值不会变化。同时，由表 8.9 可以看出，①$_1$层填土、①$_2$层黏土、①$_3$层淤泥质黏土和②$_1$层粉质黏土的反演优化 m 值也未变化，一直与设计 m 值相同。经分析发现，第 1 次反演分析（即工况 4）时，土方开挖深度约 5.07 m，该深度所在土层已为②$_3$层淤泥质粉质黏土，因而②$_3$层以上土层的 m 值也不会变化。可见，m 值位移反分析法只能对开始反演分析时的开挖面到支护结构插入深度之间的土体起到反演优化作用。

另外，结合其他测斜孔的反演分析过程可以得出，当支护结构的水平位移较小时，利用上一工况反演得到的优化 m 值可以较准确地预测下一工况的水平位移。然而当支护结构的水平位移较大时，可能支护结构体系已经不在弹性状态下工作，利用上一工况反演得到的优化 m 值预测下一工况时会产生一定的误差。

8.4.4 结果优化

根据施工监测资料，仇毕站附属结构基坑共布设有 19 个测斜孔，其中 CXt6、CXt9、CXt10、CXt15、CXt16、CXt19、CXt21 及 CXt31 共 8 个测斜孔为后期补打。鉴于补打的土体测斜孔常在土方开挖前期管形不稳定，本章只对包括 CX23 在内的 11 个测斜精度相对较高的墙体测斜孔的实测位移数据进行了地基土 m 值的优化反演分析。6 个典型工况下，11 个墙体测斜孔的反演优化结果见表 8.9～表 8.14，相应的不同土层的反演优化平均 m 值汇总见表 8.15。

表 8.9 工况 4（架设第二道钢支撑）对应的反演优化 m 值（MN/m^4）

土层编号		②$_3$	②$_4$	③$_1$	③$_{1b}$	③$_2$	④$_2$	⑤$_1$
反演优化 m 值	CX7	0.95	2.33	5.63		3.63	3.7	8.52
	CX8	0.95	2.33	5.63		3.63	3.7	8.52
	CX11	2.85	2.55	5.33		1.53	1.75	9.0
	CX12	2.85	2.55	5.33		1.53	1.75	9.0
	CX13	0.95	0.95	7.4		4.4	2.5	8.66
	CX14	2.85	1.93	3.82		2.71	2.17	7.49
	CX17	2.85	1.9	3.9		3.29	1.94	7.64
	CX18	0.95	2.33	5.63		3.63	3.7	8.52
	CX20	2.85	1.69	4.49	2.78	3.07	3.89	4.51
	CX22	0.95	1.91	5.2	3.22	3.49	4.18	6.17
	CX23	0.95	2.33	5.63		3.63	3.7	8.52

续上表

土层编号	②$_3$	②$_4$	③$_1$	③$_{1b}$	③$_2$	④$_2$	⑤$_1$
设计 m 值	1.9	1.9	5.0	3.0	3.0	3.5	6.0
优化平均 m 值	1.81	2.07	5.27	3.00	3.14	3.00	7.87

表8.10　工况6(架设第三道钢支撑)对应的反演优化 m 值(MN/m^4)

土层编号		②$_3$	②$_4$	③$_1$	③$_{1b}$	③$_2$	④$_2$	⑤$_1$
反演优化 m 值	CX7	0.95	0.95	7.4		4.4	2.5	8.66
	CX8	0.95	0.95	7.4		4.4	2.5	8.66
	CX11	2.85	0.95	5.52		3.67	3.87	8.63
	CX12	2.85	0.95	5.52		3.67	3.87	8.63
	CX13	0.95	0.95	5.52		3.67	3.87	8.63
	CX14	2.85	2.85	3.81		3.17	3.77	4.23
	CX17	0.95	0.95	7.33		4.28	2.8	9.0
	CX18	0.95	0.95	7.33		4.28	2.8	9.0
	CX20	0.95	0.95	5.31	3.83	4.49	5.25	5.22
	CX22	0.95	0.95	5.29	3.97	4.33	2.69	8.55
	CX23	0.95	0.95	7.4		4.4	2.5	8.66
设计 m 值		1.9	1.9	5.0	3.0	3.0	3.5	6.0
优化平均 m 值		1.47	1.12	6.17	3.90	4.07	3.31	7.99

表8.11　工况8(架设第四道钢支撑)对应的反演优化 m 值(MN/m^4)

土层编号		②$_3$	②$_4$	③$_1$	③$_{1b}$	③$_2$	④$_2$	⑤$_1$
反演优化 m 值	CX7	0.95	0.95	2.5		1.54	5.25	3.21
	CX8	0.95	0.95	2.5		3.67	2.26	6.91
	CX11	2.85	0.95	2.5		4.5	2.93	8.92
	CX12	2.85	0.95	2.5		2.61	3.12	8.99
	CX13	0.95	0.95	2.5		4.4	2.49	8.7
	CX14	2.85	1.81	3.21		3.31	3.97	6.53
	CX17	0.95	0.95	2.5		3.97	4.46	8.6
	CX18	0.95	0.95	2.5		3.97	4.46	8.6
	CX20	0.95	0.95	2.5	1.5	4.5	2.8	8.84
	CX22	0.95	0.95	2.5	1.5	4.4	4.08	8.15
	CX23	0.95	0.95	2.5		4.5	4.7	9.0

续上表

土层编号	②3	②4	③1	③1b	③2	④2	⑤1
设计 m 值	1.9	1.9	5.0	3.0	3.0	3.5	6.0
优化平均 m 值	1.47	1.03	2.56	1.50	3.76	3.68	7.86

表 8.12　工况 10(架设第五道钢支撑)对应的反演优化 m 值(MN/m^4)

土层编号		②3	②4	③1	③1b	③2	④2	⑤1
反演优化 m 值	CX7	0.95	0.95	2.5		3.97	4.46	8.6
	CX8	0.95	0.95	2.5		3.97	4.46	8.6
	CX11	2.85	0.95	2.5		3.97	4.46	8.6
	CX12	2.85	0.95	2.5		3.97	4.46	8.6
	CX13	0.95	0.95	2.5		3.97	4.46	8.6
	CX14	2.85	1.81	3.55		3.22	3.83	6.8
	CX17	0.95	0.95	2.5		3.97	4.46	8.6
	CX18	0.95	0.95	2.5		3.97	4.46	8.6
	CX20	0.95	0.95	2.5	1.5	1.5	1.84	8.9
	CX22	0.95	0.95	2.5	1.5	4.47	4.53	8.81
	CX23	0.95	0.95	2.5		3.97	4.46	8.6
设计 m 值		1.9	1.9	5.0	3.0	3.0	3.5	6.0
优化平均 m 值		1.47	1.03	2.60	1.50	3.72	4.17	8.48

表 8.13　工况 11(挖至坑底)对应的反演优化 m 值(MN/m^4)

土层编号		②3	②4	③1	③1b	③2	④2	⑤1
反演优化 m 值	CX7	0.95	0.95	2.5		4.17	4.6	8.75
	CX8	0.95	0.95	2.5		3.97	4.46	8.6
	CX11	2.85	0.95	2.5		3.97	4.46	8.6
	CX12	2.85	0.95	2.5		4.17	4.6	8.75
	CX13	0.95	0.95	2.5		3.97	4.46	8.6
	CX14	2.85	1.81	2.5		3.31	3.87	8.63
	CX17	0.95	0.95	2.5		4.17	4.6	8.75
	CX18	0.95	0.95	2.5		3.97	4.46	8.6
	CX20	0.95	0.95	2.5	1.5	4.24	1.75	4.97
	CX22	0.95	0.95	2.5	1.5	4.5	3.76	8.8
	CX23	0.95	0.95	2.62		3.14	3.28	7.16

续上表

土层编号	②$_3$	②$_4$	③$_1$	③$_{1b}$	③$_2$	④$_2$	⑤$_1$
设计 m 值	1.9	1.9	5.0	3.0	3.0	3.5	6.0
优化平均 m 值	1.47	1.03	2.51	1.50	3.96	4.03	8.20

表 8.14　工况 13(底板浇筑完成)对应的反演优化 m 值(MN/m^4)

土层编号		②$_3$	②$_4$	③$_1$	③$_{1b}$	③$_2$	④$_2$	⑤$_1$
反演优化 m 值	CX7	0.95	0.95	2.5		3.97	4.46	8.6
	CX8	0.95	0.95	2.5		3.97	4.46	8.6
	CX11	2.85	0.95	2.5		3.97	4.46	8.6
	CX12	2.85	0.95	2.5		3.97	4.46	8.6
	CX13	0.95	0.95	2.5		3.97	4.46	8.6
	CX14	2.85	1.81	2.5		3.31	3.87	8.63
	CX17	0.95	0.95	2.5		4.17	4.6	8.75
	CX18	0.95	0.95	2.5		3.97	4.46	8.6
	CX20	0.95	0.95	2.5	1.5	3.2	3.74	6.82
	CX22	0.95	0.95	2.5	1.5	4.17	1.75	3.0
	CX23	0.95	0.95	2.5		3.97	4.46	8.6
设计 m 值		1.9	1.9	5.0	3.0	3.0	3.5	6.0
优化平均 m 值		1.47	1.03	2.50	1.50	3.88	4.11	7.95

表 8.15　六个典型工况下的反演优化平均 m 值汇总(MN/m^4)

土层编号		②$_3$	②$_4$	③$_1$	③$_{1b}$	③$_2$	④$_2$	⑤$_1$
设计 m 值		1.9	1.9	5.0	3.0	3.0	3.5	6.0
优化平均 m 值	工况 4	1.81	2.07	5.27	3.00	3.14	3.00	7.87
	工况 6	1.47	1.12	6.17	3.90	4.07	3.31	7.99
	工况 8	1.47	1.03	2.56	1.50	3.76	3.68	7.86
	工况 10	1.47	1.03	2.60	1.50	3.72	4.17	8.48
	工况 11	1.47	1.03	2.51	1.50	3.96	4.03	8.20
	工况 13	1.47	1.03	2.50	1.50	3.88	4.11	7.95

由表 8.9～表 8.14 可知,随着深基坑土方开挖的进行,各土层的反演优化 m 值逐渐减小或趋于收敛。由表 8.15 反演优化结果汇总表可以得出:②$_3$层淤泥质粉质黏土、②$_4$层淤泥质黏土、③$_1$层粉土夹粉砂、③$_{1b}$层粉质黏土夹粉土,勘察报告

提供的 m 值(即设计 m 值)偏大,建议②$_3$层淤泥质粉质黏土取 1.2～1.5 MN/m^4,②$_4$层淤泥质黏土取 1.0～1.5 MN/m^4,③$_1$层粉土夹粉砂取 2.5～3.0 MN/m^4,③$_{1b}$层粉质黏土夹粉土取 1.5～2.0 MN/m^4。而③$_2$层粉质黏土、④$_2$层黏土、⑤$_1$层黏土,勘察报告提供的 m 值(即设计 m 值)偏小,建议③$_2$层粉质黏土取 3.5～4.0 MN/m^4,④$_2$层黏土取 4.0～4.5 MN/m^4,⑤$_1$层黏土取 7.5～8.5 MN/m^4。

综上,采用位移反分析法得到的 m 值可以较准确地反映支护结构的位移性态,比目前常用的确定 m 值的方法更为精确,且更符合工程实际。但位移反分析法必须基于准确的现场实测数据,因而详细、可靠的监测数据是必不可少的。在基坑开挖过程中,各土层的水平抗力系数的比例系数 m 值并不是定值,而是一个动态的变化过程,这反映了基坑开挖的土体卸载效应。当支护结构的水平位移较小时,利用上一工况反演得到的优化 m 值可以较准确地预测下一工况的水平位移。然而当支护结构的水平位移较大时,可能支护结构体系已经不在弹性状态下工作,利用上一工况反演得到的优化 m 值预测下一工况时会产生一定的误差。

第9章 软土地铁车站深基坑模糊综合评判法安全评价

深基坑工程在轨道交通建设工程中起着重要的作用，实践表明，轨道交通工程事故的发生很多与深基坑工程问题有关，而且深基坑事故一旦发生，补救非常困难。深基坑工程设置于力学性质相当复杂的地层中，在基坑围护结构设计和变形预估时，一方面，基坑围护体系所承受的土压力等荷载存在着较大的不确定性，另一方面，对地层和围护结构一般都做了较多的简化和假定，与工程实际有一定的差异。并且，基坑开挖与围护结构施工过程中，存在着时间和空间上的延迟过程，以及降雨、地面荷载和挖机撞击等偶然因素的作用，使得现阶段在基坑工程设计时，对结构内力计算及结构和土体变形的预估与工程实际情况有较大的差异，并在相当程度上仍依靠经验。

深基坑施工中存在的各种风险因素大部分难以用数字来准确地加以定量描述，风险因素是不确定的，不仅具有随机性，还具有模糊性，但都可以根据历史经验或专家语言生动地描述出它们的性质及其可能产生的影响，因此用模糊理论来度量风险更具有现实意义。深基坑工程安全评价涉及多个相关因素，必须对多个相关因素作综合考虑，而且评价的结果也往往不是单一指标就能够完全表达的，这就需要进行所谓的综合评判，采用模糊综合评判法就可以较好地解决上述问题。

模糊理论的创始人，美国加州大学柏克莱分校的 L. A. Zadeh 教授在 1965 年发表了关于模糊集的开创性论文。他在研究人类思维、判断过程的建模中，提出了用模糊集作为定量化的手段。模糊集打破了传统的分明集只有 0 和 1 的界限，将分明集中 0 和 1 的边界平坦化，使其更自然。模糊数学从其产生到今天，经过了 40 余年的发展壮大，不仅在理论上具有非常丰富的内容，而且其应用几乎遍及自然科学、社会科学和工程技术的各个领域。

20 世纪 80 年代初，我国学者汪培庄最早提出了综合评判模型。随后，针对实际应用中模糊综合评判模型常遇到的一些问题，陈永义等对其进行了改进，可采用多层次模糊综合评判模型和广义合成运算的模糊综合评判模型，使得模糊综合评判方法在实践中得到了广泛的应用。

模糊综合评判法是模糊数学的一种应用方法，它以模糊集合论为理论基础，运用模糊变化原理和最大隶属度原则将一些边界不清、不易定量的因素定量化，从多个因素对被评价事物隶属度等级状况进行综合评判，其评判流程如图 9.1 所示。它主要分为两步：第一步是先按每个因素进行单独评价；第二步是再按所有因素进行综合评价。其优点是：数学模型简单，容易掌握，对多因素、多层次的复杂问题评判结果比较好，是别的数学分支和模型难以替代的方法。

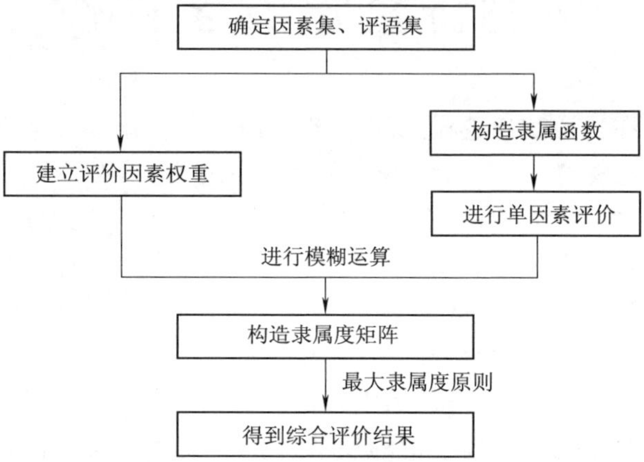

图 9.1　模糊综合评判流程图

9.1　模糊综合评判法原理

9.1.1　模糊集合

模糊理论的基础是模糊集合理论。模糊集合理论被认为是经典集合理论的扩展。经典集合理论的研究对象是具有明确边界的集合，而模糊集合理论的研究对象是“模糊”集合，其边界是“灰色的”。

经典集合理论中，在元素 x 对集合 A 之间，要么 $x \in A$，要么 $x \notin A$，二者必居且仅居其一。论域 U 的每个普通子集 A，它特征函数如下：

$$A(x)=\begin{cases}1 & (x \in A) \\ 0 & (x \notin A)\end{cases} \tag{9.1}$$

A 由它的特征函数唯一确定。$A(x)$ 是定义在 U 上的一个实值函数，指明每个元素 x 对 A 的隶属程度，不过隶属程度只有 1 与 0 这两种极端状况。

但现实生活中的绝大多数概念，都不是确切概念，很多概念用这种绝对化的划分是无法表示的。L. A. Zadeh 教授提出的模糊集合的基本思想就是把经典集合的绝对隶属关系灵活化、模糊化。

模糊集合理论中,用隶属度表现某一元素与集合的关系。给定论域 U 和集合 A ,对于任意一个元素 $x \in A$,用一个对应的数学指标 $u_A(x)$ 表示元素 x 对于集合 A 的隶属程度,这个集合 A 称为模糊集合, $u_A(x)$ 称为模糊集合 A 的隶属函数, $u_A(x_i)$ 称为 x_i 的隶属度。所有隶属度均满足:

$$0 \leqslant u_A(x_i) \leqslant 1 \tag{9.2}$$

可见,模糊集合 A 完全可由其隶属函数来描述, $u_A(x_i)$ 值越大,表示 x_i 对 A 的隶属程度越高。当 $u_A(x)$ 仅取 0,1 二值时,模糊集合 A 便化为普通集合,故可把普通集合看作是模糊集合的特殊情形。

9.1.2　模糊综合评判步骤

根据所判断系统的复杂程度不同,模糊综合评判的数学模型可分为一级模糊评价模型和多级模糊评价模型。对许多复杂系统的评价要考虑的因素很多,当因素集中的因素比较多时,每一因素的权重很小,且不易确定,用以综合评判可能因太小的权重不起作用而失掉很多信息,以致得不出应有的结果。这时,可以把因素按特点分成几层,以便在较小的范围内比较准确地确定因素的权向量。这样因素集中的因素便形成了层次,模糊综合评判也要分层进行,先对低层次的各因素进行综合评判,再根据评判结果进行更高层次的综合评判。多级模糊综合评判的基本步骤如下:

(1)建立评判因素集 U

因素集代表综合评判中各评价因素所组成的集合。设评价对象的因素集为

$$U = (u_1 \quad u_2 \quad \cdots \quad u_m)\ ,(i = 1,2,\cdots,m) \tag{9.3}$$

式中: u_i 是第一层次中的第 i 个因素。根据评价对象的需要和特点,将因素集分为若干层次,如图 9.2 所示。第一层次因素可由相应的第二层次因素综合评判,第二层次因素可由相应的第三层次因素综合评判,依次类推。

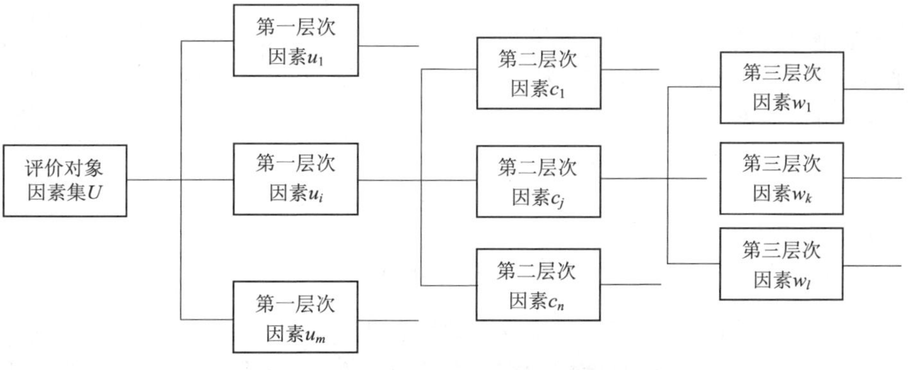

图 9.2　多层次模糊综合评价因素集的构成

(2)设定评语集 V

评语集代表综合评判中评语所组成的集合,它实质是对被评事物变化区间的一个划分。设评语集为

$$V=(v_1\quad v_2\quad \cdots\quad v_n),(j=1,2,\cdots,n) \tag{9.4}$$

式中:v_j 是某一可能作出的评判结果。模糊综合评判的目的就在于通过对评判对象综合考虑所有的影响因素,能够从评语集中获得一个最佳的评判结果。

(3)确定评判因素权重集 A

评判因素集中的每个因素在被评对象中有不同的地位,即各评判因素在综合评判中占有不同的比重,为此给各因素赋以相应的权重 a_i,各权重组成的集合即权重集。设权重集为:

$$A=(a_1\quad a_2\quad \cdots\quad a_m),且\sum_{i=1}^{m}a_i=1,a_i\geqslant 0 \tag{9.5}$$

一般采用层次分析法来进行这一步骤,运用专家咨询法来构造两两比较判断矩阵,计算各评价指标的相对权重,进行一致性检验,得出各级评价指标的权重集。

(4)确定隶属函数

根据实际情况,确定相应的隶属度公式。

(5)求出模糊评判矩阵 R

根据给出的隶属函数,可以求出不同层次的模糊评判矩阵。设模糊评判矩阵为:

$$R=\begin{bmatrix}R_1\\R_2\\\cdots\\R_n\end{bmatrix}=\begin{bmatrix}r_{11} & r_{12} & \cdots & r_{1m}\\ r_{21} & r_{22} & \cdots & r_{2m}\\ \cdots & \cdots & r_{ij} & \cdots\\ r_{n1} & r_{n2} & \cdots & r_{nm}\end{bmatrix} \tag{9.6}$$

式中:r_{ij} 表示因素对评语集 v_j 的隶属程度。模糊评判矩阵 R 可以看为因素集 U 到评语集 V 的模糊变换器,每输入一组因素的权重集 A,就可以得到一组相应的评判结果 B,如图 9.3 所示。

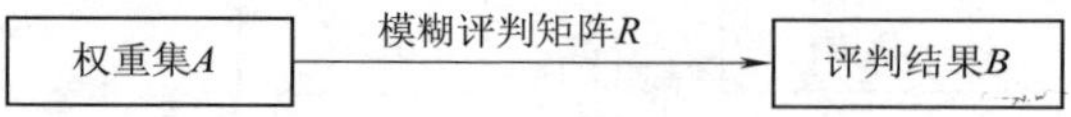

图 9.3 模糊变换示意图

(6)选择适当的算法,进行模糊综合评判。

利用评判因素权重集对模糊评判矩阵作加权处理,求得评判结果 B 为

$$B = A \cdot R = (a_1 \ a_2 \ \cdots \ a_n)\begin{pmatrix} r_{11} & r_{12} & \cdots & r_{1m} \\ r_{21} & r_{22} & \cdots & r_{2m} \\ \cdots & \cdots & r_{ij} & \cdots \\ r_{n1} & r_{n2} & \cdots & r_{nm} \end{pmatrix} = (b_1 \ b_2 \ \cdots \ b_m) \quad (9.7)$$

式中：$b_j(j=1,2,\cdots,m)$ 为等级对 v_j 综合评判所得等级模糊子集 B 的隶属度。依据评判结果和合适的模糊评价结果的分析方法，作出综合评判的结果。

9.1.3　模糊合成算子

模糊综合评判的原理是模糊变换，模型即式 9.7，式中“∘”为模糊合成算子 $M(\tilde{\otimes},\tilde{\oplus})$，$\tilde{\otimes}$ 和 $\tilde{\oplus}$ 是模糊变换的两种运算，具体形式为：

$$b_j = (a_1 \tilde{\otimes} r_{1j})\tilde{\oplus}(a_2 \tilde{\otimes} r_{2j})\tilde{\oplus}\cdots\tilde{\oplus}(a_n \tilde{\otimes} r_{nj})(j=1,2,\cdots,m) \quad (9.8)$$

结合实际问题，人们提出了多种评判模型，它们都是一种合成方式，每一种模型对应一种算法，常见的模糊合成算子有以下几种：

模型 1　主因素决定型 $M(\wedge,\vee)$

$$b_j = \bigvee_{i=1}^{n}(a_i \wedge r_{ij}) = \max_{1\leqslant i\leqslant n}[\min(a_i,r_{ij})](j=1,2,\cdots,m) \quad (9.9)$$

式中：$\wedge$ 为取小(min)运算，$\vee$ 为取大(max)运算。此模型中，综合评判的结果 b_j 只取决于在评价中起主要影响的那个因素，而忽略了其他因素的影响。当因素较多时，较小权值 a_i 通过取小运算而“泯灭”了所有单因素评价，因此常常使这一模型得不出有意义的结果。

模型 2　主因素突出型 $M(\cdot,\vee)$

$$b_j = \bigvee_{i=1}^{n}(a_i r_{ij}) = \max_{1\leqslant i\leqslant n}(a_i r_{ij})(j=1,2,\cdots,m) \quad (9.10)$$

式中：$\cdot$ 为普通实数乘法，$\vee$ 为取大(max)运算。此模型中，a_i 是在考虑多种因素时 r_{ij} 的修正值，不仅突出了主要因素，也兼顾了其他因素，其评判结果比模型 $M(\wedge,\vee)$ 要“细腻”。然而，a_i 虽与因素 u_i 的重要性程度有关，但没有权系数的意义，且各个 a_i 的和也不一定等于 1。

模型 3　不均衡平均型 $M(\wedge,\oplus)$

$$b_j = \oplus\sum_{i=1}^{n}(a_i \wedge r_{ij}) = \min\left[1,\sum_{i=1}^{n}(a_i,r_{ij})\right](j=1,2,\cdots,m) \quad (9.11)$$

式中：$\wedge$ 为取小(min)运算，$\alpha\oplus\beta=\min(1,\alpha+\beta)$，$\oplus\sum_{i=1}^{n}$ 为对 n 个数在 $\oplus$ 运算下求和。此模型中，a_i 也是在考虑多因素时 r_{ij} 的修正值，在主因素(权重最大的因

素)在综合评判中起主导作用时,若模型 $M(\wedge, \vee)$ 失效,可以用此模型。但直接对隶属度作"有上界"相加,在很多情况下得不出有意义的综合评判结果。

模型 4　加权平均型 $M(\cdot, \oplus)$

$$b_j = \oplus \sum_{i=1}^{n} (a_i r_{ij}) = \min\left[1, \sum_{i=1}^{n} a_i r_{ij}\right] (j = 1,2,\cdots,m) \tag{9.12}$$

式中:· 为普通实数乘法,$\alpha \oplus \beta = \min(1, \alpha + \beta)$,$\oplus \sum_{i=1}^{n}$ 为对 n 个数在 $\oplus$ 运算下求和。此模型中,在决定各因素的评价对等级 v_j 的隶属度 b_j 时,考虑了所有因素 $u_i(j = 1,2,\cdots,n)$ 的影响,同时各 a_i 的大小具有代表各因素 u_i 重要性的权系数的含义,满足 $\sum_{i=1}^{n} a_i = 1$ 的要求。

通过对四种模型的分析,模型 1、模型 2 和模型 3 相对比较粗糙,适用于重点考虑主要考虑因素的综合评价,而模型 4 对所有因素依权重大小均衡兼顾,适用于兼顾考虑整体因素的综合评价。深基坑工程安全评价时,要考虑不同指标对整体评估的影响,因此,本项目选取模型 4"加权平均型 $M(\cdot, \oplus)$"进行模糊综合运算。

9.1.4　隶属函数

隶属函数在模糊数学理论中占有十分重要的地位,它是刻画因素模糊性的指标,表现了元素对模糊结合隶属关系的不确定大小,隶属函数的确定是模糊数学及其应用的基本和关键问题,也是进行模糊综合评价不可缺少的重要环节。

隶属函数的建立从本质上是客观的,但在理论上还没有普遍适用的方法,实际中往往是依赖于人的主观判断或技巧,建立合理的隶属函数是比较困难的,需要通过不断的实践检验。确定隶属函数的常用方法有:

(1)模糊统计法。通过大量的模糊统计试验加以确定,包括两相模糊统计法、三分法及多相模糊统计法。

(2)德尔菲法,即专家经验法。根据专家的经验给出模糊信息的处理算式或相应的权系数值来确定隶属函数。

(3)二元对比排序法。通过两两对比排序来确定隶属函数的大致形状。根据对比测度的不同,可分为对比平均法、相对比较法、相似优先对比法和优先关系定序法等。

(4)综合加权法。应用于含有多个模糊子集的模糊集合,每个子集都有一个相对应的权重。根据复合方式的不同,可分为加权平均型、乘积平均型和混合型。

(5)指派法。根据问题的实际情况选择一些常见的分布型函数作为隶属函数,函数中的待定参数可根据要表达的模糊集合的实际情况进行选择和统计确定。常见的函数形式有矩形分布、梯形分布、k 次抛物线型分布、Γ 形分布、正态分布、柯西分布等。

9.1.5 权 重

对于任何多指标评价系统，各个评价指标的相互重要程度即指标权重互不相同，不同的权重对应不同的评价结果。所以，合理地确定指标权重对模糊综合评判十分重要。常用的确定指标权重的方法有：主观经验法、主次指标排队分类法、专家咨询法、层次分析法等。本项目采用层次分析法来确定因素的权重分配。

层次分析法(Analytic Hierarchy Process，简称 AHP)是由美国著名运筹学专家、匹兹堡大学教授 T. L. Saaty 在 20 世纪 70 年代初提出来的一种多目标决策分析方法，是系统工程中对非定量事件作定量分析的一种简便方法，也是对人们主观判断作出客观描述的一种有效方法。层次分析法的基本原理是运用网络系统理论和多目标综合评价方法，建立了一种树形结构、层次递推的权重决策分析法。

面对复杂的决策问题，层次分析法在深入研究和分析其本质、影响因素及其内在关系的基础之上，利用成对比较相互重要性的手段，对非常有限的模糊信息进行量化处理，从而达到决策分析过程数量化的目的，使多目标、多准则或无结构特性的复杂决策问题被量化成至支干明确、因果关系清晰的数学模型，形成可选方案的重要性排序。层次分析法一般可以分为以下几个步骤：

(1)建立评判系统的递阶层次结构

根据所研究的内容，对评判系统中相关联的影响因素及其之间的相互关系进行分析，将各影响因素划分成不同的若干层次。

(2)构造判断矩阵

对同一层次的 n 个因素按照重要性程度给予定量的值，一般采用 1～9 标度法，具体含义见表 9.1。

表 9.1 相对重要性标度

标度	含 义
1	表示因素 i 与 j 比较，具有同等重要性
3	表示因素 i 与 j 比较，i 比 j 稍微重要
5	表示因素 i 与 j 比较，i 比 j 明显重要
7	表示因素 i 与 j 比较，i 比 j 强烈重要
9	表示因素 i 与 j 比较，i 比 j 极端重要
2,4,6,8	分别表示标度 1～3,3～5,5～7,7～9 的中值
倒数	上述重要性相反情况，即 j 比 i 重要的情况

通过对每一层次的各个指标因素进行两两比较，判断得出其相对重要性，获得判断矩阵。采用1～9标度法构造的判断矩阵如下：

$$B=\begin{pmatrix} b_{11} & b_{12} & \cdots & b_{1j} & \cdots & b_{1n} \\ b_{21} & b_{22} & \cdots & b_{2j} & \cdots & b_{2n} \\ \cdots & \cdots & \cdots & \cdots & \cdots & \cdots \\ b_{i1} & b_{i2} & \cdots & b_{ij} & \cdots & b_{in} \\ \cdots & \cdots & \cdots & \cdots & \cdots & \cdots \\ b_{n1} & b_{n2} & \cdots & b_{nj} & \cdots & b_{nn} \end{pmatrix} \tag{9.13}$$

其判断矩阵应满足：$b_{ij}>0$，$b_{ii}=1$，$b_{ji}=1/b_{ij}$。判断矩阵 B 中的元素 b_{ij}，表示两个指标因素 i 对 j 相对重要性之比的赋值。

(3)层次单排序及其一致性检验

层次单排序就是根据判断矩阵求得其最大特征值和对应的特征向量，然后再对特征向量进行归一化处理得到评价指标因素的权重向量，这一步骤可利用matlab快速实现。

由于判断矩阵就是人们根据一定准则对两两指标因素的相对重要程度作出的判断，可能会隐含逻辑上的矛盾，存在判断上的偏差，如“A比B重要，B比C重要，C比D重要，D比A重要”。为了确保所求得指标权重的准确科学性，在得到判断矩阵的最大特征值 λ_{max} 后，应进行一致性检验以确保逻辑上的一致。其检验步骤归纳如下：

1)求出一致性检验指标 CI

$$CI=\frac{\lambda_{max}-n}{n-1} \tag{9.14}$$

式中：n ——判断矩阵的维数；

λ_{max}—— 判断矩阵的最大特征值。

2)确定平均随机一致性指标 RI

对随机判断矩阵特征值进行多次(一般500次以上)重复计算，再取相应的算术平均数即可得到平均随机一致性指标 RI 。许树柏重复计算1 000次后得到的1～12阶判断矩阵的平均随机一致性指标见表9.2。实际应用中，可根据判断矩阵的维数 n，查表确定平均随机一致性指标 RI 。

表9.2 平均随机一致性指标 RI

阶数	1	2	3	4	5	6	7	8	9	10	11	12
RI	0	0	0.52	0.89	1.12	1.26	1.36	1.41	1.46	1.49	1.52	1.54

3)求出一致性比例 CR

$$CR = \frac{CI}{RI} \tag{9.15}$$

当 $CR < 0.1$ 时,就可认为判断矩阵的一致性是可以接受的,可用其特征向量作为权重向量。反之,应对构造的判断矩阵进行适当的修正。

9.1.6 模糊评判结果分析

模糊综合评判的结果是被评对象对各等级模糊子集的隶属度,它构成一个模糊向量,而不是一个点值。常用的模糊评判结果的分析方法有:

(1)最大隶属度原则

设模糊综合评价结果向量为 $B = (b_1, b_2, \cdots, b_m)$,若 $b_r = \max\limits_{1 \leqslant j \leqslant m} \{b_j\}$,则被评价对象总体上来讲隶属于第 r 等级。

(2)加权平均原则

将等级看作一种相对位置,使其连续化。为便于定量处理,用“1,2,3,…,m”依次表示各等级的秩,将模糊综合评价结果向量 B 中的各分量与对应各等级的秩加权求和,具体表达见式(9.16),从而得到被评对象的相对位置。

$$A = \frac{\sum\limits_{j=1}^{m} b_j^k \cdot j}{\sum\limits_{j=1}^{m} b_j^k} \tag{9.16}$$

式中:k——待定系数(k=1 或 k=2),目的是控制较大的 b_j 所起的作用。

(3)模糊向量单值化

为便于对多个被评对象进行由大到小的排序,给 m 个等级依次赋以分值 c_1,c_2,…,c_m ,一般情况下,等级是由高到低或由好到差的,$c_1 > c_2 > \cdots > c_m$,且间距相等,用模糊综合评价结果向量 B 中对应的隶属度将分值加权平均进行单值化,具体表达见式(9.17)。

$$C = \frac{\sum\limits_{j=1}^{m} b_j^k \cdot c_j}{\sum\limits_{j=1}^{m} b_j^k} \tag{9.17}$$

根据不同的评价目的,选用不同的处理方法。如果只需给出某事物一个总体评价结论,使用最大隶属度原则是合适的;如果需要比较排序,可选用后两种方法。对于深基坑工程安全评价,只需要得出一个总体评价结论,不需要对所有安全等级进行排序,因此,本项目采用最大隶属度原则进行模糊综合评判结果的处理。

9.2 深基坑工程安全评价模型

9.2.1 评价因素集和评语集

深基坑工程安全可靠的信息是通过监测数据来反映的，因此，我们可以根据相应的监测数据来对深基坑工程的安全进行评价。深基坑监测的内容分为两大部分，即基坑本体监测和周边环境监测。基坑本体中包括围护桩墙、支撑、锚杆、土钉、坑内立柱、坑内土层、地下水等；周边环境中包括周围地层、地下管线、周边建筑物、周边道路等。因此，深基坑工程的安全评价可以由基坑本体的安全评价和周边环境的安全评价两部分构成。根据仇毕站深基坑实际监测项目，确定深基坑工程安全评价指标体系，见表 9.3。

表 9.3 深基坑工程安全评价指标体系

第一层次因素	第二层次因素	第三层次因素
基坑本体(u_1)	墙体测斜(c_1)	墙体测斜累计(w_1)
		墙体测斜速率(w_2)
	支撑轴力(c_2)	支撑轴力累计(w_3)
	墙顶竖向位移(c_3)	墙顶竖向位移累计(w_4)
		墙顶竖向位移速率(w_5)
周边环境(u_2)	坑外水位(c_4)	坑外水位累计(w_6)
		坑外水位速率(w_7)
	地表沉降(c_5)	地表沉降累计(w_8)
		地表沉降速率(w_9)
	建筑物沉降(c_6)	建筑物沉降累计(w_{10})
		建筑物沉降速率(w_{11})

由此建立三级模糊综合评判模型，三个层次的因素集为：

第一层次：$U = (u_1, u_2)$ 。

第二层次：$u_1 = (c_1, c_2, c_3, c_4)$ ；$u_2 = (c_5, c_6)$ 。

第三层次：$c_1 = (w_1, w_2)$ ；$c_2 = (w_3)$ ；$c_3 = (w_4, w_5)$ ；$c_4 = (w_6, w_7)$ ；$c_5 = (w_8, w_9)$ ；$c_6 = (w_{10}, w_{11})$ 。

参照同济大学史世雍、张瑾的做法，并结合宁波轨道交通工程风险咨询单位的分级标准，将深基坑的安全等级划分为安全状态、较安全状态、黄色预警、橙色预警、红色预警五个等级，各等级的特征及相应的处理措施见表 9.4。由此，可设深基坑工程安全模糊综合评判的评语集为：

$$V = (v_1 v_2 v_3 v_4 v_5) = (\text{Ⅰ}, \text{Ⅱ}, \text{Ⅲ}, \text{Ⅳ}, \text{Ⅴ})$$

表 9.4　深基坑工程安全综合评价等级表

等级	表征预警状态	特征及处理措施
Ⅰ	安全状态	基坑体系非常安全
Ⅱ	较安全状态	基坑体系较为安全，但需引起关注，各方应对监测数据进行密切关注，分析下一步发展趋势
Ⅲ	黄色预警	基坑体系存在一定的安全隐患，正常施工情况下施工风险较大，现场应召开监测数据分析会议，并写出书面报告和建议
Ⅳ	橙色预警	基坑体系存在较大的安全隐患，施工单位应召开现场会议，分析数据异常原因，并采取一定的应急措施
Ⅴ	红色预警	基坑体系接近破坏，风险非常大，应请有关专家参与抢险会议，根据现场实际情况采取相关的抢险措施

9.2.2　单因素安全评价指标的确定

在查阅相关研究资料的基础上，确定了深基坑工程各单因素评价指标，具体内容见表 9.5。由于钢管撑连接形式比钢筋混凝土支撑简单，受力明确，对基坑轴力的分析有特殊的意义，故支撑轴力选用钢支撑轴力进行分析。

表 9.5　深基坑工程各单因素安全评价指标

监测项目			安全状态	较安全状态	黄色预警	橙色预警	红色预警
基坑本体	墙体测斜	累计值(‰)	0	1.4	3	5	7
		速率(mm/d)	0	3	5	6	7
	支撑轴力	累计值	0	0.8	0.9	1	1.2
	墙顶竖向位移	累计值(‰)	0	1	1.5	2	9.5
		速率(mm/d)	0	2	3	4	5
	坑外水位	累计值(cm)	0	80	100	150	200
		速率(cm/d)	0	20	40	60	80
周边环境	地表沉降	累计值(‰)	0	1	2	3	5
		速率(mm/d)	0	3	5	6	7
	建筑物沉降	累计值(mm)	0	15	20	30	40
		速率(mm/d)	0	1.5	2	3	4

其中，墙体测斜、墙顶竖向位移和地表沉降的累计值都取相对于开挖深度的无量纲变形量，支撑轴力累计值取实测钢支撑轴力除以相应的轴力设计值。

9.2.3 建立隶属函数进行单因素评价

根据模糊理论，各单因素对各等级的隶属程度，是用隶属函数表示的。隶属函数越大，隶属度越高，隶属度用隶属函数计算。在深基坑工程安全评价过程中，如何确定各个因素对应于各个评判等级的隶属程度的大小，是整个模糊综合评判能否进行的关键。为了便于计算，假设表 9.3 所列的各单因素的隶属函数相同，均服从线性分布。隶属函数的数学表达式如下：

(1)深基坑工程处于Ⅰ级安全状态的隶属函数

$$A(x)=\begin{cases}1 & \delta\leqslant\delta_1\\ \dfrac{\delta-\delta_2}{\delta_1-\delta_2} & \delta_1<\delta\leqslant\delta_2\\ 0 & \delta>\delta_2\end{cases} \tag{9.18}$$

(2)深基坑工程处于Ⅱ级较安全状态的隶属函数

$$A(x)=\begin{cases}0 & \delta\leqslant 0.5\delta_1\\ \dfrac{\delta-0.5\delta_1}{0.5\delta_1} & 0.5\delta_1<\delta\leqslant\delta_1\\ 1 & \delta_1<\delta\leqslant\delta_2\\ \dfrac{\delta-\delta_3}{\delta_2-\delta_3} & \delta_2<\delta\leqslant\delta_3\\ 0 & \delta>\delta_3\end{cases} \tag{9.19}$$

(3)深基坑工程处于Ⅲ级黄色预警的隶属函数

$$A(x)=\begin{cases}0 & \delta\leqslant\delta_1\\ \dfrac{\delta-\delta_1}{\delta_2-\delta_1} & \delta_1<\delta\leqslant\delta_2\\ 1 & \delta_2<\delta\leqslant\delta_3\\ \dfrac{\delta-0.5(\delta_3+\delta_4)}{0.5\delta_3-0.5\delta_4} & \delta_3<\delta\leqslant 0.5(\delta_3+\delta_4)\\ 0 & \delta>0.5(\delta_3+\delta_4)\end{cases} \tag{9.20}$$

(4)深基坑工程处于Ⅳ级橙色预警的隶属函数

$$A(x)=\begin{cases}0 & \delta\leqslant\delta_2\\ \dfrac{\delta-\delta_2}{\delta_3-\delta_2} & \delta_2<\delta\leqslant\delta_3\\ 1 & \delta_3<\delta\leqslant 0.5(\delta_3+\delta_4)\\ \dfrac{\delta-\delta_4}{0.5\delta_3-0.5\delta_4} & 0.5(\delta_3+\delta_4)<\delta\leqslant\delta_4\\ 0 & \delta>\delta_4\end{cases}\tag{9.21}$$

(5)深基坑工程处于Ⅴ级红色预警的隶属函数

$$A(x)=\begin{cases}0 & \delta\leqslant\delta_2\\ \dfrac{\delta-\delta_2}{\delta_4-\delta_2} & \delta_2<\delta\leqslant\delta_4\\ 1 & \delta>\delta_4\end{cases}\tag{9.22}$$

式中：δ_1 、δ_2 、δ_3 、δ_4 ——分别对应于表 9.4 所列深基坑工程处于较安全、黄色预警、橙色预警、红色预警的指标控制值。

9.2.4　各层次评价因素权重

根据层次分析法的原理，对深基坑工程安全评价指标体系的各个因素构造两两判断矩阵，计算其最大特征值和对应的特征向量，最后作一致性检验。

1. 第一层次因素(表 9.6)

表 9.6　深基坑工程安全性各评判因素矩阵表

评判因素	基坑本体	周边环境
基坑本体	1	2
周边环境	1/2	1

求解判断矩阵的特征根：

$$\begin{pmatrix}1 & 2\\ 1/2 & 1\end{pmatrix}\begin{bmatrix}u_1\\ u_2\end{bmatrix}=\lambda_{\max}\begin{bmatrix}u_1\\ u_2\end{bmatrix}$$

解得：$\lambda_{\max}=2$ ，$U^{\mathrm{T}}=(0.894\ 4\quad 0.447\ 2)$ 。

特征向量归一化：$\overline{U^{\mathrm{T}}}=(0.666\ 7\quad 0.333\ 3)$ 。

计算一致性检验指标：$CI=\dfrac{\lambda_{\max}-n}{n-1}=\dfrac{2-2}{2-1}=0$

计算一致性比例：$CR=\dfrac{CI}{RI}=0<0.1\Rightarrow$ 通过一致性检验。

由此，得到深基坑工程安全性的权重集为：$A=(0.666\ 7\quad 0.333\ 3)$ 。

2. 第二层次因素

(1) 基坑本体(表 9.7)

表 9.7 基坑本体各评判因素矩阵表

评判因素	墙体测斜	支撑轴力	墙顶竖向位移	坑外水位
墙体测斜	1	3	6	5
支撑轴力	1/3	1	2	5/3
墙顶竖向位移	1/6	1/2	1	5/6
坑外水位	1/5	3/5	6/5	1

求解判断矩阵的特征根:

$$\begin{pmatrix} 1 & 3 & 6 & 5 \\ 1/3 & 1 & 2 & 5/3 \\ 1/6 & 1/2 & 1 & 5/6 \\ 1/5 & 3/5 & 6/5 & 1 \end{pmatrix}\begin{pmatrix} c_1 \\ c_2 \\ c_3 \\ c_4 \end{pmatrix} = \lambda_{\max}\begin{pmatrix} c_1 \\ c_2 \\ c_3 \\ c_4 \end{pmatrix}$$

解得:$\lambda_{\max} = 4$,$u_1^{\mathrm{T}} = (0.921\,0 \quad 0.307\,0 \quad 0.153\,5 \quad 0.184\,2)$。

特征向量归一化:$\overline{u_1^{\mathrm{T}}} = (0.588\,2 \quad 0.196\,1 \quad 0.098\,0 \quad 0.117\,6)$。

计算一致性检验指标:$CI = \dfrac{\lambda_{\max} - n}{n-1} = \dfrac{4-4}{4-1} = 0$。

计算一致性比例:$CR = \dfrac{CI}{RI} = 0 < 0.1 \Rightarrow$ 通过一致性检验。

由此,得到基坑本体的权重集为:$A_1 = (0.588\,2 \quad 0.196\,1 \quad 0.098\,0 \quad 0.117\,6)$。

(2) 周边环境(表 9.8)

表 9.8 周边环境各评判因素矩阵表

评判因素	地表沉降	建筑物沉降
地表沉降	1	1/3
建筑物沉降	3	1

求解判断矩阵的特征根:

$$\begin{pmatrix} 1 & 1/3 \\ 3 & 1 \end{pmatrix}\begin{pmatrix} c_5 \\ c_6 \end{pmatrix} = \lambda_{\max}\begin{pmatrix} c_5 \\ c_6 \end{pmatrix}$$

解得:$\lambda_{\max}=2$,$u_2^{\mathrm{T}}=(0.316\,2 \quad 0.948\,7)$。

特征向量归一化:$\overline{u_2^{\mathrm{T}}}=(0.25 \quad 0.75)$。

计算一致性检验指标:$CI = \dfrac{\lambda_{\max} - n}{n-1} = \dfrac{2-2}{2-1} = 0$。

计算一致性比例：$CR = \frac{CI}{RI} = 0 < 0.1 \Rightarrow$ 通过一致性检验。

由此，得到周边环境的权重集为：$A_2 = (0.25 \quad 0.75)$。

(3)第三层次因素

根据张瑾对监测数据的探讨可知，采用最大变形速率比采用最大变形值来判断基坑的危险往往更加准确，更加及时。由此，第三层次因素的权重集可取：

墙体测斜权重集：$A_{11} = (0.2 \quad 0.8)$；支撑轴力权重集：$A_{12} = (1.0)$；墙顶竖向位移权重集：$A_{13} = (0.2 \quad 0.8)$；坑外水位权重集：$A_{14} = (0.2 \quad 0.8)$；地表沉降权重集：$A_{21} = (0.2 \quad 0.8)$；建筑物沉降权重集：$A_{22} = (0.2 \quad 0.8)$。

9.3　安全评价实例分析

9.3.1　风险概况

截止到仇毕站基坑开挖完毕并完成底板浇筑(2016 年 7 月 10 日)，基坑本体和周边环境累计值基本都超过预警值，如图 9.4 所示。其中标准段墙体测斜累计值大部分在 60～70 mm，仅个别测斜点(CX13)累计值最大达 89 mm；标准段墙顶竖向位移大部分在 3～7 mm 之间；立柱沉降基本在 17～23 mm。

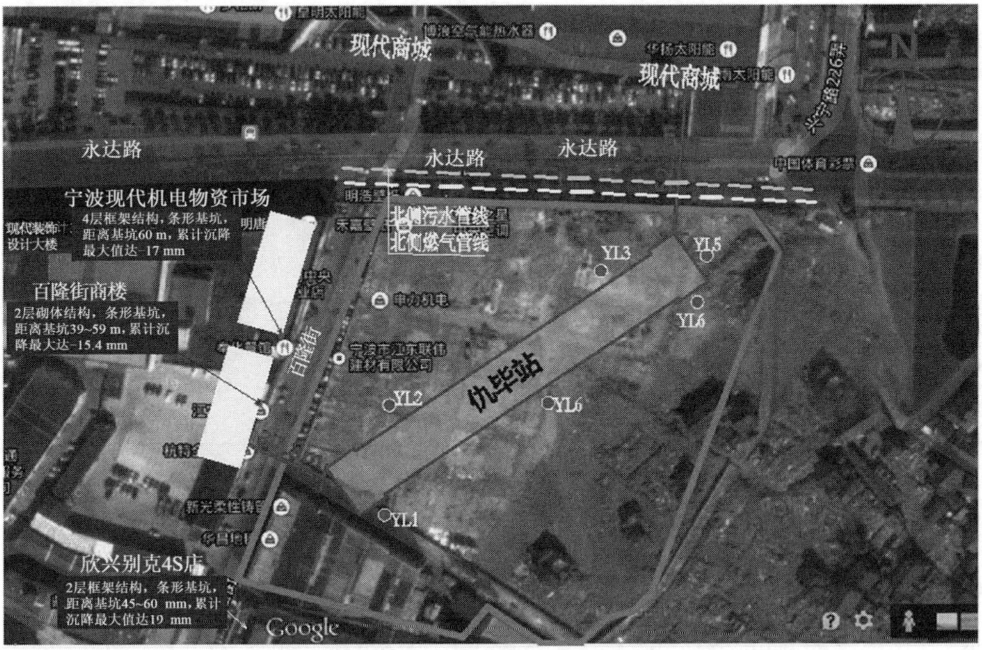

图 9.4　测点及周边环境总平图

基坑两侧地表和管线沉降均较大，其中地表沉降较大的区域位于基坑西侧靠近南端头井的标准段（监测 4 断面）至标准段中部处（监测 10 断面），该区域最大累计沉降值为 D10-3 处，累计值为－192.4 mm。基坑北侧人工天燃气管线累计沉降在－26.7～－127.3 mm 之间，其中累计沉降最大处为 Mc6，累计值最大为－127.3 mm。基坑北侧电信管线累计沉降大部分在－24～－108.5 mm 之间，其中最大点为 DXc6，累计值为－108.5 mm。基坑北侧污水管线累计沉降大部分在－28.3～－89.1 mm 之间，其中最大点为 Wc6，累计值为－89.1 mm。周边建筑物累计沉降较大的建筑物为基坑南侧的职工宿舍（距离基坑 40 m），该建筑物最大累计沉降为－16.1 mm(JC26)。经现场巡视，基坑本体支护结构未出现支撑失稳等结构破坏的现象。基坑周边环境除基坑西侧地表呈现明显凹陷外，基坑北侧管线上方地表未出现冒水等管线破裂的现象，基坑南侧的职工宿舍未出现明显裂缝扩展等异常现象。

9.3.2 预警及风险分析

从基坑开挖到基坑底板完成浇筑，共发出 1 次黄色预警、5 次蓝色预警，并针对现场施工存在的风险发出 1 份工程联系单。

1. 蓝色预警（2016 年 3 月 18 日）

截至 2016 年 3 月 18 日，TJ 3107 标仇毕站进行基坑第三层土方开挖至 C7 土块（位于⑦～⑧轴之间，开挖深度 12.6 m），南侧端头第四层土开挖至 D1 左土块（位于②～③轴之间，深度 15.4 m），北端头无土方开挖施工。北端头北侧燃气管线（位于永达路人行道上，材质属于塑料管（PE 管），抗沉降力强）监测点 Mc6（累计值达－19.6 mm）、Mc7（累计值达－15 mm）、Mc8（累计值达－15.8 mm）、Mc9（累计值达－15.6 mm）监测点累计值均已超过累计沉降预警值。建议各方加强此区域现场巡视，注意地表沉降和管线沉降较大处有无明显裂缝，观察附近地下连续墙接缝处渗水情况，避免此区域重车停留时间过长。并且基坑开挖严格按照方案施工，减少无支撑暴露时间，及时附加轴力等控制手段保证基坑周边管线沉降的稳定。同时加强对燃气管线监测的频率。

截至 2016 年 3 月 18 日，TJ 3107 标仇毕站进行基坑第三层土方开挖至 C7 土块（位于⑦到⑧轴之间，开挖深度 12.6 m），南侧端头第四层土开挖至 D1 左土块（位于②到③轴之间，深度 15.4 m），北端头无土方开挖施工。

2. 蓝色预警（2016 年 3 月 31 日）

截至 2016 年 3 月 31 日，TJ 3107 标仇毕站基坑第一层、第二层土方已开挖完成，开挖深度为 8 m。第三层土方开挖至 C12 土块，南侧端头第五层土方开挖至 D5 土块，基坑北端头正在进行第三层土方开挖。基坑两侧地表沉降点 D4-3（累计沉降−47.5 mm)、D5-3(累计沉降−44.2 mm)、D7-3(累计沉降−45.6 mm)、D15-3(累计沉降−44.4 mm)、D17-3(累计沉降−40.5 mm)累计值均已超过累计沉降预警值。建议各方加强报警测点及相关区域的现场巡视，注意地表沉降较大处有无明显裂缝，观察附近地下连续墙接缝处渗水情况，避免此区域重车停留时间过长，并且基坑开挖严格按照方案施工，减少无支撑暴露时间，及时附加轴力等控制手段保证基坑周边环境的稳定。

工况：截止 3 月 31 日，仇毕站基坑开挖共 700 方。钢支撑共完成 224 根。C 层共完成 14 段(南侧位于⑬～⑭轴之间，北侧位于⑲～⑳轴之间，深度12.6 m)，D 层共完成 9 段(位于⑩～⑪轴之间，深度 15.4 m)，E 层完成 3 段(位于③～④轴之间，深度 17.7 m)，累计共完成 52 536 方。

3. 蓝色预警(2016 年 4 月 13 日)

截至 2016 年 4 月 13 日，TJ 3107 标仇毕站基坑放坡开挖至第五层土方，开挖深度约 17.7 m，已累计完成第六道混凝土支撑 9 道。基坑测斜 CX9-41(累计位移 41.21 mm)，累计值已超过累计沉降预警值。D7-2(累计沉降−46.2 mm)、D8-2(累计沉降−50.5.4 mm)、D8-3(累计沉降−59.1 mm)、D9-3(累计沉降−46.4 mm)、D12-2(累计沉降−44.5 mm)、D12-3(累计沉降−49.2 mm)累计值均已超过累计沉降预警值。另外，巡检发现基坑标准段⑭～⑮轴基坑中间位置一处测管渗漏水，建议各方加强报警测点及相关区域的现场巡视，并且及时对声测管渗水处及时采取堵漏措施，注意地表沉降较大处有无明显裂缝，观察附近地下连续墙接缝处渗水情况，避免此区域重车停留时间过长，并且基坑开挖严格按照方案施工，减少无支撑暴露时间，及时附加轴力等控制手段保证基坑周边环境的稳定。

工况：截至 2016 年 4 月 13 日，TJ 3107 标仇毕站基坑放坡开挖至第五层土方，开挖深度约 17.7 m，已累计完成第六道混凝土支撑 9 道。

4. 蓝色预警(2016 年 4 月 19 日)

TJ 3107 标仇毕站南端头基坑放坡开挖至第六层土，标准段及北端头开挖至第五层。截至 4 月 19 日，该区域墙体测斜 CX14 累计值为 26.05 mm，变化速率为 6.03 mm/d，测斜变化速率超标；基坑北侧永达路人行道管线 Mc6(累计值达−34.6 mm)、Mc7(累计值达−31.9 mm)、Mc8(累计值达−31.5 mm)、Mc9(累计值达−30.4 mm)、DXc6(累计值达−24.5 mm)、DXc7(累计值达−27.7 mm)、DXc8(累计值达−27.3 mm)、DXc9(累计值达−28.2 mm)、DXc10(累计值达−21.2 mm)，管线点累计值超标；基坑两侧地表沉降 D4-3(累计值达−73.2 mm)、D6-2(累计值达−67.4 mm)、D6-3(累计值达−80.2 mm)、D7-3(累计值达−68.7 mm)、D14-3(累计值达−63.8 mm)、D15-3(累计值达−65 mm)，地表沉降点累计值超标。

工况：截至 2016 年 4 月 19 日，仇毕站基坑北侧第五层土方开挖至 E-18 土块，第四层土开挖至 D14 土块，支撑架设累计完成 66 根。南侧端头第六层土方开挖至左二分之一、F-1\F-2 土块。

5. 蓝色预警（2016 年 4 月 22 日）

TJ 3107 标仇毕站南端头基坑放坡开挖至第六层 F-3（开挖深度20.74 m）。该区域墙体测斜 CX12-37 累计值为 34.07 mm，变化速率为 3.15 mm/d（前一天变化速率为 2.38 mm/d），连续两天测斜变化速率超标；墙体测斜 CX13-40 累计值为 44.33 mm，变化速率为 8.05 mm/d，累计值和测斜变化速率超标。

工况：仇毕站基坑第五层南侧开挖至 E-11，北侧开挖至 E-14，第六道支撑完成 18 道（H6-1～H6-13，H6-23～H6-27），第六层南侧开挖至 F-3（深度为 20.74 m）。

6. 黄色预警（2016 年 5 月 13 日）

TJ 3107 标仇毕站南端头基坑放坡开挖至第八层 H-6（开挖深度 27.7 m），基坑南端头第七层 G-1-2～G-2-2 中间段至东测土方已于 5 月 4 日全部开挖完成，靠西侧土方目前仍未开挖，造成第九道斜撑无法架设，暂时（一周）处于无支撑状态。该处测斜 CX2-55 累计值为 50.37 mm，本周累计变化 15.79 mm，最大变化速率为 3.93 mm/d，累计值和测斜变化速率超标。土方开挖：标准段北部第三层土方 C26～C28土方开挖。支撑架设：上述土方开挖处 6 根钢支撑完成架设。

工况：仇毕站基坑开挖由南向北推进，第六层土方开挖至 F-12 块，第七道支撑累计完成钢支架设 23 根，第七层土方开挖至 G-7 块，第八道支撑累计完成 39 根，南端头第九道支撑完成 5 根，靠西侧 4 道斜撑未做，第八层标准段土方开挖三块（H-4、H-5、H-6），其中 H-4，H-5 块垫层浇筑完成。

基坑北端头管线沉降变化情况见表 9.9 及图 9.5、图 9.6。

表 9.9　基坑北端头管线随节点工期累计变化情况（mm）

测点编号	累计变化量								
	A 层开挖	B 层开挖	C 层开挖	D 层开挖	E 层开挖	开始降水	F 层开挖	G 层开挖	H 层开挖
	1 月 25 日	2 月 26 日	3 月 22 日	4 月 7 日	4 月 20 日	5 月 6 日	5 月 13 日	5 月 25 日	6 月 25 日
Mc1	−1.9	−3.4	−2.5	−8.0	−11.9	−13.0	−17.7	−19.1	−18.5
Mc2	−1.5	−2.7	−2.1	−2.1	−6.5	−13.1	−17.9	−19.1	−19.8
Mc3	−2.3	−4.0	−3.3	−9.6	−14.0	−15.8	−22.1	−24.3	−26.6
Mc4	−3.0	−5.4	−7.7	−12.8	−17.0	−20.0	−28.2	−31.5	−41.3
Mc5	−4.5	−8.0	−9.3	−16.9	−23.3	−27.9	−37.4	−43.1	−80.1
Mc6	−5.1	−14.3	−19.6	−24.3	−36.0	−46.5	−51.4	−59.7	−111.7

续上表

累计变化量									
测点编号	A 层开挖	B 层开挖	C 层开挖	D 层开挖	E 层开挖	开始降水	F 层开挖	G 层开挖	H 层开挖
	1 月 25 日	2 月 26 日	3 月 22 日	4 月 7 日	4 月 20 日	5 月 6 日	5 月 13 日	5 月 25 日	6 月 25 日
Mc7	−2.5	−11.8	−15.4	−22.6	−33.6	−44.5	−49.7	−58.3	−93.4
Mc8	−3.1	−15.1	−15.9	−23.1	−32.4	−41.6	−46.5	−52.4	−71.4
Mc9	−4.6	−12.4	−15.7	−21.0	−31.0	−39.2	−43.1	−48.3	−59.1
Mc10	−2.1	−6.6	−8.0	−14.4	−19.4	−26.0	−29.3	−32.6	−37.5
Mc11	−2.5	−2.8	−4.0	−7.5	−12.4	−17.5	−20.4	−22.3	−24.8
DXc1	−1.5	−2.1	−3.4	−7.5	−10.8	−12.5	−17.2	−18.4	−17.5
DXc2	−1.6	−2.8	−1.9	−7.3	−11.3	−12.8	−18.0	−19.7	−19.4
DXc3	−2.4	−4.3	−3.8	−10.1	−14.1	−16.1	−22.2	−23.9	−25.9
DXc4	−3.0	−5.3	−6.6	−12.2	−16.0	−19.0	−26.9	−29.8	−36.6
DXc5	−3.8	−6.9	−7.8	−15.4	−20.9	−25.1	−34.5	−39.5	−66.7
DXc6	0.8	−7.7	−10.2	−15.4	−25.6	−34.8	−39.5	−47.2	−93.9
DXc7	−3.6	−10.7	−12.4	−18.4	−28.8	−38.7	−43.6	−51.0	−84.1
DXc8	−4.3	−11.2	−13.5	−19.0	−28.7	−37.6	−41.8	−47.6	−65.6
DXc9	−0.9	−11.2	−13.7	−20.4	−28.6	−36.1	−39.8	−44.9	−54.4
DXc10	−4.9	−10.1	−11.6	−16.7	−21.7	−27.4	−30.6	−33.5	−37.2
DXc11	−1.7	−1.7	−3.1	−6.2	−11.0	−15.5	−18.9	−20.7	−22.9
Wc1	−1.0	−1.7	−2.2	−9.9	−11.1	−12.3	−14.7	−17.5	−16.1
Wc2	−1.3	−2.4	−3.9	−6.9	−8.6	−12.1	−17.0	−18.5	−17.9
Wc3	−2.2	−3.9	−3.2	−9.2	−12.4	−14.6	−20.4	−21.5	−23.0
Wc4	−2.1	−3.8	−4.0	−11.1	−14.4	−17.5	−24.7	−27.1	−30.5
Wc5	−2.4	−4.2	−5.1	−7.8	−14.2	−23.0	−28.4	−35.7	−50.5
Wc6	−4.5	−8.0	−9.4	−15.0	−23.4	−32.0	−36.2	−43.1	−78.1
Wc7	−4.8	−8.5	−9.1	−15.4	−23.7	−25.7	−36.9	−42.7	−73.1
Wc8	−1.1	−8.7	−9.3	−15.4	−23.2	−31.0	−34.8	−39.4	−53.6
Wc9	−5.3	−5.3	−14.1	−20.5	−28.3	−35.3	−39.3	−43.8	−51.6
Wc10	−3.5	−3.2	−4.8	−10.7	−16.7	−23.3	−25.6	−30.1	−32.9
Wc11	2.3	−2.4	−3.2	−7.4	−13.1	−18.7	−22.0	−24.5	−26.4

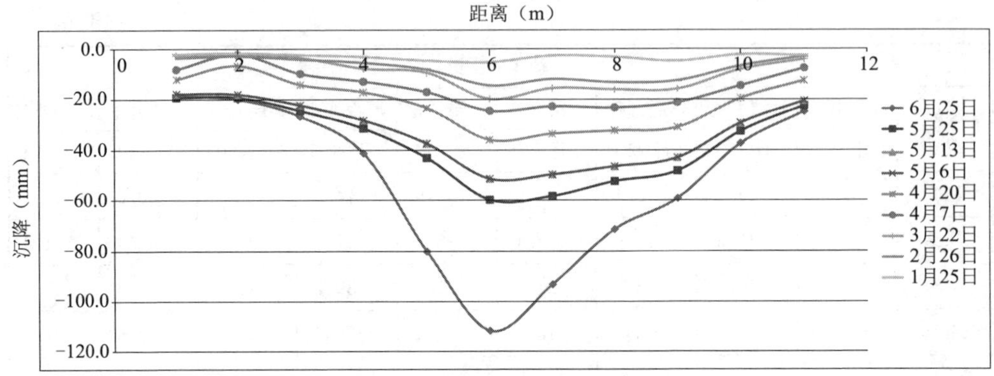

图 9.5 基坑北端头管线沉降图

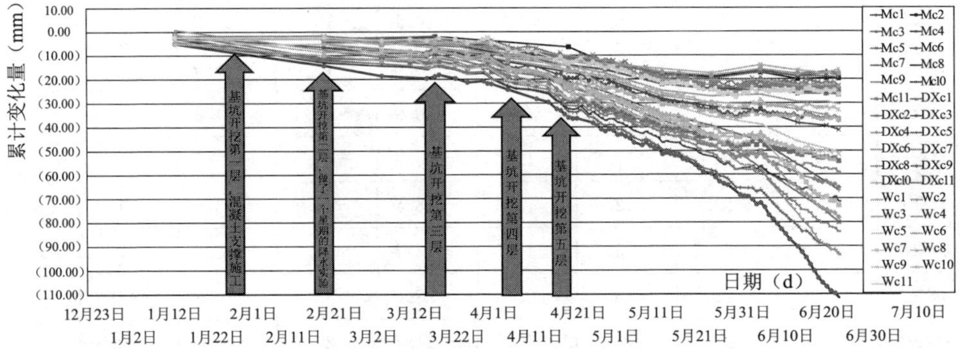

图 9.6 管线沉降累计变化结果

由于 3 号线一期采用第三方监测与风险咨询合并招标，从而将第三方监测与风险管理单位职能进行合并，形成了第三方监测集监测复核、监测管理和风险管理于一体的监测监控管理模式。仇毕站自基坑开挖至底板浇筑，除了土方开挖、降承压水等在施工计划内的施工因素造成基坑本体和周边环境变形外，未存在因不合理施工导致计划内的风险。

(1)第三方监测复核完施工监测数据，及时进行数据对比分析，第一时间确保了监测数据的准确性。

(2)第三方监测单位作为专业的监测单位，对于异常数据原因的查找更为有利，能从监测方法、监测过程、监测数据处理、监测成果等各方面寻找原因，有利于对工程误报警的判别。

(3)第三方监测审核完数据后，可保证采用正确的数据及时开展工程安全评判，比起风险咨询单位更有利于监测数据的及时应用，真正起到了数据及时报警、及时采取措施控制风险的作用。

(4)作为第三方监测和风险咨询的一体化模式，对第三方监测工作要求进行静态、动态风险评估，减少了工程风险咨询费用的支出，大大节省了工程造价和业主单位的接口管理工作。

(5) 现场监测工作具有针对性。第三方监测与风险咨询相结合，有利于充分了解基坑施工过程及周边环境存在的重大风险，各标段由工点静态风险评估报告中的本工程重大风险清单可以明确本工程项目的重大风险源及监测重点，从而使现场监测工作具有针对性。

(6) 第三方监测单位岗位工程师进行每日动态风险评估工作可以对现场监测数据有更加立体直接的把握。1、2 号线第三方监测对施工监测的数据管理仅局限于差异量的对比以及数据辨伪，3 号线的管理模式中第三方监测单位对施工监测数据进行分析对比，存在异常情况可以及时进行跟踪复核。

(7) 预警管理更加科学高效。1、2 号线由第三方监测，发现数据存在超标或异常情况，需向风险咨询单位进行反馈，风险咨询单位经监测监控科审核后现场发布预警。3 号线第三方监测单位在发现存在数据超标现场及时与监测监控科沟通并发布预警，且该预警是在自身监测数据以及对施工监测单位数据全面分析的基础上发布的，更加科学合理。

(8) 现场问题整改跟踪更有力度。第三方监测和风险咨询相结合的模式，各标段安排岗位工程师进行专项管理，与 1、2 号线相比，3 号线第三方监测单位在现场监测分中心中起到纽带作用，可以及时高效地将现场存在的问题及时反馈出来，并及时上报业主，可以及时有效地将现场存在的问题进行整改闭合。

(9) 由于预消警管理一般由风险咨询单位负责，第三方监测单位同时作为风险咨询单位，通过对施工监测数据的抽测复核，加强对施工监测单位的管理，有利于避免误报警或者有警未报的情况发生(该部分内容可以以 TJ 3105 标体育馆站 3 月份发出的一次误报警(黄色预警)为例，后期加强了对施工监测数据的管理，后期未发生误报警的情况)。

(10) 第三方监测单位由于直接对监测点进行抽测，对监测点的埋设部位更加清楚，同时对现场施工情况能够更深入和详细的了解，因而能够对监测数据的变形原因有更清晰的认识，提出更加合理的建议，以达到风险管控的目的。仇毕站南端头墙体测斜 CX2 速率连续增加，当时基坑开挖深度至 27.7 m，监测点变化速率为 3.93 mm/d，当时本周累计变化速率为 15.79 mm，当时其中测点单日最大变化速度为 5.38 mm/d，累计值最大为 30 m 处 54.83 mm。由于当时该处南端头第九道支撑完成 5 根，靠西侧 4 道斜撑未做，且该基坑南端头第七层 G-1-2～G-2-2 块靠西侧土方未及时开挖以及第九道钢支撑的架设，有支撑暴露时间过长（因防讯防台演习准备，南端头第七层第九道支撑暂时未开挖），通过第三方监测单位及时进行黄色预警，建议措施如下：

①南端头第七层 G-1-2～G-2-2 块靠西侧第九道斜撑部位加设置一块 30 cm 厚的板撑。如图 9.7 所示。

图 9.7　南、北端端头风险控制临时板撑

②标准段 H4～H6 底板加快施工进度，争取 5 月 21 日前完成底板浇筑。

③加密该 CX2 测斜点以及周边监测点的观测。

④周边区域重型车辆远离，不要长时间滞留。

⑤为防讯防台设置的蓄水池积水进行抽排，保证基坑无积水。

⑥清除 CX2 测斜管内的淤泥，保证测量数据的准确性。

会后施工单位积极及时落实各项措施，确保了基坑本体结构风险安全。

通过此次风险处置经验和效果，在北端头井最后一层土方开挖时，施工单位将在南端头井第九道斜撑部位加设置一块 30 cm 厚板撑的良好经验运用到北端头井，在北端头井最后一层土方开挖过程中对基坑变形控制起到了很好的效果，真正做到对结构风险的提前预控效果。

9.3.3　安全评价

以仇毕站基坑为研究背景，对 5 月 13 日黄色预警进行评价。本节基于其后两天的现场监测数据，根据 9.2 节建立的评价模型，对深基坑工程安全性进行三级模糊综合评判。参照表 9.5 的模式对当日监测数据进行整理，得到深基坑工程各单因素的指标值，见表 9.10。

表 9.10　深基坑工程各单因素的指标值(5 月 13 日)

监测项目			测点	最大测值	指标值
基坑本体	墙体测斜	累计	CX8	46.4 mm	2.74‰
		速率	CX8	5.2 mm/d	5.2 mm/d
	支撑轴力	累计	Zg12-3	1 092.0 kN	1.01
	墙顶竖向位移	累计	Qc7	11.3 mm	0.67‰
		速率	Qc9	0.6 mm/d	0.6 mm/d
	坑外水位	累计	Sw8	−69 cm	69 cm
		速率	Sw10	34 cm/d	34 cm/d
周边环境	地表沉降	累计	D21-2	−51.4 mm	3.03‰
		速率	D22-1	−2.3 mm/d	2.3 mm/d
	建筑物沉降	累计	Jc10	−2.7 mm	2.7 mm
		速率	Jc14	−0.5 mm/d	0.5 mm/d

根据各单因素的指标值和表 9.5 所示的各单因素的安全评价指标，按式(9.18)～式(9.22)给出的隶属函数，求得三个层次因素集的评判矩阵，并用模型“加权平均型 $M(\cdot, \oplus)$ ”进行模糊综合运算。

(1)第三层次模糊综合评判

第三层次因素集的评判矩阵为：

$$R_{11}=\begin{pmatrix}\text{墙体测斜累计}\\ \text{墙体测斜速率}\end{pmatrix}=\begin{pmatrix}0.162\,5 & 1 & 0.837\,5 & 0 & 0\\ 0 & 0.8 & 1 & 0.2 & 0.1\end{pmatrix}$$

$$R_{12}=(\text{支撑轴力累计})=(0\quad 0\quad 0.9\quad 1\quad 0.366\,7)$$

$$R_{13}=\begin{pmatrix}\text{墙顶竖向位移累计}\\ \text{墙顶竖向位移速率}\end{pmatrix}=\begin{pmatrix}1 & 0.34 & 0 & 0 & 0\\ 1 & 0 & 0 & 0 & 0\end{pmatrix}$$

$$R_{14}=\begin{pmatrix}\text{坑外水位累计}\\ \text{坑外水位速率}\end{pmatrix}=\begin{pmatrix}1 & 0.725 & 0 & 0 & 0\\ 0.3 & 1 & 0.7 & 0 & 0\end{pmatrix}$$

$$R_{21}=\begin{pmatrix}\text{地表沉降累计}\\ \text{地表沉降速率}\end{pmatrix}=\begin{pmatrix}0 & 0 & 0.97 & 1 & 0.343\,3\\ 1 & 0.533\,3 & 0 & 0 & 0\end{pmatrix}$$

$$R_{22}=\begin{pmatrix}\text{建筑物沉降累计}\\ \text{建筑物沉降速率}\end{pmatrix}=\begin{pmatrix}1 & 0 & 0 & 0 & 0\\ 1 & 0 & 0 & 0 & 0\end{pmatrix}$$

作第三层次模糊综合评判，得

$$B_{11}=A_{11}\cdot R_{11}=(0.2\quad 0.8)\begin{pmatrix}0.162\,5 & 1 & 0.837\,5 & 0 & 0\\ 0 & 0.8 & 1 & 0.2 & 0.1\end{pmatrix}$$

$$=(0.032\,5\quad 0.84\quad 0.967\,5\quad 0.16\quad 0.08)$$

$$B_{12}=A_{12}\cdot R_{12}=(1.0)(0\quad 0\quad 0.9\quad 1\quad 0.3667)=(0\quad 0\quad 0.9\quad 1\quad 0.3667)$$

$$B_{13}=A_{13}\cdot R_{13}=(0.2\quad 0.8)\begin{pmatrix}1 & 0.34 & 0 & 0 & 0\\ 1 & 0 & 0 & 0 & 0\end{pmatrix}=(1\quad 0.068\quad 0\quad 0\quad 0)$$

$$B_{14}=A_{14}\cdot R_{12}=(0.2\quad 0.8)\begin{pmatrix}1 & 0.725 & 0 & 0 & 0\\ 0.3 & 1 & 0.7 & 0 & 0\end{pmatrix}=(0.44\ 0.945\ 0.56\ 0\ 0)$$

$$B_{21}=A_{21}\cdot R_{21}=(0.2\quad 0.8)\begin{pmatrix}0 & 0 & 0.97 & 1 & 0.3433\\ 1 & 0.5333 & 0 & 0 & 0\end{pmatrix}$$
$$=(0.8\quad 0.4266\quad 0.194\quad 0.2\quad 0.0687)$$

$$B_{22}=A_{22}\cdot R_{22}=(0.2\quad 0.8)\begin{pmatrix}1 & 0 & 0 & 0 & 0\\ 1 & 0 & 0 & 0 & 0\end{pmatrix}=(1\quad 0\quad 0\quad 0\quad 0)$$

(2)第二层次模糊综合评判

第二层次因素集的评判矩阵为：

$$R_1=\begin{pmatrix}B_{11}\\ B_{12}\\ B_{13}\\ B_{14}\end{pmatrix}=\begin{pmatrix}0.0325 & 0.84 & 0.9675 & 0.16 & 0.08\\ 0 & 0 & 0.9 & 1 & 0.3667\\ 1 & 0.068 & 0 & 0 & 0\\ 0.44 & 0.945 & 0.56 & 0 & 0\end{pmatrix}$$

$$R_2=\begin{pmatrix}B_{21}\\ B_{22}\end{pmatrix}=\begin{pmatrix}0.8 & 0.4266 & 0.194 & 0.2 & 0.0687\\ 1 & 0 & 0 & 0 & 0\end{pmatrix}$$

作第二层次模糊综合评判，得

$$B_1=A_1\cdot R_1=(0.5882\ 0.1961\ 0.0980\ 0.1176)\begin{pmatrix}0.0325 & 0.84 & 0.9675 & 0.16 & 0.08\\ 0 & 0 & 0.9 & 1 & 0.3667\\ 1 & 0.068 & 0 & 0 & 0\\ 0.44 & 0.945 & 0.56 & 0 & 0\end{pmatrix}$$
$$=(0.1689\ 0.6119\ 0.8114\ 0.2902\ 0.1190)$$

$$B_2=A_2\cdot R_2=(0.25\quad 0.75)\begin{pmatrix}0.8 & 0.4266 & 0.194 & 0.2 & 0.0687\\ 1 & 0 & 0 & 0 & 0\end{pmatrix}$$
$$=(0.95\quad 0.1067\quad 0.0485\quad 0.05\quad 0.0172)$$

(3)第一层次模糊综合评判

第一层次因素集的评判矩阵为：

$$R=\begin{pmatrix}B_1\\ B_2\end{pmatrix}=\begin{pmatrix}0.1689 & 0.6119 & 0.8114 & 0.2902 & 0.1190\\ 0.95 & 0.1067 & 0.0485 & 0.05 & 0.0172\end{pmatrix}$$

作第一层次模糊综合评判，得

$$B = A \cdot R = (0.666\,7 \quad 0.333\,3)\begin{pmatrix} 0.168\,9 & 0.611\,9 & 0.811\,4 & 0.290\,2 & 0.119\,0 \\ 0.95 & 0.106\,7 & 0.048\,5 & 0.05 & 0.017\,2 \end{pmatrix}$$

$$= (0.429 \quad 0.444 \quad 0.557 \quad 0.210 \quad 0.085)$$

(4)评判结果

本工程深基坑安全等级的模糊子集为：

$$B = \frac{0.429}{\text{Ⅰ}} + \frac{0.444}{\text{Ⅱ}} + \frac{0.557}{\text{Ⅲ}} + \frac{0.210}{\text{Ⅳ}} + \frac{0.085}{\text{Ⅴ}}$$

根据最大隶属度原则，当日深基坑工程安全性对Ⅲ级的隶属度最高(0.557)，故安全等级为Ⅲ级，深基坑工程处于黄色预警状态，模糊综合评判结果与 5 月 13 日的实际情况相符。

由于深基坑工程设置于力学性质相对复杂的地层中，施工中存在的风险因素具有不确定性和模糊性，本章将模糊理论与综合评判相结合，把模糊综合评判法应用于深基坑工程安全评价中，主要结论如下：

(1)结合宁波市轨道交通 3 号线仇毕站基坑的实际监测项目，确定了深基坑工程安全评价指标体系，由此建立了深基坑工程安全的三级模糊综合评判模型。

(2)建立了深基坑工程安全评价等级，将深基坑的安全等级划分为安全状态、较安全状态、黄色预警、橙色预警、红色预警五个等级，同时，确定了深基坑工程各单因素安全评价指标。

(3)基于现场监测数据和建立的深基坑工程安全评价模型，对工程实例(5 月 13 日)的安全状况进行了定量评价，得到了与实际情况相符的评价结果。

第10章　软土地铁车站深基坑安全监控指标体系

地下工程工作状态一般分为正常、异常和危险三种情况。异常是指监测对象受力或变形呈现出不符合一般规律的状态;危险是指监测对象的受力或变形呈现出低于结构安全储备、可能发生破坏的状态。地下工程指标体系就是设定一系列定量化警戒指标,在其容许的范围之内认为工程是正常和安全的,并对周围环境不产生有害影响。超过预警值的基坑工程,不一定就必然破坏,但必定是需要引起警觉。

建立一个定量化的预报警指标体系对于地铁工程的安全监控意义重大,但是由于设计理论的不尽完善以及地铁工程的环境差异性和不可预见性,人们的认知能力和经验还不是十分充分,要建立一套合理的指标体系是一项十分复杂的工作。比如地铁工程具有很强的区域性和个性,同一城市不同区域工程地质和水文地质条件不同,每个基坑和盾构区间工程的相邻构筑物及地下管线的位置、抵御变形的能力、重要性以及周围场地条件也各不相同,可见对地铁工程预警指标规定统一标准是比较困难的。同时,预警指标取得过大,可能导致思想麻痹,过小则可能造成不必要的浪费。

在施工监测和预报中,应同时考虑各项监测内容的量值和变化速率,及其相应的实际变化曲线,结合观察到的结构、地层和周围环境状况等综合因素做出预报。累计变化量反映的是监测对象即时状态与危险状态的关系,而变化速率反映的是监测对象发展变化的快慢。在确定监测警戒值时应同时给出变化速率和累计变化量,当监测数据超过其中之一时即进入异常或危险状态,监测人员必须及时报警。

监测单位的指标值基本上按设计值来确定,依据明确,确定简单。大量实践证明,这些指标总体上偏低,如果严格按照这些指标将会出现遍地报警的情况,不能有效进行安全风险管理,可执行性差,但是是法定的,不可或缺。而咨询指标值是综合考虑安全评判与规范施工,通过理论计算、数据的统计规律和经验积累来确定的,数值总体上略大于监测单位的指标,但可执行性强,方便操作。安全监控指标根据监测对象的不同,可分为周边环境控制指标和支护结构控制指标。根据宁波轨道交通工程施工工法条件、周边环境条件等，需要制定的控制指标主要包括：

1. 周边环境

(1)建(构)筑物：如允许沉降控制值和差异沉降控制值，相应的速率控制值。

(2)地下管线：如管线允许位移控制值和倾斜率控制值，相应的速率控制值。

(3)地下水位：如地下水位允许控制值、地下水位速率控制值。

2. 支护结构

包括变形控制指标和力学控制指标：

(1)围护结构：如地下连续墙墙顶水平位移、墙体变形、管片衬砌拱顶沉降。

(2)支撑结构：如支撑轴力、锚杆受力、管片内力。

安全风险监控量测技术指标制定的影响因素主要有：

(1)建(构)筑物控制指标的确定主要受使用性质、规模、修建年代、结构形式、基础类型、地质条件等因素的影响。

(2)地下管线控制指标的确定主要受工作压力情况、功能、材质、铺设方法、埋置深度、土层压力、管径、接口形式、铺设年代等因素的影响。

(3)地表沉降(隆起)控制指标的确定受施工工法、地层性质、基坑深度(隧道覆土厚度)、地下水位变化、基坑周围荷载(隧道上部)荷载、隧道结构断面形式与大小、围护(支护)结构形式、地层损失、施工管理等因素的影响。

(4)工程支护结构控制指标主要受施工工法、工程自身特点、结构类型、结构受力情况等因素的影响。

由于基坑支护系统通常为临时设施，安全储备小，风险较大，工作状态和工作条件较复杂，不确定因素很多。因此，基坑工程施工过程一方面要控制变形，提出预警、报警值，并在施工过程中进行动态监测和控制，这是一个不容忽视的重要环节。然而由于评价基坑安全的监测指标众多，各指标间存在一定的相关性，所提供信息的重点不突出且具有重叠性。为此，本章以宁波轨道交通已建1、2号车站深基坑和在建的仇毕站为背景，通过分析研究，初步确定宁波轨道交通车站深基坑的连续墙变形预警、报警值指标，为后续的风险应对提供参考依据。

10.1　基坑本体安全控制指标体系

10.1.1　基坑工程等级

调研中发现，国家和地方不同规范对基坑的等级标准的规定存在差异。比如《上海地铁基坑工程施工规程》中将基坑工程按坑周不同环境条件分段划分基坑等级，见表10.1，但相邻段的等级最多相差1级。《建筑地基基础工程施工质量验收规范》和《建筑基坑工程监测技术规范》中采用表 10.2 的等级划分标准。考虑宁波地铁基坑的工程实际，建议参考《上海地铁基坑工程施工规程》中的等级标准对基坑进行划分。

表 10.1 基坑等级(《上海地铁基坑工程施工规程》)

基坑等级	地面最大沉降量及围护墙水平位移控制要求	环境保护要求
一级	1. 地面最大沉降量≤0.1%H 2. 围护墙最大水平位移≤0.14%H 3. K_s≥2.2	基坑周边以外 0.7H 范围内有地铁、共同沟、煤气管、大型压力总水管等重要建筑或设施，必须确保安全
二级	1. 地面最大沉降量≤0.2%H 2. 围护墙最大水平位移≤0.3%H 3. K_s≥2.0	离基坑周边 H～2H 范围内有重要管线或大型的在使用的建(构)筑物
三级	1. 地面最大沉降量≤0.5%H 2. 围护墙最大水平位移≤0.7%H 3. K_s≥1.5	离基坑周围 2H 范围内没有重要或较重要的管线、建(构)筑物

表 10.2 基坑等级(《建筑地基基础工程施工质量验收规范》)

等级	分类标准
一级	重要工程或支护结构做主体结构的一部分； 开挖深度大于 10 m； 与临近建筑物、重要设施的距离在开挖深度以内的基坑； 基坑范围内有历史文物、近代优秀建筑、重要管线等需严加保护的基坑
二级	除一级和三级外的基坑属二级基坑
三级	开挖深度小于 7 m 且周围环境无特别要求时的基坑

10.1.2 工程经验类比

深基坑工程的设计与施工中，工程经验起到十分重要的作用。参考已建类似工程项目的受力和变形规律，提出并确定本工程的基坑警戒值，往往能取得较好的效果。

如刘建航、刘国彬等人根据对上海地铁几百个车站基坑数据的统计和挖掘，提出了软土地铁车站基坑危险判别标准：

(1)基坑围护墙测斜：对于只存在基坑本身安全的测试，最大位移一般取 80 mm，每天发展不超过 10 mm。对于周围有需严格保护构筑物的基坑，应根据保护对象的需要来确定。比如上海地铁 1 号线隧道，周围施工对其影响所造成的位移不得越过 20 mm。

(2)煤气管线:沉降或水平位移均不得超过 10 mm,每天发展不得超过 2 mm。

(3)上水管线:沉降或水平位移均不得超过 30 mm,每天发展不得超过 5 mm。

(4)基坑外水位:坑内降水或基坑开挖引起坑外水位下降不得超过 1 000 mm,每天发展不得超过 500 mm。

(5)立柱桩差异隆沉:基坑开挖中引起的立柱桩隆起或沉降不得超过 10 mm,每天发展不超过 2 mm。

(6)支护结构弯矩及轴力:根据设计计算书确定,一般将警戒值定在 80%的设计允许最大值内。

(7)对于测斜、围护结构纵深弯矩等光滑的变化曲线,若曲线上出现明显的折点变化,也应做出报警处理。

一般来说,设计院在制定标准时往往将一级基坑的变形速率警戒值取为 2 mm/d,二级基坑的变形速率警戒值取为 3 mm/d。但在实际施工中,大部分工程往往达不到这个要求,在正常施工条件下仍然会经常出现速率超过 3 mm/d 的现象。刘朝明对墙体水平位移速率提出了如下建议:当围护墙测斜最大变形速率达到 4～5 mm/d,并持续有发展迹象的,工程应进入警戒状态,加密监测频率,查找工程的隐患;最大变形速率超过 10 mm/d,并有持续发展迹象的,工程应进入报警状态,立即停工,并采取合理有效的工程措施,限制变形继续发展。

刘涛总结了上海市 93 个地铁基坑工程按照保护等级分类的最大测斜变形比的分布情况,如图 10.1 所示,反映了上海基坑工程的总体施工质量情况,一级基坑的质量不如二级基坑质量高。也进一步表明要达到基坑保护等级的变形比指标要求,必须在施工规范程度上下功夫。

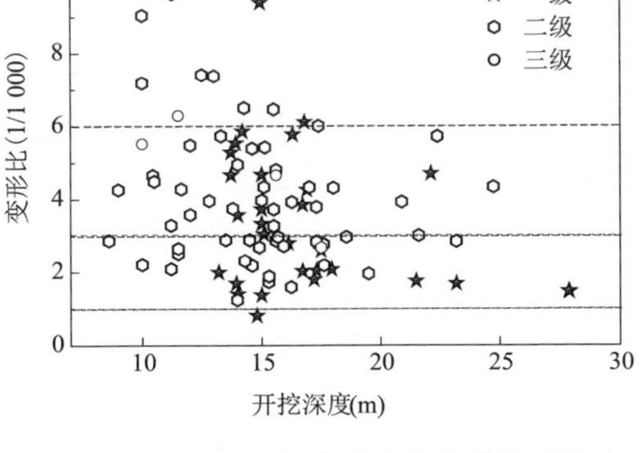

图 10.1　上海地铁车站基坑变形统计图

按照施工的规范程度对30个工程602个测孔的墙体测斜速率进行了统计，提出对于一级保护的基坑，必须保证规范施工，变形速率达到5 mm/d即认为达到指标报警警戒值；对于二级保护的基坑，允许出现不规范施工情况，但不能出现极不规范情况，变形速率达到6 mm/d，即认为达到指标报警警戒值；对于三级保护基坑，允许出现极不规范施工情况，但应尽量限制出现的次数，当变形速率达到7 mm/d即认为达到指标报警警戒值。

通过数据挖掘研究提出了指标报警和工程报警两种报警标准。指标报警是指最大累积变形或最大变形速率其中之一超出可接受的范围。工程报警是指两者同时达到不可接受的范围。对于指标报警的警戒值的确定，按照95%的保证率，并考虑施工规范程度的要求、分等级给出，见表10.3。上海地区安全监控咨询指标体系见表10.4。

表10.3 不同保护等级的测斜报警警戒值标准

保护等级	变形比(‰)	最大变形速率(mm/d)	施工要求
一级	1.5	5.0	必须做到规范施工，不允许出现不规范施工情况
二级	3.0	6.0	允许被动出现不规范情况，不能出现极不规范情况
三级	6.0	7.0	允许被动出现极不规范施工情况

一般来说，测斜变形大小的安全性应通过测斜曲线反算墙体的最大弯矩相对于容许弯矩的发挥程度来进行判别，以反算最大弯矩达到容许弯矩的80%作为报警的标准。支撑轴力的警戒值取设计轴力的80%，轴力值过小或者过大都是不正常的。对于坑底隆起的量测，大多数基坑都是通过立柱隆沉这一监测项目间接反映的，按照《基坑工程手册》中的规定，基坑开挖所引起的立柱隆起或沉降不得超过10 mm，发展速率不得超过2 mm/d。然而，在实际工程中，这一标准往往显得有些苛刻。而且，根据支撑体系的不同，混凝土支撑与钢支撑和立柱的连接形式不同，立柱隆沉大小必然也有所差别，警戒值应当区别对待，目前尚没有比较好的警戒标准。

基坑围护墙测斜、支撑轴力、立柱隆起量中的某项监测数据超过警戒值并不能说明一定会发生安全事故，而只能表示若不加以控制则发生事故的可能性增大，风险增加。基坑本体的安全评判要通过对三者综合分析计算来进行。

表 10.4　上海地区安全监控咨询指标体系

序号	基坑监测项目	基坑等级	规范报警指标		上海同是报警指标	备注
			累计值(mm)	速率值(mm/d)		
1	测斜	一级	40～50	2～3	累计值＞10 mm 且速率＞4.5 mm/d，累计绝对量＞80 mm；累计量绝对值的最大值位置＞10 m 且累计量绝对值＜10 mm	规范报警指标采用上海地区基坑工程施工监测规程和基坑设计规程
		二级	65～80	3～5		
		三级	65～80	3～5		
2	地表沉降	一级	25～30	2～3	速率绝对量＞10 mm/d(基坑周围环境)速率绝对量＞3 mm/d(旁通道)	
		二级	50～60	3～5		
		三级	50～60	3～5		
3	基坑抗隆起	一级	2.5		2.5	
		二级	2.0		2.0	
		三级	1.7		1.7	
4	建筑物沉降		20～60	1～3	速率绝对值＞5 mm/d；累计量＜－50 mm，且每 50 mm报一次	
5	建筑物基础倾斜	多层和高层建筑基础	$H\leqslant 24$ m	0.004	一级基坑周边建筑物沉降倾斜值大于 2%，二级、三级基坑周边建筑物沉降倾斜值大于 4%	
			24 m$<H\leqslant$60 m	0.003		
			60 m$<H\leqslant$100 m	0.002		
			$H>$100 m	0.0015		
		高耸结构基础	$H\leqslant$20 m	0.008		
			20 m$<H\leqslant$50 m	0.006		
			50 m$<H\leqslant$100 m	0.005		
			100 m$<H\leqslant$150 m	0.004		
			150 m$<H\leqslant$200 m	0.003		
			200 m$<H\leqslant$250 m	0.002		

续上表

序号	基坑监测项目	基坑等级	规范报警指标		上海同是报警指标		备注
			累计值(mm)	速率值(mm/d)			
6	管线沉降	刚性管线(煤气、供水管线)	10	2	有压管线沉降(上水、原水、煤气、燃气)	速率绝对值＞5 mm/d;累计量＜−50 mm,且只报一次	规范报警指标采用上海地区基坑工程施工监测规程和基坑设计规程
					雨水、污水管线沉降	速率绝对值＞5 mm/d;累计量＜−50 mm,且只报一次	
		柔性接头(电缆、通讯管线)	10	5	其他管线(电力、通信、电线杆)	速率绝对值＞10 mm/d;累计量＜−100 mm,且只报一次	
7	坑外水位变化		1000	300	下降速率＜−20 cm/d;累计量＜−50 cm后,每−50 cm预警一次		
8	立柱隆沉				累计值＞40 mm;速率＞5 mm/d		
9	支撑轴力		设计值的60%～80%		设计值的80%		
10	孔隙水压力		设计值的60%～80%		设计值的80%		
11	土压力		设计值的60%～80%		设计值的80%		
12	锚杆压力		设计值的60%～80%		设计值的80%		
13	桩、墙、柱内力		设计值的60%～80%		设计值的80%		
14	围护结构抗倾覆	一级	1.20		1.20		
		二级	1.10		1.10		
		三级	1.05		1.05		
15	边坡稳定	一级	1.38～1.43		1.40		
		二级	1.25～1.30		1.30		
		三级	1.25～1.30		1.25		

10.2　周围环境安全控制指标体系

10.2.1　建筑物安全评判方法研究

1. 建筑物安全评判等级

从广义上来讲，一个建筑物从完好无损到倒塌会经历几个阶段：

一级（美观破坏）：产生可见外表或“美观上”的损坏，一般情况下可能需要小修。在这一阶段建筑物可能会出现细小的裂缝，装饰材料脱落等。这一阶段的补偿费用主要是修补费用。

二级（功能破坏）：产生使用性或功能性损坏，一般情况下可能需要中修。例如墙壁开裂、水管破裂、地板倾斜等。这一阶段的补偿费用除了修补费用外，还要考虑适当的加固费用。

三级（结构破坏）：产生结构性或稳定性破坏，一般情况下需要大修。建筑物承载能力下降，已经不能正常使用，成为危房。需要采取加固措施，需要部分大修。

四级（倒塌）：房屋部分或全部倒塌，需重建。这种建筑物破坏广义分级与前述三种建筑物破坏分级描述见表10.5。

表10.5　建筑物破坏等级划分比较表

破坏分级	地震破坏分级	危房鉴定标准	建筑物破坏广义分级
0（忽视）	基本完好	A级：结构承载力能满足正常使用要求，未发现危险点，房屋结构安全	完好
1（很轻）	轻微损坏	B级：结构承载力基本能满足正常使用要求，个别结构构件处于危险状态，但不影响主体结构，基本满足正常使用要求	一级（美观破坏）
2（轻）	中等破坏	C级：部分承重结构承载力不能满足正常使用要求，局部出现险情，构成局部危房	二级（功能破坏）
3（中等）			
4（严重）	严重破坏	D级：承重结构承载力已不能满足正常使用要求，房屋整体出现险情，构成整幢危房	三级（结构破坏）
5（很严重）			
	部分倒塌		四级（倒塌）

根据大量的文献分析，虽然建筑物破坏特征很多，但最典型而且易定量分析的当属裂缝宽度和倾斜度。因此，采用建筑物的裂缝宽度和倾斜度指标来表示其破坏，不考虑其发生位置、裂缝长度、数量等参数。并对建筑物作简单分类，对于不同的建筑物，由于其上部结构的刚度不同，桩基对整体刚度的贡献不同，抵抗不均匀沉降的能力也不同，裂缝发展的程度也不同。结构刚度越大，则建筑物不均匀沉降越小，裂

缝也越小，刚度达到一定程度，可以认为基本上不发生裂缝，只发生整体倾斜。

虽然大多建筑物在产生破坏的时候，各种破坏特征，例如倾斜、裂缝都会出现，但由于建筑物纷繁复杂，研究过细则通用性规律较难总结，往往会陷入"只见树木，不见森林"的误区。因此，综合建筑物的长高比、层数以及有桩无桩，判断建筑物的整体刚度，将建筑物分为大刚度建筑物和小刚度建筑物两类，其中大刚度建筑物只用倾斜度表示其破坏，而小刚度建筑物只用裂缝宽度作为其破坏指标，见表 10.6。

表 10.6 建筑物破坏类型分类

结构类型	长高比≤2.5		2.5＜长高比≤3.0		长高比＞3.0	
	无桩	有桩	无桩	有桩	无桩	有桩
砖混结构	B	B	A	B	A	A
框架结构	B	B	B	B	A	B
高层建筑	B	B	B	B	B	B

注：A：小刚度建筑物，用裂缝宽度来衡量建筑物破坏；B：大刚度建筑物，用倾斜度来衡量建筑物破坏。

以下将分别列举各规范对建(构)筑物警戒值所作的规定，见表 10.7。

表 10.7 建(构)筑物控制指标综合表

<table>
<tr><th rowspan="2">周边环境监测对象</th><th rowspan="2">控制指标</th><th colspan="4">规范、规程、工程标准</th><th colspan="3">工程实例</th></tr>
<tr><th>国标</th><th>北京</th><th>上海</th><th>广州</th><th>设计控制值</th><th>10 号线实测值统计结果</th><th>机场线实测值统计结果</th></tr>
<tr><td rowspan="4">建(构)筑物</td><td>允许沉降控制值(mm)</td><td rowspan="4">砌体局部倾斜 0.002，相邻柱基的沉降差(0.000 7～0.005)l，柱基的沉降量 120 mm；整体倾斜 0.002～0.004，平均沉降量 200 mm</td><td rowspan="4">多层建筑长期最大沉降量 30～120 mm，高层建筑倾斜 0.001 5～0.002，长期最大沉降量 60～160 mm</td><td rowspan="4">20～60 mm，1～3 mm/d；多层和高层建筑物基础倾斜 0.001 5～0.004，高耸结构基础倾斜 0.002～0.008</td><td rowspan="4">桩基础允许最大沉降值 10 mm，天然地基建筑物允许最大沉降值 30 mm，高耸结构基础倾斜 0.002～0.008</td><td rowspan="4">10～30 mm</td><td rowspan="4">实测值 60%≤8 mm，70%≤12 mm，80%≤20 mm</td><td rowspan="4">34.9～50 mm，出现结构裂缝</td></tr>
<tr><td>差异沉降控制值(mm)</td></tr>
<tr><td>位移最大速率控制值(mm/d)</td></tr>
<tr><td>倾斜控制值</td></tr>
</table>

注：上海市标准 《基坑工程设计规程》(DB J08—61—97)。

各类建筑物对差异沉降的承受能力可按表表 10.8 和表 10.9 的规定确定相应的控制标准。对重要、特殊的建筑结构应作专门的调研，然后决定允许的变形控制标准。

表 10.8　差异变形和相应建筑物的反应

建筑结构类型	$\frac{\delta}{L}$（L 为建筑物长度，δ 为差异沉降）	建筑物反应
1. 一般砖墙承重结构，包括有内框架的结构；建筑物长高比小于 10；有圈梁；天然地基（天然地基）	达 1/150	分隔墙及承重砖墙出现相当多的裂缝，可能发生结构性破坏
2. 一般钢筋混凝土框架结构	达 1/150	发生严重变形
	达 1/500	开始出现裂缝
3. 高层刚性建筑（箱形基础、桩基）	达 1/250	可观察到建筑物倾斜
4. 有桥式行车的单层排架结构的厂房天然地基或桩基	达 1/300	桥式行车运转困难，不调整轨面水平难运行，分隔墙有裂缝
5. 有斜撑的框架结构	达 1/600	处于安全极限状态
6. 一般对沉降差反应敏感的机器基础	达 1/850	机器使用可能会发生困难，处于可运行的极限状态

表 10.9　建筑物的基础倾斜允许值

建筑物类别		允许倾斜
基础 多层和高层建筑	$H \leqslant 24$ m	0.004
	24m<$H \leqslant 60$ m	0.003
	60m<$H \leqslant 100$ m	0.002
	H>100 m	0.001 5
基础 高耸结构	24 m<$H \leqslant 60$ m	0.008
	20 m<$H \leqslant 50$ m	0.006
	50 m<$H \leqslant 100$ m	0.005
	100 m<$H \leqslant 150$ m	0.004
	150 m<$H \leqslant 200$ m	0.003
	200 m<$H \leqslant 250$ m	0.002

注：1. H 为建筑物地面以上高度；

2. 倾斜是基础倾斜方向两端点的沉降差与其距离的比值。

建筑物地基容许变形值，应根据建筑结构和基础类型及使用要求，按表 10.10 取用。

表 10.10 建筑物地基容许变形值

<table>
<tr><th colspan="3" rowspan="2">建筑结构和基础类型</th><th colspan="2">容许变形值</th></tr>
<tr><th>基础中心计算沉降量(mm)</th><th>沉降差或倾斜</th></tr>
<tr><td colspan="3">砌体承重结构</td><td>150～200</td><td>0.004</td></tr>
<tr><td colspan="3">单层排架结构</td><td>200～250</td><td>—</td></tr>
<tr><td colspan="2" rowspan="4">多层框架结构</td><td>独立基础</td><td>200～250</td><td>0.003l</td></tr>
<tr><td>条形基础和筏板基础</td><td>150～200</td><td>0.004</td></tr>
<tr><td>箱形基础</td><td>200～250</td><td rowspan="2">0.003～0.004</td></tr>
<tr><td>桩基</td><td>150～200</td></tr>
<tr><td rowspan="2">高层建筑</td><td>$24 \leqslant H_g < 100$</td><td rowspan="2">桩基</td><td rowspan="2">100～200</td><td>0.004～0.002</td></tr>
<tr><td>$H_g \geqslant 100$</td><td>0.002～0.001</td></tr>
<tr><td colspan="2" rowspan="2">地上式钢油罐</td><td>浮顶</td><td rowspan="2">—</td><td>0.004～0.007</td></tr>
<tr><td>拱顶</td><td>0.008～0.015</td></tr>
<tr><td colspan="2" rowspan="4">高耸构筑物</td><td>$20 < H_g \leqslant 100$</td><td>400</td><td>0.006～0.005</td></tr>
<tr><td>$100 < H_g \leqslant 200$</td><td>300</td><td>0.004～0.003</td></tr>
<tr><td>$200 < H_g \leqslant 250$</td><td>200</td><td>0.002</td></tr>
<tr><td>$250 < H_g \leqslant 400$</td><td>100</td><td>0.001</td></tr>
<tr><td colspan="3">石油化工塔罐</td><td>100～200</td><td>0.002 5～0.004</td></tr>
<tr><td colspan="2">高炉</td><td>桩基</td><td>150～250</td><td>0.001 5</td></tr>
<tr><td colspan="2">焦炉</td><td>桩基</td><td>100～150</td><td>0.001</td></tr>
</table>

注：1. 基础中心计算沉降量与实际的基础平均沉降量相当。

2. 表中 l 为相邻柱基的中心距离(mm)；H_g为室外地面算起的建(构)筑物高度(m)。

3. 工业厂房桥式吊车轨面倾斜容许值(按不调整轨道计)：纵向 0.004、横向 0.003。

4. 地上式钢油罐地基如使用前采用充水顶压法加固，在满足其底板结构强度条件下，容许基础中心计算沉降量一般无严格要求；倾斜容许值系根据《石油化工钢储罐地基基础设计规范》(SH 3068—2007)确定。

5. 电厂及其基础的桩基容许变形值，可参考《火力发电厂土建结构设计技术规定》(DL 5022—2012)，并根据电厂容量、机组类型及布置要求而定。

10.2.2 管线安全评判方法研究

1. 地铁施工扰动下地下管线的失效模式的选择

地铁工程在岩土工程范围内主要包括基坑工程和隧道工程两大问题，基坑工程和隧道工程虽然各有其自身的特点，但其对于地下管线的影响却有指着相似的地方，都是因为施工对地层的扰动，导致地层位移，从而带动周围地下管线的位移。本节研究了地铁施工造成管线破坏的失效模式。由地铁施工开挖引起的地下管线在一般条件（无大堆载、无特大型机械碾压等）应选择的失效模式主要有2种：①纵向屈服；②构造破坏。

深开挖或盾构的卸载效应，将使周围的土层发生位移，从而导致附近地下管线的变位，在这个过程中施加在管道上的荷载变化最大的是纵向弯曲荷载，显然此时纵向应力屈服应作为首先要考虑的失效模式。此外，地下管线变形最直接的影响就是其接头的构造变化，因而构造破坏这一功能极限也是应该考虑的。至于其他极限，在某些特殊情况下也可能成为主要因素，如在覆土较浅的地下管线进行局部过量堆载或重型机械碾压时，环向挠曲可能就成为主要的控制因素。

2. 地铁施工扰动下地下管线的一般控制标准

在施工过程中，根据地层条件和既有管线种类、形式及其使用年限，制定合理的控制标准，以保证施工影响范围内既有管线的正常使用。由地铁施工扰动引起的地下管线在一般条件（无堆载、无特大型机械碾压等）应选择的失效模式是纵向屈服、构造破坏，其对应控制标准为纵向允许应力$[\sigma]$和为允许接口张开值$[\Delta]$。

$$[\sigma]=[\sigma_w]+\sigma_A$$
$$\sigma_w \leqslant [\sigma_w]=[\sigma]-\sigma_A$$

式中：$[\sigma]$——纵向允许应力；

$[\sigma_w]$——允许纵向弯曲应力；

σ_A——管道轴向应力；

σ_w——管道纵向弯曲应力。

而对于构造破坏要求$\Delta \leqslant [\Delta]$，$\Delta$为接口张开值，$[\Delta]$为允许接口张开值。

而允许纵向应力和允许张开值，最终都可以反映为允许曲率半径$[R]$，而$[R]$的值越大表明管线允许的弯曲程度越小。对于受纵向应力控制的管道，管道刚度越大，允许的变形越小，并且还受到轴向应力σ_A的影响。对于由允许张开值$[\Delta]$控制的管线，其允许变形值还随管节长度递减。如图10.2所示。

一般情况下，对于柔性接头的管线，由于柔性接头的存在可适应地层小变形，但接头处常为薄弱环节，因此一般情况下管道接头处的应力及转角起到控制作用。对于长刚性管道和刚性接头的管线，由于不能自由转动，在地层位移时将产生较大弯曲应力，一般受纵向应力控制。

由于在实际地铁工程中人们对地下管线最为关注是压力管线，因而对其进行了深入分析。当管内存在内压P_i时，其对管道产生的效应主要有静水压力的环向应力为

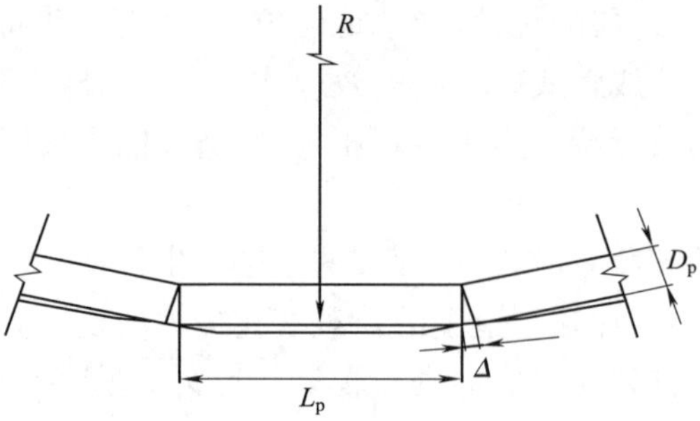

图 10.2　非连续管线变形示意图

$$\sigma_t == \frac{P_i \bar{d}}{2t}$$

式中：σ_t ——环向应力；

t ——管壁厚度；

$\bar{d}$ ——管道平均直径。

当 t 很小时可以认为管道外直径 $d = \bar{d}$ ，$\sigma_t == \frac{P_i d}{2t}$ 。由泊松效应产生的纵向应力为 $\sigma_v = v\sigma_t$ ，可能出现的管道推力为 σ_{th} 。

压力 P_i 的存在会减低管道的允许弯曲应力[σ_w]，从而压力管线的允许变形会因为 P_i 的存在而减低，其具体数值决定于 P_i 的大小，这也正是压力管线比非压力管线更容易破坏的根本原因。此外在裂缝、刻痕、和接头处管道会发生应力集中现象，有必要对压力管道的纵向效应和接头的应力集中现象加以考虑，当管内存在压力或管道存在特殊接头如焊接的承插型接头等时，其允许变形值应根据实际情况进行进一步限制。

3. 管线的允许变形计算方法

邻近管线保护首先应根据不同管道类型适应变形的特性，确定其在地层变形时的曲率半径及其允许的曲率半径，当预测管道处地面变形在一定限度内时，较经济有效的方法是考虑采用跟踪监测和注浆的方法以调整管道不均匀沉降。若沉降幅度或沉降曲线曲率较大，则说明管线随地层沉降产生较大挠曲，这就需考虑搬迁、暴露悬吊或其他处理方法。

管线的安全复核采用上海市相关设计规范规定的位移控制指标以及根据接头张开允许值确定的变形曲率控制指标。地下管道可分为刚性管道和柔性管道两种情况分别进行计算确定。

(1)采用机械接头或焊接等连接的刚性管道的允许曲率半径

对刚性管道的保护，如采用焊接或机械连接的煤气管、上水管以及钢筋混凝土管保护的重要通信电缆，有一定的刚度，一般均属刚性管道。当土体移动不大时，它们可以正常使用，但施工中引起管道地基沉陷而发生纵向弯曲应力 σ，如沉降超过一定幅度，管道中弯曲拉应力 $\sigma > [\sigma]$ 时，管道材料发生抗拉破坏。

当现场按曲率半径判断管线安全时，管道允许曲率半径为：

$$[R_p] = \frac{E_p \cdot D_p}{2[\sigma_p]} \tag{10.1}$$

式中：$[\sigma_p]$——管道的允许应力（机械接头的管道为管材许用用力，焊接接头的管道为焊接接头的抗拉承载应力）；

$[R_p]$——允许曲率半径；

D_p——管道直径；

E_p——管道的弹性模量。

（2）采用承插等柔性接头管道的允许曲率半径

一般设有接头的管道的接头构造，均设有可适应一定接缝张开度的接缝填料。对于这类管道在地层下沉时的受力变形研究，可从管节接缝张开值、管节纵向受弯曲及横向受力等方面分析每节管道可能承受的管道地基差异沉降值，或沉降曲线的曲率。

1）按管节接缝张开值 Δ 确定管线允许曲率半径

如图 10.3 所示，管线地基沉降曲率半径 R，管道管节长度 l_p，管道外径 D_p，根据几何关系，按接缝张开值确定允许曲率半径为：

$$[R_p^{\Delta}] = \frac{l_p D_p}{[\Delta]} \tag{10.2}$$

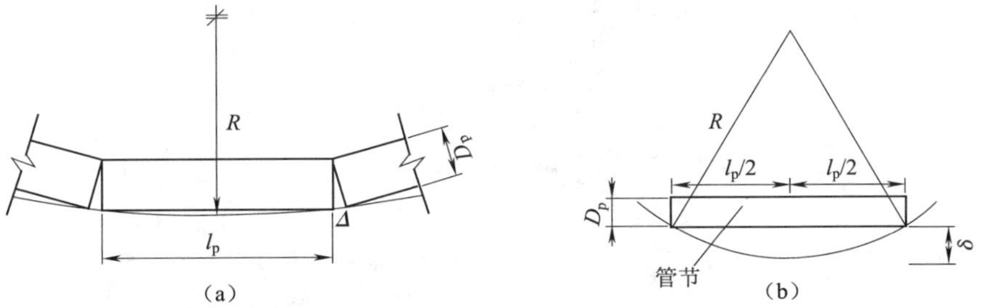

图 10.3 管节接缝张开值 Δ 与管线曲率半径几何关系

2）按管道纵向受弯应力 $[\sigma_p]$ 确定允许曲线半径

按管材允许应力确定的允许曲率半径：

$$[R_p^z] = \frac{K D_p l_p^4}{384[\sigma_p] W_p} \tag{10.3}$$

式中：K——地基弹簧刚度；

W_p——管道抗弯截面模量；

$[\sigma_p]$——管道的允许应力，定义同上。

3)按管道横向受压时管壁允许应力 $[\sigma]$ 确定管线允许曲率半径

允许的曲率半径为：

$$[R_p^H] > \frac{1.5KD_p^2 \cdot l_p^2}{64t^2[\sigma]m} \tag{10.4}$$

式中：K——地基弹簧刚度；

m——管龄系数，一般小于 0.3；

t——管道厚度。

(3)管线的最终允许曲率半径及相邻段允许沉降坡度差的确定

根据管线类型，对刚性管道，按公式(10.1)确定其允许曲率半径 $[R_p]$；对于柔性管道，分别按管节接缝张开值 Δ 及管道纵横向允许应力确定管线允许曲率半径，取其大者作为管线的允许曲率半径，即 $[R_p] = \max\{R_p^\Delta, R_p^Z, R_p^H\}$，$[R_p]$ 为最终允许曲率半径。

表当相邻测点均处在管节处时，采用接头允许张开角来判断是否破坏，允许的曲率半径为：

$$R_p = \frac{l_p^2}{[(\Delta_D + \Delta_B - 2\Delta_C)]} \tag{10.5}$$

1)相邻测点处在管节中央(存在反向弯曲)

如图 10.4 所示，测点位于所处管节的中点附近，则可能存在管道反向弯曲致使弯矩较大而发生破坏。此时最大应力为：

$$\sigma = \frac{M}{W_p} = \frac{KD_p l_p^2}{12W_p}(\Delta_C - \Delta_A) \tag{10.6}$$

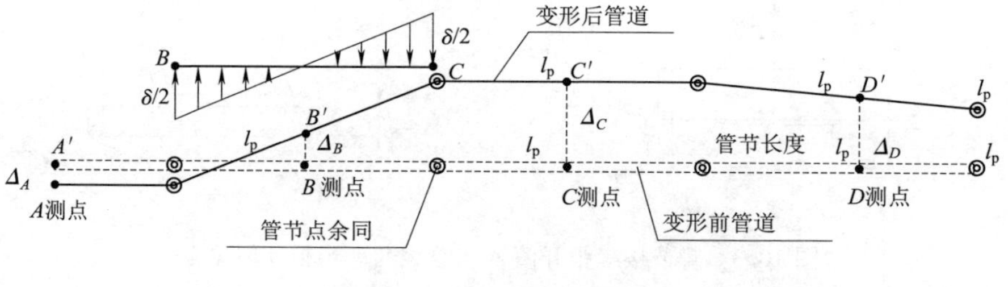

图 10.4　不利工况 2 示意图

σ 与管道允许应力 $[\sigma_p]$ 进行比较，判断管道是否安全。

2)监控主管的支管变形

如图 10.5 所示，按结构力学支座位移引起结构内力的计算方法，角点 A 处产生的应力计算如下：

$$M_A = \frac{6EI}{l^2}(\delta_1 - \delta_2)$$

最大应力：

$$\sigma = \frac{M_A}{W_p} = \frac{M_A}{\dfrac{I}{D/2}} = \frac{3ED}{l^2}(\delta_1 - \delta_2) \tag{10.7}$$

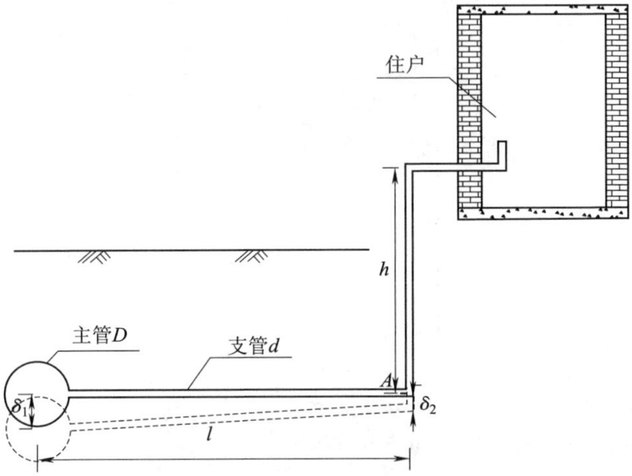

图 10.5　不利工况 3 示意图

σ 与管道允许应力 $[\sigma_p]$ 进行比较，判断支管是否安全。

(4)刚性管道实测数据的计算机算法

地面沉降纵向分布曲线的数学表达式中含有离散函数，采用离散点曲率半径的计算方法，通过计算机循环比较数值，求实测曲率半径。

如图 10.6 所示，要求测点 B 的曲率半径，即为下式：

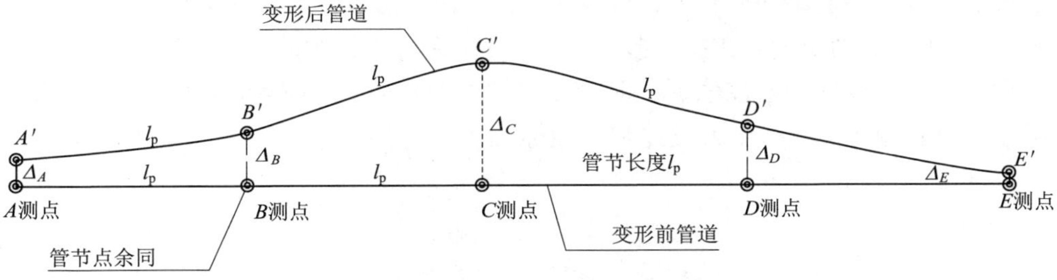

图 10.6　刚性管道变形示意

$$R=\left|\frac{{l_p}^2\left\{\left[1+\frac{\Delta_C-\Delta_A}{2l_p}\right]^2\right\}^{3/2}}{\Delta_C-2\Delta_B+\Delta_A}\right| \tag{10.8}$$

4. 规范警戒值

以下分别列举各规范对管线警戒值所作的规定，见表 10.11～表 10.13。

表 10.11　管线控制指标综合表

周边环境监测对象	控制指标	规范、规程、工程标准				工程实例	
		天津	上海	武汉	广州	设计控制值	10 号线实测值统计结果
地下管线	允许位移控制值(mm) 倾斜率控制值	煤气管线允许沉降：10 mm；其他管线允许沉降：20 mm	煤气、供水 10 mm，2 mm/d；电缆、通信 10 mm，5 mm/d；其他20 mm	沉降或水平位移：煤气 10 mm，连续三天2 mm/d；供水30 mm，连续三天 5 mm/d	承插式接头的铸铁水管、钢筋混凝土水管局部倾斜值0.002 5，焊接接头的水管局部倾斜值 0.006，焊接接头的煤气管局部倾斜值 0.002	20～40 mm，一般 30 mm	实测值 60%≤30 mm，70% ≤45 mm，80% ≤60 mm

注：上海市标准《基坑工程设计规程》(DB J08-61—97)。

各类地下管线对差异沉降的承受能力因管线的新旧、埋设情况、材料结构、管节长度和接头构造不同而相差甚远，必须事先调查清楚。接头是管线最易受损的部位，表 10.12 列出的几种接头技术标准，可作为管接头对差异沉降产生相对转角的承受能力的设计和监控依据。对难以查清的煤气管、上水管及重要通讯电缆管，可按相对转角 1/1 000 作为设计和监控标准。

表 10.12　各类管子接头的技术标准

管材/尺寸 管内径 (mm)	铸铁管 接头类型 承插式接头 承口长度 P(mm)	铸铁管 接头类型 承插式接头 调剂借转角 θ	铸铁管 接头类型 承插式接头 限制开口 F(mm)	铸铁管 接头类型 承插式接头 接口间隙 Δ(mm)	铸铁管 接头类型 法兰接头 橡皮垫厚度 (mm)	铸铁管 管节长度 (m)	铸铁管 管壁厚度 (mm)	铸铁管 每100只接头允许漏水量 (L/15 min)	钢筋混凝土管 管节长度 (m)	钢筋混凝土管 承插接头接口间隙 (mm)	钢筋混凝土管 每100只接头允许漏水量 (L/15min)	钢管 管壁厚度 (mm)	钢管 焊接接头每100只接头允许漏水量 L/15 min（水压<7 kg/cm²）	说明
75	90	5°00′	8.1	3～5	3～5	3	9					4.5		
100	95	4°00′	8.2	3～5	3～5	3	9	3.51	3	10	5.94	5	1.76	1. 钢筋混凝土管直径 75～300，为有应力钢筋混凝土管，直径 400～1 200，为预应力钢筋混凝土管。管节接头用橡胶止水圈止水
150	100	3°30′	10.3	3～5	3～5	4	9	5.27	3	15	8.91	4.5～6	2.63	
200	100	3°5′	12.5	3～5	3～5	4	10	7.02	3	15	11.87	6～8	3.51	
300	105	3°00′	16.9	3～5	3～5	4	11.4	10.54	4	17	17.81	6～8	5.27	
400	110	2°28′	18.3	3～5	3～5	4	12.8	14.05	4.98	20	23.75	6～8	7.02	
500	115	2°05′	19.2	3～5	3～5	5	14	17.56	4.98	20	29.68	6～8	8.78	
600	120	1°49′	20.0	3～5	3～5	5	15.4	21.07	4.98	20	35.62	8～10	10.54	
700	125	1°37′	20.8	3～5	3～5	5	16.5	24.58	4.98	20	41.56	8～10	12.29	

续上表

管材 尺寸	铸铁管								钢筋混凝土管			钢管		
	接头类型					管节	管壁	每100只接头	管节	承插接头接口间隙	每100只接头	管壁	焊接接头每100只	
管内径	承插式接头				法兰接头	长度	厚度	允许漏水量	长度		允许漏水量	厚度	接头允许漏水量	说明
(mm)	承口长度 P(mm)	调剂借转角 θ	限制开口 F(mm)	接口间隙 Δ(mm)	橡皮垫厚度(mm)	(m)	(mm)	(L/15 min)	(m)	(mm)	(L/15min)	(mm)	L/15 min(水压<7 kg/cm^2)	
800	130	1°29′	21.7	3～5	3～5	5	18.0	28.10	4.98	20	47.49	8～12	14.05	2. 铸铁管承插式接头中调剂借转角等参数示如承插接头中嵌缝材料用浇铅或石棉水泥。 3. 钢管材料一般为16Mn钢或A3钢
900	135	1°22′	22.5	3～5	3～5	5	19.5	31.61	4.98	20	53.43	10～12	15.80	
1 000	140	1°17′	23.3	3～5	3～5	5	22	35.12	4.98	20	59.37	10～12	17.56	
1 200	150	1°09′	25.0	3～5	3～5	5	25	42.15	4.98	20	71.24	10～12	21.07	
1 500	165	1°01′	27.5	3～5	3～5	5	30	52.68			89.05	10～12	26.34	
1 800					3～5	5					106.86	10～14	31.61	
2 000						5					118.73	10～14	35.12	

表 10.13　管线允许变形表

（本表适用于管线沉降大于 10 mm 情况。当沉降小于 10 mm 时，为安全范围，不必验算）

管材	接头形式	用途	管内径 d(mm)	管壁厚度 (mm)	管节长度 l(m)	允许张开值(mm)	允许曲率半径(m)	相邻管节允许沉降坡度差(1/1 000)
钢管	焊接式	煤气管	73	4	4.5		1 127	3.99
钢管	焊接式	上水管	75	4.5	5		1 491	3.35
钢管	焊接式	煤气管/上水管	100	5	5		1 000	5.00
钢管	焊接式	煤气管/上水管	150	5	5		658	7.60
钢管	焊接式	煤气管/上水管	200		6		732	8.19
钢管	焊接式	煤气管	250		6		1 110	5.40
钢管	焊接式	煤气管/上水管	300		6		1 571	3.82
钢管	焊接式	煤气管/上水管	400		6		2 730	2.20
钢管	焊接式	煤气管/上水管	500		6		4 208	1.43
钢管	焊接式	煤气管/上水管	600		6		3 680	1.63
钢管	焊接式	煤气管/上水管	700		6		4 968	1.21
钢管	焊接式	煤气管/上水管	800		6		5 248	1.14
钢管	焊接式	煤气管/上水管	900	11	7		7 464	0.94
钢管	焊接式	煤气管/上水管	1 000	11	7		9 171	0.76
钢管	焊接式	煤气管/上水管	1 200	11	7		13 111	0.53
钢管	焊接式	上水管	1 500	11	7		20 339	0.34
钢管	焊接式	上水管	1 800	12	7		24 545	0.29
钢管	焊接式	上水管	2 000	12	7		30 223	0.23
铸铁管	焊接式	煤气管	73	9	4		467	8.57

续上表

管材	接头形式	用途	管内径 d(mm)	管壁厚度 (mm)	管节长度 l(m)	允许张开值(mm)	允许曲率半径(m)	相邻管节允许沉降坡度差(1/1 000)
铸铁管	焊接式	上水管	75	9	4		454	8.82
铸铁管	焊接式	煤气管/上水管	100	9	4		354	11.30
铸铁管	焊接式	煤气管/上水管	150	9	5		537	9.31
铸铁管	焊接式	煤气管/上水管	200		5		660	7.58
铸铁管	焊接式	煤气管	250		5		816	6.13
铸铁管	焊接式	煤气管/上水管	300		5		966	5.18
铸铁管	焊接式	煤气管/上水管	400		5		1 275	3.92
铸铁管	焊接式	煤气管/上水管	500		5		1 590	3.14
铸铁管	焊接式	煤气管/上水管	600		5		1 896	2.64
铸铁管	焊接式	煤气管/上水管	700		5		2 202	2.27
铸铁管	焊接式	上水管	800	18	5		2 508	1.99
铸铁管	焊接式	上水管	900	19.5	5		2 817	1.77
铸铁管	焊接式	上水管	1 000	22	5		3 132	1.60
铸铁管	焊接式	上水管	1 200	25	5		3 750	1.33
铸铁管	焊接式	上水管	1 500	30	5		4 680	1.07
铸铁管	机械式、法兰式	煤气管	73	9	4	1	728	5.49
铸铁管	机械式、法兰式	上水管	75	9	4	1	744	5.38
铸铁管	机械式、法兰式	煤气管/上水管	100	9	4	1	944	4.24
铸铁管	机械式、法兰式	煤气管/上水管	150	9	5	1	1 680	2.98
铸铁管	机械式、法兰式	煤气管/上水管	200		5	1	2 200	2.27

续上表

管材	接头形式	用途	管内径 d(mm)	管壁厚度(mm)	管节长度 l(m)	允许张开值(mm)	允许曲率半径(m)	相邻管节允许沉降坡度差(1/1 000)
铸铁管	机械式、法兰式	煤气管	250		5	1	2 720	1.84
铸铁管	机械式、法兰式	煤气管/上水管	300		5	1	3 220	1.55
铸铁管	机械式、法兰式	煤气管/上水管	400		5	1	4 250	1.18
铸铁管	机械式、法兰式	煤气管/上水管	500		5	1	5 300	0.94
铸铁管	机械式、法兰式	煤气管/上水管	600		5	1	6 320	0.79
铸铁管	机械式、法兰式	煤气管/上水管	700		5	1	7 340	0.68
铸铁管	机械式、法兰式	上水管	800	18	5	1	8 360	0.60
铸铁管	机械式、法兰式	上水管	900	19.5	5	1	9 390	0.53
铸铁管	机械式、法兰式	上水管	1 000	22	5	1	10 440	0.48
铸铁管	机械式、法兰式	上水管	1 200	25	5	1	12 500	0.40
铸铁管	机械式、法兰式	上水管	1 500	30	5	1	15 600	0.32
铸铁管	承插式、嵌缝	煤气管	73	9	5		1 820	2.75
铸铁管	承插式、嵌缝	上水管	75	9	3		1 116	2.69
铸铁管	承插式、嵌缝	煤气管/上水管	100	9	4		1 888	2.12
铸铁管	承插式、嵌缝	煤气管/上水管	150	9	5		3 360	1.49
铸铁管	承插式、嵌缝	煤气管/上水管	200		5		4 400	1.14
铸铁管	承插式、嵌缝	煤气管	250		5		5 440	0.92
铸铁管	承插式、嵌缝	煤气管/上水管	300		5		6 448	0.78
铸铁管	承插式、嵌缝	煤气管/上水管	400		5		8 520	0.59
铸铁管	承插式、嵌缝	煤气管/上水管	500		5		10 600	0.47

续上表

管材	接头形式	用途	管内径 d(mm)	管壁厚度（mm）	管节长度 l(m)	允许张开值(mm)	允许曲率半径(m)	相邻管节允许沉降坡度差(1/1 000)
铸铁管	承插式、嵌缝	煤气管/上水管	600		5		10 567	0.47
铸铁管	承插式、嵌缝	煤气管/上水管	700		5		10 514	0.48
铸铁管	承插式、嵌缝	上水管	800	18	5		10 450	0.48
铸铁管	承插式、嵌缝	上水管	900	19.5	5		10 433	0.48
铸铁管	承插式、嵌缝	上水管	1 000	22	5		10 440	0.48
铸铁管	承插式、嵌缝	上水管	1 200	25	5		10 417	0.48
铸铁管	承插式、嵌缝	上水管	1 500	30	5		10 400	0.48
铸铁管	承插式、嵌缝	上水管	1 800	35	5		10 389	0.48
铸铁管	承插式、嵌缝	上水管	2 000	40	5		10 400	0.48
钢筋混凝土管	承插式、橡胶止水圈	上水管	100	6	3		10 334	0.29
钢筋混凝土管	承插式、橡胶止水圈	上水管	150	9	3		4 593	0.65
钢筋混凝土管	承插式、橡胶止水圈	上水管	200	12	3		2 959	1.01
钢筋混凝土管	承插式、橡胶止水圈	上水管	300	18	4		5 376	0.74
钢筋混凝土管	承插式、橡胶止水圈	上水管	400	24	4.98		8 924	0.56
钢筋混凝土管	承插式、橡胶止水圈	上水管	500	30	4.93		11 043	0.45
钢筋混凝土管	承插式、橡胶止水圈	上水管	600	36	4.98		11 155	0.45
钢筋混凝土管	承插式、橡胶止水圈	上水管	700	42	4.98		11 155	0.45
钢筋混凝土管	承插式、橡胶止水圈	上水管	800	48	4.98		11 155	0.45
钢筋混凝土管	承插式、橡胶止水圈	上水管	900	54	4.98		11 155	0.45
钢筋混凝土管	承插式、橡胶止水圈	上水管	1 000	60	4.98		11 155	0.45

续上表

管材	接头形式	用途	管内径 d(mm)	管壁厚度 (mm)	管节长度 l(m)	允许张开值(mm)	允许曲率半径(m)	相邻管节允许沉降坡度差(1/1 000)
钢筋混凝土管	承插式、橡胶止水圈	上水管	1 200	72	4.98		11 155	0.45
钢筋混凝土管	承插式、砂浆接缝	下水管	300	18	4.98		27 228	0.18
钢筋混凝土管	承插式、柔性接缝	下水管	450	27	4.98		11 155	0.45
钢筋混凝土管	企口式、砂浆接缝	下水管	600	36	4.98		25 462	0.20
钢筋混凝土管	企口式、柔性接缝	下水管	800	48	4.98		11 155	0.45
钢筋混凝土管	平口式、有筋砂浆接缝	下水管	1 000	60	4.98		25 462	0.20
钢筋混凝土管	平口式、有筋砂浆接缝	下水管	1 200	72	4.98		25 462	0.20
钢筋混凝土管	平口式、砂浆接缝	下水管	1 350	81	4.98		25 462	0.20
钢筋混凝土管	平口式、砂浆接缝	下水管	1 500	90	4.98		25 462	0.20
钢筋混凝土管	平口式、柔性接缝	下水管	1 650	99	4.98		11 155	0.45
钢筋混凝土管	平口式、柔性接缝	下水管	1 800	108	4.98		11 155	0.45
钢筋混凝土管	平口式钢套环柔性接缝	下水管	2 000	120	4.98		11 155	0.45
钢筋混凝土管	钢板插口柔性接缝	下水管	2 200	132	4.98		11 155	0.45
钢筋混凝土管	新型承插式胶带柔性接缝	下水管	2 400	144	4.98		11 155	0.45

注：1. 基床系数的范围为 5 000～40 000 kN/m^3，取值范围依据土层性质而定，本表取值为 10 000 kN/m^3。

2. 钢管材料一般为 16Mn 钢或者 A3 钢，屈服强度 $f=0.92\times f_y$。对于焊接管道的允许抗拉应力，双面焊缝取该钢种抗拉强度的 80%，单面焊缝取为 40%，本表采用单面焊缝。

3. 铸铁管抗拉强度区别较大，本表采用灰口铸铁计算。20 世纪 90 年代之后管道采用球墨铸铁，其抗拉强度取为 150 MPa，焊接时亦取单面焊缝，其抗拉强度为 $150\times0.4=60$ MPa。

4. 柔性接缝的钢筋混凝土管，其抗拉强度为接头带钢筋砂浆的抗拉强度，其值取为 1.78 MPa，对于纯水泥砂浆的接头接缝，其值取为 0.57 MPa。

5. 按横向受压计算时，混凝土管龄系数取为 0.25。

6. 当本表管道接口允许张开值与相关管线管理部门要求不一致时，应按其要求相应调整管道的允许变形。

10.3 道路安全评判方法研究

1. 沥青路面破坏形式

沥青路面在地铁工程影响下可能产生的破坏应该是较短时间内形成的，典型的破坏形式包括沉陷和车辙，破坏等级评价也以此两类破坏为评价指标，具体的分级见表10.14。

表10.14 沥青路面破损分类分级

破损类型		分级	外观描述	分级标准和计量单位(m^2)	换算系数K
变形类型	沉陷	轻	深度浅，行车无明显不适感	深度小于等于25 mm	0.4
		重	深度深，行车明显颠簸不适	深度大于25 mm	1.0
	车辙	轻	变形较浅	深度小于等于25 mm	0.4
		重	变形较深	深度大于25 mm	1.0

2. 水泥混凝土路面破坏形式

水泥混凝土路面由于地铁施工可能引起的病害主要包括水泥混凝土纵向、横向或斜向裂缝，角隅断裂病害，交叉裂缝，断裂板，沉陷和胀起，唧泥，错台，拱起和纵向接缝等。分级标准如下：

(1)水泥混凝土纵向、横向或斜向裂缝和角隅断裂病害

水泥混凝土纵向、横向或斜向裂缝和角隅断裂病害，按照裂缝缝隙边缘碎裂程度和缝隙快度，可以分为下列3个轻重程度。

①轻微：缝隙边缘无碎裂或错台的细裂缝，缝隙宽度小于3 mm；或者填封良好，边缘无碎裂或错台的裂缝。

②中等：缝隙边缘严重碎裂或错台小于10 mm的裂缝，且缝隙宽度小于15 mm。

③严重：缝隙边缘严重碎裂或错台大于10 mm，且缝隙宽度大于15 mm。

(2)交叉裂缝和断裂板病害

交叉裂缝和断裂板病害，按照裂缝等级和板断裂的块数，可以分为下列3个轻重程度等级。

①轻微：板被轻微裂缝分割成2～3块。

②中等：板被中等裂缝分割为3～4块，或被轻微裂缝分割成5块以上。

③严重：板被严重缝隙分割成4～5块，或被中等缝隙分割5块以上。

(3)水泥混凝土面层竖向位移类病害

水泥混凝土面层的竖向位移，按照产生原因的不同可以分为下列2种病害：沉陷和胀起。沉陷和胀起病害，按照其对行车的影响可以分为下列3个轻重程度等级。

①轻微：车辆以限速驶过时引起无不舒适感的轻微跳动。

②中等：车辆驶过时有产生不舒适感的较大跳动。

③严重：车辆驶过时产生过大的跳动，引起严重不舒适或不安全。

(4)水泥混凝土面层接缝类病害

纵向接缝张开病害，按照接缝的张开量可以分为 2 个轻重程度等级：

①轻微：接缝张开 10 mm 以下。

②严重：接缝张开 10 mm 以上。

(5)水泥和板底脱空病害

可以分为 2 个轻重等级：

①轻微：车辆行驶时，有水从板缝或边缘外唧出，或者在接板裂缝或边缘的邻近表面残留少量唧出材料的沉淀物。

②严重：在板接缝或边缘的表面残留有大量唧出材料的沉淀物，车辆行驶时板有明显的颤动和脱空感。

(6)错台病害

按照相邻板边缘的高差大小可以分为 3 个轻重程度等级：

①轻微：错台量小于 5 mm。

②中等：错台量 5～10 mm。

③严重：错台量大于 10 mm。

拱起病害的轻重程度分级与沉陷和胀起病害分级相同。

比较沥青路面和混凝土路面在相同地基沉降情况下的损失情况，如图 10.7 所示。从规避风险的角度出发，沥青路面要好于混凝土路面。

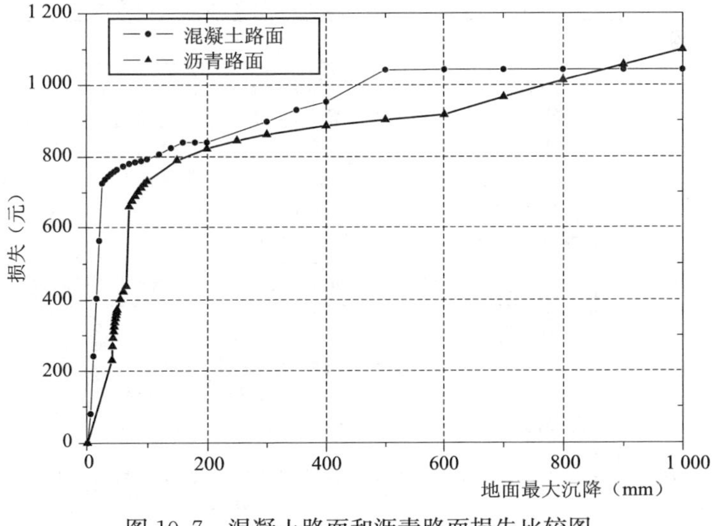

图 10.7　混凝土路面和沥青路面损失比较图

10.4 安全监控指标咨询初值的形成

经过以上调研和总结，形成了宁波地铁建设安全监控指标体系初值方案，见表 10.15～表 10.17。

表 10.15 宁波地铁建设安全监控指标体系初值方案

量测项目	基坑变形保护等级				
	一级		二级		三级
	累计值(mm)	变化速率(mm/d)	累计值(mm)	变化速率(mm/d)	
墙体测斜	40	2.5(连续两天 2)	50	4(连续两天 3)	宜按二级基坑的控制标准，当条件许可时，可适当放宽
支撑轴力	80%设计值				
立柱隆沉	25	2	35	3	
墙顶沉降	20	2	30	3	
墙顶水平位移	20	2	30	3	
地表沉降	40	3	60	5	
坑外水位	1 000	300	1 000	300	

注：地铁工程一级基坑的条件为：深度大于 10 m 的基坑周边以外 0.7H 范围内有地铁、共同沟、煤气管、大型压力总水管等重要建筑或设施，必须确保安全；二级基坑的条件为：深度大于 10 m 的基坑周边 H～2H 范围内有重要管线或者大型的在使用的建(构)筑物；三级基坑的条件为：深度大于 10 m 的基坑周围 2H 范围内没有重要或较为重要的管线、建(构)筑物。

表 10.16 宁波地铁建设安全监控指标体系初值方案

	监测项目	报 警 标 准
主要评定指标	墙体水平位移	最大变形量：一级基坑累计值 40 mm，二级基坑 50 mm。 当超过基坑保护等级指标时，需由专家确定超出原因、对基坑和环境安危的影响以及整治的方案。 最大变形速率：一级基坑 2.5 mm/d，连续两天 2 mm；二级基坑 3 mm/d，连续两天 4 mm。工程应进入警戒状态，加密监测频率，查找工程的隐患，并采取合理有效的工程措施，限制变形继续发展
	支撑轴力	一般将警戒值定为设计允许值的 80%，或按设计要求确定
	周边地下管线位移	有压管道： 煤气：变形超过 10 mm，变形速率超过 2 mm/d； 自来水：变形超过 20 mm，变形速率超过 3 mm/d； 无压管线：变形超过 30 mm，变形速率超过 5 mm/d
	周围建筑物沉降	绝对沉降根据设计要求确定，相对沉降见相关规范
	周围建筑物倾斜	见相关规范

续上表

	监测项目	报警标准
次要评判指标	土压力	除墙顶沉降和坑周地表沉降外，次要评判指标的测点数比较少，可作为工程危险的参照指标。当主要评判指标预示存在工程危险时，起验证工程危现的作用。其规律是伴随主要评判指标的突然变化而发生突然变化
	立柱隆起	
	坑底隆起	
	地下水位	
	墙顶沉降	
	坑周地表沉降	

表 10.17　宁波地铁建设安全监控指标体系初值方案

序号	监测项目名称	报　警　值	依　　据
1	围护体(内部)水平位移监测(测斜)	变化累计值：一级基坑累计值40 mm，二级基坑 50 mm	(DG/T J08—2001—2006)《上海基坑工程施工监测规程》表 6.15.2；(GB 50497—2009)《建筑基坑工程监测技术规范》表 8.0.4
		变形速率：一级基坑 2.5 mm/d，连续两天 2 mm；二级基坑 3 mm/d，连续两天 4 mm	建议值
2	支撑轴力监测	设计值的 80%	(DG/T J08—2001—2006)《上海基坑工程施工监测规程》表 6.15.2
3	立柱隆沉	变化累计值：一级基坑累计值25 mm，二级基坑 35 mm	(GB 50497—2009)《建筑基坑工程监测技术规范》表 8.0.4
		变形速率：一级基坑 2 mm/d；二级基坑 3 mm/d	
4	墙顶沉降	变化累计值：一级基坑累计值20 mm，二级基坑 30 mm	(DG/T J08—2001—2006)《上海基坑工程施工监测规程》表 6.15.2；(GB 50497—2009)《建筑基坑工程监测技术规范》表 8.0.4
		变形速率：一级基坑 2 mm/d；二级基坑 3 mm/d	
5	墙顶水平位移	变化累计值：一级基坑累计值 20 mm，二级基坑 30 mm	(DG/T J08—2001—2006)《上海基坑工程施工监测规程》表 6.15.2；

续上表

序号	监测项目名称		报警值	依据
5	墙顶水平位移		变形速率：一级基坑 2 mm/d；二级基坑 3 mm/d	(GB 50497—2009)《建筑基坑工程监测技术规范》表 8.0.4
6	地表沉降		变化累计值：一级基坑累计值 40 mm，二级基坑 60 mm	建议值
			变形速率：一级基坑 3 mm/d；二级基坑 5 mm/d	
7	坑外水位		变化累计值 1 000 mm	(DG/T J08—2001—2006)《上海基坑工程施工监测规程》表 6.15.2
			变形速率 300 mm/d	
8	坑底回弹		变化累计值：一级基坑累计值 25 mm，二级基坑 35 mm	(GB 50497—2009)《建筑基坑工程监测技术规范》表 8.0.4
			变形速率：一级基坑 2 mm/d，二级基坑 3 mm/d	
9	周围建筑物沉降监测		(1)允许倾斜：0.003 (2)累计：40 mm，变化速率：3 mm/d	(DG/T J08—2001—2006)《上海基坑工程施工监测规程》表 6.15.2； (GB 50497—2009)《建筑基坑工程监测技术规范》表 8.0.4 建议值
10	周围地下管线沉降变形监测	有压刚性管线	变化累计值为 10 mm	(DG/T J08—2001—2006)《上海基坑工程施工监测规程》表 6.15.2 建议值
			变形速率为 2 mm/d	
		无压刚性管线	变化累计值为 20 mm	
			变形速率为 3 mm/d	
		柔性管线	变化累计值为 30 mm	
			变形速率为 5 mm/d	
11	墙体内力		设计值的 80%	(DG/T J08—2001—2006)《上海基坑工程施工监测规程》表 6.15.2—1
12	土压力			
13	孔隙水压力			

当出现下列情况之一时，必须立即报警；若情况比较严重，应立即停止施工，并对基坑支护结构和周边的保护对象采取应急措施。

(1)当监测数据达到监测报警值的累计值。

(2)基坑支护结构或周边土体的位移突然明显增长或基坑出现流砂、管涌、隆起、陷落或较严重的渗漏等。

(3)基坑支护结构的支撑或锚杆体系出现过大变形、压屈、断裂、松弛或拔出的迹象。

(4)周边建筑的结构部分、周边地面出现较严重的突发裂缝或危害结构的变形裂缝。

(5)周边管线变形突然明显增长或出现裂缝、泄漏等。

(6)根据当地工程经验判断，出现其他必须进行危险报警的情况。

10.5　安全监控指标初值的验证和调整

10.5.1　数据分析

警戒值的确定是一个比较复杂的过程，其值的大小取决于工程、工况等具体条件，又根据监测点的重要程度不同而有所不同。随着宁波地铁工程的实施，监测数据的不断增多，对已完成基坑监测数据进行数理统计工作已具备条件。制定相关监测项目的数据统计表格，作为数据统计工作的基础，分析各监测项目不同阶段工况下所出现的累计最大值和速率最大值，寻找监测数据的变化规律，并对已形成的指标初值进行验证和调整，以此得到更为可靠与实用的警戒指标体系。具体方法为：选取宁波地铁建设中尽可能多的工程实例，采取数据挖掘的方法，即：搜集整理其相关监测数据，通过数理统计手段，总结和分析各监测项目数据的分布规律和相互关系，并对已形成的指标初值进行对比和验证。对于工程周边建筑(构)物，其指标体系的研究方法与以上相同，同时结合宁波施工前后房屋对比鉴定工作进行。通过对比鉴定工作以及对地铁沿线周边建筑的检测，建立房屋数据库，将建筑物按照基础形式、上部结构形式、使用年限、平面形式等方面分类，通过不同类型房屋对监测数据的响应划分损伤等级，最终建立分级、分类指标体系。

通过对1号线泽民站、世纪大道站、樱花公园站、福明路站、鼓楼站、东门口站、出入段、海晏北路站，2号线正大路站、外滩大桥站、倪家堰站等进行分析，以及对部分基坑工程的测斜、地表沉降、管线、支撑监测项目的分析，来验证指标体系的合理性和可靠性，本书选择泽民站为例来说明。

泽民站位于中山西路与环城西路交叉路口东侧，沿中山西路东西走向。本站为地下二层岛式车站，车站大致呈东西走向。车站总长178.2 m，顶板覆土2.7 m，底板埋深−17.61 m，厚度1 m。标准段基坑开挖深度约15.91 m，端头井基坑开挖深度约17.61 m，采用明挖顺作法施工。主体结构基坑安全等级为一级。围护结构：采用800 mm厚地下连续墙。第一道为钢筋混凝土支撑，尺寸为800 mm×

900 mm,间距约为 9 m。第二～五道为钢管支撑,直径 609 mm,壁厚 16 mm,间距约为 3 m。盾构段:基坑宽为 22.6 m,深约为 17.81 m,嵌固深度 17.6 m,插入比约为 1∶1,竖向设 6 道支撑,格构柱桩基埋深 30 m。标准段:基坑宽为 18.7 m,深约为 15.91 m,嵌固深度 15.5 m,插入比约为 1∶1,竖向设 5 道支撑。该车站基坑的变形保护等级为二级。

10.5.2 墙体水平位移(表 10.18)

表 10.18 泽民站垫层浇筑完成时最大墙体水平位移统计表

	墙体最大水平位移 δ_{hm}(mm)	警戒值(mm)	基坑开挖深度 H(m)	δ_{hm}/H(‰)	$H_{\delta hm}/H$
CX01-31	39.34	50	17.61	2.23	0.85
CX02-35	39.75	50	17.61	2.26	0.97
CX03-31	37.89	50	15.91	2.38	0.94
CX04-34	44.1	50	15.91	2.77	1.04
CX05-27	26.88	50	15.91	1.69	0.82
CX06-28	30.75	50	15.91	1.93	0.85
CX07-24	31.58	50	15.91	1.98	0.72
CX08-33	29.02	50	15.91	1.82	1.01
CX09-28	29.52	50	17.61	1.68	0.77
CX10-29	31.15	50	17.61	1.77	0.80
CX11-30	26.76	50	17.61	1.52	0.82
CX12-31	29.99	50	15.91	1.88	0.94
CX13-31	27	50	15.91	1.70	0.63
CX14-24	26.04	50	15.91	1.64	0.72
CX15-28	27.64	50	15.91	1.74	0.85
CX16-29	27.42	50	15.91	1.72	0.88
CX17-31	25.25	50	15.91	1.59	0.94
CX18-30	210.17	50	17.61	1.32	0.82
平均值	30.74	50		1.87	0.85

注:$H_{\delta hm}$为发生墙体最大水平位移的深度。

由上表可知,垫层浇筑完成工况下,墙体最大水平位移约为 1.87‰H,发生墙体最大水平位移的位置约为 0.85H,位移累计值均在警戒值以内。

10.5.3　地表沉降(表 10.19～表 10.21)

表 10.19　泽民站垫层浇筑完成时最大地表沉降统计表

	墙后最大地表沉降 δ_{vm}(mm)	警戒值(mm)	基坑开挖深度 H(m)	δ_{vm}/H(‰)	x_m(m)	x_m/H
D01-2	−34.71	50	17.61	1.97	10	0.5
D02-3	−67.08	50	17.61	3.81	18	1
D03-3	−67.23	50	15.91	4.23	16	1
D04-4	−60.17	50	15.91	3.78	24	1.5
D05-4	−43.62	50	15.91	2.74	24	1.5
D06-3	−37.91	50	15.91	2.38	16	1
D07-4	−26.42	50	15.91	1.66	24	1.5
D08-3	−27.81	50	15.91	1.75	16	1
D09-3	−7.07	50	17.61	0.40	18	1
D10-2	−25.6	50	17.61	1.45	10	0.5
D11-3	−16.15	50	17.61	0.92	18	1
D12-3	−63.84	50	15.91	4.01	16	1
D13-3	−36.63	50	15.91	2.30	16	1
D14-3	−38.15	50	15.91	2.40	16	1
D15-3	−38.85	50	15.91	2.44	16	1
D16-4	−31.82	50	15.91	2.00	24	1.5
D17-3	−23.18	50	15.91	1.46	16	1
D18-2	−17.77	50	17.61	1.01	10	0.5
平均值	−36.89	50		2.26	17.11	1.03

注：x_m为最大地面沉降值距离基坑的水平值。

表 10.20　泽民站垫层浇筑完成时最大水平位移与最大地表沉降关系统计表

测点编号	墙体最大水平位移 δ_{hm}(mm)	基坑开挖深度 H(m)	测点编号	墙后最大地表沉降 δ_{vm}(mm)	δ_{hm}/δ_{vm}
CX01-31	39.34	17.61	D01-2	−34.71	1.13
CX02-35	39.75	17.61	D02-3	−67.08	0.59
CX03-31	37.89	15.91	D03-3	−67.23	0.56
CX04-34	44.1	15.91	D04-4	−60.17	0.73
CX05-27	26.88	15.91	D05-4	−43.62	0.62

续上表

测点编号	墙体最大水平位移 δ_{hm}(mm)	基坑开挖深度 H(m)	测点编号	墙后最大地表沉降 δ_{vm}(mm)	δ_{hm}/δ_{vm}
CX06-28	30.75	15.91	D06-3	−37.91	0.81
CX07-24	31.58	15.91	D07-4	−26.42	1.2
CX08-33	29.02	15.91	D08-3	−27.81	1.04
CX09-28	29.52	17.61	D09-3	−7.07	4.18
CX10-29	31.15	17.61	D10-2	−25.6	1.22
CX11-30	26.76	17.61	D11-3	−16.15	1.66
CX12-31	29.99	15.91	D12-3	−63.84	0.47
CX13-31	27	15.91	D13-3	−36.63	0.74
CX14-24	26.04	15.91	D14-3	−38.15	0.68
CX15-28	27.64	15.91	D15-3	−38.85	0.71
CX16-29	27.42	15.91	D16-4	−31.82	0.86
CX17-31	25.25	15.91	D17-3	−23.18	1.09
CX18-30	23.17	17.61	D18-2	−17.77	1.3
平均值	30.74			−36.89	1.09

表 10.21 最大水平位移与最大地表沉降关系分布统计表

统计量		
N	有效	18
	缺失	0
均值		1.088 3
中值		0.835 0
百分位数	10	0.551 0
	20	0.614 0
	25	0.665 0
	30	0.701 0
	40	0.736 0
	50	0.835 0
	60	1.060 0
	70	1.151 0
	75	1.205 0
	80	1.236 0
	90	1.912 0

垫层浇筑完成工况下，最大地表沉降平均值约为 2.26‰H，最大地面沉降值距离基坑的水平值约为 1.03H，D02-3、D03-3、D04-4、D12-3 的沉降累计值大于警戒值。墙体水平位移 δ_{hmax} 约为墙后地表沉降 δ_{vmax} 的 1.09 倍，即 $\delta_{hmax} \approx 1.09\delta_{vmax}$ 。如图 10.8～图 10.10 所示。

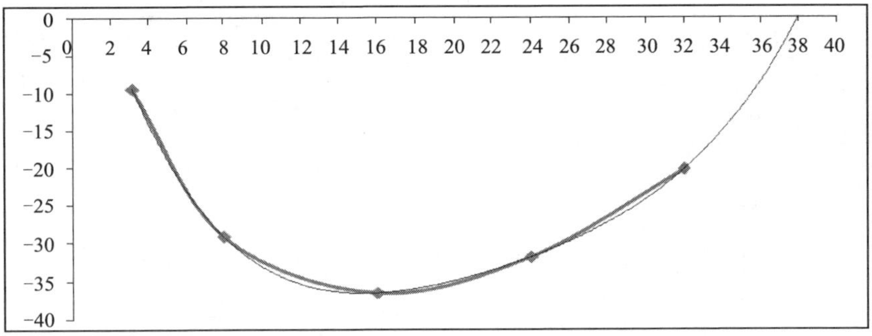

图 10.8　垫层浇筑完成时 D13 实测地表沉降曲线

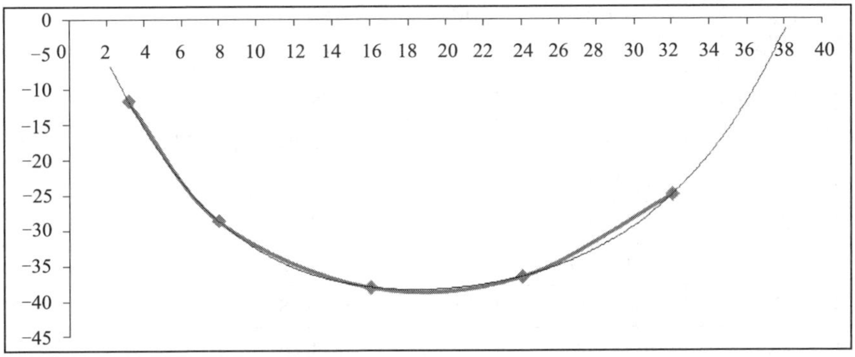

图 10.9　垫层浇筑完成时 D14 实测地表沉降曲线

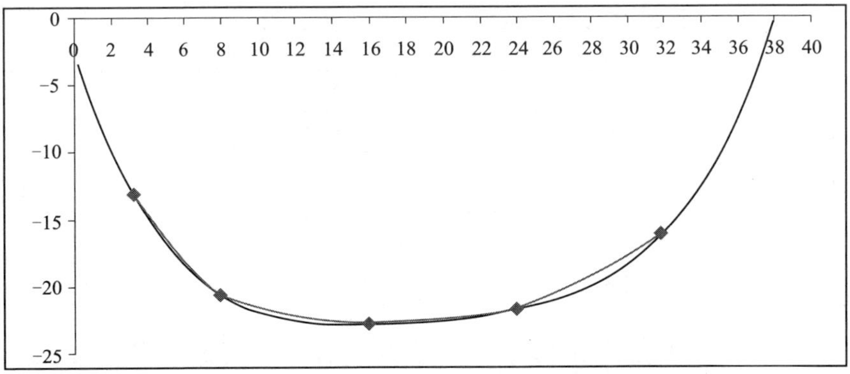

图 10.10　垫层浇筑完成时 D17 实测地表沉降曲线

可见，垫层浇筑完成工况下，以上三点的地表沉降影响范围均为距离基坑 38 m 处，约为基坑开挖深度的 2.4 倍。

10.5.4 支撑轴力分析（表 10.22）

表 10.22 泽民站底板完成时支撑轴力统计表

ZH/ZG	支撑轴力(kN)	设计轴力(kN)	设计轴力 80%	差值	轴力比值	超标比值
ZH1-2	1 303.61	2 356.00	1 884.80	581.19	69.2%	0.31
ZG1-1	1 105.78	1 138.00	910.40	−195.38	121.5%	−0.21
ZG1-2	1 264.33	2 105.00	1 684.00	419.67	75.1%	0.25
ZG1-3	1 532.14	2 359.00	1 887.20	355.06	81.2%	0.19
ZG1-4	1 195.74	2 358.00	1 886.40	690.66	63.4%	0.37
ZG1-5	1 678.92	1 656.00	1 324.80	−354.12	126.7%	−0.27
ZH2-2	526.88	1 827.00	1 461.60	934.72	36.0%	0.64
ZG2-1	913.50	1 368.00	1 094.40	180.90	83.5%	0.17
ZG2-2	1 405.07	1 926.00	1 540.80	135.73	91.2%	0.09
ZG2-3	1 225.02	2 116.00	1 692.80	467.78	72.4%	0.28
ZG2-4	1 576.08	1 476.00	1 180.80	−395.28	133.5%	−0.33
ZH3-2	758.68	1 827.00	1 461.60	702.92	51.9%	0.48
ZG3-3	1 057.50	2 116.00	1 692.80	635.30	62.5%	0.38
ZG4-2	723.32	1 926.00	1 540.80	817.48	46.9%	0.53
ZG4-4	704.20	1 476.00	1 180.80	476.60	59.6%	0.40
ZG5-1	1 285.23	1 368.00	1 094.40	−190.83	117.4%	−0.17
ZG5-2	666.94	1 926.00	1 540.80	873.86	43.3%	0.57
ZH6-2	120.91	1 827.00	1 461.60	1 340.69	8.3%	0.92
ZG6-1	618.70	1 368.00	1 094.40	475.70	56.5%	0.43
ZH7-2	119.25	2 356.00	1 884.80	1 765.55	6.3%	0.94
ZG7-1	723.40	1 138.00	910.40	187.00	79.5%	0.21
ZG7-2	786.09	2 105.00	1 684.00	897.91	46.7%	0.53
ZG7-3	1 622.90	2 359.00	1 887.20	264.30	86.0%	0.14
ZG7-4	638.62	2 358.00	1 886.40	1 247.78	33.9%	0.66
ZG7-5	1 290.78	1 656.00	1 324.80	34.02	97.4%	0.03
平均值					70%	30%

由上表可知，底板浇筑完成时，各道支撑中有 16%是超过警戒值（设计值的 80%），平均为警戒值的 70%。

10.5.5 地下管线分析(表10.23)

表10.23 泽民站周边管线总体情况

工程名称	名称	管径	材质	埋深(m)
泽民站	煤气管线	DN219	铸铁	0.7
	给水管线南侧	DN300	铸铁	1.2～1.5
	给水管线北侧	DN600	铸铁	1～2.4
	电力	1 200 mm×400 mm	排管	1.1～2.1
	电信	600 mm×300 mm	排管	0.7～0.9
	污水	1 000 mm	混凝土	6.4

对以上各地下管线进行安全评估,见表10.24～表10.30,其中红色测点为超过允许曲率半径,蓝色测点为累计值超过指标值。

表10.24 北侧给水管线安全评估

测点	沉降值(mm)	测点间距(m)	曲率半径(m)	允许曲率半径(m)	二者差值(m)	指标值(mm)	差值(mm)
G1	−33.78					30	−3.78
G2	−30.15	60	−891 089	10 567	880 522.1	30	−0.15
G3	−22.48	19	8 984.569	10 567	−1 582.43	30	7.52
G4	−54.99	16.8	−16 072.9	10 567	5 505.893	30	−24.99
G5	−69.94	24	−169 912	10 567	159 344.5	30	−39.94
G6	−81.5	31.4	−51 838.1	10 567	41 271.07	30	−51.5
G7	−74.04	24.7	−186 003	10 567	175 436	30	−44.04
G8	−63.3	30	−240 642	10 567	230 074.7	30	−33.3
G9	−48.82	19.4	−23 640.7	10 567	13 073.7	30	−18.82
G10	−18.42	23.4		10 567		30	11.58

表10.25 南侧给水管线安全评估

测点	沉降值(mm)	测点间距(m)	曲率半径(m)	允许曲率半径(m)	二者差值(m)	指标值(mm)	差值(mm)
G11	−6.15					30	23.85
G12	−60.64	50	−39 968	6 448	33 520.03	30	−30.64
G13	−52.58	19	12 729.2	6 448	6 281.196	30	−22.58

续上表

测点	沉降值（mm）	测点间距（m）	曲率半径（m）	允许曲率半径（m）	二者差值（m）	指标值（mm）	差值（mm）
G14	－72.88	27	－108 160	6 448	101 712.2	30	－42.88
G15	－86.44	26	－73 799.1	6 448	67 351.13	30	－56.44
G16	－90.84	30	92 783.51	6 448	86 335.51	30	－60.84
G17	－104.94	24	－44 582	6 448	38 134.04	30	－74.94
G18	－106.12	19.6	－22 129	6 448	15 681.03	30	－76.12
G19	－89.94	19	－7 207.03	6 448	759.0274	30	－59.94
G20	－23.67	19		6 448		30	6.33

表 10.26　北侧电信管线安全评估

测点	沉降值（mm）	测点间距（m）	曲率半径（m）	允许曲率半径（m）	二者差值（m）	指标值（mm）	差值（mm）
DX1	－14.47					40	25.53
DX2	－30.15	37.2	－59 265.1		59 265.1	40	9.85
DX3	－22.48	20	9 955.202		9 955.202	40	17.52
DX4	－54.99	16.8	－16 072.9		16 072.89	40	－14.99
DX5	－69.94	24	－169 912		169 911.5	40	－29.94
DX6	－81.5	31.4	－51 838.1		51 838.07	40	－41.5
DX7	－74.04	24.7	－186 003		186 003	40	－34.04
DX8	－63.3	30	－240 642		240 641.7	40	－23.3
DX9	－48.82	19.4				40	－8.82

表 10.27　南侧电信管线安全评估

测点	沉降值（mm）	测点间距（m）	曲率半径（m）	允许曲率半径（m）	二者差值（m）	指标值（mm）	差值（mm）
DX10	－6.21					40	33.79
DX11	－25.58	26	135 405		135 405	40	14.42
DX12	－46.16	12.8	－25 084.5		25 084.46	40	－6.16
DX13	－52.65	18.8	74 236.25		74 236.25	40	－12.65
DX14	－68.96	27	－25 970		25 970.03	40	－28.96
DX15	－59.24	26	20 708.7		20 708.7	40	－19.24

续上表

测点	沉降值（mm）	测点间距（m）	曲率半径（m）	允许曲率半径（m）	二者差值（m）	指标值（mm）	差值（mm）
DX16	−92.98	30	−19 354.3		19 354.3	40	−52.98
DX17	−100.33	22.6	−15 814.4		15 814.44	40	−60.33
DX18	−82.89	19.8	−103 359		103 359.2	40	−42.89
DX19	−49.97	40	−169 847		169 847.1	40	−9.97
DX20	−6.91	41.5				40	33.09

表 10.28　电力管线安全评估

测点	沉降值（mm）	测点间距（m）	曲率半径（m）	允许曲率半径（m）	二者差值（m）	指标值（mm）	差值（mm）
DL1	−14.47					40	25.53
DL2	−30.15	37.2	−59 265.1		59 265.1	40	9.85
DL3	−22.48	19	8 984.569		8 984.569	40	17.52
DL4	−54.99	16.8	−16 072.9		16 072.89	40	−14.99
DL5	−69.94	24	−169 912		169 911.5	40	−29.94
DL6	−81.5	31.4	−51 838.1		51 838.07	40	−41.5
DL7	−74.04	24.7	−186 003		186 003	40	−34.04
DL8	−63.3	30	−240 642		240 641.7	40	−23.3
DL9	−48.82	19.4	−19 913.2		19 913.23	40	−8.82
DL10	−15.44	23.4				40	24.56

表 10.29　污水管线安全评估

测点	沉降值（mm）	测点间距（m）	曲率半径（m）	允许曲率半径（m）	二者差值（m）	指标值（mm）	差值（mm）
W1	−33.78					40	6.22
W2	−19.23	63	120 821.9		120 821.9	40	20.77
W3	−37.53	19.5	−35 737.8		35 737.78	40	2.47
W4	−45.19	20.3	73 983.84		73 983.84	40	−5.19
W5	−58.42	21.4	−23 877		23 876.96	40	−18.42
W6	−52.47	29.3	−165 412		165 412.3	40	−12.47
W7	−41.33	25.4	183 806.3		183 806.3	40	−1.33
W8	−33.7	35.2	−223 653		223 653.4	40	6.3
W9	−20.53	33.8	62 702.52		62 702.52	40	19.47
W10	−25.58	62				40	14.42

表 10.30 煤气管线安全评估

测点	沉降值（mm）	测点间距（m）	曲率半径（m）	允许曲率半径（m）	二者差值（m）	指标值（mm）	差值（mm）
M01	−9.29					30	20.71
M02	−8.28					30	21.72
M03	−11.79	10.8	−28 871.3	2 200	26 671.29	30	18.21
M04	−11.26	9.3	1 732.919	2 200	−467.081	30	18.74
M05	−60.64	22.4	−8 735.38	2 200	6 535.376	30	−30.64
M06	−52.58	19	12 729.2	2 200	10 529.2	30	−22.58
M07	−72.88	27	−108 160	2 200	105 960.2	30	−42.88
M08	−86.44	26	−73 799.1	2 200	71 599.13	30	−56.44
M09	−90.84	30	92 783.51	2 200	90 583.51	30	−60.84
M10	−104.94	24	−44 582	2 200	42 382.04	30	−74.94
M11	−106.12	19.6	−5 468.47	2 200	3 268.47	30	−76.12
M12	−37.05	38	26 820.21	2 200	24 620.21	30	−7.05
M13	−21.82	28.5				30	8.18

根据以上地下管线评估，对超过允许曲率半径的点和沉降累计值最大点进行重点分析，在整个基坑施工期间（围护结构施工、降水施工、基坑开挖、主体结构施工）作出整体分析。如图 10.11 和图 10.12 所示。

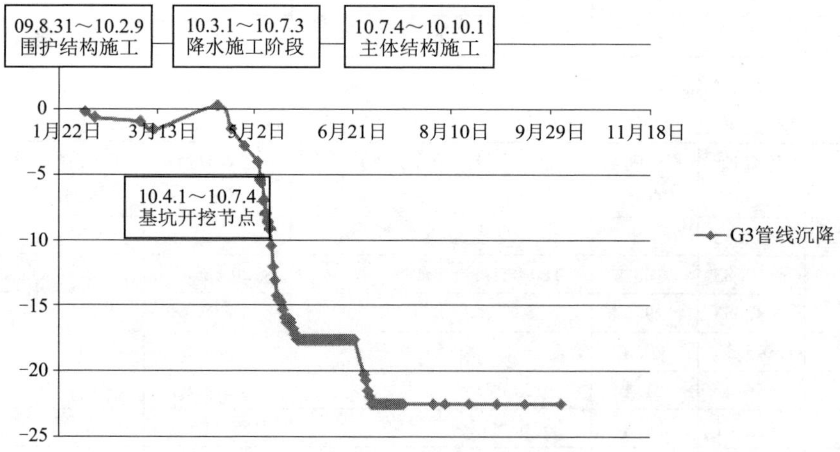

图 10.11 G3 管线沉降

G3 点超过允许曲率半径，但沉降累计值较小。

G18 点累计沉降值最大，但属于均匀沉降，曲率半径并未超过允许值。

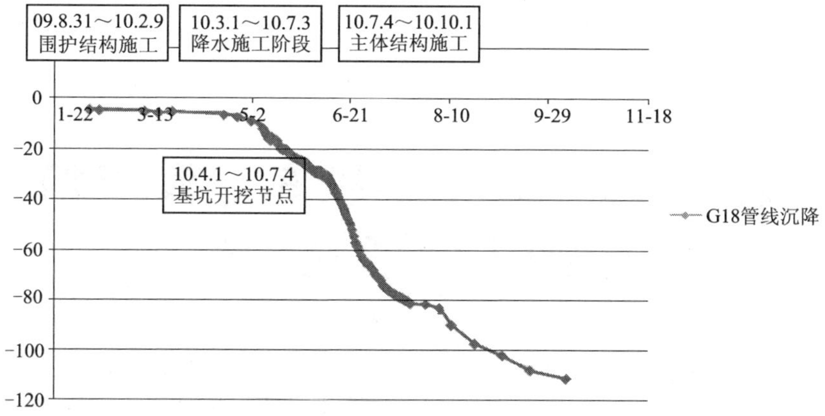

图 10.12　G18 管线沉降

10.5.6　指标初值的验证和调整

将已得到的初步控制指标应用到宁波轨道交通工程建设中，通过密切跟踪、积累和分析宁波轨道交通 1、2 号线实施过程中的实测数据，在实践中对以上控制指标进行修正、调整，并逐渐形成适合宁波的控制指标。对于周边环境复杂，或周边有非常重要、敏感的建构筑物时，需在上面的普遍性指标基础进行更加细化严格、有针对性的控制指标。

在数据分析的同时，应研究各项监测数据间的关系。首先要掌握设计警戒值的研究方法，之后应分别搜集相关论文，了解造成地表沉降、墙体位移、支撑轴力变化、管线沉降、立柱隆起等主要风险的原因和它们之间定量和定性的关系，为形成系统、全面的指标体系提供参考。通过对数据的初步分析发现，由于第二批基坑建设过程中吸取了第一批基坑建设经验，及时改进了施工工艺和管理，更加严格控制工程质量，从而减小了各监测项目的累计值和变化速率，每日变化速率向规范值靠近。在实践中对以上控制指标进行修正、调整，并逐渐形成适合宁波的控制指标，可为后来的风险应对提供参考依据。

第 11 章　软土地铁车站深基坑工程施工变形控制标准

深基坑工程是一门理论和实践紧密联系的学科，基坑工程的成败与设计采用的理论以及施工方案、施工中采取的工况、施工质量的好坏和土方的正确开挖与否等有密切关系。随着城市的发展，基坑工程越来越体现出深、大、紧、难的特点，为了保证基坑本体及周边建(构)筑物和管线的安全，基坑变形的控制应相当严格。由于影响基坑变形的因素比较多，如土的性质、维护结构、开挖方式、地下水情况、周边环境等，因此国内外众多学者对于基坑变形的控制措施也开展了大量研究。本章将结合宁波轨道交通 1、2 号线基坑的统计结果，分析深基坑施工安全评判标准，并从设计措施、施工措施和施工管理措施三个方面，提出宁波轨道交通深基坑不同施工阶段控制措施。针对可能出现的不同破坏类型，提出宁波轨道交通深基坑工程施工过程的应急预案。

11.1　支护结构破坏及判定

深基坑事故主要表现为支护结构产生较大位移，支护结构破坏，基坑塌方及大面积滑坡，基坑周围道路开裂和塌陷，相邻的地下设施变位以至破坏，邻近的建筑物开裂甚至倒塌等。据统计，深基坑事故中管理、勘察、设计、施工、监理方面的比例分别为：6%，3.5%，46%，41.5%，3%，其中设计问题与施工问题造成的比例较大。设计方面主要表现在：无证设计、盲目设计、不遵守规范的相关规定、支护方案选择不当、荷载取值不准确、土体强度指标选择失真、治理水的措施不得当、支承结构设计失误、锚固结构设计失误、设计计算失误、设计安全系数过小，设计人员缺乏经验等。施工方面：施工质量差、不严格遵守施工规程、治理水的措施不力、管理混乱、相互协调关系处理不当、随意更改设计、不重视信息化施工、运行期间管理不当、缺乏本地区施工经验、延误抢险时机等。建设单位：无计划盲目建设，无设计胡乱施工；任意发包建设工程，造成一些无资质的设计或施工单位承包基坑工程；无限度的压价、压工期；不办理质量安全监督手续；为节省投资，盲目套用其他支护方案，或在施工过程中，强制取消部分支护构件。勘察方面：套用附近建筑勘察资料，勘察资料不详细，对地质勘查数据处理失误。

目前，国内外尚未有针对地铁工程安全事故统计的详细数据资料，均只是针对整个建筑工程安全事故的统计资料，关于地铁工程安全事故的案例很少。通过查阅大量的文献和资料，对 179 个亚太地区地铁工程施工安全事故案例进行统计分析，按事故类型及事故分布汇总，见表 11.1 和表 11.2。可以看出，近 10 年地铁工程施工安全事故发生的总体趋势是上升的，这是因为我国城市地铁建设规模不断扩大，造成技术和管理力量的相对薄弱，加上未对地铁施工安全足够重视，使得地铁工程施工安全事故频频发生。坍塌事故是地铁工程施工事故中最常见的事故之一，除此之外，物体打击、透水事故、火灾、机械伤害事故也是发生频率较高的事故类型（其他伤害事故是多种小事故类型的综合，所引起的伤害或损失均较小，故在此不予考虑）。一个地铁事故往往不是单纯的一种事故类型，而是几种类型的事故的综合，这是因为一些安全事故的发生，常常诱发出一连串的其他安全事故。先发生的安全事故称为主生灾害，由主生事故诱发的安全事故称为次生事故。如坍塌事故，很多均是由透水事故所诱导。因此，在进行地铁工程施工安全事故预防时，应把坍塌事故和透水事故作为两种最为重要的事故类型来分析并预防。

表 11.1　按事故类型的地铁工程施工安全事故统计分析表

事故类型	坍塌	透水事故	火灾	机械伤害	物体打击	爆炸	中毒	触电	高出坠落	其他
数量	96	16	9	9	17	4	4	3	7	14
比例%	53.63	8.94	5.03	5.03	9.50	2.23	2.23	1.68	3.91	12.82

表 11.2　按地区和年份分析的地铁工程施工安全事故统计分析表

年份	1999	2000	2001	2002	2003	2004	2005	2006	2007	2008	2009	2010	小计
北京					1	3	10	5	5	1	2		27
成都											2		2
佛山										1	1	1	3
高雄						7	5						12
广州	1					6	3	5	1	4	5	1	26
杭州										2	1		3
南京					1			1	4	4	4		14
上海			1		1	1			9	4	3		19
深圳			5	7	4		1		2	7	16	2	44
沈阳									1	1			2
天津			1								2		3

续上表

年份	1999	2000	2001	2002	2003	2004	2005	2006	2007	2008	2009	2010	小计
武汉											2		2
西安									2	6	6		14
香港								1	1	1			3
新加坡						2							2
印度										1	1		2
重庆										1			1
小计	1		7	7	7	19	19	12	25	33	45	4	179

11.1.1 支护结构破坏类型

深基坑支护结构的破坏,主要是以下两方面起控制作用:(1)深基坑支护结构强度,包括支护结构因受弯而失稳、折断,支护结构或支撑结构的强度破坏等。(2)深基坑支护结构变形,主要由支护结构位移、周围地表沉降及基坑底部隆起三部分组成,包括整体滑移破坏,基坑底部土体隆起、地基沉降造成现场和周围环境的损害,坑底管涌或流砂等。其中因支护结构位移过大造成的破坏是最常见的形式,在深基坑开挖与支护过程中,几乎都会在基坑侧向不同部位出现一定的变形,侧向变形达到一定时就会出现基坑周围地面沉降。基坑支护结构的破坏形式总体来说有以下三种:(1)支护结构体系的破坏;(2)基坑失稳、渗流破坏;(3)损害周围环境、影响正常使用的其他破坏。

基坑工程的危险判别与安全标准也多通过监测数据的分析给出。实际上,影响工程安全的因素非常多,因此对于工程的安全评判不能单纯根据某项监测数据是否正常进行判别,而需要综合考虑多方面因素进行综合分析。但这一过程通常比较复杂,不便于在工程实施与管理当中应用。为此,本节首先结合宁波轨道交通建设工程对基坑施工安全问题的原因进行分析,再对施工过程常见的施工安全问题进行评判。

11.1.2 围护墙体破坏判定

1. 围护墙体破坏机理

(1)围护结构折断

由于施工抢进度,超量挖土,支撑架设跟不上,使围护墙缺少大量设计上必须的支撑,或者由于施工单位不按图施工,抱侥幸心理,少加支撑,致使围护墙应力过大而折断或支撑轴力过大而破坏或产生大变形。如图 11.1 所示。

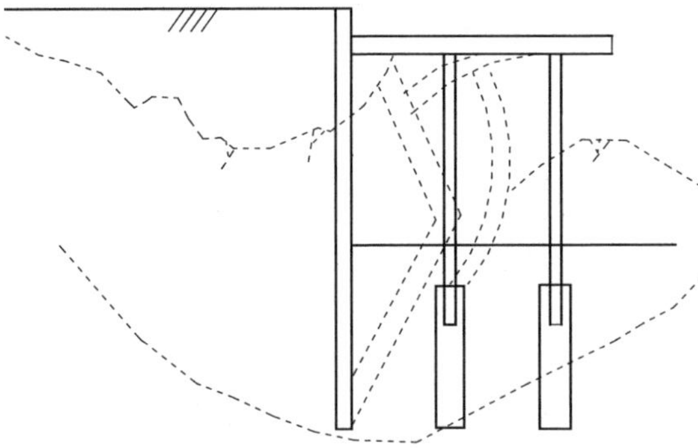

图 11.1　围护结构折断示意图

(2)围护结构渗漏

在饱和含水地层,由于围护墙的止水效果不好或止水结构失效,致使大量的水夹带砂粒涌入基坑,严重的水土流失会造成支护结构失稳和地面塌陷的严重事故,还可能在墙后形成洞穴后突然发生地面塌陷。如图 11.2 所示。

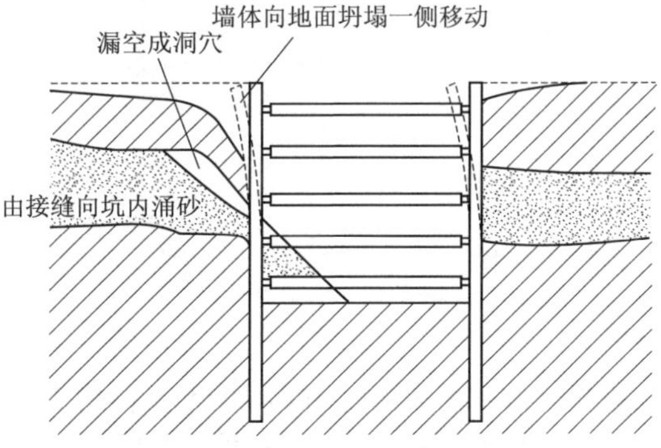

图 11.2　围护结构渗漏示意图

(3)围护结构内倾破坏

由于支撑设计强度不够,或由于加支撑不及时,或由于坑内滑坡,围护墙自由面过大,使已加支撑轴力过大,或由于外力撞击,或由于基坑外注浆、打桩、偏载造成不对称变形,导致围护墙四周向坑内倾倒破坏,俗称“包饺子”。如图 11.3 所示。

(4)踢脚破坏

由于支护体系设计刚度太小或围护结构插入深度不够或坑底土质差,周围土体的压缩模量又很低,被动土压力较小,易造成支护结构踢脚失稳破坏。如图 11.4 所示。

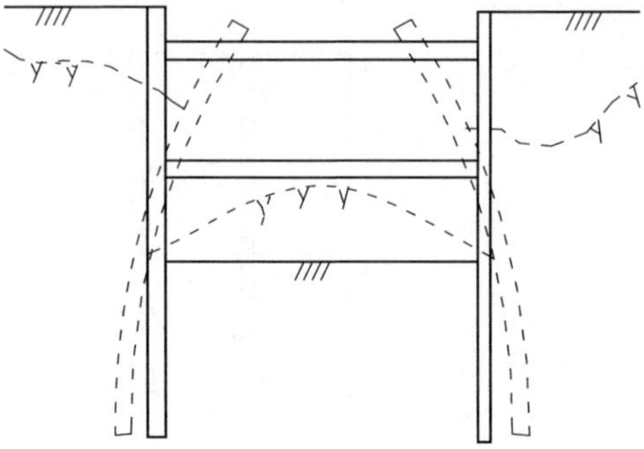

图 11.3 内倾破坏示意图

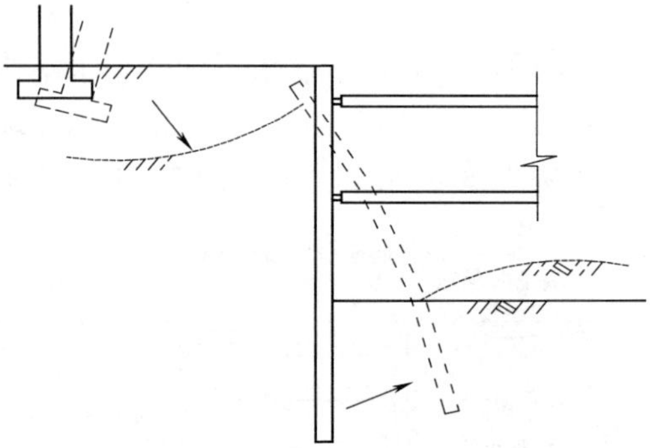

图 11.4 踢脚破坏示意图

(5)基坑系统失稳

由于支撑的设计强度不够,或者由于支撑架设偏心较大达不到设计要求而导致基坑失稳,有时也伴随着基坑的整体滑动破坏。如图 11.5 所示。

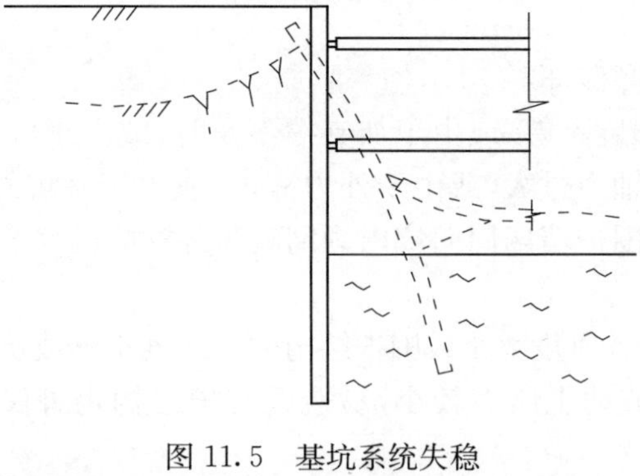

图 11.5 基坑系统失稳

(6)支护结构整体失稳

若设计不合理,支护结构底端插入深度不够,或撑锚系统失效,或施工时卸载太快,且没有及时支撑,易造成支护结构整体失稳。如图 11.6 所示。

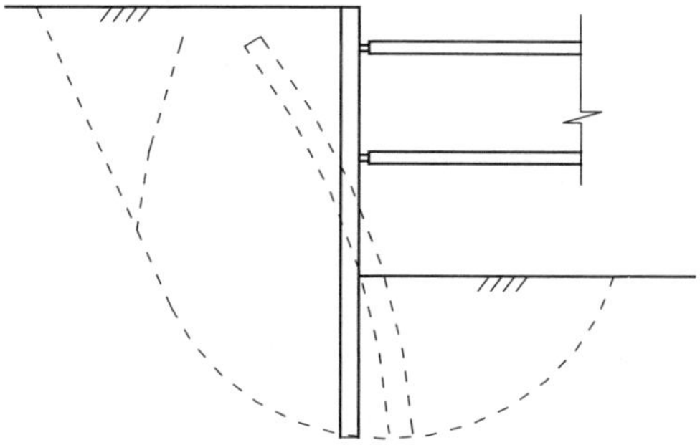

图 11.6　支护结构整体失稳

(7)坑底管涌破坏

坑底管涌主要发生在粉砂层中,在不打设井点或井点降水失效时,或围护结构插入深度不够时,基坑开挖时易产生管涌,使被动土压力减小或丧失,造成支护体系破坏。如图 11.7 所示。

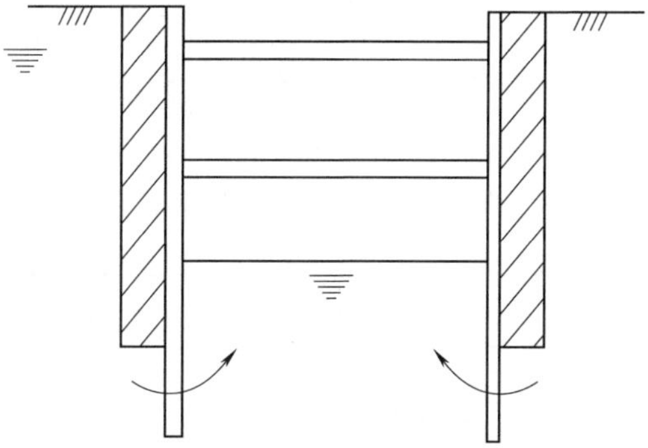

图 11.7　坑底管涌破坏

(8)坑底隆起破坏

由于基坑开挖,土体被不断挖出,坑内外土体的高差使支护结构外侧土体向坑内方向挤压,造成基坑土体隆起,导致基坑外地表沉降,坑内侧被动土压力减小,致使坑底土体产生塑性流动引起支护体系失稳破坏。如图 11.8 所示。

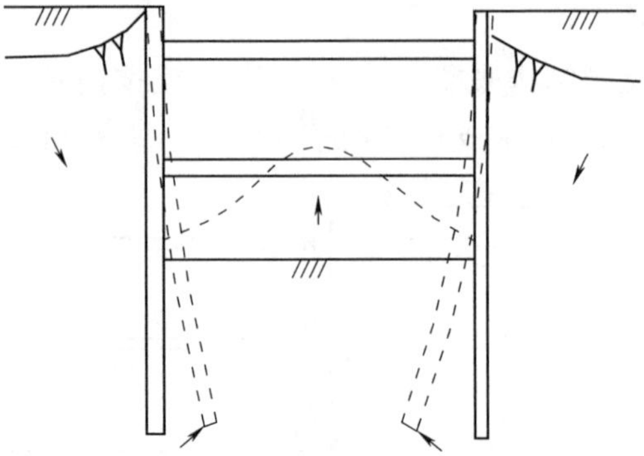

图 11.8　坑底隆起破坏

2. 相关规范对围护墙体警戒值规定

为了给宁波轨道交通深基坑不同阶段施工控制标准的制定提供参考，本节分别给出了国内各(地区)规范对围护墙体警戒值所作的规定，见表 11.3～表 11.10。

表 11.3　桩(墙)体水平位移控制指标

规范名称	桩(墙)体水平位移控制指标
天津地铁二期工程施工监测技术规定	围护结构侧向位移(mm)：一级基坑，0.0014h；二级基坑，0.003h(h 为基坑开挖深度)
上海地铁基坑工程施工规程(SZ—08—2000)	围护结构最大水平位移：一级基坑≤0.14%H，二级基坑≤0.3%H，三级基坑≤0.7%H(H 为基坑开挖深度)
上海市基坑工程设计规程(DG/T J08—61—2010)	墙顶位移：一级工程控制值 30 mm，设计值 50 mm，变化速率 2 mm/d；二级工程控制值 60 mm，设计值 100 mm，变化速率 3 mm/d。 墙体最大位移：一级工程控制值 50 mm，设计值 80 mm，变化速率 2 mm/d；二级工程控制值 80 mm，设计值 120 mm，变化速率 3 mm/d
上海地基基础设计规范(DG J08—11—2010)	基坑工程的开挖深度为 14～20 m，挡墙水平位移最大值 $\delta_{hmax}=1.4‰h_0$(h_0基坑开挖深度)
基坑工程技术规程(DB 42/159—2004)(湖北)	围(支)护结构水平位移(最大值)：一级基坑监控报警值为 30 mm；二级基坑监控报警值为 60 mm

根据支护破坏后影响程度及基坑工程周围状况设定支护位移允许值，见表 11.4 和表 11.5。

表 11.4　基坑边坡支护位移允许值(《建筑基坑工程技术规范》(YB 9258—1997))

基坑边坡支护破坏后影响程度及基坑工程周围状况	最大位移允许值
基坑边坡支护破坏后影响严重或很严重，基坑边坡滑移面内有重要建(构)筑物	$H_i/300$

续上表

基坑边坡支护破坏后影响程度及基坑工程周围状况	最大位移允许值
基坑边坡支护破坏后影响较严重,基坑边坡滑移面内有重要建(构)筑物	$H_i/200$
基坑边坡支护破坏后影响一般或轻微,基坑周边 15 m 以外有主要建(构)筑物	$H_i/150$

注:1. H_i 为基坑当时的开挖深度;

2. 本表适用于深度 18 m 以内的基坑。

表 11.5　围护体系报警值(《基坑工程施工监测规程》(DG/TJ 08—2001—2006)(上海))

<table>
<tr><td rowspan="2">监测等级
监测项目</td><td colspan="2">一级</td><td colspan="2">二级</td><td rowspan="2">三级</td></tr>
<tr><td>变化速率(mm/d)</td><td>累计值(mm)</td><td>变化速率(mm/d)</td><td>累计值(mm)</td></tr>
<tr><td>围护墙顶变形</td><td rowspan="2">2～3</td><td>25～30</td><td rowspan="2">3～5</td><td>50～60</td><td rowspan="2">宜按二级基坑标准控制,当条件许可时可适度放宽</td></tr>
<tr><td>围护墙侧向最大位移</td><td>45～50</td><td>65～80</td></tr>
</table>

注:报警值取值应根据基坑各侧边环境、开挖深度及围护体系类型等综合确定。

上海、深圳两城市基坑工程等级划分及变形监控允许值见表 11.6。

表 11.6　基坑工程等级划分及变形监控允许值

<table>
<tr><td colspan="3" rowspan="2">安全等级
工程复杂程度</td><td colspan="2">一级</td><td colspan="2">二级</td><td>三级</td></tr>
<tr><td colspan="2">很严重</td><td colspan="2">严重</td><td>不严重</td></tr>
<tr><td colspan="3">基坑深度(m)</td><td colspan="2">>14</td><td colspan="2">9～14</td><td><9</td></tr>
<tr><td colspan="3">地下水埋深(m)</td><td colspan="2"><2</td><td colspan="2">3～5</td><td>>5</td></tr>
<tr><td colspan="3">软土层厚度(m)</td><td colspan="2">>5</td><td colspan="2">2～5</td><td><2</td></tr>
<tr><td colspan="3">基坑边缘与邻近已有建筑物浅基础或重要管线边缘净距(m)</td><td colspan="2"><0.5<i>h</i></td><td colspan="2">0.5<i>h</i>～1.0<i>h</i></td><td>>1.0<i>h</i></td></tr>
<tr><td colspan="3"></td><td>监控值</td><td>设计值</td><td>监控值</td><td>设计值</td><td></td></tr>
<tr><td rowspan="2">上海市</td><td colspan="2">墙顶位移(mm)</td><td>30</td><td>50</td><td>60</td><td>100</td><td rowspan="2">按二级基坑的标准控制,环境条件许可时可适当放宽</td></tr>
<tr><td colspan="2">墙体最大位移(mm)</td><td>60</td><td>80</td><td>90</td><td>120</td></tr>
<tr><td rowspan="2">深圳市</td><td rowspan="2">墙体最大水平位移(mm)</td><td>排桩、地下连续墙、土钉墙</td><td colspan="2">0.002 5H</td><td colspan="2">0.005 0H</td><td>0.010 0H</td></tr>
<tr><td>钢板桩、深层搅拌桩</td><td colspan="2">—</td><td colspan="2">0.010 0H</td><td>0.020 0H</td></tr>
</table>

根据周边环境的重要性,由变形的允许范围及土层性质等因素确定围(支)护结构的水平变形值。除特殊要求外,围(支)护结构的最大水平位移不宜超过

表 11.7的允许值。

表 11.7　围(支)护结构最大水平位移允许值(《广州地区建筑基坑支护技术规定》(GJB 02—98))

安全等级	围(支)护结构最大水平位移允许值
一级	30 mm
二级	60 mm
三级	150 mm

结合工程实际情况,围(支)护结构水平位移和周围地面沉降变形的控制值可参照表 11.8 确定。

表 11.8　围(支)护结构水平位移允许值(广东省建筑基坑支护工程技术规程(DBJ/T15—20—97))

安全等级	围(支)护结构水平位移
一级	0.002H 且不大于 30 mm
二级	0.004H 且不大于 50 mm
三级	0.025H 且不大于 150 mm

3. 监测数据分析

根据基坑的保护等级及开挖深度,围护结构的指标值可参照设计值以及规范中的相关规定确定。在实施时,监控中心可根据工程经验及理论计算作适当调整。对于多支撑体系的支护结构而言,正常的测斜曲线有如下特点:(1)发生测斜最大的深度随着开挖加深逐步下移;(2)已加支撑处的变形小;(3)开挖时变形速率增大,有支撑时,侧向变形速率小或测斜保持稳定不变;(4)支护结构的顶部可能会向坑内移动。

相对于正常的测斜曲线,异常测斜曲线主要表现为:(1)支护结构顶部水平位移过大。支护结构顶部水平位移过大有两种情况:一是第一层开挖支撑不及时导致的,二是支护结构顶部位移持续增大。第一种情况下,支护结构在第一道支撑前上部处于悬臂受力状态,此时最大水平位移发生于顶处,并随无支撑暴露时间的延长而增大,支撑不及时将导致支护结构顶部位移过大,坑外地表数十米范围将会开裂,影响周围环境的安全。第二种情况下,深基坑易发生围护结构折断和整体失稳。(2)支护结构局部变形很大。支护结构局部变形过大易导致支护结构由于自身强度不足发生折断,进而是基坑失稳,测斜曲线在形态上表现为不光滑,出现尖角。在没有对支护结构内的应力或应变进行监测的情况下,可以根据支护结构的变形与截面所受弯矩之间的关系来验算支护结构的强度储备。(3)有支撑处变形持续增大。有支撑处变形持续增大一般是由于支撑设计不合理或由于施工造成的。支撑设计不合理导致的支撑轴力过大易使支撑挠曲变形,进而导致失稳,这样

表 11.9 围护体系报警值(建筑基坑工程技术规范)

编号	监测项目	支护结构类型	基坑类别								
			一级			二级			三级		
			累计值		变化速率(mm·d^{-1})	累计值(mm)		变化速率(mm·d^{-1})	累计值(mm)		变化速率(mm·d^{-1})
			绝对值(mm)	相对基坑深度 h 控制值		绝对值(mm)	相对基坑深度(h)控制值		绝对值(mm)	相对基坑深度 h 控制值	
1	围护墙(边坡)顶部水平位移	放坡、土钉墙、喷锚支护、水泥土墙	30～35	0.3%～0.4%	5～10	50～60	0.6%～0.8%	10～15	70～80	0.8%～1.0%	15～20
		钢板桩、灌注桩、型钢水泥土墙、地下连续墙	25～30	0.2%～0.3%	2～3	40～50	0.5%～0.7%	4～6	60～70	0.6%～0.8%	8～10
2	围护墙(边坡)顶部竖向位移	放坡、土钉墙、喷锚支护、水泥土墙	20～40	0.3%～0.4%	3～5	50～60	0.6%～0.8%	5～8	70～80	0.8%～1.0%	8～10
		钢板桩、灌注桩、型钢水泥土墙、地下连续墙	10～20	0.1%～0.2%	2～3	25～30	0.3%～0.5%	3～4	35～40	0.5%～0.6%	4～5
3	深层水平位移	水泥土墙	30～35	0.3%～0.4%	5～10	50～60	0.6%～0.8%	10～15	70～80	0.8%～1.0%	15～20
		钢板桩	50～60	0.6%～0.7%	2～3	80～85	0.7%～0.8%	4～6	90～100	0.9%～1.0%	8～10
		型钢水泥土墙	50～55	0.5%～0.6%	—	75～80	0.7%～0.8%	—	80～90	0.9%～1.0%	—
		灌注桩	45～50	0.4%～0.5%	—	70～75	0.6%～0.7%	—	70～80	0.8%～0.9%	—
		地下连续墙	40～50	0.4%～0.5%	—	70～75	0.7%～0.8%	—	80～90	0.9%～1.0%	—
4	立柱竖向位移		25～35	—	2～3	35～45	—	4～6	55～65	—	8～10

在测斜曲线上会表现为有支撑处变形持续增大。另外，支撑安装施工时未按设计预加轴力或预加轴力损失后未及时复加也会导致有支撑处变形持续增加。有支撑处变形持续增加易导致基坑的整体失稳。(4)踢脚。踢脚是指围护结构底部变形过大，主要是坑底土体强度低、抵抗变形能力差引起的，易引发围护墙整体失稳。现有工程经验规定踢脚位移大于等于最大位移的三分之一则报警，大于等于最大位移的二分之一则墙体有整体失稳的危险。(5)支护结构变形持续快速增长。支挡结构变形持续快速增长是基坑破坏的强烈预兆，它导致墙体变形激增，最终墙体断裂破坏。

表 11.10 广州地铁 1 号线位移控制基准

控制等级	围(支)护结构水平位移控制值	环境保护要求
特级	≤0.13%H	在距基坑 H 范围内，有地下大型压力管线等对变形十分敏感且一旦破坏将产生很大影响的重要地下设施及建筑物，必须严格控制变形
一级	≤0.25%H	在距基坑 H 范围内，有地下干线管道以及重要建筑物，应当严格控制变形
二级	≤0.5%H	在距基坑 H 范围内，有变形控制要求的地下设施及建筑物
三级	≤0.9%H	在距基坑 H 范围内，可不要求控制变形，范围之外有变形控制要求

11.1.3 支撑结构破坏判定

基坑的支撑结构往往采用单跨或双跨压杆式钢支撑及混凝土支撑。支撑属于压弯杆件，受自重、围护墙体传来的侧向水、土压力和地面超载以及立柱隆起位移产生的上抬力等影响。支撑的安全性分析主要从强度和稳定性的角度出发，结合极限状态、设计控制值等，对于支撑的内力和变形进行分析，并确定对其安全状态进行评判的限值。

立柱竖向位移是引发支撑系统破坏的主要因素之一。对于混凝土支撑杆，表现为与墙体连接的杆端开裂、支撑杆—立柱联结节点附近开裂或断裂；对于钢支撑则是引发墙体—支撑杆—立柱联结节点失效，引起支撑系统失稳，从而导致的墙体水平位移过大或基坑坍塌。

1. 支撑偏心破坏

钢支撑不用传力板等原因，以致支撑端部承压板边缘局部接触墙面形成偏心受荷,安全度降低(图 11.9)。钢支撑承压板偏心受荷后,由于平行于墙面的分力的作用使得支撑渐渐滑移,这种滑移使得墙面产生向坑内的水平位移,因而导致地下墙外侧的地面沉降,甚至诱发支撑失稳(图 11.10)。

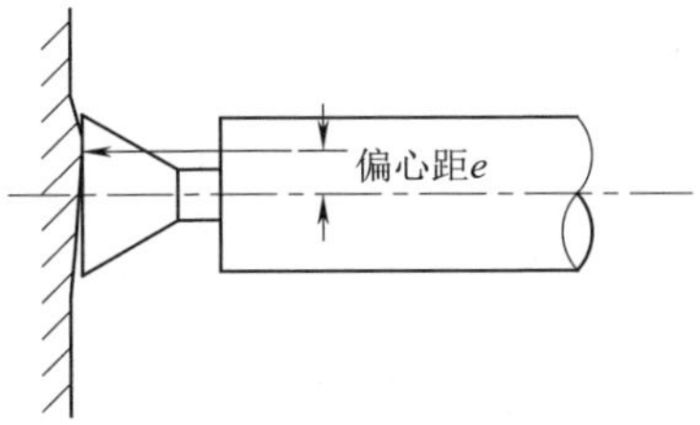

图 11.9 未设置传力板导致局部偏心

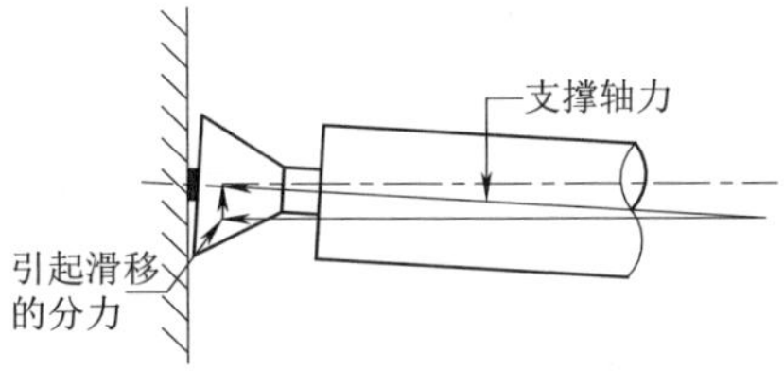

图 11.10 偏心导致支撑滑移

支撑在偏心受力的情况下,活络头的颈部构件受弯变形甚至断裂(图 11.11)。基坑斜向支撑支点错动,支撑偏心受力导致焊缝拉开,威胁支撑安全(图 11.12)。

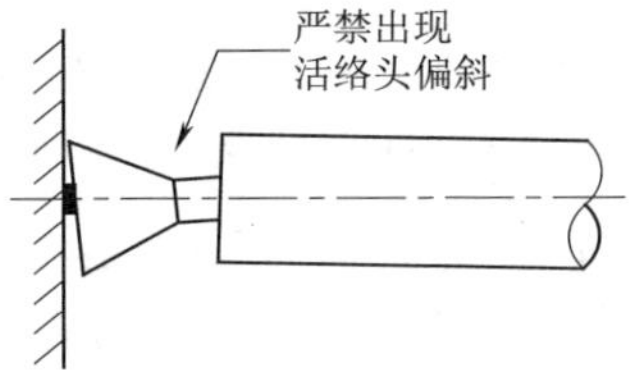

图 11.11 活络头偏斜

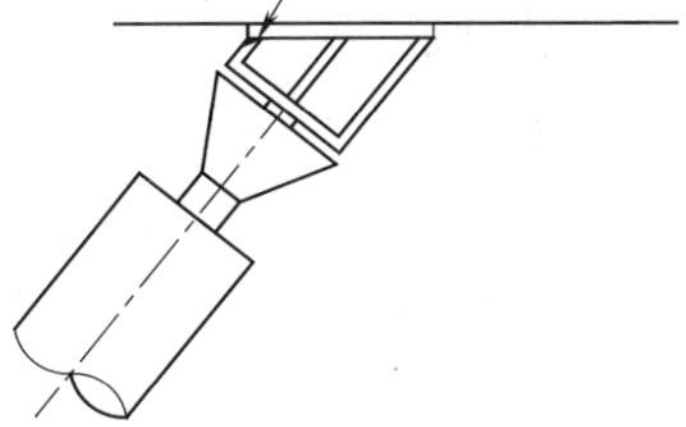

图 11.12 斜支撑偏心失稳

2. 支撑受弯挠曲破坏

支撑在偏心受力的情况下产生挠曲,致使接头螺栓拉断甚至杆件失稳(图 11.13)。立柱和地下墙之间产生差异沉降,导致支撑挠曲或出现剪切裂缝甚至开裂破坏(图 11.14)。支撑安装精度不满足要求,导致支撑受弯挠曲破坏(图 11.15)。

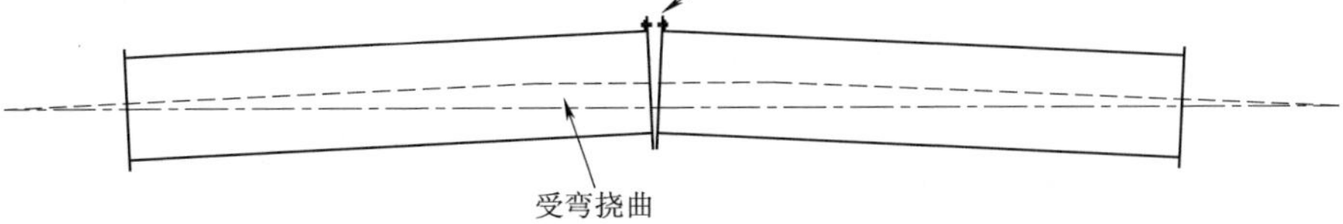

图 11.13 支撑挠曲失稳

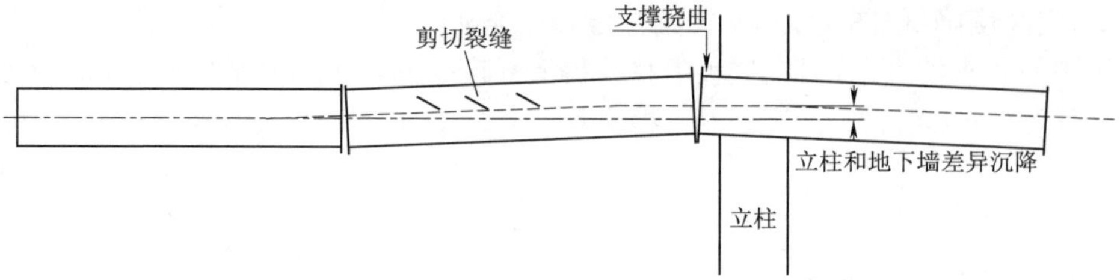

图 11.14 差异沉降导致支撑挠曲

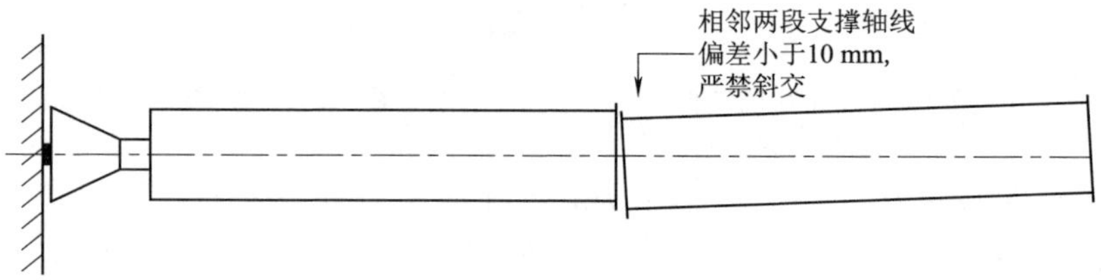

图 11.15 支撑安装精度不满足要求

3. 支撑失稳破坏

基坑底部受承压水作用而隆起，与两侧地下墙产生差异沉降致使支撑失稳断裂(图 11.16)。基坑一道或两道支撑长时间滞后，使得地下墙在坑底部分发生踢脚或断裂，而上部支撑受力过大而发生挠曲(图 11.17)。基坑支护地下墙接缝大量水土流失，导致基坑单侧涌砂卸载，导致支撑失稳(图 11.18)。在基坑开挖深度较大后，接触面压力会消减，乃至出现支撑与地下墙脱开的现象(图 11.19)，故应采取措施，防止支撑因端部移动而脱落。

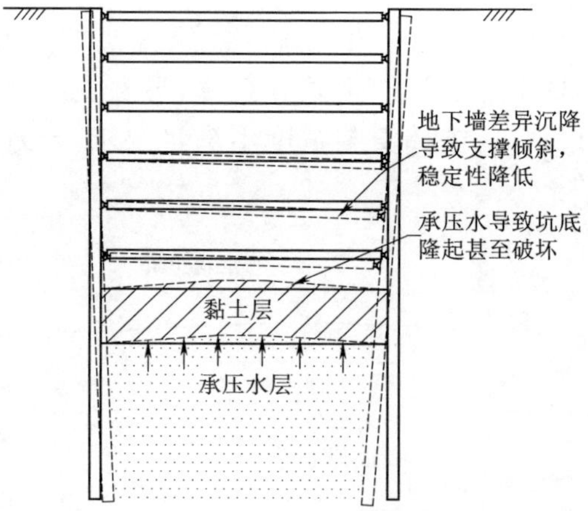

图 11.16 承压水导致支撑失稳

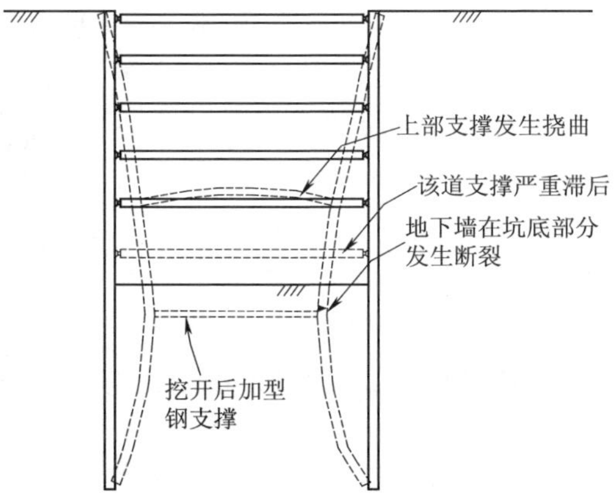

图 11.17　支撑架设严重滞后导致失稳

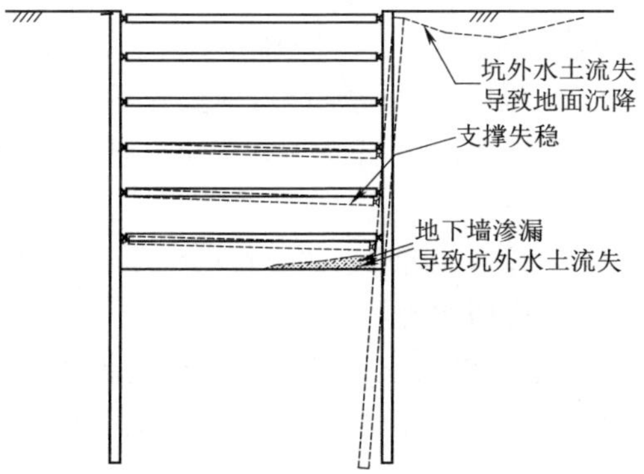

图 11.18　水土流失导致支撑失稳

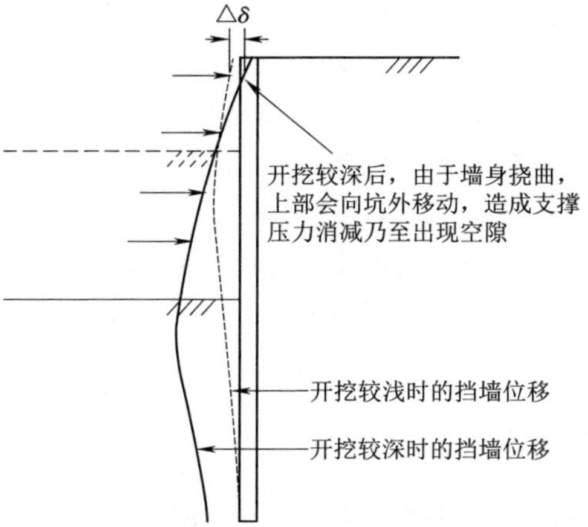

图 11.19　支撑脱开

目前地铁车站基坑跨度一般都在 18～40 m 之间，且普遍采用单跨压杆式支撑或双跨压杆式支撑。围护墙外侧的侧向土压力由围护墙及支撑体系所承担，当实际支撑轴力与支撑在平衡状态下应能承担的轴力（设计计算轴力）不一致时，将可能引起支撑体系失稳。史世雍对上海目前已施工完毕的地铁基坑的最大支撑轴力进行了统计，第一道最大轴力为 1 300 kN 左右，第二道为 2 800 kN，第三道为 3 000 kN，第四道为 3 000 kN，五道以上支撑最大轴力为 3 500 kN。

上海《基坑工程施工监测规程》中规定支撑警戒值为设计控制值的 60%～80%；《建筑基坑工程技术规范》中规定为设计控制值的 60%～70%。

11.1.4　立柱破坏判定

基坑开挖后，坑底应力释放，坑内土体回弹，带动立柱桩上移，桩身上部承受向上的正摩阻力作用，桩被抬升；桩身下部土体阻止桩的上移，对桩产生向下的负摩阻力，正、负摩阻力最终达到平衡。立柱桩在正、负摩阻力的作用下，产生弹性伸长。下部土体对立柱桩产生向下的负摩阻力，由反作用力，立柱桩对下部土体有向上的作用力，致使立柱桩周与立柱桩端土体垂直应力减小，导致立柱桩端土体应力释放，产生隆胀，立柱也随之上升。

立柱隆起会带动支撑上浮，这样会产生对支撑的附加弯矩。支撑差异变位将改变支撑受力状态，过大的附加弯矩可能使混凝土支撑达到极限承载力而破坏，使钢支撑发生平面失稳造成工程事故。钢支撑可以通过调整与立柱的连接来防止失稳破坏，而混凝土支撑由于和钢立柱浇筑在一起，因而只能通过控制立柱隆起量来防止支撑破坏。

1. 立柱竖向位移的危害

整个支护结构是一个土体、围护墙和支撑系统相互协调作用的整体，它们相互影响、相互制约、相互调整的各个组成部分都应满足一定的强度、刚度及稳定性的要求。否则，如果某一个局部的失稳或破坏，就有可能导致整体破坏。立柱竖向位移幅值过大，可能增大基坑围护结构的侧向位移，加剧坑底土体隆起，且增加立柱的竖向位移，从而引起恶性循环，对周围环境保护造成不利影响。立柱竖向位移的不均匀，引起支撑体系各点在垂直面上与平面上的差异位移，最终引起支撑产生较大的次应力（这部分力在支撑结构设计时一般没有考虑）。若立柱间或立柱与地下连续墙间有较大的沉降差，就会导致支撑体系偏心受压，甚至失稳，从而引发工程事故。如图 11.20 所示。

立柱竖向位移是引发支撑系统强度不足而断裂，支撑杆失稳破坏或濒临失稳破坏而促使墙体位移过大，危害周边环境的重要原因之一。地铁基坑工程中最常用的内支撑形式为现浇钢筋混凝土支撑系统和钢支撑系统两大类。现浇钢筋混凝土支撑系统和钢支撑系统的材料力学性能、现场施工架设方法以及它们与围护墙和立柱的连接方法都不同，由立柱竖向位移引起的这两类支撑系统的破坏现象也不尽相同。

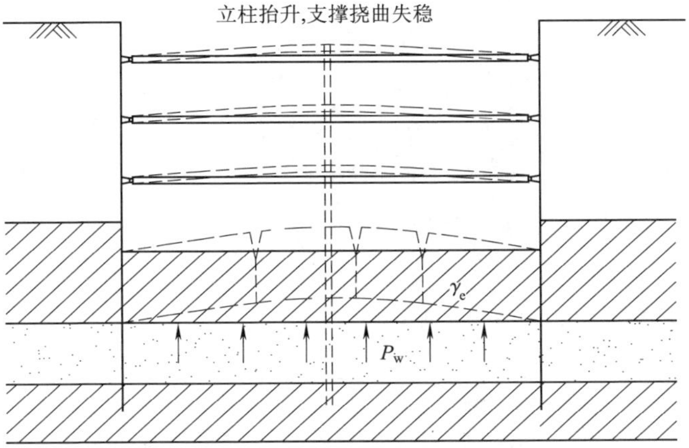

图 11.20　立柱隆起导致围护失稳示意图

2. 钢支撑的破坏现象

在软土地铁基坑中，钢支撑与立柱之间的连接构造如图 11.21 所示。立柱竖向位移引起的钢支撑破坏往往发生在立柱埋置过浅、降水不当等基坑工程中。坑内土体开挖使浅埋的立柱给支撑杆竖向位移的约束作用大为降低，挖方的土层应力竖向释放引起的立柱上浮甚至有演变为顶举支撑杆的可能性。立柱发生竖向位移前后计算所得的轴力值变化并不大，虽然大部分杆件中的轴力呈增大趋势，但是增大的绝对量并不大。但是由于立柱的竖向位移所引起的支撑附加弯矩比较大，弯矩值甚至为立柱发生位移前的几倍。根据钢结构设计规范，对于压弯构件，需要分别验算其在弯矩作用平面内与作用平面外的稳定情况。对于 609 钢管这种两个方向截面惯性矩均相同的构件，该问题并不是很严重，但对于工字钢等构件，就需要特别注意，以防局部失稳的发生。对于靠近围护壁的斜撑需要特别注意，对于弯矩变化较大的构件，需要单独进行验算，以防其发生失稳，导致整个支撑系统处于濒临整体失稳的状态，进而使墙体水平位移加大，坑外地层移动增大。

立柱竖向位移诱发的钢支撑的另一种常见破坏现象则是立柱和支撑杆的连接节点由焊缝崩裂而失效，钢支撑与立柱连接节点失效将大大降低支撑杆对墙体的水平支撑作用，加大墙体水平位移和影响周边环境。

3. 钢筋混凝土支撑的破坏现象

现浇钢筋混凝土支撑杆与围护墙、立柱整浇成整体，使挖方时整个支护结构有很好的整体协调共同工作的性能，对围护墙提供可靠的支撑作用。现浇钢筋混凝土支撑系统与钢支撑系统的较大区别在于它们与围护墙、立柱的连接节点做法不同。钢筋混凝土圈梁有足够的抗扭刚度传递墙体挠曲产生的扭矩到支撑杆，使支撑杆在竖平面产生竖向位移和弯矩，墙体的上浮或下沉竖向位移使支撑杆端有竖直方向的剪力。此外，支撑杆两侧边墙体可能出现的差异沉降将使支撑杆扭转。从钢筋混凝土支撑与围护端的节点构造及受力传递分析可看出，支撑杆不仅承受墙体传递来的水平向土压力，而且还承受不可忽视的弯矩和剪力作用。显然，假设水平内支撑对围护墙的支承为水平向拉压弹簧支承不尽合理。忽略支撑系统的弯曲刚度影响，对计算墙体的水平位移是可行的，但对支撑系统则有着相当大的不利影响。

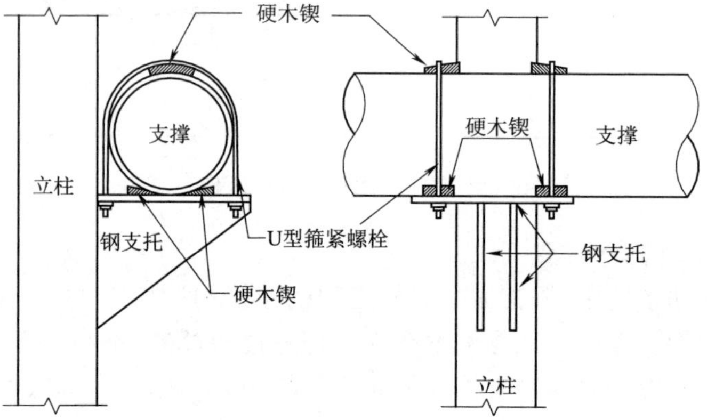

(a) 钢管对撑

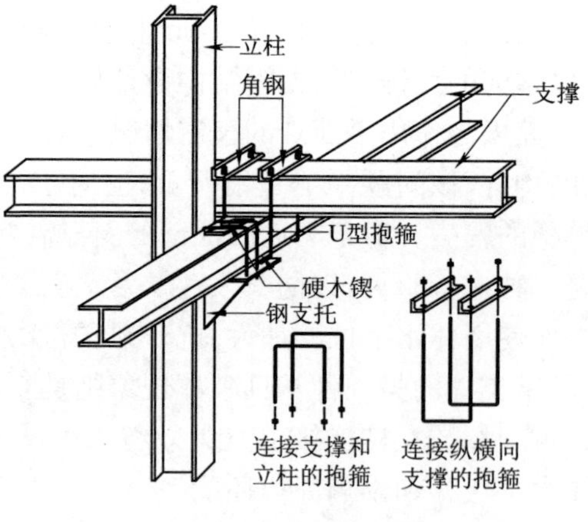

(b) H型钢井字撑

图 11.21　钢支撑和立柱的连接节点构造

忽视立柱竖向位移使支撑杆产生的内力将导致计算结果不能真实地反映支撑杆的内力，从而在实际工程中钢筋混凝土支撑的配筋具有很大的随意性。有的工程按轴心受压柱设计配筋；有的则按支撑自重作用下的弯矩和计算的轴向力结合到一起作为偏心受压柱设计配筋；有的根据计算所得轴向力，再假设一偏心距，获得假定的弯矩进行配筋计算。这致使实际工程中支撑杆的配筋差距较大，有些工程的支撑杆配筋相当密集，而有的工程则又嫌不足。通常情况下，钢筋混凝土支撑杆的破坏往往是支撑杆配筋不足所致。常见的破坏形式为支撑杆端部开裂（剪裂），支撑杆与立柱连接节点附近开裂，进而使整个支护结构处于危险状态。

《建筑基坑工程技术规范》中规定立柱沉降值为 25～30 mm，日变化速率为 2～3 mm/d。《深基坑工程》中规定立柱沉降不得超过 10 mm，下降速率不得超过 2 mm/d。

11.1.5　支护体系综合破坏判定

在深基坑工程施工中风险因素多，不确定性强，而这些不确定因素往往难以用准确的定量方法来描述。不同的风险因素重要程度不同，评级标准和自然状态模糊，也就是说，在做出任何一个评估时，都必须对多个相关因素作综合考虑，还需将累计变形及变形速率监测值对照变形安全评判标准进一步分析，而且评估的结果也往往不是用单一指标就能够完全表达的，这就需要进行所谓的综合评估。

深基坑工程的设计与施工中，工程经验起到十分重要的作用。参考已建类似工程项目的受力和变形规律，提出并确定本工程的基坑警戒值，往往能取得较好的效果。国内，刘建航和刘国彬等人根据对上海地铁几百个车站基坑数据的统计和挖掘，提出了软土地铁车站基坑危险判别标准：

(1) 基坑围护墙测斜：对于只存在基坑本身安全的测试，最大位移一般取 80 mm，每天发展不超过 10 mm。对于周围有需严格保护构筑物的基坑，应根据保护对象的需要来确定。比如上海地铁 1 号线隧道，周围施工对其影响所造成的位移不得越过 20 mm。

(2)煤气管线：沉降或水平位移均不得超过 10 mm，每天发展不得超过 2 mm。

(3)雨水管：沉降或水平位移均不得超过 30 mm，每天发展不得超过 5 mm。

(4)基坑外水位：坑内降水或基坑开挖引起坑外水位下降不得超过 1 000 mm，每天发展不得超过 500 mm。

(5)立柱桩差异隆沉：基坑开挖中引起的立柱桩隆起或沉降不得超过 10 mm，每天发展不超过 2 mm。

(6)支护结构弯矩及轴力：根据设计计算书确定，一般将警戒值定在 80％的设计允许最大值内。

(7)对于测斜、围护结构纵深弯矩等光滑的变化曲线，若曲线上出现明显的折点变化，也应做出报警处理。

对于宁波轨道交通深基坑工程，在没有相关经验积累的前提下，支护体系综合安全评判可借鉴上海地区的经验，并建议在 1 号线和 2 号线基坑工程施工完成后进行总结分析，提炼出宁波轨道交通深基坑工程支护体系综合安全评判标准。

11.1.6 深基坑工程破坏影响因素

由于土体的千变万化，基坑的复杂性，更由于基坑支护结构以及基坑工程施工工况的多样性，因而基坑破坏的影响因素也复杂多样。在对国内外基坑工程破坏调查研究的基础上，总结出若干出现概率较大的影响因素，并对其进行分析和研究。

1. 地下水的影响

深基坑周围的地下水渗流特征与建筑场地的水文地质条件、防渗墙的埋入深度及其止水效果和基坑抽水回灌的层位等因素有关。地下水的渗流破坏常可以酿成灾难性后果。比如，基坑底部或坑壁出现流砂和管涌，使坑壁倒塌，邻近地面下沉，危及工程及公共设施的安全。因此，对基坑周围地下水渗流特征及其作用在防渗墙周围的渗流力大小、方向和对基坑稳定的影响作进一步探讨和研究是很有必要的。如果建筑场地为透水层和弱透水层相间分布的成层地基时，基坑底部为弱透水层，比如粉土或粉质黏土层，基坑开挖初期，基底比较稳定，随着开挖深度的加深，基坑内外的水头差加大，基坑底部就会出现渗水现象。其原因是由于粉土或粉质黏土的不透水性是相对的。开挖初期，地下水位下降较小，所产生的水力坡度不超过其初始水力坡度值，基坑内外就不会产生渗流。但是，随着开挖深度的加深，基坑内地下水位降得很低，这时，基坑内外可以产生很大的水力坡度，地下水可以透过弱透水层，沿着防渗墙的下端向基坑渗流。对于这种情况，基底可以采取加固的措施，使基底土体渗透性降低。

2. 挖土速度和深度的影响

土体在开挖的时候有一定的自立能力，随着基坑土方的开挖，基坑侧壁土压力逐渐增大，就需要支护结构来抵抗土压力产生的剪力和弯矩，以保证基坑的稳定。当挖土深度过大，支护结构还没有来得及施工，基坑侧壁相当一部分范围就处于无支挡结构的悬空状态，变坡土体可能形成多个滑动剪切破坏面，严重影响基坑的稳定性。挖土速度过快，施工完的支挡结构强度还达到相应强度，不能发挥太大作用，同样会产生由于支挡结构强度不足引起的基坑工程的破坏。基坑工程中要求挖土要分层分段开挖，并且每层挖土厚度不得超过一定值，开挖后要及时架设支挡结构，而且特别强调必须等支挡结构强度达到要求才可以开挖下一层土，就是防止由于土方开挖速度和深度过大而引起的基坑失稳事故的发生。

3. 空间效应的影响

对于任意一个基坑，不管是规则或者是不规则的，支护结构在不同的部位受到的土压力也是不相同的，例如在基坑的各个角落部位，当为阳角时，角落的两个方向都没有支撑，安全性就比较低，很容易出现事故，而当角落是阴角时，角落的两个方向都有基坑边壁作为支撑，自由度少了很多，因而在同等条件下破坏的可能性就很小。另外在基坑的中间部位，基本处于悬臂状态，是受力最不利的部位之一，也是最容易出现破坏的地方。因此，在基坑设计和施工中，要特别注意并且充分利用基坑支护结构的空间效应。

对于宁波地处东南沿海，土层较差，加上轨道交通深基坑工程本身的特点，以上原因对宁波地区的深基坑工程破坏的影响较大。在基坑工程设计和施工过程中要加以重视。

11.1.7　基坑施工安全问题原因分析

通过对宁波轨道交通深基坑工程地质条件和水文地质条件进行详细调查和研究，结合宁波地区已有基坑工程经验和宁波周边地区轨道交通深基坑工程经验，对深基坑工程安全问题产生的原因进行了归纳，提出了宁波轨道交通深基坑施工潜在的安全问题的原因如下：

1. 主动土压力大于设计值

支护结构土压力计算简图选择不当，与实际受力状况相差过大。支护结构的设计对运土车辆活荷载、施工荷载等考虑不足或漏算，导致实际的地面荷载和主动土压力增大，致使支护结构产生过大变形。基坑周围严重堆载。由于施工现场狭窄，挖出的土方及大量的建筑材料堆放在基坑边，导致基坑周围地面超载，使支护结构变形过大或破坏。

2. 降水、排水措施不当

基坑开挖时未作止水帷幕，在基坑内大面积降水，引起基坑周围一定范围内的地基土产生不均匀沉降，使周围建筑物、道路及地下管线等设施下沉、开裂或严重破损。止水帷幕的设计未充分考虑场地的地质条件和基坑的不同开挖深度，采用同一长度的单排水泥土搅拌桩阻水，并且搅拌桩不穿透粉细砂层，造成基坑内严重漏水或支护桩失效。

3. 淤泥地基发生触变

在淤泥或饱和软黏土场地，采用锤击式预制钢筋混凝土桩作为工程桩及支护桩，布桩密、锤击次数多，使地基土严重扰动，孔隙水压力急剧上升，如在短时间内不能及时消散将使土体产生触变导致强度迅速下降、桩体挠曲甚至断裂。在淤泥或饱和软黏土场地，不降水开挖基坑，由于挖土、运土设备的扰动，土体抗剪强度下降，使基坑周围土产生滑动，导致支护桩向基坑方向位移。

4. 支撑结构布置不合理

基坑平面尺寸较大，采用钢管内支撑时，由于钢管的细长杆压曲变形，使支护结构产生位移，甚至破坏。支撑的支点数少，连接不牢固，甚至挖土机在其上工作，使得支撑杆下挠，产生弯曲变形，达到一定程度后，丧失支撑作用，使支护结构产生位移。头道支撑位置太低，使支护结构顶部位移过大。支撑间距设计过疏，使支撑产生过大的弯曲变形。

5. 基坑土体稳定性不足

支护结构插入坑底土体中的深度不够，导致被动土压力不足，从而使支护结构稳定性变差，产生位移。

6. 安全储备设计值太小

为了节约，过大地折减土压力值，减少支护结构的配筋，在基坑周围土质条件发生不利的变化时，导致支护结构过大变形，甚至破坏。

7. 相邻工程的不利影响

相邻基坑同时施工，一个基坑开挖，一个基坑打桩，由于打桩速度快，产生超静孔隙水压力，造成严重的侧向挤土作用，使相邻基坑的支护桩移位，甚至断裂破坏。

8. 施工管理水平低

施工单位监测技术落后，或根本未进行施工监测，支护结构由小位移发展到大变形，最后造成支护结构失效。施工单位对监测数据分析不够，出现危险信号时，不能及时作出正确处理对策，采取适当的应急措施。施工时，随意改变设计意图，不严格遵守施工程序，使施工现场处于混乱状态。

9. 突发性原因

由于突发性的地震、洪水以及大面积滑坡等自然灾害的发生，造成深基坑支护结构的严重破坏。

11.2 不同施工阶段控制标准

基坑工程的施工监测内容大致包括围护结构本身的监测及其相邻环境的监测两部分。围护结构包括围护桩墙、支撑、围檩和圈梁、立柱、坑内土层五部分，相邻环境包括相邻土层、地下管线、相邻建(构)筑物三部分。宁波轨道交通的深基坑工程在施工阶段很好地实现了施工的信息化，并利用远程监控管理软件实现了工程信息的远程共享、统一化的工程风险分析，降低了风险，避免了工程事故，实现了抢险代替救灾。

国家和地方不同规范对基坑的等级标准的规定存在差异。如《上海地铁基坑工程施工规程》中根据基坑周边不同环境条件分段划分基坑等级，见表11.11，但相邻段的等级最多相差1级。《建筑地基基础工程施工质量验收规范》和《建筑基坑工程监测技术规范》中采用表11.12的等级划分标准。不同城市不同地质条件下的地铁深基坑工程其变形控制指标也并不相同，表11.13为上海地区地铁基坑工程的安全监控咨询指标。考虑宁波地铁基坑的工程实际及土质差异，建议参考《上海地铁基坑工程施工规程》中的等级标准对基坑进行划分，相关指标可取上限。

表11.11 基坑等级(《上海地铁基坑工程施工规程》)

基坑等级	地面最大沉降量及围护墙水平位移控制要求	环境保护要求
一级	1. 地面最大沉降量≤0.1%H； 2. 围护墙最大水平位移≤0.14%H； 3. K_s≥2.2	基坑周边以外0.7H范围内有地铁、共同沟、煤气管、大型压力总水管等重要建筑或设施，必须确保安全
二级	1. 地面最大沉降量≤0.2%H； 2. 围护墙最大水平位移≤0.3%H； 3. K_s≥2.0	离基坑周边H～2H范围内有重要管线或大型的在使用的建(构)筑物
三级	1. 地面最大沉降量≤0.5%H； 2. 围护墙最大水平位移≤0.7%H； 3. K_s≥1.5	离基坑周围2H范围内没有重要或较重要的管线、建(构)筑物

注：H为基坑开挖深度，K_s为抗隆起安全系数，按圆弧滑动公式计算。

表11.12 基坑等级(《建筑地基基础工程施工质量验收规范》)

等级	分类标准
一级	1. 重要工程或支护结构做主体结构的一部分； 2. 开挖深度大于10 m； 3. 与临近建筑物、重要设施的距离在开挖深度以内的基坑； 4. 基坑范围内有历史文物、近代优秀建筑、重要管线等需严加保护的基坑
二级	除一级和三级外的基坑属二级基坑
三级	开挖深度小于7 m，且周围环境无特别要求时的基坑

表11.13 上海地区安全监控咨询指标体系

序号	基坑监测项目	基坑等级	规范报警指标		上海同是报警指标	备注
			累计值(mm)	速率值(mm/d)		
1	测斜	一级	40～50	2～3	累计值>10 mm且速率>4.5 mm/d，累计绝对量>80 mm；累计量绝对值的最大值位置>10m且累计量绝对值<10 mm	
		二级	65～80	3～5		
		三级	65～80	3～5		

续上表

<table>
<tr><th rowspan="2">序号</th><th rowspan="2">基坑监测项目</th><th rowspan="2">基坑等级</th><th colspan="2">规范报警指标</th><th rowspan="2" colspan="2">上海同是报警指标</th><th rowspan="2">备注</th></tr>
<tr><th>累计值(mm)</th><th>速率值(mm/d)</th></tr>
<tr><td rowspan="3">2</td><td rowspan="3">地表沉降</td><td>一级</td><td>25～30</td><td>2～3</td><td rowspan="3" colspan="2">速率绝对量＞10 mm/d(基坑周围环境)
速率绝对量＞3 mm/d(旁通道)</td><td rowspan="20">规范报警指标采用的上海地区基坑工程施工监测规程和基坑设计规程</td></tr>
<tr><td>二级</td><td>50～60</td><td>3～5</td></tr>
<tr><td>三级</td><td>50～60</td><td>3～5</td></tr>
<tr><td rowspan="3">3</td><td rowspan="3">基坑抗隆起</td><td>一级</td><td colspan="2">2.5</td><td colspan="2">2.5</td></tr>
<tr><td>二级</td><td colspan="2">2.0</td><td colspan="2">2.0</td></tr>
<tr><td>三级</td><td colspan="2">1.7</td><td colspan="2">1.7</td></tr>
<tr><td>4</td><td>建筑物沉降</td><td>—</td><td>20～60</td><td>1～3</td><td colspan="2">速率绝对值＞5 mm/d;累计量＜－50 mm,且每 50 mm 报一次</td></tr>
<tr><td rowspan="10">5</td><td rowspan="10">建筑物基础倾斜</td><td rowspan="4">多层和高层建筑基础</td><td>$H\leqslant 24$ m</td><td>0.004</td><td rowspan="10" colspan="2">一级基坑周边建筑物沉降倾斜值大于2%,二级、三级基坑周边建筑物沉降倾斜值大于4%</td></tr>
<tr><td>24 m＜$H\leqslant 60$ m</td><td>0.003</td></tr>
<tr><td>60 m＜$H\leqslant 100$ m</td><td>0.002</td></tr>
<tr><td>H＞100 m</td><td>0.001 5</td></tr>
<tr><td rowspan="6">高耸结构基础</td><td>$H\leqslant 20$ m</td><td>0.008</td></tr>
<tr><td>20 m＜$H\leqslant 50$ m</td><td>0.006</td></tr>
<tr><td>50 m＜$H\leqslant 100$ m</td><td>0.005</td></tr>
<tr><td>100 m＜$H\leqslant 150$ m</td><td>0.004</td></tr>
<tr><td>150 m＜$H\leqslant 200$ m</td><td>0.003</td></tr>
<tr><td>200 m＜$H\leqslant 250$ m</td><td>0.002</td></tr>
<tr><td rowspan="3">6</td><td rowspan="3">管线沉降</td><td rowspan="2">刚性管线(煤气、供水管线)</td><td rowspan="2">10</td><td rowspan="2">2</td><td>有压管线沉降(上水、原水、煤气、燃气)</td><td>速率绝对值＞5 mm/d;累计量＜－50 mm,且只报一次</td></tr>
<tr><td>雨水、污水管线沉降</td><td>速率绝对值＞5 mm/d;累计量＜－50 mm,且只报一次</td></tr>
<tr><td>柔性接头(电缆、通信管线)</td><td>10</td><td>5</td><td>其他管线(电力、通信、电线杆)</td><td>速率绝对值＞10 mm/d;累计量＜－100 mm,且只报一次</td></tr>
</table>

续上表

序号	基坑监测项目	基坑等级	规范报警指标		上海同是报警指标	备注
			累计值(mm)	速率值(mm/d)		
7	坑外水位变化	—	1 000	300	下降速率<−20 cm/d;累计量<−50 cm 后,每−50 cm 预警一次	规范报警指标采用的上海地区基坑工程施工监测规程和基坑设计规程
8	立柱隆沉	—	—	—	累计值>40 mm;速率>5 mm/d	
9	支撑轴力	—	设计值的 60%～80%		设计值的 80%	
10	孔隙水压力	—	设计值的 60%～80%		设计值的 80%	
11	土压力	—	设计值的 60%～80%		设计值的 80%	
12	锚杆压力	—	设计值的 60%～80%		设计值的 80%	
13	桩、墙、柱内力	—	设计值的 60%～80%		设计值的 80%	
14	围护结构抗倾覆	一级	1.20		1.20	
		二级	1.10		1.10	
		三级	1.05		1.05	
15	边坡稳定	一级	1.38～1.43		1.40	
		二级	1.25～1.30		1.30	
		三级	1.25～1.30		1.25	

在对国内外深基坑工程变形控制指标研究的基础上,借鉴周边城市,特别是上海地区的成功经验,本项目提出了宁波轨道交通深基坑工程围护墙体水平变形及地表沉降变形控制指标的初值方案,见表 11.14。

表 11.14 宁波轨道交通深基坑工程变形控制指标初值

量测项目	基坑变形保护等级				
	一级		二级		三级
	累计值(mm)	变化速率(mm/d)	累计值(mm)	变化速率(mm/d)	
墙体测斜	35	2.5(连续两天 2 mm)	50	4(连续两天 3 mm)	宜按二级基坑的控制标准,当条件许可时,可适当放宽
地表沉降	40	3	60	5	

注:轨道交通工程一级基坑的条件为深度大于 10 m 的基坑周边以外 0.7H 范围内有轨道交通、共同沟、煤气管、大型压力总水管等重要建筑或设施,必须确保安全;二级基坑的条件为深度大于 10 m 的基坑周边 H～2H 范围内有重要管线或者大型的在使用的建(构)筑物;三级基坑的条件为深度大于 10 m的基坑周围 2H 范围内没有重要或较为重要的管线、建(构)筑物。

在初值方案的基础上,根据宁波轨道交通 1 号线基坑工程的监测数据及相关分析成果,建立宁波轨道交通基坑工程黄、橙、红三色预警指标体系初值方案。

(1)黄色预警:

严格执行表 11.15 中指标值,当监测数据达到表中的指标值时发出黄色预警,并加密监测频率,加强现场巡视。启动相应应急预案或应急措施。

表 11.15 宁波轨道交通深基坑工程变形控制指标黄色预警体系初值方案

量测项目	基坑变形保护等级				
	一级		二级		三级
	累计值(mm)	变化速率(mm/d)	累计值(mm)	变化速率(mm/d)	
墙体测斜	35	2.5(连续两天 2 mm)	50	4(连续两天 3 mm)	宜按二级基坑控制标准,当条件许可,可适当放宽
地表沉降	40	3	60	5	

(2)橙色预警:当出现下列情况时及时升级预警级别到橙色预警,相应预警及消警实施流程:

①执行表 11.16 中指标值,当监测数据达到表中的指标值时启动橙色预警,并加密监测频率,加强现场巡视。启动相应应急预案或应急措施。

②工程处于黄色预警状态,当监测数据显示变形或内力变化不收敛(连续两天变化率仍然超出速率指标,说明工程没有稳定,安全状态在继续恶化),及时升级预警级别到橙色预警。

③现场巡查发现有事故征兆或不规范施工。

表 11.16　宁波轨道交通深基坑工程变形控制指标橙色预警体系初值方案

量测项目	基坑变形保护等级				
	一级		二级		三级
	累计值（mm）	变化速率（mm/d）	累计值（mm）	变化速率（mm/d）	
墙体测斜	50	4（连续两天 3 mm）	75	6（连续两天 4.5 mm）	宜按二级基坑控制标准，当条件许可，可适当放宽
地表沉降	60	4.5	90	12.5	

(3)红色预警：当出现下列情况时及时发出红色预警，并启动相应预警及消警实施流程：

①执行表 11.17 中指标值，当监测数据达到表中的指标值时启动红色预警，并加密监测频率，加强现场巡视。

②工程处于橙色预警状态，监测数据不收敛（连续两天变化率仍然超出速率指标，说明工程没有稳定，安全状态在继续恶化）或现场巡查发现有明显的事故征兆。

表 11.17　宁波轨道交通深基坑工程变形控制指标红色预警体系初值方案

量测项目	基坑变形保护等级				
	一级		二级		三级
	累计值（mm）	变化速率（mm/d）	累计值（mm）	变化速率（mm/d）	
墙体测斜	60	5（连续两天 4 mm）	100	8（连续两天 6 mm）	宜按二级基坑控制标准，当条件许可，可适当放宽
地表沉降	80	6	120	10	

事故征兆：除了当监测数据达到监测预警值的累计值外，当施工现场出现下列情况之一时，必须立即危险程度启动橙色或红色预警；若情况比较严重，应立即停止施工，并对基坑支护结构和周边的保护对象采取应急措施。

①基坑支护结构或周边土体的位移突然明显增长或基坑出现流砂、管涌、隆起、陷落或较严重的渗漏等。

②基坑支护结构的支撑或锚杆体系出现过大变形、压屈、断裂、松弛或拔出的迹象。

③周边建筑的结构部分、周边地面出现较严重的突发裂缝或危害结构的变形裂缝。

④周边管线变形突然明显增长或出现裂缝、泄漏等。

⑤根据当地工程经验判断,出现其他必须进行危险预警的情况。

11.3　不同施工阶段控制措施

11.3.1　设计措施

1. 制定变形控制指标,控制基坑变形

由于影响基坑变形的因素比较多,因此对于工程的安全评判不能单纯根据某项监测数据是否正常进行判别,而是需要综合考虑多方面因素,根据各变形之间的关系与变化规律,通过一系列计算来综合分析。但这一过程通常比较复杂,需要花费较长时间,不适合应用于工况即时变化的基坑工程实施与管理当中。因此,制定一套简单、直观、易于非专业人员理解及执行的科学合理的变形控制指标成为对工程进行安全管理的主要控制措施之一。

变形控制指标的制定能够实现对可能发生危及基坑工程本体和周围环境安全的隐患进行及时、准确的预警预报,做到有效控制工程建设风险,减少各类风险事故的发生。监测单位的指标值基本上根据设计值来确定,依据明确、确定简单,但大量实践证明,这些指标总体上偏低,如果严格按照这些指标将会出现遍地报警的情况,不能有效进行安全风险管理,可执行性差。而咨询指标值是综合考虑安全评判与规范施工,通过理论计算、数据的统计规律和经验积累来确定的,数值总体上略大于监测单位的指标,可执行性强,方便操作。因此,要建立一套科学、合理的变形控制指标是一项十分复杂的研究课题。当指标取得过大,可能导致思想麻痹,过小则可能造成不必要的浪费。

根据监测对象的不同,控制指标分为周边环境控制指标和支护结构控制指标两种。根据宁波轨道交通工程施工工法条件、周边环境条件以及基坑等级等,周边环境控制指标包含建(构)筑物的允许沉降控制值、差异沉降控制值,地下管线允许位移控制值、倾斜率控制值,地下水位的允许控制值以及相应的速率控制值等内容;支护结构的控制指标又分为变形控制指标和力学控制指标,如围护墙墙顶水平位移、墙体变形以及支撑轴力、锚杆受力和管片内力等。

2. 选择合适的支护结构体系,控制基坑变形

宁波轨道交通的深基坑工程大部分都是采用地下连续墙为围护结构,联合应用混凝土支撑和钢支撑作为支撑结构。内支撑不仅构造简单,受力明确,可以直接平衡两端围护墙上所受的侧压力,进而提高整个围护体系的整体强度和刚度,因此能有效控制基坑变形。

与其他围护结构相比,连续墙具有刚度大、整体性好,开挖过程中安全性高,支

护结构变形较小等优点，能够有效减小基坑开挖对邻近建(构)筑物的影响，而且墙身具有良好的抗渗能力，在进行坑内降水时减小对坑外地表沉降的影响。

首道支撑采用现浇混凝土支撑是由于其刚度大、整体性好，可以采取灵活的布置方式，而且不会因节点松动而引起基坑的位移，施工质量相对容易得到保证。但是混凝土支撑需要较长的制作和养护时间，达到一定强度后才能发挥支撑作用，然后进行下面的土方作业，施工周期相对较长，而且混凝土撑在拆除后不能重复利用，故而不宜全部采用混凝土支撑。钢支撑具有架设和拆除速度快，架设完毕后不需等待强度即可直接开挖下层土方，而且支撑材料可重复循环使用的特点，对节省基坑工程造价和加快工期具有显著优势。因此，当联合应用混凝土支撑和钢支撑时，既能满足整体刚度，保证基坑安全，又符合经济适用性。

3. 对基坑土体进行加固，减小基坑变形

不是所有的基坑工程都需要进行基坑土体加固，在保证基坑安全的前提下，对于周边环境保护等级较低或者基坑变形要求不高的基坑工程就不需进行土体加固。但是，当经过精心优化支护体系设计及开挖施工工艺后，预测周围地层位移仍大于保护对象的允许变形量时，或基坑和环境存在安全问题且风险较大时，则必须考虑在计算分析所显示的基坑地基薄弱部分，预先进行可靠而合理的地基加固，使基坑变形符合要求。

基坑土体加固能有效提高土体的抗压强度和土体的侧向抗力，减少土体压缩和地基变形及围护墙向坑内的位移，减少基坑开挖对环境的不利影响，并使基坑围护结构或邻近结构及环境不致发生超过允许的沉降或位移。常用的方法较多，包括自密法、置换法、复合地基法、加筋法、灌浆法。自密法包括排水固结法、碾压法、动力夯实法，其中排水固结法又包括预压法和降水法；置换法包括粗粒或细粒垫层法；复合地基法包括碎石桩法、砂桩法、灰土桩法、水泥土桩法。其中水泥土桩法包括深层搅拌和旋喷桩等工法。每一种地基加固方法都有其适用范围和局限性，不存在任何条件下都合理的处理方法。

宁波轨道交通的基坑工程在施工期间采用降水法、置换法、三轴搅拌桩、旋喷加固等几种方法进行基坑土加固。本书前述章节已经对宁波轨道交通深基坑工程土体的加固厚度进行了模拟分析，结果表明，当坑底加固厚度为20%的开挖深度时，能够较好地减小基坑围护墙体水平位移变形。

11.3.2　施工措施

1. 合理架设钢支撑，有效减小基坑变形

宁波轨道交通的深基坑工程大部分采用首道现浇混凝土撑、其余钢支撑的支撑结构体系。当钢支撑施加预应力时，能够弥补支撑与墙体之间的连接空隙，压紧墙后土体，提高土体强度，并增加墙体和土体之间的摩擦，从而减少基坑的变形。但是在施工过程中，由于施工工期较长，钢支撑的活络端松动，钢支撑安装过程中钢管间连接不精密，基坑围护体系变形，下道支撑预应力施加时，基坑可能产生向坑外的反向变形，造成上道钢支撑预应力损失等多方面的原因，造成钢支撑的预应力损失现象严重，无法达到预期的减小基坑变形的效果。

宁波轨道交通的深基坑工程由于开挖深度一般都比较深，因此往往有4～5道钢支撑，钢支撑预应力更容易损失，对施工及变形控制很不利。针对这个问题，结合宁波施工的实际情况采取了一些措施，如将应力计的护筒与活络头端部采用满焊方式进行焊接，以防发生失稳，将钢垫板与地墙接触处填实，增大受力面积，避免偏心受力，将钢楔子与钢支撑活络头端部全断面接触，保证活络头稳定，科学计算下道支撑的预应力等，目前已取得一定成效。

2. 确保施工信息化，有效控制基坑变形

基坑工程的信息化施工，通常是指通过设置各种测量元件和仪器，实时收集现场实际数据并加以分析，根据分析结果对原设计和施工方案进行必要的调整，并反馈到下一施工过程，对下一阶段的施工过程进行分析和预测，从而保证工程施工安全、经济地进行。该过程贯穿于整个施工过程始终，是一个动态跟踪的过程。

轨道交通的深基坑工程与一般的工民建基坑不同，其深度更深、面积更大，周边环境更复杂。因此，工程难度和风险异常大，对监测信息的采集和分析也更为依赖。又因为勘察数据不能完全反映复杂的地质条件，设计并不能完全掌握基坑开挖过程中的每个变化，由此信息化施工显得特别重要。当基坑开挖后，根据地表沉降、相邻建(构)筑物和地下管线位移、围护墙体位移等监测数据，施工单位能够及时更改施工工序或工艺，有效控制基坑的变形。

基坑支护技术另一个重要环节是工程监测，即在施工全过程中随时量测边坡位移并进行反馈分析，发现问题及时处理。信息化施工就是指充分利用前段基坑开挖监测到的岩土及结构体变位、行为等大量信息，通过与勘察、设计的比较与分析，在判断前段设计与施工合理性基础上，反馈分析与修正岩土力学参数，预测后续工程可能出现的新行为与新动态，进行施工设计与施工组织再优化，以指导后续开挖方案、方法、施工，排除险情。信息化施工可以有效提高基坑施工成功率，大型、重要工程应该运用基坑施工变形智能控制技术。

由于基坑工程是系统工程，而且是动态的系统工程，它与场地地质状况、周围环境、施工条件等诸多因素密切相关，任何一个因素的变化都可能对基坑围护结构产生较大的影响。现有土力学理论，特别是土压力理论还不能很好地解决这个工程难题，工程界只能根据目前的理论水平(规范要求)提供计算与设计，而这个设计必须与施工相结合，必须关注实际情况、实际的周围环境、实际的土体性状及变化。

关注的最有效办法就是现场实测，根据实测和理论数据比较及时调整设计参数和施工参数。基坑设计主要是强度、变形与稳定性，而最直观与最有判断性的是变形，如果研究清楚基坑支护及土体的变形性状及变化规律，寻找到变形的预测方法，由实测值修改设计值，由修改设计值及修正的预测方法继续预测，这样在基坑动态施工过程中进行动态管理，就能较好地解决这个动态的系统工程。

在深基坑开挖与支护过程中，要满足支护结构和被支护土体的稳定性，就必须防止破坏极限状态发生。在破坏极限状态发生前，几乎都会在基坑侧向不同部位出现较大的变形，而且只在一处或少数几处开始发生破坏，然后随着应力的调整，快速地由点到面逐次破坏。基坑破坏存在相似的、内在的共同性，如基坑变形破坏，有其发生、发展、成熟（破坏）的动态生成规律，其蠕变速率在滑动过程中是由小到大发展，在缓慢发展之后，变形将进入加速发展阶段，直至破坏。在破坏前，基坑变形会有一个明显的变形加速过程，到破坏时，变形速率非常大，某处破坏之后变形又趋于新的稳定。但同时又有新的破坏在产生。因此重点监测受力集中的位置和潜在的变形破坏点，就能提高监测系统的效率。关键部位和敏感部位的确定需要监测者事先获取工程信息、施工信息，特别是周围环境信息，结合长期的工程实践经验和当地基坑可能的变形破坏机理进行综合判断。

3. 建立宁波轨道交通施工安全预警系统

深基坑施工具有一定的危险性，为了确保人民生命财产安全，针对深基坑施工的特点，施工单位应当建立和完善应急救援预案，防止突发事故的发生，做到有所防备，有所准备。在深基坑施工时，应根据深基坑作业的特点及可能发生的事故，做好事故的预防工作，避免或减少事故的发生。此外，还应落实好救援工作的各项准备措施，做好预防准备，一旦发生事故就能及时实施救援。

施工单位应建立从公司（企业）到项目部再到作业班组的应急救援体制，从人、财、物上全面落实，充分发挥事故单位及施工所在地的优势作用。深基坑施工是一项专业性很强的工作，应当根据施工的各工种、各工序，有针对性地作好事故防范及应急救援准备。必须充分发挥各方面的主动性和力量，形成统一的、高效的救援指挥部。一旦有事故发生，能立即启动救援机制，迅速、有效地组织实施应急救援，尽可能避免和减少损失。深基坑施工具有一定的难度和危险性，但只要从思想上、组织上高度重视，在方案措施上细致可靠，就能减少和避免安全事故的发生。

轨道交通施工安全预警系统建立在信息管理系统的基础之上，通过对信息管理系统中有关数据的分析来达到预警的目的。安全预警系统直接关系到轨道交通建设的安全风险管理，与轨道交通施工过程中的安全控制密切相关。轨道交通施工安全预警系统由三大部分构成：信息采集系统，数据分析、评估与预警系统，决策与控制系统。轨道交通建设安全预警系统如图 11.22 所示。

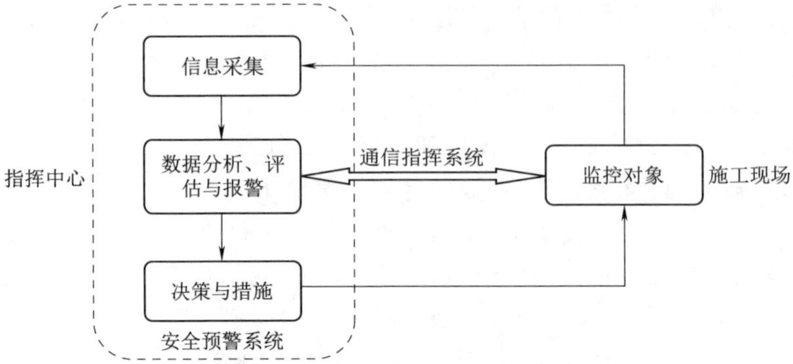

图 11.22　宁波轨道交通施工安全预警系统

信息采集是安全预警系统的前提，包括过去类似工程信息采集和现场实时测信息采集。信息主要来源于安全信息管理系统和施工现场危险源监测平台。施工现场危险源监测平台主要通过工地视频监测系统对重大危险源进行监控，将危险源现场的图像、语音通过网络传输到安全办公室的监督管理平台，以便安监员、相关领导随时了解工程的进度和安全状况，远程协调，指挥工作。危险源监测平台所监测的信息是事故发生后分析原因的重要依据。

数据分析包括对既往数据的分析和对现采数据的分析。对既往数据的分析是指对已发生类似工程安全事故信息的统计分析，该分析可以识别出该类工程的主要危险源，而有针对性地对其进行监控量测。对现采数据的分析是指结合对既往数据的分析和现场危险源监测平台数据的反馈，分析警源。

数据评估是指对警源做进一步分析，建立预警标准，分析预警级别，判断其控制指标是否超出预警标准，从而确定是否报警。数据分析与评估是安全预警系统的一个最重要、最复杂的过程，往往需要有经验的人士来完成该项工作。如何保障该过程的可靠性和速度是影响预警可靠度的一个重要因素之一。

根据预警级别采取相应的控制措施，如应急预案等。需要注意的是，就目前的技术条件而言，利用计算机网络做施工安全预警及提供决策信息是合理可行的，但做决策最好由相应的专业管理人员来完成。

11.3.3　管理措施

1. 完善理论和原型试验研究

由于基坑工程开挖与支护是地下工程施工中极其复杂而富于变化的领域，它包含土力学强度与稳定问题、位移变形问题、土与支护结构相互作用问题以及环境岩土工程问题。由于岩土工程的复杂性及其工程性质研究的滞后性，要较好地切合实际地解决设计与施工问题，还得从大量的原始积累开始。多年的基坑工程实践表明实际工程是最好的原型试验，在实验室中无法考虑的诸多可变因素在实际工程中均得到了充分的反映。对基坑设计施工理论应该用实际工程中积累得到的实测资料进行验证和改进，进一步提高设计参数的精度。

2. 掌握施工场地的现场环境

深基坑施工前，应了解建筑场地及周边、地表至支护结构底面下一定深度范围内地层结构、岩土性状、含水层性质、地下水位、渗透系数等；了解建筑场地及其附近的地下管线、地下埋设物的位置、深度、结构形式及埋设时间等。对已有邻近建筑的深基坑施工，应熟悉已存邻近建筑的位置、层数、高度、结构类型、基础类型。此外，也应掌握深基坑施工的其他条件，如基坑周围的地面排水情况，地面雨水、流水、上下水管线排入或漏入基坑的可能性以及基坑附近的地面堆载及大型车辆的动、静荷载。只有掌握了足够的资料，才能"对症下药"，使基坑支护工程做到安全、经济、合理。

3. 编制安全合理的设计及施工方案

基坑工程是半理论、半经验的学科，切不可盲目运用理论知识，特别是现有软件进行工程设计，而必须结合当地工程经验，结合地形、地质特点及周边环境、桩基等各方面情况进行优化设计，做到定量分析与定性分析相结合，理论与试验相结合，概念设计与具体设计相结合。基坑设计图纸施工前必须经当地建设主管部门组织的专家组图纸会审，经必要的修改后才能实施，实施过程中如有大的更改，应该再组织专家会审。

施工方案（或施工组织设计）是搞好一切工程的先决条件，它包括深基坑工程设计，主要有支护设计、降水或截水设计、土方开挖设计和监测设计。支护设计主要满足边坡和支护结构稳定的要求，即不产生倾覆、滑移、整体或局部失稳，基坑底部不产生隆起、管涌，锚杆部位不致抗拔失效，同时必须满足水平位移和地基沉降不超过允许值，支护结构构件本身受荷后不致弯曲折断、剪断和压弯。降水设计应控制由降水引起的地基沉降不致对邻近的重要管线产生过量沉降，影响其正常使用或危及其安全。地下水控制常用的几种方法有明沟排水、电渗降水、轻型井点降水、管井降水等。截水帷幕应控制以不致因渗漏而引起水土流失和过大变形，常用的方法主要有高压喷射注浆、深层搅拌。土方开挖设计应满足分层、分段、对称、平衡、适时的原则，确保土方开挖安全、运输合理。根据施工方案，施工前应作好设计交底，针对深基坑施工的施工工艺和作业条件，制定措施得力、针对性强、合理全面的施工方案。

施工方案应充分认识深基坑施工的难点、重点和施工工艺的特点，质量安全控制目标恰当，保证措施到位，施工组织合理，检验监测严谨。对不同的基坑支护方式，施工的难点和要点有所不同，但总体要求基本一致。一是对施工工艺要熟悉，掌握基本的施工参数；二是要掌握主要施工机械及配套设备的技术性能；三是对水泥、砂石、钢筋、锚杆、钢板桩等原材料及其制品进行质量检验，并保证施工质量；四是根据场地特点和不同的施工阶段，采取合适的降水或截水措施；五是土方开挖应分层分段进行，控制挖土进度；六是对雨季施工既要注意排除地面雨水倒流入基坑，又要注意雨季水的渗入，土体强度降低，土压力加大造成基坑边坡坍塌事故。

4. 严格按照施工方案组织施工

基坑坍塌事故的发生主要原因有两大类，第一类是对深基坑施工难度认识不足，认为不需要进行专项的深基坑支护设计，按常规建筑工程组织施工造成的。第二类是未按施工组织设计或施工方案组织施工造成的。随着人们对深基坑施工复杂性认识的不断提高，第一类事故正在不断下降，但第二类事故时有发生，主要表现在以下几个方面：一是未按设计组织施工，因施工质量原因造成支护结构垮塌；二是未按施工组织设计或施工方案组织施工，特别是对有内支撑的基坑施工，一般顺做时能做到随挖随撑，但对断面不大、开挖深度不大、从下往上做的结构，有的施工人员贪快求方便，不是随做随拆，而是先拆后做，酿成塌方事故；三是上方开挖时，未进行有效监测或未根据监测结果指导施工，造成挖土过快或超挖引起土体失稳或基底涌土等，或土方开挖方式不对，甚至有"掏挖"现象；四是坑边堆置土方或其他材料、设备等，甚至有大型车辆。须严格按设计和施工方案执行，既不能偷工减料，也不能违章施工。施工是关键，施工人员必须严格按照图纸精心施工，基坑开挖必须分层分段，做好排水措施，基坑周边绝不可超载，切忌坑底暴露过长。

目前的设计理论尚不完善，基坑的稳定性、围护结构的内力与变形以及周围地层的位移对周围构筑物和地下管线等的影响与计算分析，尚不能准确得出定量的结果。因此，基坑围护结构的成功与否，决不能只依靠设计人员，还需施工人员的密切配合，加强监测分析，及时发现和解决问题，才能确保围护结构的稳定和周围环境的安全。

11.3.4 应急预案

针对可能出现的不同的破坏类型，分析其破坏的原因，并制定相应的应急预案，以期在最大程度上降低基坑破坏可能产生的损失，现分类总结如下：

(1)有内撑或锚杆支护的桩墙发生较大的内凸变位，首先要在坡顶或桩墙后卸载，坑内停止挖土作业，适当增加内撑或锚杆，桩前堆筑砂石袋，严防锚杆失效或拔出。这是撑锚结构数量过少、布置不当、连接处松动、结构失效所致。

(2)基坑发生整体或局部土体滑塌失稳。首先应在可能条件下降低土中水位和进行坡顶卸载，或减小坡度以减小基坑边坡下滑力，设置混凝土护面，做好防排水工作,以防止水进入土体内部;避免机械振动或坡顶堆载对边坡的不利影响;注意现场观测,发现边坡失稳征兆(如产生裂纹)立即停止施工,并采取有效措施稳定边坡,符合安全度要求时方可施工。另外要加强未滑塌区段的监测和保护,严防事故继续扩大。对欠固结淤泥土、软黏土或易失稳的砂土,应根据整体稳定验算,采用预先加固措施,防止土体失稳。

(3)未设止水帷幕或止水墙漏水、流土,坑内降水开挖,造成坑周地面或路面下陷和周边建筑物倾斜、地下管线断裂等。事故发生后,首先应立即停止坑内降水和施工开挖,迅速用堵漏材料处理止水墙的渗漏,坑外设置若干口回灌井、高水位回灌,抢救断裂或渗漏管线,或重新设置止水墙,对已倾斜建筑物进行纠倾扶正和加固,防止其继续恶化,同时要加强对坑周地面和建筑物的观测,以便继续采取有针对性的处理措施。在水位较高地区基坑开挖时,应进行止水处理,方可开挖,坑外也可设回灌井、观测井,保护邻近建筑。

(4)施工单位偷工减料,弄虚作假,支护结构质量低劣,引发基坑事故,首先要停止挖土、降水,再根据基坑深度、土质和水位等条件采取补桩、注浆或其他加固手段。预防措施是:严格执行施工监理制度,由有资质单位承担施工任务。

(5)发生流砂、流土,坑周地面开裂塌陷,应立即停止挖土,采取补桩、桩间加挡土板、设置防渗帷幕,如采用冻结法;或者打设板桩、搅拌桩或地下连续墙,增加渗流路径以减小水头梯度;人工降低地下水位,尽量消除基坑内挖方土层的动水力。

(6)设计安全储备不足,桩入土深度不够,发生桩墙内倾或踢脚失稳,首先应停止基坑开挖,在已开挖而未发生踢脚失稳段,在坑底桩前堆筑砂石袋或土料反压,同时对桩顶适当卸载,再根据失稳原因进行被动区土体加固(采用注浆、旋喷桩等),也可在原挡土桩内侧补打短桩。

(7)基坑内外水位差较大,桩墙未进入不透水层或嵌固深度不足,坑内降水引起土体失稳。首先停止基坑开挖、降水,必要时进行灌水反压或堆料反压。管涌、流砂停止后,应通过桩后压浆、补桩、堵漏、被动区土体加固等措施加固处理。预防措施是:基坑开挖前应补作地质勘察,查明不透水层分布情况,应确保止水桩墙进入不透水层1 m以上。

(8)基坑开挖后超固结土层反弹或地下水浮力作用使基础底板上凸、开裂,甚至使整个箱基础上浮,工程桩随底板上拔而断裂以及柱子标高发生错位。处理方法:在基坑内或周边进行深层降水,由于土体失水固结,桩周产生负摩擦力,迫使桩下沉。同时降低底板下的水浮力,并将抽出的地下水回灌箱基内,对箱底反压使其回落,首层地面以上主体结构要继续施工加载,待建筑物全部稳定后再从箱基内抽水,处理开裂的底板后方可停止基坑降水。

参考文献

[1] Clough G. W. , O'Rourke T. D. . Construction induced movements of in situ walls. Proceeding ASCE Conference on Design and Performance of Earth Retaining Structures. Geotechnica Special Publication No. 25, ASCE, New York,1990:439-470.

[2] Peck R. B Deep excavation and tunneling in soft ground. In Proceedings of the 7th International Conference on Soil Mechanics and Foundation Engineering, State-of-the-Art-Volume,Mexico City,1969:225-290.

[3] Masuda T. . Behavior of deep eYCavation with diaphragm wall. Institute of Technology (M1T),Cambridge,Massachusetts,1993.

[4] Yoo C. . Behavior of braced and anchored walls in soils overlying rock. Journal of Geotechnica and Geoenvironmental Engineering,ASCE,2001,127(3):225-233.

[5] Moormann C. . Analysis of wall and ground movements due to deep excavations in soft soil base on a new worldwide database. Soils and Foundations, 2004,44(1):87-98.

[6] 安关峰,宋二祥．广州地铁琶州塔站工程基坑监测分析[J]. 岩土工程学报,2005,26(3):333-337.

[7] 徐中华．上海地区支护结构与主体地下结构相结合的深基坑变形性状研究[D]. 博士学位论文．上海:上海交通大学,2007.

[8] 李琳,杨敏,熊巨华．软土地区深基坑变形特性分析．土木工程学报,2007.

[9] 谈金忠,汤国毅,倪秀平,陈新华．软土深基坑变形与控制技术初探．地质学刊,2009,2.

[10] Peck,R. B. Deep excavation & tunneling in soft ground. State-of-the-Art-Report. Proc. ,7th Int. Conf. Soil Mech. Fdn. Engrg. 1969:226-281.

[11] Sugimoto T. . Prediction for the maximum settlements of ground surface by open cut Proceedings of the Japan Society of Civil Engineers (JSCE),1986, No. 373/VI-5:113-120.

[12] Woo S. M. ,and Moh Z. C. . Geotechnical characteristics of soils in Tapei Basin. Proceedings. 10th South Asian Geotechnical Conference,Special Taiwan

Session, Taipei, Volume 2, 1990: 51-65.

[13] Ou C. Y., Hsieh P. G., Chiou D. C.. Characteristics of ground surface settlement during excavation. Canadian Geotechnical Journal, 1993, 30(5): 758-767.

[14] Long M.. Database for retaining wall and ground movements due to deep excavations. Journal of Geotechnical and Geoenvironmental Engineering, ASCE, 2001, 127(33): 203-224.

[15] 卢俊义，杨敏．上海地区深基坑工程连续墙和墙后地表土体的变形特点．岩土工程学报，2004，30(10).

[16] 骆祖江，张月萍，刘金宝．深基坑降水与地面沉降控制研究[J]．沈阳建筑大学学报(自然科学版)，2007，01：47-51.

[17] 杨天亮．深基坑减压降水引发的地面沉降效应分析[J]．上海国土资源，2012，03：41-44.

[18] 张莲花，孔德坊．沉降变形控制的基坑降水最优化方法及应用[J]．岩土工程学报，2005，10：1171-1174.

[19] 朱瑶宏，叶俊能，刘晓虎，曹茜茜，刘干斌．宁波轨道交通地下连续墙深基坑工程变形特性及控制研究[J]．水文地质工程地质，2012，39(4)：66-74.

[20] 赵国强．宁波深厚淤泥地层地铁深基坑变形特征与控制研究[D]．吉林大学硕士学位论文，2012.

[21] Bjerrum L. Engineering geology of Norwegian normally consolidated marine clays as related to the settlement of buildings[J]. Geotechnique, 1967, 17(2): 81-118.

[22] 刘国彬，王卫东．基坑工程手册(第二版)．北京：中国建筑工业出版社，2009.

[23] Clough G. W., and Hansen L. A.. Clay anisotropy and braced wall behavior. Journal of GeotechnicaEngineering, ASCE, 1981, 107(7): 893-913.

[24] Mana A. I., Clough G. W. Prediction of movements for braced cuts in clay [J]. Journal of Geotechnical Engineering, ASCE, 1981, 107(6): 759-777.

[25] Wong K. S., Broms B. B. Lateral wall deflections of braced excavations in clay [J]. Journal of Geotechnical Engineering, ASCE, 1989, 115(6): 853-870.

[26] Ou, C. Y. Three-dimensional finite element analysis of deep excavations [J]. Journal of Geotechnical Engineering, ASCE, 1996, 122(5): 337-345.

[27] Lee F. H., Yong K. Y., Quan C. N., et al. Effects of corners in strutted excavations: field monitoring and case histories [J]. Journal of Geotechnical

and Geoenvironmental Engineering, ASCE, 1998, 124(4): 339-349.

[28] R. J. Finno, J. T. Blackburn. Three-dimensional responses observed in an internally braced excavation in soft clay [J]. Journal of Geotechnical and Geoenvironmental Engineering, 2007, 133(11): 1364-1373.

[29] 蒋洪胜,刘国彬. 考虑时空效应的围护结构支撑轴力实测结果分析研究[J]. 山东建筑工程学院学报,1997,12(4):7-13.

[30] 黄院雄,刘国彬,张建峰. 考虑时空效应的有支护深基坑主动区土压力的取值[J]. 地下工程与隧道,1998(2):14-25.

[31] 刘建航,刘国彬,范益群. 软土基坑工程中时空效应理论与实践(上)[J]. 地下工程与隧道,1999(3):7-12.

[32] 刘建航,刘国彬,范益群. 软土基坑工程中时空效应理论与实践(下)[J]. 地下工程与隧道,1999(4):10-14.

[33] 俞建霖,龚晓南. 深基坑工程的空间性状分析[J]. 岩土工程学报,1999,21(1):21-25.

[34] 高文华,杨林德,沈蒲生. 软土深基坑支护结构内力与变形时空效应的影响因素分析[J]. 土木工程学报. 2001,32(5):90-95.

[35] 刘国彬,黄院雄,侯学渊. 考虑时空效应的等效土体水平抗力系数的取值研究[J]. 土木工程学报,2001,34(3):97-102.

[36] 李俊才,张倬元,罗国煜. 深基坑支护结构的时空效应研究[J]. 岩土力学,2003,24(5):812-816.

[37] 贾坚. 软土时空效应原理在基坑工程中的应用[J]. 地下空间与工程学报,2005,1(4):490-493.

[38] 刘燕,刘国彬,孙晓玲,王海平. 考虑时空效应的软土地区深基坑变形分析[J]. 岩土工程学报,2006,28(增刊):1433-1436.

[39] 谢秀栋. 软土地区深基坑施工变形安全性状的时间特性研究[D]. 同济大学博士学位论文,2007.

[40] 王桂平,刘国彬. 考虑时空效应的软土深基坑变形有限元分析[J]. 土木工程学报,2009,42(4):114-118.

[41] 刘爱华,黎鸿,罗荣武. 时空效应理论在软土深基坑施工中的应用[J]. 地下空间与工程学报,2010,6(3):571-576.

[42] 宁超. 基于空间效应的地铁车站深基坑开挖与支护的力学机理分析[D]. 北京交通大学硕士学位论文,2012.

[43] 杨林德. 岩土工程问题的反演理论与工程实践[M]. 北京:科学出版社,1996.

[44] K. T. Kavanagh, R. W. Clough. Finite element application in the characterization of elastic solids. Int. J. Solids and Strutures, 1971,7(1):11-23.

[45] H. A. D Kirsten. Determination of rock mass elastic moduli by back analysis of deformation measurement. Proceedings of Symposium on Exploration for Rock Engineerings, Johannesburg, 1976, 165-172.

[46] K. Kovari, Ch Amstand, P. Fritz. Integrated measuring technique for rock pressure determination. Proc. of International Symposium on Field Measurements in Rock Mechanics, Zurich, 1977.

[47] S. Sakurai, S. Abe. A design approach to dimensioning underground opening. Proceedings of the 3rd International Conference on Numerical Methods in Geomechanics, Aachen, 1979, 649-661.

[48] G. Gioda, G. Maier. Direct search solution of an inverse problem in elastoplaticity: identifcation of cohesion, friction angle and in-situ stress by pressure tunnel tests. Journal of Numerical Methods in Engineering, 1980(15):1822-1848.

[49] S. Sakurai, K. Takeuchi. Back analysis of measured displacement of tunnel. Rock Mech and Rock Eng, 1983, 16(3):173-180.

[50] G. Gioda, S. Sakurai. Back analysis procedures for the interpretation of field measurements in geomechanics. Int. J. for Num. & Anal. Methods in Geomech, 1987, 11:555-583.

[51] P. S. K. Ooi, T. L. Ramsey. Curvature and bending moments from inclinometer data. International journal of geomechanics, 2003(9):64-74.

[52] 杨敏,熊巨华,冯又全. 基坑工程中的位移反分析技术与应用[J]. 工业建筑, 1998,28(9):1-6.

[53] 熊巨华,李建华. 基坑围护工程中土体水平抗力系数m值的分析与确定[J]. 建筑结构,1998(6):39-41.

[54] 王旭东,黄力平,阮永平,等. 基坑工程中地基土水平抗力比例系数m值的反分析[J]. 南京建筑工程学院学报,1998(2):48-54.

[55] 冯俊福. 杭州地区地基土m值的反演分析[D]. 浙江大学硕士学位论文,2004.

[56] 钟才根,张军,刘齐建. 软土基坑围护的时效性分析及变形预测[J]. 合肥工业大学学报(自然科学版),2004,27(9):1058-1062.

[57] 戴加东. 基坑工程中地基土m值的反演及光纤技术研究[D]. 南京工业大学硕士学位论文,2005.

[58] 张军平,邹银生．基坑位移反分析方法的对比研究[J]. 湖南大学学报(自然科学版),2005,32(1):52-56.

[59] 林志繁．深基坑工程分步开挖变形监测反分析研究[D]. 广东工业大学硕士学位论文,2006.

[60] 王强,刘松玉,童立元,等．多支撑地下连续墙动态开挖过程中 m 值反分析[J]. 东南大学学报(自然科学版),2011,41(2):352-358.

[61] 王云．城市交通隧道安全评价体系及方法研究[D]. 西南交通大学博士学位论文,2005.

[62] A. Casagrande. Role of the calculated risk in earthwork and foundation engineering(The Tezaghi Lecture). Journal of Soil Mechanics Division, ASCE, 1965,91(4):1-40.

[63] R. V. Whitman. Evaluating calculated risk in geotechnical engineering Journal of Geotechnical Engineering, ASCE, 1984, 110(2):145-188.

[64] National Research Council, 1995. Probabilistic methods in geotechnical engineering, Committee on reliability methods for risk mitigation in geotechnical board and board on energy and environmental systems commission on engineering and technical systems.

[65] N. R. Morgensterm. Managing risk in geotechnical engineering. The 3rd Casagrande lecture. Proc. 10th Pan American Conference on soil mechanics and Foundation Engineering. 1995. Vol. 4, 102-126.

[66] M. Matsuo, K. Kawamura. A design method of deep excavation in cohesive soil based on the reliability theory. Soils and Foundations. 1980, 20(1): 61-75.

[67] L. Bejemum, O. Eide. Stability of strutted excavation in city. Geotechnique, 1996, 6(1):32-47.

[68] M. A. Yossef. Ground movement piediction for deep excavations in soft clay. Journal of The Geotechnical Engineering Division, ASCE 1996, 122(6):474-486.

[69] J. Kampmann, S. D. Eskesen, J. W. Summers. Risk assessment helps select the contractor for the Copenhagen Metro System. Proceedings of the World Tunnel Congress 98 on Tunnels andMetropolises, 1998, (1):123-128.

[70] Burland J. B., Standing J. R. and Jardine F. M. (Ed.). Building response to tunneling case studies from construction of the jubilee line extension, London. London: CIRIA, 2002.

[71] K. K. Phoon, F. H. Kulhawy, M. D. Grigoriu. Development of a reliability-based design frameworkfor transmission line structure foundations. Journal of Geotechnical and GeoenvironmentalEngineering, 2003, 129(9): 798-806.

[72] 吕培印．深基坑支护体系的多层次模糊综合决策[J]．辽宁工学院学报．1999, 19(5): 42-46.

[73] 李惠强，吴静．深基坑支护结构安全预警系统研究[J]．华中科技大学学报(城市科学版)．2002, 19(1): 61-64.

[74] 龙小梅，陈龙珠．基坑工程安全的故障树分析方法研究[J]．防灾减灾工程学报．2005, 25(4): 363-368.

[75] 黄宏伟，边亦海．深基坑工程施工中的风险管理[J]．地下空间与工程学报，2005, 1(4): 611-614.

[76] 陈神龙，陈龙珠，宋春雨．基于模糊综合评判法的地铁车站施工风险评估[J]．地下空间与工程学报．2006, 2(1): 32-35.

[77] 何锡兴，周红波，姚浩．上海某深基坑工程风险识别与模糊评估[J]．岩土工程学报，2006, 28(增刊): 1912-1915.

[78] 李立新，于媛媛，刘瞧．基于模糊理论的地铁车站基坑工程安全性评价方法研究[J]．沈阳建筑大学学报(自然科学版)．2006, 22(3): 375-378.

[79] 杜丽丽．深基坑支护体系安全可靠性的模糊综合评判研究[D]．西安建筑科技大学硕士学位论文，2007.

[80] 史世雍．软土地区深基坑支护体系安全性状动态分析[D]．同济大学博士学位论文，2007.

[81] 邓志秋．基于可拓评价方法的基坑安全相关评价问题研究[D]．浙江大学硕士学位论文，2008.

[82] 张瑾．基于实测数据的深基坑施工安全评估研究[D]．同济大学硕士学位论文，2008.

[83] 兰守奇，张庆贺．基于模糊理论的深基坑施工期风险评估[J]．岩土工程学报．2009, 31(4): 648-652.

[84] 卢一凡．武汉地区深基坑工程支护结构安全评价研究[D]．华中科技大学博士学位论文，2011.

[85] 赵冬安．基于故障树法的地铁施工安全风险分析[D]．华中科技大学博士学位论文，2011.

[86] 刘建航，刘国彬，范益群．软土基坑工程中时空效应理论与实践(上)[J]．地下工程与隧道，1999(3): 7-12.

[87] 刘建航，刘国彬，范益群．软土基坑工程中时空效应理论与实践(下)[J]．地

下工程与隧道，1999(4)：10-14.
[88] 苏伯苓．宁波软土流变规律及其工程应用[J]. 河北地质学院学报，1990，13(2)：111-120.
[89] Bjerrum，L.，and Eide，O. (1956). Stability of strutted excavations in clay. Geotechnique. London，6(1)：32-47.
[90] 史世雍．软土地区深基坑支护体系安全性状动态分析[D]. 同济大学博士学位论文，2007.
[91] 刘国彬，王卫东．基坑工程手册(第二版). 北京：中国建筑工业出版社，2009.
[92] 杨光华．深基坑支护结构的实用计算分析方法及其应用[M]. 北京：地质出版社，2004.
[93] 黄院雄，刘国彬，张建峰．考虑时空效应的有支护深基坑主动区土压力的取值[J]. 地下工程与隧道，1998,2：14-25.
[94] 刘国彬，黄院雄，侯学渊．考虑时空效应的等效土体水平抗力系数的取值研究[J]. 土木工程学报，2001，34(3)：97-102.
[95] 上海市标准．上海地铁基坑工程施工规程(SZ—08—2000).
[96] BENZ T，SCHWAB R，VERMEER P. Small-strain stiffness in geotechnical analyses[J]. Geotechnical Engineering，2009，86(S1)：16-27.
[97] SCHWEIGER H F，VERMEER P A，WEHNERT M. On the design of deep excavations based on finite element analysis[J]. Geomechanics and Tunnelling，2009，2：333-344.
[98] 龚东庆,郑渊仁．硬化土体模型分析基坑挡土壁与地盘变形的评估[J]. 岩土工程学报，2010,32(增刊)：175-178.
[99] 王卫东，王浩然，徐中华．基坑开挖数值分析中土体硬化模型参数的试验研究 [J]. 岩土力学，2012，33(8)：2283-2290.
[100] BENZ T. Small-strain stiffness of soils and its numerical consequences[D]. Germany：Institute of Geotechnical Engineering，University of Stuttgart，2007.
[101] 杨雪强,朱志政,何世秀．对 Lade-Duncan,Matsuoka-Nakai 和 Ottosen 等破坏准则的认识[J]. 岩土工程学报．2006(03).
[102] NG C W W. An evaluation of soil-structure interaction associated with a multi- propped excavation[D]. Bristol：University of Bristol，1992.
[103] OU C Y，SHIAU B Y，WANG I W. Three-dimensional deformation behavior of the Taipei National Enterprise Center (TNEC) excavation case history[J]. Canadian Geotechnical Journal，2000，37(2)：438-448.

[104] ROBOSKI J F. Soil parameters for constitutive models of compressible Chicago glacial clays[D]. Evanston: Northwestern University, 2001.

[105] LüFTENEGGER R, SCHWEIGER H F, SCHARINGER F. 3D finite element analysis of a deep excavation and comparison with in situ measurements[M]//Geotechnical Aspects of Underground Construction in Soft Ground, London: Taylor & Francis Group, 2009: 193-199.

[106] 刘畅．考虑土体不同强度与变形参数及基坑支护空间影响的基坑支护变形与内力研究[D]. 天津大学硕士学位论文，2008.

[107] JANBU J. Soil compressibility as determined by oedometer and triaxial tests[C]// Proceedings of the 3rd European Conference on Soil Mechanics and Foundation Engineering. Germany: Wiesbaden, 1963, 1: 19-25.

[108] BRINKGREVE R B J, BROERE W. Plaxis material models manual[M]. Netherlands: [s. n.], 2006.

[109] BOLTON M D. The strength and dilatancy of sands[J]. Geotechnique, 1986, 36(1): 65-78.

[110] GAO D Z, WEI D D, HU Z X. Geotechnical properties of Shanghai soils and engineering applications [J]. ASTM, STP 923, 1986, 161-178.

[111] HARDIN B O, BLACK W L. Closure to vibration modulus of normally consolidated clays[J]. Journal of the Soil Mechanics and Foundations Division, 1969, 95 (SM6): 1531-1537.

[112] 杨志法，王思敬，冯紫良，刘怀恒．岩土工程反分析原理及应用[M]. 北京：地震出版社，2002.

[113] 杨林德，朱合华，丁文其，等．岩土工程问题安全性的预报与控制[M]. 北京：科学出版社，2009.

[114] 刘志宝，宁海龙，张海涛．岩土工程中位移反分析方法及其进展[J]. 路基工程，2006(5): 7-10.

[115] Dantzig G B. Programming in a linear structure [J]. Report of the September meeting in Madison , 1949, 17: 73-74.

[116] 王平，朱维申，王可钧，兰汝策．单纯形法及其在广蓄电站围岩变形反分析中的应用[J]. 岩土力学，1991, 12(2): 57-66.

[117] 冯俊福．杭州地区地基土 m 值的反演分析[D]. 浙江大学硕士学位论文，2004.

[118] 戴加东．基坑工程中地基土 m 值的反演及光纤技术研究[D]. 南京工业大学硕士学位论文，2005.

[119] 杜丽丽．深基坑支护体系安全可靠性的模糊综合评判研究[D]．西安建筑科技大学硕士学位论文，2007.

[120] 兰守奇，张庆贺．基于模糊理论的深基坑施工期风险评估[J]．岩土工程学报．2009，31(4)：648-652.

[121] 赵振宇，徐用懋．模糊理论和神经网络的基础与应用[M]．北京：清华大学出版社，1995.

[122] 汪培庄．模糊集合论及其应用[M]．上海：上海科学技术出版社，1983.

[123] 谢季坚，刘承平．模糊数学方法及其应用[M]．湖北：华中科技大学出版社，2000.

[124] 沈斐敏．安全系统工程理论与应用[M]．北京：煤炭工业出版社，2001.

[125] 王莲芬，许树柏．层次分析法引论[M]．北京：中国人民大学出版社，1990.

[126] 许树柏．实用决策方法——层次分析法原理[M]．天津：天津大学出版社，1988.

[127] 韩文学．基于AHP的模糊综合评价在混凝土桥梁评估中的应用[D]．广西大学硕士学位论文，2007.

[128] 刘瑜．基于模糊综合评价法的城市土地集约利用评价研究[D]．南京师范大学硕士学位论文．2008.

[129] 史世雍．软土地区深基坑支护体系安全性状动态分析[D]．同济大学博士学位论文，2007.

[130] 张瑾．基于实测数据的深基坑施工安全评估研究[D]．同济大学硕士学位论文，2008.

[131] 刘涛．基于数据挖掘的基坑工程安全评估与变形预测研究[D]．同济大学硕士学位论文，2007.